# 中国民营经济四十年

## 从零到"五六七八九"

庄聪生◎著

CNS 民主与建设出版社
湖南人民出版社
·北京·

**图书在版编目（CIP）数据**

中国民营经济四十年：从零到"五六七八九" / 庄
聪生著 . —北京：民主与建设出版社，2018.9
ISBN 978-7-5139-2254-8

Ⅰ.①中… Ⅱ.①庄… Ⅲ.①民营经济—经济史—中
国 Ⅳ.①F121.23

中国版本图书馆 CIP 数据核字（2018）第 181210 号

中国民营经济四十年
ZHONGGUO MINYING JINGJI SISHINIAN

| | |
|---|---|
| 出 版 人 | 李声笑 |
| 著　　者 | 庄聪生 |
| 策　　划 | 李声笑　胡艳红 |
| 责任编辑 | 干　倩 |
| 封面题词 | 庄聪生 |
| 资料整理 | 张立超 |
| 封面设计 | 朝圣设计 |
| 出版发行 | 民主与建设出版社有限责任公司 |
| 团购电话 | （010）59417747　59417748 |
| 社　　址 | 北京市海淀区西三环中路 10 号望海楼 E 座 7 层 |
| 邮　　编 | 100142 |
| 印　　刷 | 北京天恒嘉业印刷有限公司 |
| 版　　次 | 2018 年 9 月第 1 版 |
| 印　　次 | 2018 年 12 月第 3 次印刷 |
| 开　　本 | 710 毫米 ×1000 毫米　　1/16 |
| 印　　张 | 33 |
| 字　　数 | 480 千字 |
| 书　　号 | ISBN 978-7-5139-2254-8 |
| 定　　价 | 95.00 元 |

注：如有印、装质量问题，请与出版社联系。

# PREFACE ⊙ 前　言

今年是改革开放 40 周年，这 40 年是砥砺奋进的 40 年，也是民营经济大发展的 40 年。改革开放 40 年来，我国在经济、政治、文化、社会、生态等各个领域都取得了举世瞩目的伟大成就，民营经济也经历了从无到有、从小到大、从弱到强、不断发展壮大的过程。

当前，我国民营经济在经济社会发展中的地位举足轻重，可以用"56789"来表示，即：税收贡献超过 50%，国民生产总值占比超过 60%，技术创新和新产品研发占比超过 70%，城镇就业超过 80%，企业数量占比超过 90%，在稳定增长、促进创新、增加就业、改善民生等方面发挥了重要作用，已成为稳定经济的重要基础、国家税收的重要来源、技术创新的重要主体、金融发展的重要依托、经济持续健康发展的重要力量。

毋庸置疑，与改革开放相伴相生的民营经济，经过 40 年的快速发展，已经成为强国的经济、富民的经济、创新的经济、活力的经济、开放的经济和担当的经济。

## 一、民营经济是强国的经济

来自国家工商总局数据显示，截至 2018 年 8 月底，我国实有个体工商户6 962.5万户，私营企业3 000.2万户，合计占全部市场主体的94.8%。党的十八大以来，私营企业数量和注册资本对企业总量增长的贡献率分别达98.9%和69.8%，是企业发展的主要推动力。就全国各地民营经济发展而言，无论是市场主体的数量还是完成增加值的情况，民营经济都呈现出快速增长的势头，为我国实现稳增长目标作出了重要贡献。

税收是国家财政收入的主要来源和支柱。民营经济则是我国税收最具潜力的重要来源。近年来，我国财政收入连年大幅增长，国家财政实力显著增强，这对实施积极的财政政策、保持国民经济持续健康发展、促进各项社会事业发展，都发挥了重要作用。无论是东部经济发达省份还是西部经济欠发达省份，民营经济税收都保持了快速增长，并已经发展成为税收增长的主要来源。据国家税务总局数据显示，2017年全国税务部门组织税收收入（已扣除出口退税）12.6万亿元，同比增长8.7%，在全国不少地方，民营经济税收已经占到地方财政收入的70%～80%，甚至更高。

从国家税务总局服务管理的年纳税额3亿元以上的1062户大企业集团情况看，其中的312家民营企业2016年税收收入、营业收入分别同比增长9.1%和12.5%，均大幅高于国有企业和外资企业；净利润增长15.1%，其中超过1/3的企业净利润增幅超过30%。从全国纳税500强企业看，其中有42户民营企业，2016年其缴纳税款、营业收入和净利润分别增长24.4%、38.7%和44.4%，均远高于其他纳税500强企业。

## 二、民营经济是富民的经济

就业乃民生之本。解决好就业问题，不仅关系着国民经济的平稳健康发展，还关系着整个社会的稳定；不仅是一个重大的经济问题，还是一个重大的政治问题。改革开放40年来，民营经济以其巨大的就业包容量在解决我国国有企业下岗职工、大学毕业生、农村剩余劳动力、退伍军人等群体就业方面，发挥了不可替代的作用。近年来，我国民营经济从业人员快速增长，成为吸纳就业的主渠道。

截至2018年8月底，我国私营企业和个体工商户从业人员3.57亿人，比2016年增加4700万人。据人社部数据显示，在全国就业人员中，第一产业就业人员占27%；第二产业就业人员占28.1%；第三产业就业人员占44.9%。第三产业就业人数占比继续扩大，已成为吸纳就业的主力。据中国个协受国家工商总局委托连续三年开展的11次专项调查表明，全国新设小微企业周年活跃度在70%左右。其中，从2016年三季度到2017年三季度，新设小微企业周年活跃度为69.7%，户均从业人员从6.27人增长到7.42人。而目前新设立的市场主体特别是小微企业，几乎都是民营企业。

发展民营经济的过程，说到底是藏富于民、改善民生的过程。改革开放以来，通过辛勤劳动和合法经营先富起来的一部分人，大多是在民营经济起步早、发展快的浙江、江苏、广东、福建等地区；而西部欠发达地区要摆脱贫困、走上致富道路，最重要的途径也是发展民营经济。在中国，无论东西南北中，一个家庭只要有一个人到民营企业就业或自己创业，就能使这个家庭摆脱贫困。无数实践证明，哪些地区的民营经济发展了，哪些地区的老百姓收入就明显提高，人们生活就富裕；哪些地区的民营经济发展滞后，哪些地区就比较落后，群众就相对贫困。

### 三、民营经济是创新的经济

大众创业、万众创新已经在国内蔚然成风，民营企业当仁不让地充当了"大众创业、万众创新"的主力军。中国经济要转型升级成功，创新是最关键的。唯有创新，一个经济体才有活力，才能抵御风险和抓住机遇。民营经济作为最具活力的经济成分，有着强大的制度创新和技术创新能力。由于民营经济自身就具有机制灵活、市场嗅觉敏锐、经营高效等特点，特别是民营科技企业，本身就是靠科技成果和研发人员队伍起家，其经营发展的最大特点是以科技为动力，以市场为导向，开发新产品，形成新产业。在科技创新方面，民营企业的创新动力更强、反应更快、效益更好，已经越来越成为我国技术改造、产品创新、科技成果转化的重要基地。在生产经营中，民营企业不仅要面对来自外部的强大市场压力，从而具有极强的追求利益最大化的动力，而且民营企业内部还有较强的激励机制，拥有在持续创新中获得竞争优势的强烈愿望。这种巨大的创新动力促使民营企业不断采用新知识、新技术、新工艺、新模式，不断开发生产新产品和新服务，不断提高产品质量和市场竞争力，从而更好地实现市场价值。

2017年，我国发明专利申请量为138.2万件，同比增长14.2%。共授权发明专利42万件，其中，国内发明专利授权32.7万件，同比增长8.2%。截至2017年年底，我国国内（不含港澳台）发明专利拥有量共计135.6万件，每万人口发明专利拥有量达到9.8件。值得注意的是，国内企业特别是广大民营企业创新主体地位进一步巩固。2017年，我国国内发明专利申请量和拥有量中，企业所占比重分别达到63.3%和66.4%，较2016年提高1.6和0.9个百分点；企业对我国国内发明专利申请增长的贡献率达到73.5%。国内企业有效发明专利5年以上维持率达到70.9%，较2016年提升3.4个百分点。据统计，目前我国65%左右的发明专利、70%左右的技术创新和80%以上的新产品都是由民营经济创造的。

深化供给侧结构性改革，加快创新型国家建设，都离不开民营企业的积极参与。民营企业机制灵活、效率高、创新性强，在新产业、新模式、新业态培育发展进程中大有可为。以华为、腾讯、阿里、吉利、百度、小米、京东为代表的一大批优秀民营企业，是我国经济发展方式转变的楷模，已经成为中国在世界的名片。除了大型民营企业外，更多的民营中小微企业分布在国民经济各行各业，其中的佼佼者，往往成长为细分行业的龙头，正在成为我国经济结构优化升级的新动能。

## 四、民营经济是活力的经济

民营经济与市场经济有着天然的适应性。改革开放以来，民营经济随着社会主义市场经济体制的建立和完善而迅速发展壮大，已经成为中国经济结构中最活跃、最富有创造力、最具竞争力的经济成分。民营经济产权清晰、权责明确，使企业成为自主经营、自负盈亏、自我约束和自我发展的市场主体。企业拥有高度的自主决策权、独立自主的经营权、择优录用的用人权、与效益挂钩的分配权，能够根据经营目标和市场变化，合理配置各种生产要素，科学安排生产过程，采用新技术、新工艺、新模式生产适销对路的产品，极大地提高生产质量和效率。

党的十八大以来，我国商事制度改革极大地激发了市场活力，日均新设企业量呈加速增长态势，尤其是商事制度改革后，2017年日均新设企业量更是达到1.6万户，是改革前日均新设企业数量的2倍以上。各地政府落实针对小微企业的帮扶措施，新设小微企业不仅"生得顺"，而且"活得好"，并且随着营商环境不断优化而"长得大""做得强"。

根据国家工商总局数据显示，新设企业的高速增长使得我国千人企业量快速提升。根据2016年年底人口数（13.83亿人）计算，到2017年9月底我国每千人拥有企业数量为21.03户，相比2012年年底的10.09户基本翻了一番，尤其是商事制度改革以来，每千人拥有企业数量快速增长，每年以18.7%的速度增长，增速较商改前提高8.9个百分点。

民间投资持续活跃，私营经济比例显著提升。十八届三中全会充分肯定了民营经济的地位和作用，为进一步促进民营经济的健康发展提供契机。商事制度改革大大降低了创业门槛，国家大力打造以"大众创业、万众创新"为经济发展新引擎，在创新体制机制、优化财税政策等领域出台了多项政策措施，民营企业特别是中小微企业得到快速发展。事实证明，凡是民营经济发展较好的地区，那里的就业就比较充分，那里的市场发育就比较成熟，那里的经济就充满生机活力，人民生活就比较富裕，社会就比较和谐稳定。

### 五、民营经济是开放的经济

近年来，中国外贸发展面临的形势严峻复杂，国际市场需求疲弱，国内综合成本不断上升，不确定、不稳定因素增多。党中央、国务院高度重视外贸工作，及时出台促进外贸回稳向好、促进加工贸易创新发展等一系列支持政策，相关部门和各地区积极细化落实政策，为广大企业尤其是民营企业减负助力。一大批进出口企业从供给侧发力，加快转型升级，开展技术创新、产品创新、商业模式创新，国际竞争力进一步提升。在各方面共同努力下，中国外贸实现回稳向好目标，进出口降幅收窄，结构优化，效益提升，新的发展动能不断积聚。

来自海关总署的数据显示，2017年，我国民营企业进出口10.7万亿元，增长15.3%，占我国进出口总值的38.5%，比2016年提升0.4个百分点。其中，出口7.13万亿元，增长12.3%，占出口总值的46.5%，继续保持出口份额居首的地位，比重提升0.6个百分点；进口3.57万亿元，增长22%。可以说，民营企业积极参与国际市场竞争，成为拉动我国外贸向好的一大亮点。民营企业积极响应国家"走出去"号召，充分利用两个市场、两种资源。据统计，目前我国民营企业对外投资占全部对外投资的2/3，海外并购占3/4，民营企业已经超过国有企业在"一带一路"中的投资总量。

### 六、民营经济是担当的经济

随着我国民营经济的不断发展壮大，许多民营企业家致富思源、富而思进，积极从事社会公益慈善事业。1994年春，10位民营企业家为响应国家"八七扶贫攻坚计划"，联名倡议"让我们投身到扶贫的光彩事业中来"，走"互惠互利、义利兼顾"的扶贫开发之路，帮助"老、少、边、穷"地区开发资源，兴办企业培训人才，实现共同富裕。光彩事业扶贫开发的倡议得到全国广大民营企业家的热烈响应和参与。据不完全统计，20多年来，民营企业家在全国实施光彩事业项目5.9万个，到位资金近1万亿元，培训人员980万人，安排就业1250万人，公益捐赠1894亿元，扶助2160万贫困人口解决了温饱。从2015年10月，开展"万企帮万村"精准扶贫行动以来，民营企业家更加注重企、村在项目、对象、资金使用上的精准对接，使光彩行动与精准扶贫有效结合，发挥更大作用。截至2018年6月底，进入"万企帮万村"精准扶贫行动台账管理的民营企业有5.54万家，精准帮扶6.28万个村（其中建档立卡贫困村3.99万个）的755.98万建档立卡贫困人口；产业投入597.52亿元，公益投入115.65亿元，安置就业54.92万人，技能培训58.31万人。作为我国社会保障体系的重要组成部分，民间公益慈善事业与政府主导的社会福利、社会救助、社会保险事业相衔接和补充，共同推动我国社会保障体系的逐步完善。根据最近几届中国慈善榜数据显示：民营企业成为国内大额捐款的主力军，上榜的民营企业占榜单所有企业总数的60%以上，其捐款总额占榜单总捐款额的80%以上。2014年以后的企业捐赠比例显示，民营企业始终排在第一。在企业的大幅捐赠中，捐赠最多的100家企业平均捐赠超过亿元，上榜企业多为中国民营企业500强，民营企业贡献了大额捐赠中的四成。

鉴于民营经济发展的重要地位，本书对十一届三中全会作出改革开放的决定以来，中国民营经济40年发展的来龙去脉进行系统的梳理，既是对党关于民营经济发展方针政策的回顾，也是对民营经济发展历程的总结，又是对民营经济发展成就和规律的概括，还是对民营经济未来的期许与展望。

全书根据时间段把改革开放40年民营经济的发展划分为四个阶段，分别作为四个篇章，即：第一篇"嫩芽破土出：民营经济萌生起步阶段（1978—1992）"；第二篇"风来满园春：民营经济快速发展阶段（1992—2002）"；第三篇"水阔船好渡：民营经济转型升级发展阶段（2002—2012）"；第四篇"潮涌百舸飞：民营经济全面提升发展阶段（2012—2018）"。这是对改革开放以来中国民营经济的发展历程、发展动力、发展模式、典型事件、典型人物等进行系统梳理与总结，着力宣传改革开放40年来党和国家事业发生的历史性变革、取得的历史性成就，也是在中国特色社会主义进入新时代的大背景下，以习近平新时代中国特色社会主义思想中"将改革进行到底"理论体系的思路、逻辑和智慧，对当前面临的机遇和挑战进行分析，对民营经济的未来发展趋势进行展望。

谨以此书，为中国改革开放和民营经济发展40年献礼！

CONTENTS ⊙ **目 录**

**第一篇　嫩芽破土出：民营经济萌生起步阶段
（1978—1992）**　　　　　　　　　　　　　**001**

**第一章　给点阳光就灿烂**　　　　　　　　　**002**

1.冰雪开始融化了　　　　　　　　　　　　002

2."五老火锅宴"　　　　　　　　　　　　005

3.把"资本家"的帽子扔进太平洋　　　　010

4.小岗村掀开农村改革的序幕　　　　　013

**第二章　小荷才露尖尖角**　　　　　　　　　**019**

1."大碗茶"和知青返城　　　　　　　　019

2.汉正街——个体工商户的乐园　　　　023

3."敲糖帮"敲出全球最大的小商品市场　　027

4.胡耀邦：从事个体劳动是光彩的　　　031

5.个体经济首次写入宪法　　　　　　　033

**第三章　新笋雨后遍地生**　　　　　　　　　**037**

1.中国私企第一人——姜维　　　　　　037

2.春天里的先行者　　　　　　　　　　042

3.生于忧患的"安乐"　　　　　　　　　045

4. "万向"冠全球　　　　　　　　　　　　　　　048

5. 小鹌鹑养出大"希望"　　　　　　　　　　　052

6. 邓小平：乡镇企业——完全没有预料到的最大收获　057

**第四章　异彩纷呈众模式**　　　　　　　　　　**060**

1. "温州模式"横空出世　　　　　　　　　　　061

2. "苏南模式"别具特色　　　　　　　　　　　064

3. 珠江三角洲"四小虎"龙腾虎跃　　　　　　　068

4. "晋江模式"独领风骚　　　　　　　　　　　077

**第五章　阳光总在风雨后**　　　　　　　　　　**081**

1. "雇工是不是剥削"的大争议　　　　　　　　081

2. 投机倒把与温州"八大王"事件　　　　　　　085

3. 邓小平："傻子瓜子"——不能动！　　　　　088

4. 乍暖还寒三年间　　　　　　　　　　　　　092

**链接：历程回顾（1978—1992）**　　　　　　　**095**

**第二篇　风来满园春：民营经济快速发展阶段
（1992—2002）**　　　　　　　　　　　　　**105**

**第一章　忽如一夜春风来**　　　　　　　　　　**106**

1. 邓小平的南方谈话　　　　　　　　　　　　106

2. 突破传统思想束缚　　　　　　　　　　　　110

3. 工商联焕发新活力　　　　　　　　　　　　113

4. 从"有益补充"上升为"重要组成部分"　　　116

**第二章　千树万树梨花开**　　　　　　　　　　**121**

1. 民营企业参与国企改革　　　　　　　　　　121

2. 摘掉假集体"红帽子"　　　　　　　　　　　125

3. 民营科技企业异军突起　　　　　　　　　　130

4.色彩斑斓的"马赛克经济" 135

第三章　春色满园关不住 141
1."心系中华，有所作为"——华为走向世界 141
2.这里是"研究生的发祥地" 146
3.脍炙人口"老干妈" 150
4.互联网"三剑客" 154
5."BAT"崭露头角 159

第四章　春风得意马蹄疾 167
1.江泽民：新的社会阶层是"建设者" 167
2.私营企业主能不能入党 171
3."建设者"走上政治舞台 176

第五章　播撒春天的希望 180
1.光彩事业的发起和推动 180
2.致富思源，富而思进 183
3.功在当代，利在千秋 186

链接：历程回顾（1992—2002） 193


第三篇　水阔船好渡：民营经济转型升级发展阶段
（2002—2012） 201


第一章　潮平两岸阔 202
1."两个毫不动摇"的提出 202
2.宪法规定："私有财产不受侵犯" 205
3.两个"非公经济36条"彰显政府决心 208
4.胡锦涛：民营企业要"三个有更大作为" 214
5.中央赋予工商联"两个健康"新使命 219

第二章　风正一帆悬 223

1."三一"——实体经济做大做强的代表 223

2.亨通——万物互联网络的筑路者 229

3.奥盛——世界第一的大跨径桥梁缆索供应商 235

4."百步亭"——百步不停 240

5."天生"我材必有用 247

第三章　众人摇桨划大船 252

1.垄断领域的"破冰之旅" 252

2.对外贸易和"走出去"的生力军 259

3.我国公益慈善事业的主体 264

4.亿利集团：生态文明建设的先锋 271

第四章　直挂云帆济沧海 278

1.家族企业逐步探索和建立现代企业制度 278

2.以先进文化引领企业发展 286

3.传化集团——构建和谐劳动关系的样板 292

4.各类商会雨后春笋般蓬勃发展 297

第五章　沉舟侧畔千帆过 306

1.历时四年的所谓"原罪"大讨论 306

2.陕北油田事件 312

3."郎顾之争"及影响 315

链接：历程回顾（2002—2012） 320

第四篇　潮涌百舸飞：民营经济全面提升发展阶段
（2012—2018） 333

第一章　春风又绿江南岸 334

1."两个都是""三个平等"的提出 334

2.习近平致信福建民营企业家　　339

3.给企业家放"定心丸"　　342

4.中央再送"大礼包"　　348

5."晋江经验"放异彩　　351

## 第二章　莫畏浮云遮望眼　　359

1.年代变了　　359

2.消费观念变了　　360

3.企业发展途径变了　　362

4.要素成本变了　　364

5.法治环境变了　　366

6.市场空间变了　　367

7.商业模式变了　　368

8.发展理念变了　　371

## 第三章　疏淤清泥通航道　　374

1.用政府"减法"换市场"乘法"　　374

2.减税降费激发市场活力　　383

3.让"有恒产者有恒心"　　388

4.企业家是宝贵的稀缺资源　　396

5.构建"亲""清"新型政商关系　　404

## 第四章　千帆竞发斩浪行　　412

1."双创"掀起第四次创业浪潮　　412

2.领潮数字经济发展　　417

3.吉利——中国经济升级的缩影　　422

4.首航节能——"让地球更美丽"　　428

5."万企帮万村"助推精准扶贫　　432

6.家族企业进入代际传承阶段　　439

## 第五章　"红色引擎"助航行　　448

1.民营经济发展的"红色导航仪"　　448

2. "红豆"长青的奥秘                     455

3. 党旗，在叶青大厦高高飘扬             460

4. 党建强、商会兴                       464

5. "网红书记"薛荣                       468

## 第六章 "一带一路"显身手              473

1. 打造境外产业园区                     473

2. 开展产能海外合作                     476

3. 借力海外并购                         479

4. 在"丝绸之路"上耕耘播种               483

5. 利用核心竞争力"走出去"               486

### 链接：历程回顾与前景展望（2012—2018）      489


参考文献                               505

后记                                   510

# 第一篇

# 嫩芽破土出：民营经济萌生起步阶段

## （1978—1992）

1978年底，中国共产党召开具有重大历史意义的十一届三中全会，开启了改革开放的伟大征程。日出了，天晴了；冬去了，春来了。沐浴着改革开放的春风，我国民营经济如嫩芽破土而出，顽强而艰难地生长起来……

## · 第一章 ·

# 给点阳光就灿烂

　　党的十一届三中全会，实现了新中国成立以来我们党历史上具有深远意义的伟大转折，开启了我国改革开放历史新时期。三中全会是一次重新确立马克思主义思想路线、政治路线、组织路线的会议，把全党的工作重心转移到经济建设上来，提出改革是一场广泛、深刻的革命，从而打开了中国改革开放的历史大门，使中国社会主义的航船调正了方向，迈出了伟大历史转折的关键一步。

　　在党的改革开放政策指引下，我国民营经济开始从无到有、从少到多、从小到大，不断发展起来。

## 1.冰雪开始融化了

　　1978年12月18日至22日，具有历史转折意义的党的十一届三中全会召开。

　　会议全面纠正了"文化大革命"及其以前的"左"倾错误，坚决批判了"两个凡是"的错误方针，提出必须完整、准确地掌握毛泽东思想科学体系；高度评价了真理标准问题的讨论，确定了解放思想、开动脑筋、实事求是、团结一致向前看的指导方针；果断停止使用"以阶级斗争为纲"

的口号，作出了把党和国家工作重心转移到经济建设上来、实行改革开放的历史性决策。

从此，我国拉开了改革开放的序幕，民营经济发展开始进入了一个新的历史发展时期。

然而，"冰冻三尺非一日之寒"，由于几十年"左"的错误思潮的影响，我国民营经济发展的土壤几乎被铲除殆尽，不复存在。

从20世纪50年代社会主义改造完成以后，我国经济进入生产资料公有制为基础的社会主义计划经济时期，进而接连不断地发动社会主义教育运动，开展以反对资本主义为目的的大规模的阶级斗争。在阶级斗争扩大化的政治形势下，为恢复生产、搞活经济、克服困难、改善生活所采取的积极措施，如包产到户、搞活经营、长途贩运等均被视为"资本主义自发势力"和"资本主义复辟行为"，采取了阶级斗争的形式进行打击，致使大批群众受到过火的斗争和处理，严重伤害了干部和群众的积极性。个体生产和个体经营遭到了限制和破坏。

在这个时期，我国采取了一系列铲除私有经济的政策措施，在思想意识形态领域开展了一系列清除私有观念的运动，特别是持续开展对"兴无灭资"和"斗私批修"的运动。

"文化大革命"中，无数红卫兵走上街头打着"兴无灭资""移风易俗"的旗号，进行"破四旧""立四新"。"破四旧"就是砸掉那些曾经是民族资本主义代表和象征的名店、老店的招牌，一律换上具有政治色彩的新名称。比如，当时上海市一商局下属公司有零售商店3700多家，在"破四旧"中被改换招牌的达3000多家。

在全国各地，许多百年老店纷纷被砸掉老招牌，换上"工农兵商店""东方红药店""红星餐馆""红旗旅社"等新招牌；咖啡馆、古玩店、小舞厅，都被勒令停业，服装店一律不准缝制"奇装异服"，理发店不许给女人烫卷发、不许给男人理"大包头"，皮鞋店不准出售尖头皮鞋、高跟皮鞋；橱窗里陈列的皮货、连衣裙、假发统统藏了起来，连指甲油、口红之类的化妆品也消失了；西餐店里的奶油蛋糕，饮食店里的八宝饭、虾仁面，一下子找不到踪影……

后来，又开展了"割资本主义尾巴"运动，意思是身子已经进入了社会主义（公有制），而尾巴还留在资本主义（私有制），所以要动刀子，把留在资本主义的尾巴割去，全身毫无保留地进入社会主义。

"割资本主义尾巴"在农村的做法，包括取消了农民自留地、不许农民私自喂养牲畜，有的连农民卖几个鸡蛋也称作"投机倒把"等。福建晋江张林村农民张子国，从小勤奋能干，又有做生意的头脑。在每个"工分"只值6分钱的人民公社期间，生产队每天每人只能分给2斤地瓜度日。他育有6个子女，为了不让孩子们挨饿，只能做点小生意来补贴家用。夫妻每天"起得比鸡早，睡得比狗晚"。凌晨3点，张子国就到十几千米外的海边，买进一些鱼虾小蟹，妻子陈卫起来磨豆腐。天亮时，夫妻到村里的小圩（集市）上，一个卖海货，一个卖豆腐。就是这样一个勤劳淳朴的农民，"文革"期间被当作"投机倒把"的典型，公社革委会把他抓去"读书班"关了半年，还时常被拉出去游街批斗。

安徽省萧县实行的所谓"商业革命"，就是一个缩影。县里公然派人民武装部、公安局及民兵指挥部的武装人员，联合围剿集贸市场，仅20天就强行把全县所有的集贸市场统统关闭，并严禁农民养鸡养羊，而且还派人到社员自留地去拔菜、砍树，甚至没收自留地。

经过不断的折腾，我国农村集市贸易奄奄一息。据统计，至1976年年底，全国农村的集市贸易只有29 227个，比1965年减少7770个，比1973年减少2770个。许多集市是有集无市，上市商品极少。这极大地限制了农民家庭副业的发展，导致农村商品交换日趋萎缩。

城市中小商小贩也被当作资本主义尾巴，受到更加严厉的限制。

据资料记载，1957年，商业部系统在全国城镇共有零售、饮食、服务网点100万个。到1979年10月，只剩下17万个。虽然单个网点的规模比过去扩大了，但总的营业面积没有增加，全国平均每千名城镇居民商业网点面积应为700～800平方米，但当时只有320平方米左右。全国商业网点1979年比1959年减少了80%；饮食业的网点，由过去的"小、密、多"的网点布局，变成"大、稀、少"，加上门类不全，网点严重不足，人民某些生活必需的小商品供不应求，居民买东西、吃饭、理发、洗澡，以及修修补补，等等，都很不方便。

随着"斗私批修"和"割资本主义尾巴"在城市愈演愈烈，许多地方取消了修鞋、修车、裁缝、零售摊点等个体劳动，原来规定的资本家的定息一律取消，公私合营企业转为国营，小商小贩转入国营商店的代购代销店，个体劳动者凡有条件的组成合作小组、合作社。

全国的自由市场基本被禁止，城市集市贸易也逐步被卡死。商品流通渠道由原来的国营、集体、个体三条，变为只有国营商业这一条。以上海市为例，1976年年底，上海市个体商贩只有3085人，比1965年减少46.7%。而全国的情况减少得更厉害，至1975年，全国的个体商贩仅剩8万人，比1964年减少85.0%。

至1976年年底，私营经济在我国已经绝迹，个体经济也微乎其微，全国城镇个体工商业者只剩下19万人，仅为1966年"文化大革命"开始时的12.2%，锐减了87.8%。

"文化大革命"的十年内乱，在党内，"打倒走资本主义道路的当权派"；在社会上，"横扫一切牛鬼蛇神"，批判资本主义；在农村，反对"单干"，取消家庭副业，取消集市贸易，打击"小生产的资本主义自发势力"；在经济领域，批判所谓资本主义的"唯生产力论"；在分配方面，重提取消"资产阶级法权"；对已经被改造成社会主义自食其力的劳动者的民族资产阶级分子和个体工商业者，重新戴上资产阶级分子的帽子，进行无情批判斗争。由于这一系列极左政策的严重影响，特别是"文革"十年灾祸，我国经济走到了崩溃的边缘，私营经济几乎到了灭绝的地步。

## 2."五老火锅宴"

1979年1月17日，是中国民营经济发展史上值得浓墨重彩书写的日子。

党的十一届三中全会刚刚开过，全会的公报像春风化雨，沁人心田，催人奋进！

1月的北京，天气还比较冷，但万物的生机已在萌动，春天的脚步正声声逼近，春天的信息也在频频传出。这是一个不寻常的春天。

这天上午，人民大会堂福建厅暖融融、喜洋洋。邓小平迈着矫健的步伐走了进来，分别和全国工商联和中国民主建国会的五位领导人胡子昂、胡厥文、荣毅仁、古耕虞、周叔弢一一握手。

陪同邓小平参加会见的有全国政协副主席、中央统战部部长乌兰夫，国务院副总理纪登奎，国务院副总理、对外经济联络部部长陈慕华，国务院副总理、国家建设委员会主任谷牧等。

大家落座后，邓小平向大家介绍了20多天前刚刚结束的中共十一届三中全会的情况，然后说："听说你们对如何搞好经济建设有很好的意见和建议，我很高兴。我们搞经济建设，不能关门。对外开放和吸收外资，这是一个新问题，你们要发挥原工商业者的作用。"

邓小平的一席话，使得"五老"很兴奋，气氛极为热烈。

邓小平说："现在经济建设的摊子铺得大了，感到知识不够，资金也不足。党的十一届三中全会决定把工作重点转移到社会主义现代化建设上来。过去耽误的时间太久了，不搞快点不行。但是怎样做到既要搞得快点，又要不重犯1958年的错误，这是个必须解决的问题。现在搞建设，门路要多一些，可以利用外国的资金和技术，华侨、华裔也可以回来办工厂。吸收外资可以采取补偿贸易的方法，也可以搞合营，先选择资金周转快的行业做起。当然，利用外资一定要考虑偿还能力。"

邓小平说，补偿贸易中，有相当外汇收入，起码广东、福建两个省大有希望，两省在外的华侨很多，江苏、浙江也有。要引进国外的先进技术和资金。香港厂商给我写信，问为什么不可以在广东开厂。我看，海外同胞、华侨、华裔都可以回来办工厂企业。国际上资本主义有用的东西，可以拿来为我所用。

邓小平接着说，现在国家计划想调个头，工业以钢为纲，这大家伙，资金周转慢。先搞资金周转快的，如旅游、轻工、手工业、补偿贸易等，换取外汇，而且可以很快提高人民生活。旅游业，可以扎扎实实搞50亿美元收入，我们地方大，名胜古迹多，要千方百计赚外汇。旅游业有50亿美元收入，发展石油工业有50亿美元收入，加上别的，共有150亿美元。（谷牧插话：可能还要多）到那时，·就不发生偿还能力问题了。

邓小平说，我们人聪明，千方百计选择快的来搞，不要头脑僵化。

邓小平在讲话中表示，党中央对你们寄予厚望，希望大家解放思想，实事求是，有啥说啥，多出主意。

邓小平的话，像和煦的春风扑面而来。此时此刻，大家的确有很多心里话要向邓小平倾诉。

五位工商界知名人士就落实政策、挖掘人才、对外开放、海外联络、搞活经济等问题，各自谈了自己的看法和建议。

当时，拨乱反正正在进行，原工商业者思想上的一个疙瘩是摘掉资本家帽子问题。

胡厥文、古耕虞反映：现在仍有些人把工商业者同地、富、反、坏、右不加区别，相提并论，地、富、反、坏、右可以摘帽，工商界还没有摘帽。一些人不敢讲话，怕被说成搞复辟；统战部干部也不敢讲话，怕被说成投降主义。这些问题不解决，心有余悸就难消除。

古耕虞说，中美建交以来，接到不少美国来信，那里中国血统的人，很想来投资，为祖国效力。他谈到，现在统战系统确实存在不少问题，怕同资产阶级分子打交道，越到下面越厉害。他表示先要解决干部心有余悸问题。由于资本家的帽子没有摘掉，一些有用之才仍在工厂从事较重的体力劳动。

邓小平态度鲜明地说道："要落实对原工商业者的政策，这也包括他们的子孙后辈。他们早已不拿定息了，只要没有继续剥削，资本家的帽子为什么不摘掉？"邓小平当场要求在座的有关党政部门负责人抓紧这项工作。

胡子昂告诉邓小平，他在刚结束的中国民主建国会和全国工商联会议上说，"当前在党的领导下，出现了一片欣欣向荣的局面和光辉灿烂的未来，这是我们每个人出力效劳的千载难逢的机会。"胡子昂提出，要发挥原工商业者的作用，要大力起用人才，应该把有真才实学的人找出来，能干的人就当干部。

邓小平说："要发挥原工商业者的作用，有真才实学的人应该使用起来，能干的就当干部。对这方面的情况，你们比较熟悉，可以多做工作。比如说旅游业，你们可以推荐有本领的人当公司经理，有的可以先当顾问。还要请你们推荐有技术专长、有管理经验的人管理企业，特别是新行业的企业。不仅是国内的人，还有在国外的人，都可以用，条件起码是爱国的，事业心强的，有能力的。"

邓小平说："落实政策以后，工商界还有钱，有的人可以搞一两个工厂，也可以投资到旅游业赚取外汇，手里的钱闲起来不好。你们可以有选择地搞。总之，钱要用起来，人要用起来。"

赤诚相见，殷殷之情溢于言表，充分体现了邓小平对工商界朋友的关注、信任和寄予的厚望。

荣毅仁在会上向邓小平和其他领导同志谈了心里话，提出自己的一些看法。他说："一年多来，虽没公开说，国家已给了我一些任务。只要国家给我工作，我就做，白天、黑夜，什么时候找我都行。我才60出头，80岁前还可做点工作。"

荣毅仁认为党中央确定把工作重点放到社会主义现代化建设上来，十分必要。他说："生产搞上去了，什么问题都好对付。生产提高了，就不怕没有偿还能力，所以要搞好生产。这里有两个问题：一个是工资制度，十几年不增加工资。我们过去办厂，每年要增加一次工资。有人说，增加工资是否会引起通货膨胀，我认为，只要提高了生产，通货膨胀一点还可以刺激生产。一个是管理问题，没有民主，就没有主人翁感，就不动脑筋，生产就不会搞好。现在有些机构头头太多了，两三个厂长就够了，人多了，划圈的人就多了，办起事来速度就慢了。"

荣毅仁说："小平同志讲要利用外国资金、华侨资金，确是重要问题。现在美、英、法、日、联邦德国都要跟我们打交道，因为我们政局稳定。美国大公司来华还有顾虑，外国朋友建议我们邀请大老板来面对面地谈。让他们回去讨论，以改变目前的态度和看法。在美国还有工作要做，可以利用华侨、华裔。我对外国朋友说：'我们有人力，你们有财力，可以合作。'对引进国外技术和资金，现在各级领导都很积极，这里需要协调一下，德国西门子公司来华，许多部都找上门去，他们的尾巴就翘得很高，要价也就高了。"

荣毅仁建议要加强对引进项目的管理。他谈到有的项目引进16年了，厂子迟迟才建成，到建起来就已经落后了，单单利息就花掉不少，他说不能这么花外汇。

这时，邓小平着重对荣毅仁提出希望，要他对现在管的事少管一些，摆脱一些社会活动，出山来从事祖国经济建设，围绕开放、创汇，或主持某一方面的工作，或搞点什么别的，希望能闯出一条新路来。

邓小平说，一定要把引进的项目搞好，什么人负责，都要确定下来。他对荣毅仁说："要规定一条，给你的任务，你认为合理的就接受，不合理的就拒绝，由你全权负责处理。处理错了也不怪你。要用经济方法管理经济，从商业角度考虑签订合同，有利润、能创汇的就签，否则就不签。应该排除行政干扰，所谓全权负责，包括用人权。"

说到这里，邓小平指指在座的国务院副总理谷牧，对荣毅仁说："遇到麻烦就找他。"当时荣毅仁还没有秘书，工作上不方便，邓小平也让谷牧给予解决。

邓小平同志对自己如此信任，如此重用，如此关怀，使荣毅仁激动万分，感奋不已。

座谈会持续了两个多小时，时至中午，邓小平风趣地说："肚子饿了，该吃饭了，今天我们聚聚，我请大家吃涮羊肉。"工作人员就在福建厅的一角支起两个圆桌。邓小平与五位老人一桌，其他随同人员一桌。

热气腾腾的火锅，美味的涮羊肉，大家并不是第一次吃，可是今天与邓小平一起吃，觉得特别有滋有味。

邓小平与五位老人轻松谈笑，拉拉家常。邓小平喝了几盅白酒，还劝五位老人都喝一点。席间，邓小平和大家有说有笑，好像家人一样围着火锅在叙家常，其乐融融。

大家边吃边谈，邓小平的推心置腹和殷切期望，萦绕在每个人的脑海，心情格外舒畅，气氛十分亲切、温馨。

这次座谈会选在人民大会堂福建厅，体现了邓小平深远的思考和政治寓意。福建沿海与台湾隔海相望，散布于世界各地的华人华侨最早都是从福建沿海出去的。邓小平以此暗示希望原工商业者充分发挥海外联系面广的特点，积极与外界沟通，内引外联，为祖国的经济建设服务。同时，他还安排时任国务院副总理并分管统战、外联、旅游等方面的领导参加，充分显示出对这次会见的良苦用心。

这次座谈会，可谓"久旱逢甘露"！对于刚刚经历了"文革"浩劫的工商业者而言，亟须这样一次和中央领导人的对话，摘下资本家的帽子，才有动力全身心投入到社会主义现代化建设中去。与此同时，党的工作重心刚转到经济建设中来，一直靠边站的原工商业者，海内外联系广泛，有丰富的经商办实业经验，是不可忽视的力量。

此时此刻，双方围坐在热腾腾的火锅前，喷香的火锅气息后面，是五颗火热跳动的心。

古耕虞激动地说，这顿涮羊肉是"一只火锅，一台大戏。""大戏"的"导演"邓小平，以其非凡的远见和魄力，"导演"出了荣毅仁等五位著名工商界人士为改革开放献计出力的"大戏"，"导演"出中国民营经济发展的"大戏"。

这次影响中国改革开放和民营经济发展史的"五老火锅宴"，不仅在当时有力地融化了"大跃进"和"文化大革命"以来中国对个人资本和市场经济的冰封，也开启了国家从政策层面支持个体、私营和外资经济发展的序幕。

## 3.把"资本家"的帽子扔进太平洋

在对资本主义工商业进行社会主义改造过程中，当时有86万原工商业者参与公私合营，其中包括70万小商、小贩、小手工业者和其他劳动者。这些人被统称"私方人员"，按资产阶级工商业者对待。

"文化大革命"中，他们都被称作资产阶级分子，遭受各种批判、斗争、冲击和迫害，不少人被关进牛棚、隔离审查、刑讯逼供。连以原工商业者为主成立的全国工商联，也被当作"反动资本家的老窝"被限令解散。

这部分人在政治上遭受迫害，思想上承受巨大压力。他们的家属、子女也受到牵连，入党、提干、参军、升学、招工均被拒之门外。

粉碎"四人帮"后，这部分人一直强烈要求摘掉戴在他们头上的"资本家""资产阶级工商业者"的帽子。

1979年1月22日，时任中央统战部部长的乌兰夫召开工商界座谈会，传达了中央《关于进一步落实党对民族资产阶级若干政策的决定》，提出了党对民族资产阶级落实政策的措施：工商业者在"文化大革命"中被抄走的财物应该发还；过去被扣减的薪金应该补发；以前应领未领的定息可以补领；人事安排不适当的要进行调整；工商业者的病假工资根据实际情况发给50%~70%，医疗待遇按照职工待遇办法办理；关于工商业者子女入党、入团、升学、招工等问题，不得歧视等。

1979年6月15日，邓小平在全国政协五届二次会议上致《新时期的统一战线和人民政协的任务》的开幕词。邓小平深刻分析了中国社会阶级状况的根本变化，指出我国的资本家阶级原来占有的生产资料早已转到国家手中，定息也已停止13年之久。他们中有劳动能力的绝大多数人已经改造成为社会主义社会中的自食其力的劳动者。我国资本主义工商业社会主义改造的胜利完成，是我国和世界社会主义历史上最光辉的胜利之一。资本家阶级中的进步分子和大多数人在接受改造方面也起了有益的配合作用。现在，他们作为劳动者，正在为社会主义现代化建设事业贡献力量。

邓小平这一讲话使原工商业者欢欣鼓舞，称之为邓小平为我们"脱帽""加冕"。"脱帽"指脱资本家的帽子，"加冕"指加劳动者之冕。

1979年12月，中共中央批转《中央统战部等五部门关于对原工商业者的若干具体政策的规定》，明确指出，对原工商业者，今后不再称呼他们"资本家""资方人员""资产阶级工商业者"，对于在职的原工商业者，政治上应与干部、工人一视同仁。

按照中央关于落实原工商业者政策的要求，各地开展了一系列落实政策工作：

在工商业界中开展错划右派改正工作，为2.4万多名工商业者摘掉

"右派分子"帽子;开展归还原工商业者被查抄资产工作,归还他们被查抄的钱款、金银、文物、字画、衣物等财物,补发被扣减的工资、定息,清退被强占的私有房产及住房;对散失无法归还的物品一般都作价给予补偿;将原参加公私合营的70万小商、小贩、小手工业者和其他劳动者,从原工商业者中区别了出来,明确了他们劳动者的身份,在政治上、经济上与所在单位的干部、职工一视同仁。

这一系列政策的落实,极大地调动了原工商业者以及他们家属、子女的积极性。

没有了"资本家"的沉重包袱,原工商业者们仿佛重新焕发了第二春。胡厥文感慨地说:"现在四化建设需要我们。但我们大多数人的年龄已经不小了,报国之日苦短,报国之心倍切,当前正是我们为四化出力效劳、千金难买的时刻。"

"老牛明知夕阳晚,不用扬鞭自奋蹄"是当时原工商业者的真实写照。

"五老火锅宴"后不久,根据邓小平"钱要用起来,人要用起来"的要求,荣毅仁决定利用有利条件,创办一个国际信托投资公司。他的《建议设立国际投资信托公司的一些初步意见》报告提交中共中央后,邓小平、陈云、李先念等中央领导都在报告上作了"同意"的批示。陈云还特别指出,纯民间的公司实力恐怕不够,为便于在国内外开展工作,最好把中信公司办成国务院直属的国营企业。

1979年10月4日,中国国际信托投资公司在北京正式宣告成立,荣毅仁出任董事长。

1984年10月,邓小平在会见由中信公司主办的"中外经济合作问题讨论会"全体中外代表时明确指出:"对外开放是一个长期的政策。为了广泛接触,中国国际信托投资公司可以作为中国在实行对外开放中的一个窗口。"

被周恩来总理称为"红色资本家"的王光英,曾在20世纪50年代工商业社会主义改造过程中作出过重要的贡献。1981年,正值澳门华商总会成立100周年,王光英作为全国工商联代表团团员应邀赴澳参加庆祝大会,顺道访问了香港。访问结束后,王光英向党和政府提交了一份书面报告——《港澳见闻与八点建议》, 在报告中, 王光英建议中国应当建立一批立足中国、面向世界的企业。这份报告被转送给中央。国务院领导人不久就批示可以在香港成立这样一家公司。

1983 年 4 月 11 日, 中国光大集团有限公司 (又名光大实业公司) 成立, 王光英被任命为这家公司的董事长兼总经理。作为国内第一家驻香港公司, 王光英要把光大办成一个"为中国的四化建设作贡献的公司"。他凭借丰富的经验, 领导光大实业公司用中外合资的方式搞了很多大型项目, 如磨刀门工程、围海造田工程、江门桥工程等。在香港工作和生活的七八年中, 他领导光大实业公司以引进海外资金为主, 投资了上百个项目, 为我国一些中小企业技术改造和国家能源、原材料工业以及运输能力的发展作出了贡献。

这期间, 胡厥文、胡子昂、古耕虞等成立了中国工商经济开发公司, 充分发挥了他们和广大工商业者的才能, 为国家的现代化建设作出了重要贡献; 周叔弢成立了天津建华经济技术咨询公司, 为天津市引进外资、发展经济和城市建设做了大量卓有成效的工作。

在刘靖基的牵头下, 部分上海的原工商业者以民间集资方式, 创办上海市工商界爱国建设公司, 这是改革开放后上海第一家综合性、外向型民间企业。

此外, 老工商业者张敬礼在香港创办了永年公司、梁尚立在香港创办了越秀公司。

一大批原工商业者带头创办实业的举动, 为改革开放初期私营企业的发展起到了重要的示范作用。

## 4. 小岗村掀开农村改革的序幕

十一届三中全会以后, 我国的改革首先从农村起步, 而农村变化最大、影响最为深远的是普遍实行了多种形式的生产责任制。其中, 家庭联产承包责任制又成为主要形式。家庭联产承包责任制的实行, 推动了农村社会生产方式和交换方式的变革，为民营经济的发展创造了重要的条件和前提。

我国改革前的农村，实行的是政社合一的人民公社经济体制。实践表明，这种高度集体化和集中经营管理的生产方式，完全不适应我国现阶段农村生产力的发展，不仅不利于调动，甚至严重挫伤了农民的生产积极性。农业的发展、农民生活的改善都十分缓慢。改革前的1978年，比21年前社会主义改造完成后的1957年，农业发展速度（农业增加值）仅仅增长了1.8%；1978年农村人均收入134元，比30年前新中国成立之初只增加了70元。

据统计资料，到1978年全国农村人民公社的财产总额为14 000亿元，平均每个公社265.4万元，除掉85.7%为土地财产外，一个公社只有不足40万元的资产。而集体积累更少，平均每个生产大队不到1万元，每个农村劳动力平均占有固定资产原值仅为240元。有些生产队甚至不能维持简单再生产，成了"生产靠贷款、生活靠救济、吃粮靠返销"的"三靠队"。

同时，农户手中也只有一点必需的生活资料，生产资料极少。据有关部门统计，到1978年，全国每个农户平均拥有住房3.64间，价值估计不超过500元，年末储蓄余额32.09元，粮食、禽畜等实物储存也很少，还有微不足道的简单低值的生活用品和小型农具。全国有5369万户（占农村总户数的31.5%）超支欠款，户均欠款139元。到1979年，全国仍有1.4亿人的口粮不足140公斤，实际上处于半温饱状态，有近1/4的生产队人均年纯收入在50元以下。

"家徒四壁"，可以说是当时中国农民的真实写照。

在十一届三中全会上，中央制定了《关于加快农业发展若干问题的决定（草案）》和《农村人民公社工作条例（试行草案）》。这两个文件一方面强调放宽农村政策，建立农业生产责任制，允许"包工到作业组，联系产量计算报酬，实行超产奖励"，另一方面则明确规定"不许包产到户，不许分田单干"。

当时，各地出现的比较普遍的联产计酬责任制形式就是包产到组。包产到组使农业生产责任制发展为联系产量的责任制，它一方面实际缩小了生产单位和基本核算单位，另一方面使农民在生产中的权力、责任和物质利益结合起来，但包产到组没有彻底破除大锅饭，同时也没有使农民真正拥有自主权。

1978年，安徽发生特大旱灾，安徽省委果断作出了"借地给农民种麦"的决定，部分地区为克服严重困难，采取了包产到组、包产到户等责任制形式。凤阳县梨园公社小岗村，农民自发地实行了包产到户。一开始，18户人家划分成4个包干组。但是在劳动过程中，又在施肥等方面发生了矛盾，于是4个组又各自一分为二，分成8个组。但是还有矛盾。

穷则思变，穷则奋起。

1978年12月16日，生产队长严宏昌把18户农家召集到一块儿，作出"把土地分了"的决定。他们对天发誓，立下一份"契约"，21个长年累月在土里刨食却得不到温饱的农民，在一张"契约"上按下自己的鲜红手印：

我们分田到户，每户户主签字盖章，如今后能干好，每户保证完成全年上缴的公粮，不再向国家伸手要钱要粮。如不行，我们干部坐牢杀头也甘心，大家社员们保证把我们的小孩养活到18岁。

1979年春，小岗村的农民把全队的517亩土地按人分包到户，10头耕牛评好价两户一头，国家农副产品交售任务、公共积累等也按人包干到户。包干任务完成后，剩余多少全归自己。结果当年农业获得大丰收，全村粮食产量达到66 185公斤，相当于1966—1970年粮食产量总和；油料产量17 600公斤，是过去20年产量的总和；生猪饲养量也达到135头，超过历史上任何一年。

小岗村的成功，在周围产生了强烈的示范效应。当年秋收时节，许多地方农村采取"瞒上不瞒下"的办法，一夜之间就把田地、耕牛划分到户，搞起了以包干到户为主的联产承包责任制。中共凤阳县委以"不公开"的方式支持包干到户的推行。

这一年，安徽凤阳广泛流传着这样一个顺口溜："大包干，大包干，直来直去不拐弯，交够国家的，留足集体的，剩下都是自己的。"

1979年9月，十一届四中全会正式通过《中共中央关于加快农业发展若干问题的决定》。《决定》把十一届三中全会制定的《农村人民公社工作条例（试行草案）》"不许包产到户"的规定改为"除某些副业生产的特殊需要和边远山区、交通不便的单家独户外，也不要包产到户"，即允许某些副业生产特殊需要和边远山区、交通不便的单家独户"包产到户"。这实际上是为"承包制"在政治上正了名，口子开得虽小，却是明确地给了包产到户一块立足之地，标志着全党对包产到户在认识上有了一个发展，也标志着包产到户至此终于合法地站稳了脚跟，意义非常重大。

这一变革对当时已经实行20多年的农村人民公社体制形成了强大的冲击，也引起激烈的争论。1980年1月1日至11日，中共安徽省委召开了全省农业会议。会议期间，凤阳县委书记陈庭元把小岗村的情况向省委领导作了汇报，受到万里的赞赏。

1月24日上午，万里在滁县地委领导的陪同下，来到小岗生产队视察。万里从庄西头一直跑到东头，挨门逐户地查看农民收入情况，当他看到各家各户把能装粮食的东西都装得满满的，有的屋里放不下，放在外面埋藏起来，高兴地对小岗群众说："看起来小岗真穷，以前'大呼隆'把农民搞苦了，今年干起了责任到户，粮食大丰收，这下子就不愁吃的了。"万里一行还在副队长严宏昌家开起了座谈会。万里说："你们这样干，形势自然会大好。我就想这样干，就怕没人敢干。你们干了，我支持你们。"当有的社员说"现在有人批评我们小岗'开倒车'"时，万里当即表示："地委能批准干3年，我批准你们干5年。只要能对国家多贡献，对集体能够多提留，社员生活能有改善，干一辈子也不能算'开倒车'。谁要说你们'开倒车'，这场官司由我跟他去打了。"

万里的讲话，很快传遍了梨园公社，传遍了板桥区，传遍了凤阳各地……

邓小平十分关注这场农村改革及其争论，他不仅仔细听取了万里的汇报，也花精力翻阅了大量有关材料，认真思考。1980年4月2日，他找胡耀邦、万里等人谈长期规划问题，当谈到农业问题时提出："有的可包给组，有的可包给个人。这个不要怕，这不会影响我们制度的社会主义性质。"

5月31日，邓小平再次就农村改革发表重要谈话，对凤阳大包干给予充分肯定和支持。邓小平说："农村改革放宽以后，一些适宜搞包产到户的地方搞了包产到户，效果很好，变化很快。安徽肥西县绝大多数生产队搞了包产到户，增产幅度很大。'凤阳花鼓'中唱的那个凤阳县，绝大多数生产队搞了大包干，也是一年翻身，改变面貌。有的同志担心，这样搞会不会影响集体经济。我看这种担心是不必要的。实行包产到户的地方，经济的主体现在也还是生产队。"

9月27日，中央给各地下发了《关于进一步加强和完善农业生产责任制的几个问题》，明确指出：群众对集体丧失信心，因而要求包产到户的，应当支持群众的要求，可以包产到户，也可以包干到户。在一般地区，已经实行包产到户的，如果群众不要求改变，就应允许继续实行。

文件还特别指出：就全国而论，在社会主义工业、社会主义商业和集体农业占绝对优势的情况下，在生产队领导下实行的包产到户是依存于社会主义经济，而不会脱离社会主义轨道的，没有什么复辟资本主义的危险，因而并不可怕。

这个文件，打破了多年来深深植根于党和广大群众中包产到户等于分田单干、等于资本主义的僵化观念，这是我们党在政策思想上的一次重大理论突破。随着文件的贯彻执行，包产到户、包干到户冲破重重阻力，迅猛向前发展，成为农村改革形势的主流。

家庭联产承包责任制是自下而上开始的，由落后地区向发达地区推进的改革，改革的基本方式是下边探索、上边认可的渐进方式。它的优越性是，把劳动者和生产资料、劳动过程和最终成果紧密联系起来，把责任、权利、义务紧密结合起来，有效地克服了分配"大锅饭"的弊病，把发包者与农民承包者放到了平等的地位上，并且用契约的合同形式固定下来。因为它责任明确，利益直接，方法简单，所以很受农民欢迎。

包产到户、包干到户的迅速推广，使农民获得劳动和经营的自主权，使农民的生产成果和利益直接挂钩，极大地调动了农民的生产积极性，迅速解放了长期被压抑的农村生产力，从而推动了农村面貌的迅速变化，成为我国农村改革的突破口。

许多贫困、落后的地区，实行包干到户后，"一年粮满仓，二年宰猪羊，三年草屋换瓦房"。

全国粮食总产量从1978年到1982年，再到1984年，从3000多亿公斤上升到3500亿公斤，接着又上升到4000亿公斤，连续上了三个台阶。中国人民为之奋斗多年的温饱问题，在20世纪80年代中期由于实行联产承包责任制而基本解决了。

家庭联产承包制和农户生产经营自主权的确立，不仅使广大农民肚子吃饱了，而且钱包也开始鼓了点。一方面，一部分人由于诚实劳动、善于经营，所得剩余较多，积攒起一定的货币资金，这就是最早富裕起来的"专业户""万元户"；另一方面，包产到户的推行，促进了市场经济的发育，使农民能够摆脱人民公社管理体制的束缚，众多的潜在富余劳动力从农业中游离出来，成为相对独立的商品生产者和经营者，他们另谋生财之道，为发展多种经营和商品经济提供了条件。

## · 第二章 ·

# 小荷才露尖尖角

家庭联产承包责任制的推行，使农村出现了剩余劳动力和剩余资金，为农村个体、私营经济的产生奠定了基础。数以千万计的知青陆续返城，带来巨大社会就业压力，催使城镇个体经济的复苏。个体户如雨后小草般露出一个个小芽。

### 1. "大碗茶" 和知青返城

1979年5月，初夏的北京开始炎热起来。

在前门大栅栏游玩的旅客，发现在附近月亮湾有一处挂着"青年茶社"招牌的茶摊。在简易凉棚下，有20多个年轻人在吆喝着："大碗茶，2分钱一碗"。

人们纷纷围过来，品尝着消失了近20年的大碗茶。对老北京来说，花"老二分"咂摸出来的不仅是回忆，也是这四九城的文化味道，更是一种自食其力的精神。

卖茶的都是当时回城待业的知识青年，其中有一位27岁的女青年王秀辰。1969年，17岁的她响应毛主席"知识青年要接受贫下中农再教育"的号召，下乡来到了河北高碑店的一个小村里，一干就是8年多。1977年

6月，王秀辰回到了北京大栅栏的老家。

待业在家的日子，王秀辰尽管每天都做很多家务，但年纪轻轻的她整天待在家里让她尝到了度日如年的滋味。

在王秀辰看来，成为一名国营工厂的职工是当时所有待业青年的理想，可是机会太难得了，工厂的招工指标太少，一个指标有几十、数百人在抢，有关系有门路的才能拿到，而且还要排队。

其实，回城后苦闷的，何止王秀辰一个人。

十年"文革"期间，全国共有1402万城镇知识青年上山下乡"接受贫下中农再教育"。

1978年，中央调整政策，改变了"文革"中要求城市知识青年上山下乡的做法，允许中学毕业生留在城市升学和就业，同时放松了上山下乡知识青年因病、因家庭困难返回城市的限制，知识青年返城形成一股潮流。

作家梁晓声把当时知青返城称为"飓风"。他在小说《今夜有暴风雪》中，描写了知青返城惊心动魄的场景："知识青年大返城的飓风，短短几周内，遍扫黑龙江生产建设兵团。某些师团的知识青年，已经十走八九。百万知识青年的返城大军，犹如钱塘江潮，势不可挡。一半师、团、连队，陷于混乱状态。"

这一年，40万的知青大军涌回了京城，一个新的名词"待业青年"悄然诞生。但他们回城的欣喜很快被现实的严峻所淹没：北京市1979年调查了10个区7万多名待业青年的情况，其中家庭平均生活费在15元以下的有7000多个，约占10%……

十年动乱期间，我国国民经济和各项建设事业发展缓慢，而人口增长过快，从而使得劳动就业问题十分尖锐，特别是大批返城知青和落实政策后的各阶层人员的就业问题尤为突出。据统计，截止到1979年上半年，全国需要安排就业的人数高达2000多万人，其中包括大专院校、技校毕业生和家居城市的复员转业军人105万人，按政策留城的知识青年320万人，插队知识青年700万人，城镇闲散劳动力230万人，反右派斗争和"文化大革命"中处理错了需要安置的85万人。

为解决这一问题，党中央、国务院从1977年底到1978年6月，连续召开十多次会议，下发了一系列文件。这期间，先是暂停上山下乡，接着是回城青年到国有或集体企业顶替其父母的工作岗位，其父母提前退休。

这种"子女顶替父母"的权宜之计终究不是好办法，工厂根本安置不了那么多人。

如何解决劳动就业问题，已经成为党和政府所面临的迫在眉睫的问题。在这种情况下，打破原有的劳动就业体制，拓宽就业渠道，发展多种就业形式已经成为必然选择。

在十一届三中全会以前，由于"左"倾思想的干扰，多年来一直把同人民群众生活密切相关的个体商业和个体手工业视为资本主义自发势力予以清除，特别是"文革"期间，又把个体经济当作"资本主义尾巴"大批特批，结果导致我国的个体经济所剩无几。新中国成立初期我国城镇个体劳动者900万人，1966年仍有近200万人，1978年底只剩下不足15万人。这一局面给当时的人民群众生活带来了诸多不便。

因而，尽快恢复个体工商业已成为当务之急。

1978年12月，《中共中央关于农业发展若干问题的决定（草案）》中明确指出，"社队的多种经营是社会主义经济，社员自留地、家庭副业和农村集市贸易是社会主义经济的正当补充；决不允许把它们当作资本主义经济来批判和取缔。"这一决定实际上允许了农村个体经济的恢复。

而在东南沿海，如温州、台州、晋江、石狮和广东珠江三角洲地区等，早此几年已经出现了小作坊、提篮小卖、小商品贸易，它们对十一届三中全会解禁农村工商业、家庭副业和农村集贸市场起到了催动作用。

在这样的历史背景下，为了缓解强大的就业压力、广开就业门路、满足社会需要，同时也是为了繁荣经济，方便群众生活，在十一届三中全会以后，党中央作出了恢复和发展个体经济的决定，逐步放宽了对个体经济的诸多限制，允许其存在和发展，这就在所有制问题上初步打破了传统社会主义观念的认识和理论误区。

面对大批知识青年返城、大量城镇积压待业人员的巨大压力，1979年2月，国家工商行政管理局召开了"文革"结束后的第一次工商行政管理局长会议。会议提出并经党中央、国务院批转的报告指出："各地可以根据当地市场需要，在取得有关业务主管部门同意后，批准一些有正式户口的闲散劳动力从事修理、服务和手工业等个体劳动，但不准雇工。"

这是粉碎"四人帮"以后党中央、国务院批转的第一个有关个体经济的报告。此前，党中央有几个文件鼓励多渠道自谋职业，但无明文规定可以搞个体经济。尽管这个规定作了种种限制，尤其是规定不准雇工，但它毕竟为城市个体经济的发展开了绿灯。

从此，中国出现了"个体户"这个名词。

在刚刚开放的商品流通领域，无业者找到了生存的机会，尽管仍然被人歧视，但能够自食其力，毕竟要比"吃闲饭"好得多。

所以，城市个体户实际上是被上山下乡的知青回城逼出来的。

据《北京日报》1979年7月31日《本市六万多名待业青年走上工作岗位》一文记载，各城区近郊区广开门路，大力兴办街道集体生产服务事业，分批分期安排待业青年就业。截至当年7月6日，全市已有6.1万多名待业青年走上工作岗位，其中一些人就是去卖大碗茶的。此前，国营企业不经营茶水，人们渴了连喝茶水的地方都没有。如今，待业青年们被组织起来卖大碗茶，前门、北京站、天坛公园等流动人口多的地方基本上都有了茶水站，就像歌曲《前门情思大碗茶》中唱的那样，"世上的饮料有千百种，也许它最廉价，可为什么为什么，为什么它醇厚的香味儿，直传到天涯……"

1979年9月29日，叶剑英同志在国庆讲话中指出："我国现在还是发展中的社会主义国家，社会主义制度还很不完善，经济和文化还很不发达。"他还明确指出，"目前在有限范围内继续存在的城乡劳动者的个体经济，是社会主义公有制经济的附属和补充"。

1980年7月，《中共中央办公厅关于召开全国劳动就业工作会议问题的通知》指出，必须全面改革现行的劳动制度，应当允许劳动力在一定范围内流动，实行劳动部门介绍就业与自谋出路相结合，拓宽就业的途径。劳动者可以按照自己的能力、条件和兴趣选择工作岗位，可以从事个体工商业……要使个体经济有一个适当的发展。

1980年8月，中共中央在《进一步做好城镇劳动就业工作》中提出要鼓励城镇个体经济的发展，指出："宪法明确规定，允许个体劳动者从事法律许可范围内的，不剥削他人的个体劳动。这种个体经济是社会主义公有制经济的不可缺少的补充，在今后一个相当长的历史时期都将发挥积极作用，应当适当发展。有关部门对个体经济要积极予以支持，不得刁难、歧视。一切守法的个体劳动者，应当受到社会的尊重。"

1980年12月11日，19岁的温州姑娘章华妹从温州市工商行政管理局领到了一份特殊的营业执照——工商证字第10101号。让她想不到的是：这张用毛笔填写的并附有相片的营业执照，竟然成了中国第一份个体工商业营业执照。她本人则成为"中国第一个工商个体户"。

从实行改革开放到之后的20年里，由于党和政府鼓励和扶持个体经济的各项政策陆续出台，我国城乡个体经济每年以两位数的速度快速增长，经历了一个"个体户的黄金时代"。

## 2.汉正街——个体工商户的乐园

1982年10月16日，国家工商行政管理局在武汉召开全国小商品市场现场会，推广武汉汉正街小商品市场的经验。

这是改革开放以后，国家有关部门推动民营经济发展召开的第一个现场会，因而在全国引起了极大的轰动。

素有"天下第一街"美誉的汉正街，因在全国率先恢复个体、私营经济，在全国率先建起最大的小商品市场而蜚声海内外。

这里，曾诞生过我国第一所个体户子弟学校、第一家外来个体户协会、第一家"市场银行"、第一部反映个体户创业史的长篇小说。

作为引领市场开放搞活的先驱，汉正街的商品成交量曾多年在全国排名第一，在我国市场经济发展历程中创造了一段辉煌记忆，被誉为"中国开放搞活的成功范例"。

的确，汉正街市场是中国时代的缩影、历史的见证。今天，人们通过这扇"窗口"，回顾和研究汉正街市场及其个体、私营经济的发展历程，对于搞活城乡商品流通和发展中国特色社会主义市场经济仍然具有借鉴意义。

具有500多年历史的汉正街，坐落在长江和汉水交汇处。据记载，汉正街是汉口历史上最早的中心街道，是万商云集、商品争流之地。早期的商人中间流传着这样几句话：要做生意你莫愁，拿好本钱备小舟，顺着汉水往下走，生意兴隆算汉口。

早在明朝万历年间，汉正街就已形成市镇。到清代康、乾时期，深得长江、汉水水运便利的汉正街更是商贾云集、交易兴旺、市场繁荣、盛极一时。"十里帆樯依市立，万家灯火彻宵明"，已成为古汉正街作为"买全国，卖全国"的商品集散地繁荣热闹景象的真实写照。在明末清初就有了"天下第一街"的美称。

与共和国的命运一样，汉正街也曾几经沉浮，特别是在"割资本主义尾巴"年代，汉正街曾一度门庭冷落，市场萧条。

改革开放以后，汉正街再次焕发出青春和活力，恢复其"天下第一街"的商业中心地位。

以党的十一届三中全会为标志，我国揭开了改革开放的序幕，个体、私营经济开始悄然登上中国的经济舞台，也为汉正街市场的恢复提供了难得的机遇。

1979年9月，武汉市政府批准，重新恢复、开放汉正街小商品市场，鼓励个体户经营小商品。至当年年底，经工商部门登记发证在汉正街摆摊经营小商品的有108户个体经营者。1982年个体经营户发展到209户。

1982年8月28日，《人民日报》发表题为《汉正街小商品市场的经验值得重视》的社论，引起国人的注目。

接着，当地政府又出台了一系列扶持发展个体、私营经济的优惠政策。在政策的大力支持下，有着悠久个体、私营经济发展史的汉正街一时间涌来了数以百计的个体工商户，汉正街内外的1000多家居民趁势纷纷摆摊设铺，把一个沉寂了数十年的汉正街迅速变成客货往来不息的商业闹市。从此，汉正街又开始"风光"起来。

每天，汉正街数万操不同方言的打货人在其间自由流动，他们在横街纵巷间来往穿梭，交织出一幅五彩缤纷的景象：卖针织制品的温州人，卖塑料制品的台州人，卖服装辅料的义乌人。

而鞋帽市场的福建人、箱包市场的湖南人、布匹市场的河南人，同样也把生意做得红红火火。

此外，武汉城市圈中的大冶、鄂州、应城、大悟、潜江等市县的生意人，也操着各个不同的方言在市场上买进卖出、迎来送往。

在汉正街，粤语、闽声、湘音、川韵随处可听，而越剧、秦腔、黄梅戏、河南梆子的唱段也没准什么时候就从哪个人的口中哼出。这些商户除了在生意上暗暗较劲，还尽情展示各自方言和地域文化的魅力。

随着国家有关个体、私营经济的法律法规的出台和实施，各级政府在政策上相继出台了许多鼓励、扶持小商品市场和个体、私营经济的举措，人们逐渐消除了从事个体、私营经济的疑虑，给个体、私营经济以应有的地位以后，汉正街市场迎来了高速发展的新阶段。

在改革开放的头10年里，汉正街市场的个体经营户超过1万户，市场的触角遍及全国各地。

就这样，以个体商贩为主的经营日用小商品的汉正街市场，因经营花色品种多、进货渠道多、商品适销对路、价格灵活吸引着天下客商，进而名扬全国。

"汉正街奇迹"及其产生的"经济现象""文化现象""辐射效应"等，向人们昭示着一些发展市场经济的普遍规律，值得人们去思索和总结。

首先，敢做"第一个吃螃蟹的人"，是汉正街客商的最鲜明特点。在市场经济环境中成长起来的人们，无法想象计划经济时期的商品流通模式。那时，从国家下计划——企业生产——国有商业部门收购后定价销售，小到一枚纽扣、一把雨伞，都必须按这个"路线图"才能到消费者手中。个体户被视为资本主义的产物，个人进货、定价销售会犯下"投机倒把罪"。

就在这种历史背景下，国家政策刚刚开始允许个体经济存在，汉正街就有57户率先上街摆摊经营，成为全国第一批个体经营户。当国家政策还不允许个体工商户经营批发业务的时候，汉正街人大胆"踩线"，实行"批量销售"，巧妙地避开了"批发"这个词；打破了批发业务由国营商业垄断的局面。随后他们率先实行价格自由浮动，搞长途贩运、联合经营、承包租赁企业、兼并购买企业、自办市场等，他们的行为常常比国内其他市场早一拍甚至几拍。

其二，汉正街客商善于把握各种机遇。那些年头，你走在汉正街的街头，经常可以听到一些个体经营者叫卖声："走过路过，不要错过。"其实，这既是汉正街人推销商品的语言，也是汉正街人善于把握各种机遇的真实反映。大到国家宏观经济政策带来的机遇，小到各种各样的商业机会，只要有机会，他们就绝不会错过。如果市场上出现新产品、新样式，汉正街客商会立即生产、投放市场。经营服装的个体户能在当天下午发现新款式，黄昏时弄来面料，晚上打出大样，半夜开机生产，第二天一早上市。所以，人们说汉正街人个个都有眼观六路、耳听八方、随时都能捕捉商机的本领。

其三，具有"买全国，卖全国"的开放胸襟。汉正街自古就有"买全国，卖全国"的美誉，而当今汉正街市场仍然是"买全国，卖全国"。在汉正街市场上的外来经营者和外地商品常年维持在70%左右，购销网络遍及全国。汉正街从来不搞"优先安置本地人就业"，不"保护"本地产品，敞开城门广纳四方尚客、吞吐九州货物，充分发挥其承东启西、引南接北的优势。正因为此，汉正街市场短短几年就出现繁荣景象。

其四，"不以利小而不为"。人们说："汉正街是小商品的海洋。"的确，走在汉正街市场上，任何你想象得到的小商品在这里都能见到，如针头线脑、女人的小饰品、金属刷锅球、鞋带、衣架等。有人会问：这些小商品能赚钱吗？然而，汉正街人正是从这些小商品中积累了巨额的财富。汉正街市场最初是面向农村市场，农民有千万种需求，汉正街就有千万种商品，不论这些商品有多么小，多么不值钱。像解放鞋、老军装、汽油打火机之类的商品，在城里早已过时，而汉正街人从国营企业的压底仓库倒腾出来，再低价销往农村，每样商品只赚几分钱，汉正街人也愿意干。

回顾改革开放初期汉正街发展的历程，今天仍然耐人寻味……

### 3. "敲糖帮"敲出全球最大的小商品市场

数说改革开放以来民营经济发展出现的奇迹中，不得不提及创造了"无中生有、有中生奇、无奇不有"的义乌奇观。

说起义乌，"义乌小商品"总是出自人们之口的第一个词。这里是全球最大的小商品集散中心，被联合国、世界银行等国际权威机构确定为世界第一大市场，创造了全国乃至全球的现代经济神话。

在义乌，人们看到的是遍地商铺林立，商品种类繁多，来自世界各地的客商川流不息。然而，要真正了解义乌的发展，还得从"鸡毛换糖"和"敲糖帮"说起。

义乌是浙江中部金衢盆地上的一个贫穷小县。人多地少，土地贫瘠，丘陵起伏，层岗四塞，既不靠海，也不临边，自然资源十分匮乏。改革开放之前，很少有人知道义乌这个小县城。据资料记载，1980年，义乌全县28万劳动力，剩余劳力达15万人，人均年收入88元。

义乌"敲糖换鸡毛"的历史渊源可追溯到明末清初，一直延续到20世纪80年代。

据《义乌县志》记载：这里生产红糖，同时土地贫瘠，为了提高粮食产量，人们有鸡毛肥田的习惯。为了收集鸡毛，农民们便于冬春农闲季节肩挑糖货担，手摇拨浪鼓，用本地红糖熬制成糖粒或生姜糖粒，去外地串村走巷，上门换取禽兽毛骨、旧衣破鞋、废铜烂铁，博取微利。后来，为了多点收益，糖担里每每会放一些妇女所需的针线脂粉、笋网木梳等小商品。"敲糖换鸡毛"逐渐发展成为独特性的行业——敲糖帮。

300多年来，他们的足迹遍及大半个中国，"敲糖帮"最多时有两三万人。"百样生意挑两肩，一副糖担十八变；翻山过岭到处走，混过日子好过年"，就是敲糖帮的真实写照。

1978年前后，在义乌县城东部的廿三里乡、福田乡出现了自发的乡间集市，十多副货担在那里设摊，出售各色针头线脑、自制的鸡毛掸子、板刷等。过了两年，这些货郎进了县城稠城镇，一副担子摆下来，附近马上冒出两三副，接着出现了更多的货郎担。小摊位蜿蜒而行，吆喝声渐成声浪，不久就发展到了两百多摊。

这时，县政府不知道如何管理这些"敲糖帮"，于是便发出《小百货敲糖换取鸡毛什肥临时许可证》，这等于默许了这些商贩的存在。

后来，县政府有关部门又在全国率先进行工商登记，允许农民经商摆地摊。放开手脚经商的农民如鱼得水，纷纷加入经商队伍，换糖队伍空前壮大。到1982年年底，全县《临时许可证》先后发出了7000份，稠城镇上的商贩也超过了300摊，所交易的商品大大超过了"鸡毛什肥"的规定范围。

1982年9月，义乌县政府正式开放稠城镇小百货市场，并投资9000元铺设水泥板露天市场，摊位700个，当年小商品市场成交额达392万元。

于是，有人给省里写信，举报"义乌出现了资本主义的小温床"。

时任县委书记谢高华虽然面临巨大压力，但他在县里召开的农村专业户、重点户代表会议上，作出了一项影响义乌小商品市场生存发展的重大决定，宣布正式开放"稠城镇小商品市场"的"四个允许"：允许农民经商，允许从事长途贩运，允许开放城乡市场，允许多渠道竞争。

这四条之中，允许从事长途贩运明显与当时的文件相背离，其他三条也没有政策和法律依据。谢高华的这一举措，在当时可称得上是石破天惊之举。

1983年7月，义乌县政府投资58万元，建造起一个占地220亩的摊棚式市场，场内全部是水泥地面，钢架玻璃瓦，这是当时中国最先进的专业市场，商品主要销往周边县市。

义乌县委县政府的决策，迅速地产生了积聚效应。到年底，义乌的市场摊户增加到1050个，日均交易人数为6000人，其中六成以上是外地人，上市商品多达3000多种，成交额达1444万元。1984年，市场的成交额达2321万元，当地产工业品约占1/3，其余大多来自省内外的产品。这里很快出现了来自天南地北的商贩，销往地多为长江以北及西南地区，义乌的小商品市场发展从此一发不可收拾。

"货多价廉款式新"，义乌的名声以令人难以置信的速度在中国大地上传播，一个跨越省界、辐射全国的市场网络在当时已显雏形。30多年后的今天，人们读到这些很可能不以为然，因为这些都是常态，是十分正常的现象，但在当时却是令人胆战心惊的尝试，是需要极大的魄力、勇气和担当的。

商品物流的快速发展也带动了义乌家庭工厂的兴起，很多商贩在市场里摆摊，在家里搞家庭工厂，"前店后厂"的模式油然而生。

义乌的发展模式，几乎是20世纪80年代中国民营经济成长的标本：一个专业市场的出现，构筑出一张辐射农村及中小城镇的商品网络，在市场需求的带动下，周边冒出数以千计的家庭工厂，最终形成"前店后厂""双轮驱动"的初级产业格局。

据统计，1986年，义乌市场的成交额突破1亿元，市场的发展完全超出了人们的预计。刚开业不久的义乌第二代棚架集贸市场马上又显得太小了，市场再度扩建，已势在必行。

于是，中国小商品城第三代棚架市场于1985年11月动工兴建，总投资440万元，1986年竣工开业，设有固定摊位4096个，占地4.4万平方米，场内建有综合商业服务及工商、税务、邮电、金融等管理服务大楼。其后经过多次扩建，至1990年年底，中国小商品城第三代建设已形成占地面积5.7万平方米，设有固定摊位8503个、临时摊位1500多个的全国最大的小商品专业批发市场。1991年小商品市场成交额达10.33亿元，首次突破10亿大关。

第四代大型室内柜台式市场于1991年开始动工兴建，1992年投入使用，共有摊位7100个，3月在国家工商局首次公布的全国十大市场名单中，义乌小商品市场名列榜首。8月，义乌小商品市场更名为"浙江省义乌市中国小商品城"。1993年义乌小商品市场走上了股份制的发展路子，创立中国小商品城股份有限公司。1994年6月4日，中国小商品城第四代商场二期工程通过交工验收，至此小商品城建筑面积扩大到22.8万平方米，摊位数增至23 000个。1995年中国小商品城成交额达到152亿元。

进入21世纪，义乌小商品市场走上了国际化的发展道路。为顺应国际化发展需求，建设了新一代的专业市场——中国义乌国际商贸城。这个主要由国际商贸城、篁园市场、宾王市场三个主体构成的宏大市场，营业面积超过550万平方米，商位7.5万个，从业人员和日客流量均超过20万人，成为全球最大的小商品集散中心。到过义乌国际商贸城的人都会惊叹，这里的小商品，只有你想不到的，没有买不到的。

义乌从"敲糖换鸡毛"发展成为当今全球最大的小商品市场，除了"敲糖帮"人所具有的"勤耕好学、刚正勇为、诚信包容"的义乌精神外，与义乌历届党委、政府积极作为和担当是分不开的。

——义乌坚持开放市场鼓励百姓经商。当年，在小商品市场萌芽发展阶段，义乌县作出的"四个允许"，正是政府对人民的期盼和愿望的顺应。那时，农村集贸市场都被当作"带有资本主义性质的自由市场"，农民在农闲经商要被"割资本主义尾巴"，货郎担和农村集市贸易被严格控制。但是，这些违背人民意愿的种种限制，使得"资本主义的尾巴"越割越长。既然禁止的做法不能奏效，小商品市场也不会对社会造成危害，还不如顺其自然，进行积极的引导、鼓励和支持，放手让人民群众经商、办企业。

——义乌坚持积极培育和善待市场主体。市场主体既是土地、资本、劳力、技术等生产要素的提供者或购买者，又是各种消费品的生产者和消费者，离开市场主体的购买、生产、销售等活动，市场就成了无源之水、无本之木。义乌小商品市场的成功，就在于培育了市场主体，放开了市场主体，善待了市场主体，依靠千万个市场主体竞相迸发的活力支撑起来。从最初的率先让农民进入市场，让外地人变成新义乌人，到后来让外商合法进入。正是"得市场主体者得天下"，才使义乌创造了今天的市场奇迹。

——义乌坚持政府调控市场资源。由于专业市场具有公共资源的性质，属于准公共产品。在小商品市场的发展过程中，义乌政府始终发挥着主导作用，牢牢把握市场建设的主动权，掌控市场商位和货运场站等事关小商品市场长远发展的调控权，抑制了不经商者控制摊位使用权并轮番加价转租的"炒摊"等行为，避免由于商位价格的无序上涨导致商务成本过快上升，防止来自全国乃至全球的市场活水被挡在过高的门槛之外，从而确保市场有序发展和规范管理。

——义乌坚持主导市场公平和公正。物流是义乌小商品市场的"主动脉"，物流场所十分容易出现垄断，一旦这种垄断形成，小商品市场就会走向消亡。当小商品交易发展到一定规模的时候，义乌政府及时地将各大联合托运物流场所收归政府管理，经营的是个体、私营业主，但场所设施的产权为政府所有，从而防止了不少地方发生的经营者为"抢码头、占地盘"而动辄"刀光剑影"的现象。政府主导市场公平和公正，有效地防止市场垄断，从而确保了市场的持续健康发展。

## 4. 胡耀邦：从事个体劳动是光彩的

1983年8月30日，在中南海怀仁堂，胡耀邦、万里、王震等党和国家领导人会见参加全国发展集体经济和个体经济安置城镇青年就业先进表彰大会的代表。

这次会议，是由劳动部、国家工商行政管理局、全国总工会、共青团中央、全国妇联等部门联合召开的。

胡耀邦发表了对传统观念颠覆性的《怎样划分光彩和不光彩》的长篇讲话。

胡耀邦说："现在社会上还有一些陈腐观念，妨碍着我们前进。在社会舆论中，有些是非标准还不很明确。例如，谁光彩，谁不光彩，怎样区分光彩和不光彩，就不是很清楚。到处碰到这种情况，到全民所有制光彩，到集体所有制不大光彩，搞个体的就很不光彩，找对象都困难。光彩与不光彩，究竟用什么标准来划分？一切有益于国家和人民的劳动都是光荣豪迈的事业。凡是辛勤劳动，为国家、为人民作了贡献的劳动者都是光彩的！"

胡耀邦说，请同志们回去传个话，说中央的同志讲了，集体经济和个体经济的广大劳动者不向国家伸手，为国家的富强、为人民生活方便作出了贡献。党中央对他们表示敬意，表示慰问。

这个讲话鲜明地提出了一个观点：从事个体劳动，自力更生，诚实经营，是光彩的；而在全民所有制企业中出勤不出工，出工不出力，出力不出活，是不光彩的。

讲话迅速在全国各界传开，在社会上引起了强烈反响。

1983年是中国改革开放的一个重要年头。此前，家庭联产承包责任制掀开了中国农村改革的序幕，几亿农民得到实惠。那时，党内外开始讨论"包"字进城，把农村改革向城市推进，但遭到了人们传统观念的顽强抵抗。在很多人看来，只有全民所有制企业是光彩的，而集体所有制就低人一等，个体经营户更成了形迹可疑的身份，让那些从事个体劳动的人感到抬不起头来。

难能可贵的是，胡耀邦等中央领导人从中国改革和现代化建设的战略大局出发，对刚刚兴起的个体经济给予了热情鼓励和政策扶持，指出年轻人自食其力是光彩，倚靠国家不劳而获才是不光彩。一切有益于国家和人民的劳动都是光荣豪迈的事业。有些人实际上不承认甚至反对这个观点，是完全错误的。

胡耀邦的这篇讲话，改变了被几十年高度集中的计划经济体制搞乱了的就业观，乃至于更深远的社会价值取向。因为长期以来，人们总是拘泥于"姓社姓资"的判断，严重束缚了人们的思想，乃至影响了社会基本的荣辱观。那些个体劳动者依法经营、勤劳致富，却有可能被视为走资本主义道路，而遭遇经济打击甚至政治迫害。

在党和国家的强力支持下，这一年，政府各部门出台的有关个体经济的政策规定，是改革开放四年来最多的。4月13日，《国务院关于城镇非农业个体经济若干政策性规定的补充规定》正式发布，放宽了对个体工商业在市场准入方面的限制，扩大了个体经济的经营范围和权限。例如，该规定允许个体工商户使用机动车船承揽客、货运输；有条件地允许个体工商业户从事长途贩运、批量销售等。与此同时，该规定还针对个别地方对个体工商户乱收费、乱摊派的现象，要求各部门采取有效措施，切实保护个体工商户的合法权益。

7月25日，国家工商行政管理局发出《关于城镇合作经营组织和个体工商业户登记管理中若干问题的规定》。8月12日，发出《关于工商行政管理部门向个体工商业户收费问题的通知》，把个体工商户正式纳入工商行政管理体制中。

1983年12月26日，中国人民银行发出通知，决定自1984年1月1日起，对个体经济的贷款利率比照集体经济（月息7.2‰）执行。

由于党中央、国务院态度鲜明地支持个体经济的发展，并出台了一系列政策支持，极大地鼓舞了个体经济的发展，到1983年年底，个体工商户发展到590万户，比上年增长126.1%；从业人员达到746万人，比上年增长133.4%。

1984年10月份，十二届三中全会通过的《中共中央关于经济体制改革的决定》，在论述国有经济改革时，特别强调了个体经济的作用。指出："我国现在的个体经济是和社会主义公有制相联系的，不同于和资本主义私有制相联系的个体经济，它对于发展社会生产，方便人民生活，扩大劳动就业，具有不可替代的作用，是社会主义经济必要的有益的补充，是从属于社会主义的"。《决定》要求为个体经济的发展扫除障碍，创造条件，并给予法律保护，"特别是在以劳务为主和适宜分散经营的经济活动中，个体经济应该大力发展"。

到1984年年底，个体工商户发展到933万户，比上一年增长58.1%；从业人员首次超过1000万，达到1304万人，比上一年增长74.6%；注册资本金首次达到100亿元。

1986年12月5日，中国个体劳动者协会在北京宣告成立，城乡个体劳动者从此有了自己的全国性组织。伴随着个体、私营经济的不断发展，中国个体劳动者协会组织逐步发展，成为会员人数众多、组织机构健全、社会作用显著、具有广泛群众性和代表性的社会团体，影响日益扩大。


## 5.个体经济首次写入宪法

1982年12月，全国人大五届五次会议通过宪法修正案，在第11条作了如下规定：

"在法律规定范围内的城乡个体劳动者经济，是社会主义公有制经济的补充。国家保护个体经济的合法权利和利益。国家通过行政管理，指导、帮助和监督个体经济。"

这标志着国家正式承认了个体经济的合法地位，并保护个体经济的合法权益。

这一重大成果的取得，是改革开放四年来我们党关于个体、私营经济理论的一个突破，也是对无数城乡个体劳动者为解决社会就业、活跃城乡经济、满足群众需要作出贡献的充分肯定，标志着党在发展民营经济的探索方面迈出了具有重要历史意义的一步。

"文革"十年内乱后，在我国城镇，一方面是经济一片凋敝，企业网点稀少，物资供应奇缺，人们日常生活吃、用、穿、行都十分困难；另一方面，社会上流散着数以百万计的无业人员和与日俱增的数以万计的上山下乡返城知识青年，亟待就业。安置就业成为一个严重的社会问题。继续按照我国原来的就业制度，由国家包下来，已经无法行得通了。

在国家无力解决陡增的城镇就业压力的情况下，党和政府从实际出发，广开就业门路，及时调整了所有制结构，使城镇个体经济的发展获得了政策环境。

1981年6月，党的十 届六中全会讨论通过的《中共中央关于建国以来党的若干历史问题的决议》第一次提出了"我们的社会主义制度还是处于初级阶段"的论断，并指出："社会主义生产关系的变革和完善必须适应于生产力的状况，有利于生产的发展。国营经济和集体经济是我国基本的经济形式，一定范围的劳动者个体经济是公有制经济的必要补充。"

同年6月，在国务院批转《工商行政管理总局向国务院的汇报提纲的通知》中，又进一步强调了发展个体经济政策的长期性，加大了对个体经济扶持和保护的力度。《通知》指出，恢复和发展个体经济，是搞活经济的一项重大措施，是社会的需要，是一项长期的经济政策，也是安排城市就业的一个途径。"要特别鼓励、支持集体和个体工商户经营那些群众需要的行业，如饮食业、服务业、修理业和有特殊工艺技术的行业。对这些行业，在政策上可以放宽一些，准许带帮手，准许带几个徒弟，以利于满足社会需要，扩大青年就业。"

　　《通知》还特别强调要加强对个体工商户的保护，并明确了该群体的社会政治地位，指出个体工商业的从业人员，是"劳动者"，在政治上不得歧视他们。"他们的正当经营活动和收入，应当受到保护，任何单位和个人不得乱加干涉和限制。"

　　7月，国务院发出《关于城镇非农业个体经济若干政策性规定》，对城镇个体经济的性质、经营范围，以及如何扶持和保护城镇个体经济的发展等问题，分别作了明确而详细的规定。文件指出："在我国社会主义条件下，遵守国家的政策和法律、为社会主义建设服务、不剥削他人劳动的个体经济，是国营经济和集体经济的必要补充。从事个体经营的公民，是自食其力的独立劳动者。"

　　文件充分肯定了个体经济在国家经济建设中的重要地位和作用，指出：恢复和发展城镇非农业个体经济，对于发展生产，活跃市场，满足人民生活的需要，扩大就业，都有着重要的意义。各地政府和有关部门应当认真扶持城镇非农业个体经济的发展，在资金、货源、场地、税收、市场管理等问题上给予支持和方便。该文件还具体规定了城镇个体经济的经营范围，适当放宽了个体经济市场准入的条件。

　　当时，个体经济所能经营的行业主要包括：各种小型的手工业、零售商业、饮食业、服务业、修理业、非机动工具的运输业、房屋修缮业等，以及那些群众需要而国营和集体未经营或经营不足的行业。该文件适当放宽了对个体经济从业人员的限制并首次具体规定了雇工的数目，指出："个体经营户，一般是一人经营或家庭经营；必要时，经过工商行政管理部门批准，可以请一至两个帮手；技术性较强或者有特殊技艺的，可以带两三个最多不超过五个学徒。"这就打破了个体经济不能雇工的限制，为个体工商户扩大经营规模开了绿灯。从而突破了1979年国家工商行政管理局的规定，但回避了"雇工"这个词。

　　3个月后，中共中央、国务院又发布了《关于广开就业门路，搞活经济，解决城镇就业问题的若干规定》，强调对个体经济要"引导、鼓励、促进、扶持"。强调"今后必须着重开辟在集体经济和个体经济中的就业渠道"。该文件还指出，"集体企业和个体劳动者的财产所有权，正常的经营活动和正当的收入，应当受到法律的保护，任何部门和单位不得非法干涉、平调、升级和并吞。"文件还要求各部门"采取积极的态度，坚决地迅速地改变那些歧视、限制、打击、并吞集体经济和个体经济的政策措施，代之以引导、鼓励、促进、扶持的政策措施"。

从1981年起，国家对个体经济的统计称谓，不再是多少人，而是分为多少户，多少从业人员。

到1981年年底，全国城镇个体经济发展到183万户，从业人员227万人，是1980年80.6万人的将近3倍。

1982年9月，党的十二大召开。这次会议提出，我国的社会主义社会现在还处在初级发展阶段，"由于我国生产力发展水平总的来说还比较低，又很不平衡，在很长时期内需要多种经济形式的同时并存。"提出要在坚持国营经济主导地位的前提下发展多种经济形式，"在农村和城市，都要鼓励劳动者个体经济在国家规定的范围内和在国家工商行政管理下适当发展，作为公有制经济的必要的有益的补充，只有多种经济形式的合理配置和发展，才能繁荣城镇经济，方便人民生活"。

但是，由于长期受计划经济"统包统配"的影响，不少人习惯于靠国家安排工作，认为搞个体经济不光彩。

那时，当个体户的，往往被人们认为是不务正业、不守本分的"二流子"。个体户俨然是社会地位低下的一个代名词。一些父母吓唬不用功的孩子时常常会说："瞧你这傻小子，再不用功，就让你到街上摆摊头，当个体户去！"

党和政府不仅为个体经济的发展制定了一系列方针政策，而且为引导舆论，转变人们的就业观念做了大量工作。胡耀邦曾在劳动人事部、国家工商局等部门召开的发展个体经济表彰大会上所作的《怎样划分光彩和不光彩》的重要讲话，对当时及以后全社会改变传统就业观念产生了极为重大而深远的影响，我国个体经济从此呈现快速发展态势。

截至1982年年底，全国个体经济达到261万户，从业人员320万人，比上年增长40.0%，注册资金也由1981年的5亿元增至8亿元。

## · 第三章 ·

# 新笋雨后遍地生

私营企业是我国民营经济的主体。它的来源主要有三个方面：第一是从个体户发展而来，第二是通过民间投资创办起来，第三是通过集体企业或国有企业转制而来。在这个发展过程中，经过市场的优选和淘汰，一部分私营企业成长为大型企业甚至企业集团。

## 1.中国私企第一人——姜维

私营企业执照的颁发和私营企业的合法诞生，曾经面临重重阻碍。在时任中共中央总书记胡耀邦等领导同志的特别关注下，1984年11月9日，姜维所创立的中国光彩实业有限公司成为经国务院特例批准的第一家私营企业，成为中国民营经济发展史上的一个重要事件。

姜维1980年离开服役11个春秋的部队，回到家乡大连。按照政策，他被分配到大连市文化局工作，虽然是干部职务，但由于种种原因，等了8个月还没有安排具体工作。

无奈之下，姜维在大连市动物园门前摆了一个名叫"照照看"的摄影摊子，自食其力干起了个体户，成了大连市第一个复转军人自谋职业者。

当时社会流传着一句话："好人都有工作，没工作的人才干个体户。"

言外之意，干个体户的没有好人。也正是这样，社会上对个体户的歧视、打压、非议严重地冲击着个体户这支队伍，也严重影响从事个体事业的每一个人的精神、生活、工作。

1983年，开展"严打"时，姜维等一批合法经营的个体户被强行迁走，理由是要"净化城市"。尽管姜维据理力争，但无济于事。这类事情令他们很迷茫，不知路在何方。

1983年8月30日晚上，中央人民广播电台的新闻联播里传来振奋人心的消息：中共中央总书记胡耀邦和万里、习仲勋等中央领导同志在京接见城市集体和个体先进代表时发表了重要讲话。

胡耀邦说："从事集体和个体劳动是光彩的。凡是辛勤劳动，为国家、为人民作出了贡献的劳动者都是光彩的。请同志们回去传个话，说中央的同志讲了，集体经济和个体经济的广大劳动者不向国家伸手，为国家富强、为人民生活方便作出了贡献，党中央对他们表示敬意，表示慰问！"

姜维听着听着，眼里流出了热泪，心情万分激动。

第二天一大早，姜维等7家在公园前摆摊的个体户不约而同手里都拿着一张刚刚买来的《大连日报》。大家拥到一起，把生意撂到一边，由姜维给大家读胡耀邦的讲话。大家动心倾听，每个人都流下了眼泪。

从那天起，姜维第一次感到自己从事的个体工作是同国家的利益紧紧相连的，第一次感到自己挺起了腰杆，充满自豪感；也正是从那天起，社会对个体工商户的态度也有了显著的变化。胡耀邦同志的"光彩"讲话，使各级干部对补充国家经济的个体经济有了新的认识。

1984年年初，一个偶然的机会，姜维认识了一位叫廖志强的港商。他要卖给姜维一套彩色照片扩印机，价格是19.8万元人民币。在那个年代，这笔钱可是一个天文数字，但是彩色照片打印机更属稀罕。姜维想结合国家现有的中外合资企业模式同这位港商提出以个体户身份同他合资经营这个照片彩扩公司，港商很高兴地同意了，大连市领导也十分重视。

但是，在姜维兴高采烈准备同港商签合同时，大连市领导突然告诉他不要再提此事。姜维问为什么？一位政府同志悄悄告诉姜维，"为你的事，查找了有关文件，也看了宪法和中外合资法，都不允许个人同外商合资，在大连是不可能让你办成了，你只有去北京找政策吧。"姜维的父母和一些朋友也都劝姜维算了吧，还是回文化局捧铁饭碗上班吧！

但姜维怎么也想不开，外商愿意将设备投给他，他可以为从事摄影的个体小伙伴们快速冲印照片、服务客户，多挣点钱怎么就不行？

姜维毅然来到首都北京。但在那个年月，人们还没有身份证，各个部门都要手持县团级的介绍信才能登堂入门，而姜维一个体户哪里有这样的介绍信！近3个月的时间里，姜维去过无数国家机关，都因是个体户而被拒之门外。

在北京，姜维投宿战友、朋友家中，3个月借住二十几家，常常一天只吃一顿饭。但姜维坚信自己没有错，"我的职业是光彩的"成了姜维的精神支柱。

1984年5月4日，姜维借住在一位在人民大会堂工作的叔叔家。看姜维没有什么事，叔叔便给姜维一张"五四"首都青年联欢的门票，让他去人民大会堂参加活动。

姜维拿起照相机来到了大会堂东大厅。当时，许多中央领导同志同首都青年在跳集体舞。突然一位中年领导同志看姜维在拍照，问姜维："你是哪个报社的，我怎么没见过？"姜维说："我是个个体户。"

这时，他走过来对姜维说："个体户好呀，耀邦同志都称赞你们是光彩的。"这时旁边同志说："这是中共中央办公厅主任王兆国同志。"姜维顿时不知道说什么好，只听王兆国同志又问："你来北京有什么事吗？"姜维说了想同外商合资办企业的想法。王兆国同志便让姜维找他身边工作的同志谈，并将姜维写的报告拿去。

事情就由此开始出现转机。

后来，姜维又经人介绍认识了时任全国人大常委会副委员长王任重。王任重在家中亲切接见了姜维，姜维一口气介绍了自己从事个体工作的经历，谈了3个多小时。王老听完后说要将这件事立即报告给中央领导同志，并亲笔写信给国家工商局局长任仲林同志。信的内容是："兹介绍大连市一个很有思想的青年姜维，到你那去谈一谈，你无论如何都要接待，哪怕是几分钟。"

第二天，姜维拿着王任重的信，到了国家工商局，任仲林局长和4位司局长同姜维一起商谈。他们首先提出，个体户不具有法人资格。姜维问他们怎么才能具有法人资格。任仲林局长说："那只有将个体户变成私营企业。"姜维马上说："那就变呗。"任局长严肃地对姜维说："小同志，你知道吗，党在1957年向全世界宣布，经过社会主义改造的伟大成果就是取消了私营企业，走上了社会主义公私合营的道路。你一句话，变了呗，怎么变？而且新中国成立以来国家就没批准成立过一家私营企业。这事我可说不好。"

这时又有一位司长说："姜维同志，还有个问题，那就是雇工问题。"姜维说："什么雇工问题？"他说："国家有文规定雇工不能超过8个人，你要办的企业肯定超过。"姜维说："超过8个人怎么了？"他说："超过8个人就视为剥削。"姜维说："什么根据？"他说国家有关部门根据《资本论》里的劳动剩余价值理论制定的规定。

姜维当时听完就急了，说："我不管，我是共产党养大的，我不会剥削人，也不会当资本家。"

这时，任局长摸着姜维的头说："小同志，不要着急，中央已经提出，可否考虑私营企业出现的问题，才给了我们同你研究你提出的问题的勇气。如果你作为私营企业同外商合资办企业，那你就是资本家，不过你是我们党培养起来的，现在任重同志等有关领导这样关心你，相信党中央，相信政府吧！"

又过了些日子，一天，在姜维借住的友人家里突然来了两个人，一位是王任重副委员长的女儿王晓黎，另一位男同志不认识。王晓黎说："姜维，这是胡德平，耀邦同志的儿子，在中央统战部工作，今天他来看看你。"姜维惊呆了，胡耀邦总书记的儿子来看自己？胡德平握着姜维的手说："你从千里之外来到北京，找党来解决你的问题，说明你对党的信任，这也说明经过拨乱反正，党的优良传统又回来了。你有什么问题可告诉我。你提出的问题一定会得到解决的。"临走时，姜维才发现他俩是一人骑着一辆叮当直响的旧自行车来的。

不久，姜维接到了国务院法规中心的通知，要他到中南海去参加研究成立公司一事。当时参会的有国家工商局、对外经济贸易部、海关等有关部委。

会议争论很激烈，开了多长时间姜维也记不得了，但他知道为了自己这个个体户要办一家公司，惊动了这么多的部门来论证研究，是新中国成立后从未有过的。

在讨论过程中，大家争议得十分激烈。这次讨论，姜维得到的结果是由于历史原因，有些政策性的问题解决不了。时任国务院法规中心秘书长的王正明同志安慰姜维说，中央有精神，耀邦同志说让先试办一下，事情一定会解决的。

1984年11月9日，经贸部魏玉明副部长在他办公室向姜维宣布："姜维同志，你要办的私营公司经党中央、国务院批准，可以同港商合资办公司了，这是国务院的批文。"接过国务院的文件，姜维激动得泪水模糊了双眼。

在公司准备被批准时，任仲林局长问姜维："你的公司叫什么名字？""光彩。"姜维立即回答。任局长高兴地说："我就知道你会叫这个名字。"于是，国家工商局正式批准新中国第一家私营企业用"光彩"命名。王任重副委员长又一次在家中接见了姜维，并亲笔题词："位卑未敢忘忧国，为姜维同志创办光彩实业公司而题。"

1985年年初，对外经济贸易部正式向姜维颁发了中外合资企业证书。4月17日《人民日报》报道："辽宁省大连市摄影个体户姜维与香港华源投资有限公司合资成立的全国第一家个体户与港商合办企业——大连光彩实业有限公司，经国务院批准，4月13日正式营业。"

消息一传出，国内各媒体都作为一条重要消息报道。新华社发了通稿后，世界许多国家的报纸也都报道并作了评论，姜维顿时也成了新闻人物。正如有的媒体说："姜维创办的光彩公司成立，标志着销声匿迹27年的私营企业又重新出现在印着国徽的文件上，姜维也将作为自1957年中国向世界宣布'经过社会主义改造取消了私营企业，走上公私合营道路'后的第一家私营企业经理载入中国经济体制改革史册。"还有的文章说："恢复中国私营经济，姜维在他人生中迈出一小步，而中国却是迈出了一大步！"

## 2.春天里的先行者

陈春先，顾名思义，春天里的先行者。

他，1934年生于四川成都，1958年莫斯科大学物理系毕业，曾经是中国科学院物理所室主任、核聚变等离子物理研究所副所长、博士生导师。1980年，在中关村进行科技创业探索，历任华夏硅谷创业集团及所属企业董事长。2004年8月逝世。

中关村，昔日只是北京城北一个小村庄的名字。今天，被人们称为"中国硅谷"。

说起中关村，不能不提起被人们称为我国"民营科技第一人""中关村第一人"的陈春先。

1980年12月23日，在北京中国科学院的一个仓库门口，集聚着14个推着自行车而相貌斯文、语调温和的人。在凛冽的寒风中，陈春先逐个和他们握手打招呼。

这些人都是中科院物理所、电子所和力学所的研究人员、高级知识分子。他们都是被陈春先热情"忽悠"来的。

他们从北京市科协借了200元钱，要在中关村的这个仓库里，创办全国第一个民营高科技机构——北京等离子先进技术服务部。

陈春先早年毕业于四川大学物理系，后留学苏联，作为中方优秀留学生代表受到过时任苏共最高领导人的接见。1958年回国后，在中科院物理研究所工作。当时，他的学科是十分前沿的核聚变，创建了合肥等离子物理所（核聚变科研基地），建立了国内第一个通过磁约束实现可控核聚变的装置——托卡马克装置。1978年，在中国科学院评聘的第一批10名教授级研究员中，他就是其中之一。

在改革开放之后的头两年里，陈春先曾经三次访问美国。在去了美国硅谷和波士顿128号公路以后，报国心切的他深感中国也应该有自己的硅谷，让中国科学院多年沉睡在实验室里的科研成果转化为有价值的商品。

怀着一种使命感，他多次在各种场合呼吁，提出在中关村建立"技术扩散区"，探索一条适应我国国情的扩散新技术、将科研成果迅速转化为生产力的路子。

陈春先从美国第三次考察回来以后，决定在中关村创建"中国硅谷"，使之成为技术扩散地。

从1980年冬到1983年春，他与海淀区4个集体所有制的小厂建立了技术协作，创建了海淀区技术实验厂和3个技术服务机构。他的目标就是把束之高阁的技术扩散到企业中去，实现科研与企业的实践相结合，使科技成果在企业变成实实在在的产品。

当时，陈春先创办公司的举动，在中科院和社会上引起了不小的震动，不少人认为他不务正业。

创业第一年，服务部有了2万多元的收入，于是陈春先给大家每人每月发了15元奖金，并规定每人每月有7元的津贴。

这顿时引起轩然大波，有人甚至向中科院告状说，陈春先自己给自己涨了两级工资。一时间，知识分子"不务正业、歪门邪道、腐蚀干部"成了议论的重点。

在巨大的压力下，服务部曾被封门查账，随时面临着解散。问题的争议反映到了中央，几位中央领导先后批示："陈春先同志带头开创新局面，可能走出一条新路""陈春先同志的做法是完全对头的，应予鼓励"。由于中央领导和北京市、海淀区领导的高度重视，有关方面放宽了在中关村办公司的政策，使中关村获得了发展良机。

在陈春先的影响下，中科院计算技术研究所研究工程技术人员王洪德辞职下海，与7名科技人员一起，带领几十名知青，在中关村创办全国第一家机房工程公司，即北京市京海计算机机房技术开发公司。公司成立后，实行科研、工程、技贸和生产相结合的方针，以及自筹资金、自愿组合、自主经营、自负盈亏的民营机制，创造出惊人的高效率和高收益。

中关村地区，聚集了全国最密集的科教智力资源。以信息技术为代表的第三次新技术革命浪潮的兴起，中国解放思想、改革开放的社会大变革，为中关村地区的发展提供了绝好的机遇。

陈春先点燃的星星之火，在中关村科研人员中呈现出燎原之势。特别是中央领导同志批示："一部分有贡献的科技人员可以先富起来"，进一步推进了中关村的发展，引发了中关村第一次科技创业潮。1983年5月，海淀区和中国科学院联合创办科海新技术公司。1984年5月至11月，四通、信通等一批科技人员兴办的公司也相继成立。中关村出现了许多销售电脑、提供软件开发和应用服务的公司，到年底时发展到了40家。

之后，中国新技术开发公司、北京华海新技术开发公司、中国科学院希望高级电脑技术公司、大地矿业新技术公司、中国自动化技术公司、康华电力电子技术公司、华燕电脑公司、通联公司、石化院科技开发公司、北京长城钛金公司等企业相继成立。

1985年2月，中国著名计算机专家蒋士骕离开中科院到京海公司任职。蒋士骕早年曾留学美国，20世纪50年代在周恩来总理关怀下回到祖国。他的这一举动在科学界引起极大震动。

到1985年年底，中关村电子一条街上的科技企业已达90多家。在国家政策支持下，中关村民营科技企业踏上了"自筹资金、自由组合、自主经营、自负盈亏、自我约束、自我发展"的创业道路。

1985年3月，中共中央发布《关于科技体制改革的决定》，明确规定："允许集体和个人建立科学研究和技术服务机构。地方政府要对他们进行管理，给予指导和帮助。"这个《决定》给中关村民营科技企业以合法身份和地位，从而大大促进了中关村民办科技企业的发展。

1986年1月，杨传智等创办海威电气股份有限公司。这是中关村第一家个人持股的科技企业。该企业将公司资产折股份给职工个人，到1988年已两次分取红利。这种做法引起其他一些企业的纷纷仿效。年内，中科院动物所创办科技企业——动物所成果推广中心、北京大学新技术公司成立，中国长城西门子电讯设备维修中心开业，成立电子一条街上第一家个体科技企业——北京市海淀区永明电源技术研究室。

当年，各类技术开发性公司达到近百家。至此，中关村电子一条街初具雏形。

截止到1987年年末，中关村电子一条街的各类科技企业达148家，从业人员达5000多人，技工贸总收入超过9亿元，占海淀区社会总收入的37％。电子、电脑产品的销售额达4亿多元，形成全国较大的微机与电子元器件和信息产业技术市场。

1988年5月，国务院正式批准《北京市新技术产业开发试验区暂行条例》，同意在海淀区境内100平方千米范围内设立北京市新技术产业开发试验区。8月5日，第一个国家级高新技术产业开发区在海淀成立。《条例》的发布和试验区的建立，为民营科技企业创造了较好的生存和发展环境，大大激励了科技人员创办高新技术企业的积极性，标志着中关村电子一条街从此进入了一个新的发展阶段……

今天，人们提起中关村，常常会说到联想、百度、小米等高科技企业，会提起柳传志、李彦宏、雷军等企业家。人们更不会忘记，陈春先是"中关村的第一人"，是中国民营科技的先驱，他的名字将永远被载入我国民营科技发展的史册中。

## 3. 生于忧患的"安乐"

《爱拼才会赢》，这首在当地家喻户晓、人人会唱的闽南语歌，经过不断的流传，已经成为许多企业家最爱唱的一首歌曲。"拼"和"赢"两个字，十分形象贴切地刻画了闽南人和许多企业家那种敢于打拼、敢冒风险的精神。

福建晋江恒安集团公司创始人许连捷，就是一位敢为天下先、勇于冒险开拓的我国改革开放以来最早创业的民营企业家之一。

1953年，福建晋江，安海古镇，许家添丁，家人喜出望外，希望这"小不点"来日能成为许家的栋梁之材，能彻底改变许家家境，于是为他取名"连捷"。"连捷"，连连告捷，意味着成功再成功。

然而，命运往往不以人的意志为转移，最初连捷并没有像他的名字那样，连连告捷。相反，童年的许连捷以祠堂为家，务农的家境连纸笔都无力购买,成绩优异的他12岁便被迫辍学了。

从此,晋江安海镇后林村和附近的几个村庄,人们经常可以看见一个卖鸡蛋、卖芋头的瘦小男孩的身影。许连捷以闽南人特有的吃苦耐劳精神,从少年时起就开始了他的创业之路。

在那"割资本主义的尾巴"的年代,许连捷因为买卖生意被扣上了"投机倒把""搞资本主义复辟"的帽子,甚至被送进了"学习班"。

但他显然没有从"学习班"里学到什么东西。"学习"结束后,他却另辟蹊径,弄了辆自行车,给别人运货,后来又买了牛车,拉石头围海造田。骑自行车拉一趟东西能挣几元钱,他就是这么一点一点地进行原始积累。

这样执着的人最容易感知政策的动向。1978年后,国家实行改革开放,许连捷马上找了两三个人,出了1000多元钱合买了一台手扶拖拉机,主要是拉石头、甘蔗之类的货物。慢慢地,生意越做越大,他就动员一些华侨亲戚赠送汽车,搞了个汽车队,由他来经营管理,赚了钱再给这些亲戚分红。两年下来,他已不再满足于替别人搞运输,开始动心思搞自己的企业。

1979年,许连捷联合了几个乡亲,在自己家里办起了后林服装加工厂。村里的闲散劳动力很快纷纷汇聚到许的厂子里干活,昔日宁静的小村里,机器开始昼夜不停地轰鸣。

看着儿子的服装厂红红火火,许连捷的父亲却越来越害怕,担心儿子开这么大的工厂,还雇了那么多工人,说不定哪天会被抓去坐牢。

吃够了贫穷苦头的许连捷绝不甘心就这么退回去,他一边给父亲打气鼓劲,一边更加放胆经营。1983年后,后林服装加工厂多了一项业务:生产尼龙拉链。就在这一年,许连捷挣到了人生第一桶金——50万元人民币。

在家乡,许连捷有个绰号叫"大头鲢",意思是说他头大聪明。但许自己知道,脑袋大小不等于智力高低,敏锐果敢才是商人本色。

1984年11月的一天,福建省晋江市安海镇通用机器厂的技术员杨荣春,手持一叠来自香港的卫生巾设备说明书,敲开了许连捷家的大门。许连捷听完介绍,感觉到机遇来了,开始了新的思考:虽然服装厂让他挣到了钱，但像这样的小厂子在福建当地越来越多，利润也被摊薄，日后肯定难以为继。而卫生巾在中国市场几乎是空白，如果我们先人一步，抢占市场，前景不可估量。

许连捷经过几个昼夜的思索后，又跑到上海进行市场调查。回来后，做出了两个对他一生都十分重要的抉择：第一，把工厂从后林村搬到了能贾善贸的千年古镇——安海。因为那里人才济济，发展空间大。第二，放弃服装加工，转产卫生巾。

1985年，许连捷等人集资136万元创立了恒安实业有限公司，尝尽代工滋味的他建议迅速推出自有品牌，命名"安乐"，并从香港引进了生产线，招聘工人、培训……第一批安乐卫生巾顺利下线。

产品刚刚上市，却迎来恒安最困难的时期。在那个观念保守的计划经济年代，"安乐"初期销售并不让人安乐，产品推出一个月仍无人问津。那时，不要说农村，就是在城市，也没有多少妇女用过卫生巾，"做广告吧，拿不出钱；靠口头推销，推销员又都是男的……"尤其是第一笔价值数千元的生意以受骗告终——山东德州一家皮包公司收到100箱货品后神秘蒸发。

头一年下来，公司产值65万元，卖出去的却不到10万元，许连捷感受到市场的冷酷。但从不言败的许连捷带领4名男业务员顶住股东压力拼命奔波。他坚信，好产品总有回头客，多卖一包就多一个客户。

终于，几个月后，观念开放的广东成了恒安的业务福地。公司寄销在广东省百货公司的100箱货品尽数售罄，逐步打开销售局面。

1986年年底，借助电视剧《八仙过海》的插播广告，安乐卫生巾销量大增。次年，产品打入上海滩，不久进入全国市场。当年增援的生产线一到便满负荷运转。到1989年，恒安已经成了全国最大的卫生巾生产企业，10条生产线满负荷运转都不能满足需求。

1991年，安乐卫生巾全国市场占有率高达40%，"安乐巾"成了卫生巾的代名词。

许连捷却并未因此而洋洋得意，而是有了一种不安。任何一个行业，当生意太好做的时候，都不是好事——大家看好这个行业都来做，行业的利润末日也就到了。

许连捷意识到产品要更新换代了，于是他开始到日本、马来西亚等东南亚国家考察。当时全球卫生巾产品经历了三代更替，恒安1985年生产的是发达国家要淘汰的产品，属于第一代；第二代是弧形、超薄的；第三代则是现在常见的有护翼的。

在日本考察后，许连捷发现日本卫生巾市场的结构与中国结构一样，原来有几百家工厂，但到第二代产品转型时，只剩下几十家，而进入第三代转型时，只剩下5家。

此时，许连捷毅然决定放弃原先的设备购买计划，尽管那时国内市场的第二代卫生巾产品还不多见。因为他深知，国际竞争对手已进入中国市场，他们引进的肯定是会"飞"的第三代产品，恒安再投产第二代产品肯定没有竞争力，必然会很快退出市场的。

许连捷下定决心，直接购买生产第三代产品的新设备，恒安要从卫生巾的第一代产品直接过渡到第三代产品，让安尔乐飞起来。

1994年，在国家银根紧缩的背景下，恒安押上全部家当从意大利引进的高档蝶形护翼卫生巾生产线投产，1995年安尔乐风靡全国，产品供不应求。

此后，恒安一直是国内最大的妇女卫生巾和婴儿纸尿裤生产企业。恒安的主导产品安乐、安尔乐卫生巾，安儿乐婴儿纸尿裤，心相印纸巾，市场占有率连续多年位居全国第一。

## 4."万向"冠全球

1988年，鲁冠球这个中国第一代农民企业家，从当时企业1500万元的净资产中划出了750万元归镇政府，买断了工厂股权，从此开始了万向的市场化征程，成为我国乡镇企业改制为民营企业的一个标志性事件。

2017年10月25日，万向集团创始人、董事局主席鲁冠球溘然辞世。

"时代楷模家国栋梁大德流芳芳播万向定春秋，

复兴先驱民企巨擘传奇人生生如钱潮名天下。"

这是人们悼念鲁冠球的挽联，也是其一生以教科书般的方式打造出了一个商业帝国奇迹的真实写照。

鲁冠球1945年1月出生于浙江萧山的一个农民家庭。幸运的他出生后不久新中国就成立了。在那个红红火火的年代，鲁冠球像当时几乎所有中国年轻人一样希望能去工厂当个光荣的工人，然而当工人对于当时的农村人来说，往往是一件可望而不可即的事。

当时，鲁冠球很费劲地争取到了一个铁业公社打铁的岗位，但只干了3年，鲁冠球因人员精简而被辞退。之后，他又自己创业，办了一个米面加工厂，由于不符合政策规定，很快就被取缔了，鲁冠球迫不得已将自己三间老屋卖掉去还债。

然而，时代并没有忽视这个并不起眼的农村小伙。1969年，鲁冠球和6个当地农民一起搭起了自己的"草台班子"，集资4000元创办了之后大名鼎鼎的万向集团的前身宁围公社农机厂。

一群农民创办的企业，在那个年代要想干出名堂是多么的艰难！鲁冠球走的是一条夹缝生存的道路，比如饲料机上的榔头、打板，拖拉机上的尾轮叉，柴油机上的油嘴，有什么做什么是那个时代的特色。

1978年，农机厂已有300号人，年产值300余万元。不久，改革开放的曙光让这个农民出身的"泥腿子"鲁冠球看到了希望。当时《人民日报》上公开发表了一篇社论，这篇名为《国民经济要发展，交通运输是关键》的小文章引起了鲁冠球的注意，企业家敏锐的直觉告诉他汽车产业将会成为中国未来的重要产业。他下定了一个决心，砍掉其他所有项目，去做汽车万向节。

万向节是个什么东西呢？其实就是汽车轴承之间的一种传动连接器，这个类似十字架的东西，虽然形式各异，但是四个横断面都特别光滑。作为汽车的关键零部件，一旦万向节出现了磨损，就必须要换新的，这也导致万向节成了汽车最经常更换的零部件之一。

那时，所有的产品都是国家统一配给的，非国有企业的萧山万向节厂想要卖出任何一件产品都十分困难。最经典的例子就是，1980年，当鲁冠球背着自己生产的万向节去行业交易会的时候，却被人撵了出来，原因是这个交易会只有国营工厂才能进去。最后，他派人进场探得"内情"，场内的买卖双方纠缠的只是价格，于是他以低于场内20%的价格斩获了210万元的订单。

这是鲁冠球及萧山万向节厂的第一个爆发点，也成为鲁冠球创业史和万向集团企业史上不可忽视的节点。

创业并不是一帆风顺的。在这一年的夏天，有芜湖的一家厂商寄来退货信，说他们收到的万向节有部分产品出现了裂纹，这个现象在当时品质控制能力不强的乡镇企业中并不是什么新鲜事。但正当对方都不抱什么希望的时候，鲁冠球组织了30个人去各地盘查存货，竟然运回来3万多套万向节。鲁冠球将这些万向节当成废铁卖给了废品收购站，工厂也因此损失了43万余元，这个数字对于一家乡镇企业可谓是一个灭顶重灾，然而鲁冠球硬是挺了下来，不断地改进技术，生产合格的万向节。

终于，幸运女神眷顾了鲁冠球，当时中国汽车工业总公司需要确定三家万向节生产企业为自己的定点工厂，鲁冠球四处奔走，推介自己的产品，硬是让北京专家组相信了他的实力，最终竟然从56家全国企业中脱颖而出，成为三家定点工厂之一。至此，鲁冠球的人生开始发生转折。

1984年3月，广交会上一位叫多伊尔的美国客商看中了万向企业生产的万向节，要求到工厂考察。在考察完万向后，双方签订了3万套万向节的订单。8月，万向的第一批3万多套万向节产品发往美国，使万向成为中国汽车零部件行业第一家出口产品到美国的企业；同年10月，舍勒兄弟来厂洽谈合作事宜，开启了万向节厂与美国舍勒公司的合作之门。

1986年9月，国务院机电产品出口办公室批准万向企业为中国万向节出口基地，批准了万向的进出口经营权，万向的产品开始走出国门。

1988年，万向节厂的产品已占到全国市场份额的60%左右，并积累了相当的经济实力。这一年，鲁冠球向宁围镇政府买断万向节厂股权，企业从此变成了民营企业。这就为万向节厂的发展壮大创造了根本性前提。同时，万向节厂一方面通过入股、兼并、购买等方式，一举购并了8家亏损企业，另一方面将企业中有生产经营能力的车间分解出来，成立了分厂，并在此基础上成立了杭州万向节总厂。1989年4月，万向被列为全国10家股份制试点企业之一。

20世纪整个80年代，是中国民营经济的起步阶段，是万向得到迅速发展的阶段，也是万向"生产专业化，管理现代化"战略的成长阶段。鲁冠球虽然没有受过太多的正规教育，可他在商业领域的智慧却是超群的，能够把握住时代的脉搏，始终走在时代前列。

比如，他还在工厂实行按劳动效益分配的制度，即类似于今天所讲的奖金或绩效。按劳之外，他还创造性地实行按资分配，即类似于今天所讲的入股分红。

1990年开始，鲁冠球提出"大集团战略、小核算体系、资本式运作、国际化市场"的战略方针。他用"钱潮牌"万向产品打开了日本、意大利、法国、澳大利亚、中国香港等18个国家和地区的市场，每年创汇在229万美元以上。上市时，万向钱潮总股本只有1.09亿股，到2017年，股本达到27.53亿股，20年扩大了近27倍。

1992年，万向节厂改名浙江万向集团，并开始进行股份制改组。1994年，鲁冠球的万向钱潮在深圳上市，成为中国首家上市的乡镇企业，并独资成立了万向美国公司。然而，让所有人难以想象的是，2000年之后，当年压价万向节的美国舍勒公司被鲁冠球收购，之后美国洛克福特公司、UAI公司全部被收购，万向集团成为世界汽车零部件的真正龙头。

作为20世纪80年代的风云人物，鲁冠球早在1985年就被《半月谈》杂志评为全国十大新闻人物，1987年、1992年分别当选中共十三大、十四大代表，1990年1月，中国乡镇企业家协会成立，鲁冠球成为副会长。2001年当选为CCTV年度经济人物，1998年到2013年，连续三届当选全国人大代表。

现在的万向集团已经从一个小乡镇企业发展成国内最大的民营企业之一。如今，万向集团的主导产品在国内市场占有率达60%以上，在美国、英国、德国等10个国家拥有22家公司，40多家工厂，海外员工超过万人，是通用、大众、福特、克莱斯勒等国际主流汽车厂配套合作伙伴，主导产品市场占有率为12%，是目前世界上万向节专利最多、规模最大的专业制造企业，在美国制造的汽车中，每3辆就有一辆使用万向制造的零部件。

## 5. 小鹌鹑养出大"希望"

在鲁冠球、宗庆后、曹德旺、许连捷、南存辉、年广久等东部企业家经商创业的同时，处于西部地区四川的刘氏四兄弟，也用自己的方式开始了艰难的创业历程。

刘氏四兄弟出生于四川新津的一个普通家庭，老大刘永言从成都电讯工程学院毕业分配到成都906厂计算机所工作；老二刘永行从成都师范专科学校毕业后到了县教育局工作；老三陈育新（刘永美，因过继到陈家而改名）从四川农业学院毕业后在县农业局当农技员；老四刘永好在成都机械工业管理学校当老师。

在邓小平倡导"让一部分人先富起来"的影响下，四兄弟开始不安分起来。1980年春节，刘永行为了让哭闹着要吃肉的4岁儿子能够在过年时吃上一点肉，从大年初一到初七，在马路边摆了一个修理电视和收音机的地摊，短短几天里他竟然赚了300元，相当于他当时10个月的工资。

四兄弟一商量，就想办一家电子工厂，并很快生产出音响样品。刘永好拿着音响到乡下想和生产队合作，他们出技术和管理，生产队出钱。没有想到的是，此事上报到公社之后，公社书记一句"集体企业不能跟私人合作，不准走资本主义道路"。此事胎死腹中。

四兄弟的创业，起点是从老家新津县古家村开始的。

1982年8月上旬的一天，刘家四兄弟在陈育新家里开一个家庭会议，内容就是他们这一两年来一直谈论的话题：创业。在成都的刘永言、刘永好，新津的刘永行都在国家单位工作，没有任何机会开始"自己做"的事业。

刘永好说："工业不让做，城里不能做，而农村农业的发展很不错，我觉得尝试一下农业应该不错。"

刘永行也有同样的想法："起码农民在种什么养什么的问题上有很大的自主权；另一方面，大家的生活好了一点，吃肉应该是一个很大的需求，养殖业中可以做成规模的应该是育种，所以，我们可以一起搞个良种场。"

陈育新从小生活在农村，又在农学院受过专业教育，他觉得做育种应该是很好的生财之道，于是他开口了："办良种场条件最成熟的是我，我先辞职回家，实在做不下去了我还可以回来种地。"陈育新的另一个理由是：他在新津的顺江乡农村有幢小小的房子，可以用来做育种场，这样不用考虑场地的费用问题，他还有几亩自留地，也可以用来做蔬菜的良种培育。这些条件显然是另外几个兄弟所不具备的。

创业，终于在兄弟们多次的家庭讨论后，在经历了四兄弟对自己以往艰难人生的咀嚼后，毅然决然地开始了。身处中国封闭的内陆省份的刘氏兄弟几乎没有任何经商的经历，没有任何关系背景，甚至连启动资金都没有，就开始了真正意义上的白手起家，这是那个时代给予他们的勇气。

刘氏兄弟创业这一幕，在中国风起云涌的1982年也许只是瞬间的烟云，但谁也未曾想到，这却是日后中国民营经济发展史无法回避的一幕。

1982年10月1日，育新良种场正式开业了。四兄弟说做便做。大哥变卖了手表，二哥卖掉了唯一的交通工具自行车，刘永好把积存的300多元钱拿出来，几兄弟把手里的钱一汇拢：1000元。陈育新把自己的房子腾出来，作为育种场工作用地，又把自留地贡献出来，作为蔬菜育种的基地。开始，育新良种场发展很顺利。经过一年的打拼，到1983年底，他们的育新良种场孵鸡5万只，孵鹌鹑1万只，并带出了11个专业户，四兄弟正憧憬着更大的发展。

但是，1984年4月，却发生了料想不到的变故。一个外表憨厚的叫尹志国的农民拿着一张信用社的信汇单出现在育新良种场时，四兄弟全没有想到要质疑他，一次就订2万只小鸡！这是育新良种场有史以来最大单生意！

兴奋之下，不仅让尹志国一次性拉走了2000只小鸡，还立即向银行贷款1000多元，并向农民们赊欠不少款子，大量收购种蛋用以补齐尹志国订单里剩下的1.8万只小鸡。

结果得到的却是一个让人五雷轰顶的消息：尹志国带来的信汇单是空头支票，他的真实目的并非养鸡而是倒卖鸡，那2000只鸡在运输过程中被毫无养鸡知识的尹志国全部闷死了。

面对下跪在地的尹志国的妻子，四兄弟无奈而绝望。回到良种场，即将孵出的1.8万只小鸡怎么办？卖不掉，自己养没那么大场地，更没钱。10天内1.8万只怎么卖？还有买种蛋时向农民赊的账怎么办？四兄弟横下心，把鸡孵出来，卖掉，把欠农民的钱还上。那段时间，四兄弟每天4点钟就赶紧起床，把小鸡装好笼，骑车到成都南门农贸市场去把位置占好，然后等着顾客进市场向顾客叫卖，天漆黑了才收工。

终于，他们把1.8万只小鸡处理完毕，将赊欠农民的钱全部结清，银行贷款也还了。

尹志国事件虽然使刘氏兄弟遭受重大损失，但养殖鹌鹑的事业却给他们带来了新的转机。

鹌鹑的养殖是由大哥刘永言的一条信息开始的。1982年，刘永言到北京出差看到一条新闻：朝鲜领导人金日成送给中国政府一批"会下金蛋的鸟"——鹌鹑。鹌鹑产蛋率高，饲养占地面积小。刘永言回到四川后立即把这个消息告诉3个弟弟，并四处寻找鹌鹑的种苗和种蛋。后来，打听到成都附近的都江堰市有卖，就赶过去买了50只鹌鹑、200个种蛋。

但是，一开始的养殖和孵化都很不成功，50只鹌鹑加上200个种蛋孵出来的鹌鹑几个月下来只剩下80只。当时鹌鹑在市面上很少见，对鹌鹑的养殖孵化技术也很少有人掌握，兄弟们开始的不顺利也源于对技术的不了解。因为良种场正全力养殖孵化良种鸡，鹌鹑的养殖试验四兄弟就干脆拿回各自家里进行了。

遇到的困难首先是饲料的问题，市场上没有现成的鹌鹑饲料，只能靠自己找各种原料配制。他们查资料得知，鹌鹑的生长过程中各类氨基酸很重要。经过不断地摸索，发现蚕蛹的蛋白质含量很高，于是从成都丝绸厂买回许多蚕蛹，晒干后用石臼研磨成粉，再添加到鸡饲料里，然后又按一定比例添加了维生素药片。没想到效果立竿见影，鹌鹑们吃了添加蚕蛹粉和维生素的鸡饲料，天天都在下蛋，且数量多、个头儿大、光泽度好。

四兄弟完善了养殖鹌鹑的技术，保证了鹌鹑的存活和产蛋率。鹌鹑几乎天天下蛋，一个蛋一天的饲料成本不过3分钱上下，一个鹌鹑蛋能卖7分钱左右，计上买鹌鹑的成本和饲料成本，一只鹌鹑一个月大概能赚9角钱。

刘氏兄弟通过改良鹌鹑品种、不断重新调配饲料更新养殖标准，把鹌鹑成活率提高，也通过模具、笼具的改善，使得鹌鹑养殖的流程优化，达到了养殖的规模化，最终使成本越来越低。特别是经过不断地摸索，他们研制出了一套独特的立体养殖方式。这种方式虽然和国外的先进方式有所不同，却非常适合当地实际：用鹌鹑粪养猪，猪粪养鱼，鱼粉养鹌鹑。通过这种生态循环的方法进行饲养，一下子就把鹌鹑蛋的成本降到了和鸡蛋一样。不久，他们又研究出了"鹌鹑红羽、麻羽杂交鉴别雌雄离种体系"和一整套鹌鹑饲养技术，被国家科委鉴定验收，列入国家级"星火计划"项目。

到1986年，刘氏兄弟的育新良种场已年产鹌鹑15万只，产品除了供应国内16个省以外，还批量销往苏联等国家和地区。在他们的带动下，新津县形成了以运输、编笼、饲料以及肉蛋加工等专业分工为特征的一条龙生产配套体系。

在刘家兄弟的辛劳中，财富开始迅速累积。育新良种场在两年间也扩大规模，走出了陈育新的小院和自留地，他们向生产队征了13亩地，盖了一座颇有规模的工厂，包括养殖和饲料加工，工人的人数也增加到了几十人。

除了鹌鹑蛋为育新良种场带来大量财富，鹌鹑饲料也迅速成为另一个财富增长点。由于鹌鹑养殖在新津地区的迅速升温，养殖户的数量超出想象地增加，对鹌鹑饲料的需求也迅速火爆起来。

到1986年，育新良种场已经发展成为拥有一个鹌鹑养殖场和一个饲料厂的规模，育新良种场鹌鹑存栏量达到5万只，饲料一年销售100吨，年产值达到了40万元。通过卖鹌鹑蛋、良种鹌鹑、鹌鹑饲料，良种场的利润率达到30%。

刘氏兄弟的发展引起了社会和政府的关注，育新良种场从1985年后就开始热闹起来，一方面是络绎不绝来买种鹌鹑和饲料的人，一方面则是政府的官员来考察参观。

1985年至1986年间，作为县里的优秀专业户代表，育新良种场经常被县里作为典型来表扬和宣传，由此名声远扬。

1986年11月，全国"星火计划"工作会议在成都召开，国务委员、国家科委主任宋健到古家村视察，并在刘家四兄弟的养殖场办公室写下了一行大字："中国经济的振兴寄希望于社会主义企业家。"宋健还再三嘱咐："年轻人，放心大胆地干吧，我希望下次见到你们时，你们又干出了新的成绩！"领导的关心和鼓励，让刘氏兄弟感动得热泪盈眶，也给了他们信心和勇气，经过仔细的考虑，他们决定把宋健委员题词中的"希望"二字，作为养殖场的名称。

20世纪80年代，外国饲料大举打入中国市场，四川的地方饲料变得无人问津。同时，由于鹌鹑的过量养殖，出现了供给过剩的状况。

在这种情况下，刘家兄弟开始将主要精力投向饲料行业。他们一边养殖鹌鹑，一边精心调配饲料，终于开发出了合适而又低成本的养殖方法和饲料。之后，他们开办的养殖场在售出种鸡的同时也售出饲料，这样就加速了刘氏兄弟在饲料业上的研制速度和经验的积累。1985年，他们投资200万元兴建了"希望科学技术研究所"，拿出300万元建了一座饲料厂，之后又拿出400万元搞科研，聘请30多位专家教授任专职或兼职科研员，并对饲料业比较发达的美国、波兰、澳大利亚、法国、中国香港等国家和地区进行考察，邀请国内外专家进行访问交流。

1988年，希望饲料公司应运而生，取代了养殖场，成为民营企业。

1989年，他们生产的希望牌1号乳猪全价颗粒饲料面世，这一成果的质量被证明可与泰国正大饲料相媲美，而每吨价格却低得多。在希望饲料进入市场初期，竞争对手都没有注意到它的存在，但由于希望饲料价格低廉、效果又好，在短短几个月内就占领了成都市场，并与这些对手在更大的市场范围内展开了激烈的竞争。

经过几轮攻坚战，"希望"在市场上站住了脚。在销售量增长的同时，"希望"迅速扩大生产能力，保证了市场的供应。到1990年1月，希望牌饲料的月销售量达到了创纪录的4000多吨，到年底，销售量已达到6万吨。

经过多年的拼搏与竞争，"希望"终于在竞争中开辟了坚实的根据地，把民族饲料工业的牌子打了出来，被称作"中华饲料王"。

## 6.邓小平：乡镇企业——完全没有预料到的最大收获

改革开放以后尤其是20世纪80年代中期以后，我国的乡镇企业发展进入了一个高速增长时期，不仅在农村经济总量中占有3/4的比重，在全国的工业经济总量中也取得了"三分天下有其一"的好成绩，成为国民经济高速增长的重要动力源和增长点。

我国乡镇企业的前身是"社队企业"。社队企业指1958年农村实行人民公社以后，由人民公社和生产大队两级兴办起来的企业，是农村经济发展到一定水平的产物。

1979年7月3日，国务院颁发了《关于发展社队企业若干问题的规定（试行草案）》，这是国家发出的第一个关于社队企业的文件，对社队企业发展的方针、经营范围、所有制性质、资金来源、税收政策、劳动报酬、加强领导等问题，都做了明确规定，使社队企业的发展有法可依，有章可循。

1979年9月，党的十一届四中全会正式通过《关于加强农业发展的若干问题的决定》，明确指出"社队企业要有一个大发展"。当时，中央还采取许多鼓励社队企业发展的措施，放宽了对农村发展社队企业的限制，允许农村发展部分工商业。凡是符合经济合理的原则，宜于农村加工的农副产品，要逐步由社办工业加工。城市工厂要把一部分宜于农村加工的产品和零部件，有计划地扩散给社队企业经营，支援设备，指导技术。对社队企业的产供销，要采取各种形式，同各级国民经济计划相衔接，保证供销渠道的畅通。同时在税收、信贷方面给予新办企业一定优惠。

1981年5月4日，国务院颁发了《关于社队企业贯彻国民经济调整方针的若干规定》，指出社队企业已成为农村经济的重要组成部分，符合农村经济综合发展的方向。

1983年1月，中共中央发布的《当前农村经济政策的若干问题》指出，"现有的社队企业，不但是支持农业生产的经济力量，而且可以为农民的多种经营提供服务，应在体制改革中。""社队企业也是合作经济，必须努力办好，继续充实发展。"

经过一年的贯彻执行，全国社队企业推行了各种形式的经济责任制，开展了以提高经济效益为中心的企业整顿，社队企业得到了持续的发展。1983年，社队企业达134.64万个，职工3 234.64万人，产值1 016.83亿元，不少地区的产值、利润税金同步增长。

1983年中央决定取消人民公社，建立乡镇政府，社队企业的名称也需要改变。1984年3月，中共中央、国务院转发农牧渔业部和部党组《关于开创社队企业新局面的报告》，同意将社队企业改称为乡镇企业。文件还指出"乡镇企业是多种经营的重要组成部分，是农业生产的重要支柱，是广大农民群众走向共同富裕的重要途径，是国家财政收入新的重要来源。""各级党委和政府对乡镇企业要在发展方向上给予积极指导，按照国家有关政策进行管理，使其健康发展，对乡镇企业和国营企业一样一视同仁，给予必要的扶持。"

于是，从1984年起，不再称"社队企业"，而是统一使用"乡镇企业"这一名称。

1984年至1988年，是乡镇企业发展的黄金时期。在这一时期，乡镇企业实现了乡镇办、村办、联户办和个体办"四轮驱动"办农村小企业和农、工、商、建、运、服"六业兴旺"的全面大发展局面。1984—1988年，乡镇企业迎来了第一个发展高潮，总产值从1 709.89亿元增加到6 495.66亿元，年均增幅为39.9%，企业个数从606.52万个增加到1 888.16万个，年均增幅为37.2%；企业职工人数从5208万人增加到9545万人，年均增幅为16.77%；利润总额从188亿元增加到550.02亿元，年均增幅为32.4%。在国家投入和银行贷款都很少的情况下，乡镇企业依靠自己的力量，创造了全国近1/5的工业总产值。

与此同时，乡镇企业的所有制形式发生了巨大变化，不仅原有的乡镇办的集体企业迅速发展，包括农民个体兴办、联户合办的非集体乡镇企业更是在这一时期迅猛发展起来，打破了集体企业一统天下的局面，并且很快成为乡镇企业的重要组成部分。1984年到1988年，乡办企业由1984年的40.15万个增加到1988年的42.45万个，而个体企业由1984年的329.59

万个增加到1988年的1 609.18万个，联户办企业由1984年的90.63万个增加到1988年的119.99万个。

1987年6月12日，邓小平在会见南斯拉夫共产主义者联盟中央主席团委员科罗舍茨时，十分高兴地说："农村改革中，我们完全没有预料到的最大的收获，就是乡镇企业发展起来了，突然冒出搞多种行业，搞商品经济，搞各种小型企业，异军突起。这不是我们中央的功绩。乡镇企业每年都是百分之二十几的增长率，持续了几年，一直到现在还是这样。乡镇企业的发展，主要是工业，还包括其他行业，解决了农村剩余劳动力百分之五十的人的出路问题。农民不往城市跑，而是建设大批小型乡镇。""农村改革的成功增加了我们的信心，我们把农村改革的经验运用到城市，进行以城市为重点的全面经济体制改革。"

1988年9月，十三届三中全会提出治理经济环境、整顿经济秩序、全面深化改革的方针。治理整顿的政策、措施对乡镇企业影响较大，乡镇企业增长速度明显下降，企业数量以及就业职工人数甚至出现了绝对数下降。1989年全国乡镇工业企业数量由1988年的1888万个减少到1869万个，从业人员由1988年的9545万人减少到9366万人。但乡镇企业以其灵活的经营机制和顽强的生命力，在严峻的宏观环境下仍得到了一定发展。

1991年11月，党的十三届八中全会审议并通过了《中共中央关于进一步加强农业和农村工作的决定》，再次强调了持续发展乡镇企业政策，许多原来的限制政策逐次放开，集体企业与农村其他所有制形式的企业有了更为宽松的环境，乡镇企业继续保持强劲的增长势头，从1991年的18.7%，增加到1992年的51.9%，增长率一下子增加32个百分点。

这一时期，乡镇企业在中央的高度重视和政策的有力推动下，坚持多种经济成分共同发展，实行"多轮驱动、多轨运行"，哪个发展快就发展哪个，极大地调动了亿万农民发展乡镇企业的积极性。实践证明，这种做法符合我国农村的实际情况，符合乡镇企业发展的要求。

## · 第四章 ·

# 异彩纷呈众模式

在改革开放初期，我们党大力鼓励个体、私营经济的发展。强调"私营经济一定程度的发展，有利于促进生产，活跃市场，扩大就业，更好地满足人民多方面的生活需求，是公有制经济必要的和有益的补充。"同时，制定了一系列有关私营经济发展的政策和法律。全国各地因地制宜结合贯彻中央精神，我国个体、私营经济快速发展，形成了不同的发展模式，尤其是以个私经济为主的"温州模式"、以乡镇企业为主的"苏南模式"、以引进外资为主的"珠江三角洲模式"，以及以市场经济为主、外向型经济为主、股份合作制为主、多种经济成分共同发展的"晋江模式"。这些模式各具特色、各领风骚。温州、台州、苏州、无锡、东莞、佛山、中山、晋江、石狮等，成为中国改革开放中民营经济神奇成长的"代名词"。这几种发展模式的共同之处，都是在探索农村发展道路的实践中总结和形成的，都是先发展企业后转向全面发展经济的，都是坚持以市场为导向发展企业和经济，都有一种锐意改革、大胆创新的精神，都经历了一种曲折发展、不断创新的历史发展过程。

## 1. "温州模式"横空出世

1985年5月12日，《解放日报》头版头条刊发题为《温州三十三万人从事家庭工业》的长篇报道，并配发评论员文章《温州的启示》。文中指出"温州市农村家庭工业蓬勃兴起，短短几年，创造出令人瞩目的经济奇迹。如今'乡镇工业看苏南，家庭工业看浙南'已为人们公认。温州农村家庭工业的发展道路，被一些经济学家称之为广大农村走富裕之路的又一模式——'温州模式'"。

这是第一次将"温州模式"这一概念见诸媒体的报道。从此，"温州模式"在全国名声遐迩。

改革开放后，温州农民在缺乏国家投资、集体经济薄弱的条件下，以农村家庭企业的发展和扩张，打破"政府本位"的经济格局，率先以市场经济的方式推进了农村的工业化和城镇化，形成了以个体、私营经济为基础的"小商品、大市场"的发展格局。

这种以民营经济主导的区域经济发展模式，是敢为人先、特别能吃苦、特别能创业的温州人创造的。

改革开放前，温州的情况可以概括为"三少一差"：可利用自然资源少，除了矾矿外，没有更多可开发利用的自然资源；人均耕地在浙江最少，当时不到半亩；国家投入少，从新中国成立到1978年，国家对温州累计投资只有5.95亿元；交通条件差，当时没有机场、铁路，只有一条通上海的水路和一条路况很差的104国道与外界相接。

1979年温州的春天，树枝没有发芽，天气还是南方式的湿冷，可是人心却越来越暖和起来。大地冰雪融化，春雷响动。三中全会确定了中国日后高速成长史中的两个关键词，"改革"与"开放"，虽然直到次年2月1日，温州才得到这个迟来的消息——地委召开常委扩大会议，主题是"传达贯彻党的十一届三中全会精神，解放思想，统一认识，研究把工作重点转移到社会主义现代化建设上来"。但从这时起，温州这片曾经死寂的土地开始迸发出无限的活力。

这里经济基础差，要发展经济必须靠发动群众的致富热情和艰苦创业。"老百姓把脸皮撕下来放在家里，人到外面去做生意；干部把乌纱帽放在办公室里，人到下面领着老百姓去办厂子。"

温州人"白天当老板，晚上睡地板"，当裁缝、做皮鞋、搞运输、卖服装。在很短的时间内，温州形成了"家家办工厂，人人摆地摊，谁也不靠谁，自己当老板"的生动局面。一批头脑灵活、敢闯敢干的个体户很快崭露头角，成为各行各业的"大王"。

到1982年，温州出现创业小高潮，当地个体工商企业超过10万户，约占全国总数的1/10。

"世界上只有鸟飞不到的地方，没有温州人到不了的地方"。30万经销员奔波于全国各地，有市场的地方就有温州人，没有市场的地方也有温州人去开发市场。

1983年2月，温州创办了全国第一个专业市场——永嘉县桥头纽扣市场。至年底，全市形成十大商品产销基地和专业市场，包括：永嘉桥头纽扣市场、乐清柳市五金电器市场、乐清虹桥综合农贸市场、苍南宜山再生纺织品市场、苍南钱库综合商品批发市场、平阳水头兔毛市场、平阳萧江塑编市场、瑞安仙绛塑革市场、瑞安塘下莘塍塑料编织袋市场和松紧带市场等。

1984年，温州集资兴建了第一座农民城——龙港农民城，是全国小城镇建设示范镇、全国群众体育先进镇、全国小城镇综合改革试点镇和联合国可持续发展的试点镇。

这一年，中央下发一号文件，提倡农村发展商品经济，搞活流通。由于民间创业行为得到肯定，以家庭企业为主的温州乡镇企业迅速崛起。他们采取"自我投资、自我建设、自我完善、自我发展"的方式，构筑了以家庭工业为基础、以股份合作经济为导向的"走南闯北、拾遗补阙，小商品、大市场"的经济格局。

到1985年4月，温州家庭工业已达13.3万户，大批农民走上富裕之路，成为当时引人注目的"万元户"。

这种依靠乡村家庭工业的蓬勃发展和各种专业市场的兴起的发展路

子，被一些经济学家作为"温州模式"正式提了出来。

温州模式中这个极为重要的"市场"，不仅包括在各镇街巷里看得见的数以万计的店面或摊子，而且还包括撒在全国各地十多万个每天在火车、轮船上运转，甚至深入到偏僻边区活动的商贩大军。他们来自千家万户，走了千山万水，讲了千言万语，用了千方百计，历经千辛万苦，挣了千金万银，为签订生产和经营合同、推销温州货、集散全国各种商品、繁荣温州市场作贡献。各家各户的生产者就是靠他们同千千万万零售商店和摊子，甚至同无数消费者个人之间建立起了一个生动活泼而又似乎无形的流通网络。这使得温州几乎没有产品积压的情况存在，桥头镇的商业资本几乎约20天就周转一次。对此费孝通总结道：温州农村经济发展的基本特点就是"小商品，大市场"。

桥头镇是"温州模式"的一个典型，用当地流传的话说："桥头生意郎，挑担奔四方"。20世纪70年代中期，桥头镇开始出现了一些经营表带、手套、发夹、塑料花等小商品的市场。1979年，据说是一位姓王的弹棉郎从江西买回一批处理纽扣，在镇上摆起了纽扣摊。一年之后，镇上卖纽扣的摊子发展到100多家。1981年，桥头人不再满足于单纯做买卖，开始用经商积累的资金办厂，生产纽扣，全区有430家纽扣厂，其中300家是家庭工厂。桥头市场销售的纽扣有40%是这些工厂自己生产的，年产值近2000万元。1983年初，县政府批准桥头镇为纽扣专业市场，集中了700多个纽扣店、摊，全国300多家纽扣厂生产的1300个品种的纽扣在这里都有销售。1984年桥头镇销售的纽扣共计50多亿粒，相当于全国每人5粒，被人誉为"东方第一大纽扣市场"。

专业市场的发展，活跃了流通，带动了工业，促进了小城镇建设。到1993年，温州全市的建制镇已从1978年的18个发展到137个，总人口405万人，占全市人口总数的60%。在这些镇的发展当中，龙港镇是个突出的例子。龙港镇始建于1989年，当时只是5个相连的小渔村，人口总数7812人，工农业总产值590万元，其中工业总产值240万元，人均307元。建镇10年，龙港镇逐渐形成了十大专业市场和十大工业加工行业。这些市场的交易十分活跃，平均每天的客商流最高达3.8万人，1993年的市场成交额达6亿元。专业市场的发展带动了龙港镇上塑料制品、中西服装、仪器仪表、机械五金等十大加工行业的发展，加快了城镇的建设步伐。现在全镇的总面积已经从初建镇时的7平方千米扩展到58平方千米，总建筑面积230多万平方米，纵横街道59条，总投资达上亿元。由于城镇建设资金的绝大部分来自于农民集资，所以龙港镇被称为"中国第一农民城"。

经过不断的探索和实践，温州逐步发展成为以家庭经营为基础、家庭工业和联户工业为支柱、专业市场为依托、购销员为骨干的不同于其他地区的一种经济格局。

我国著名社会学家费孝通考察温州后连续发表系列文章和谈话，称"温州地区所走的道路乃是促进农村经济发展和农民劳动致富的有中国特色的社会主义农村经济发展道路之一"。

1987年9月16日，国务院批准温州为全国第一批农村改革试验区。随后，温州开始了以民营企业制度建设为重点的综合改革试验。根据中央文件有关改革试验"允许突破某些现行政策和体制"的精神，温州先后制定和颁发了8个地方政策规定，不断进行试验、探索和创新，对改革试验起到了极其重要的促进作用，特别是从政策的角度有力地保护了民间投资的合法性，进一步推动了温州经济社会的发展。


## 2."苏南模式"别具特色

"苏南模式"通常是指江苏南部吴方言区域中的苏州、无锡和常州等地，在20世纪70年代末到90年代中后期，通过发展乡镇集体企业实现工业化、城镇化的一种区域经济发展模式。

"苏南模式"由著名社会学家费孝通率先提出。"苏南模式"作为中国1978年后掀起的一种区域经济发展模式，与"珠江模式""温州模式""闽南模式"一起，构成了20世纪后期中国农村工业化、农村城镇化主要类型。

"苏南模式"为地处城市群内部的一种工业化、城镇化发展模式。这种模式，一是农民依靠自己的力量发展乡镇企业和村办企业，二是乡镇企业和村办企业的所有制结构以集体经济为主，三是乡镇政府主导乡镇企业的发展，四是市场调节为主要手段。"苏南模式"以集体经济和乡镇企业为核心、追求村民共同富裕的特征，非常符合当时对社会主义的认识，备受当时社会各界追捧。

"苏南模式"的形成离不开长三角城市群这个背景。宋朝经历了城市经济由"街市制"取代"市坊制"变革后，中国开始出现3种类型城市：北京型城市，纯粹是作为政治中心或军事中心，以消费型经济为主，不创造物质财富，城市所用物品主要依靠外地调入；苏杭型城市，这类城市不仅是州府治所，而且城市经济发达，既是区域政治中心，也是经济中心；在县城以下由各种"草市"发展起来的专业型城镇，如苏州吴江盛泽、湖州南浔、嘉兴乌镇等，这类新兴城镇主要分布在商品经济发达地区。

中国历史上数次经济重心南移目的地或归属地就是太湖平原，宋以后新兴城镇的兴起，事实上加速了以苏州为中心的太湖平原城镇群的形成；清末，苏州遭遇战争重创，元气大伤，但太湖平原城镇群依然保持旺盛活力，只不过核心由苏州转移到上海而已，又由于上海兼有江河湖海优势，更使苏州难以比拟。以上海为核心的城市群逐步发展为长三角城市群，地处长三角城市群中部的苏南地区的乡镇企业发展离不开这个特殊背景。

作为长三角城市群核心区域的苏南地区，位于太湖之滨、长江三角洲中部，人多地少，但农业生产条件得天独厚，自古就是"鱼米之乡"。这里毗邻上海等发达的大中工业城市和市场，水陆交通便利。苏南地区的农民与这些大中城市的产业工人有密切的联系，接受经济、技术辐射能力较强。同时，苏南地区还是近代中国民族资本主义工商业的发祥地。早在计划经济时期，苏南地区就有搞集体经济的传统和基础，为发展乡镇企业积累了宝贵的经济资源。苏南地区通过发展乡镇企业，走的是一条先工业化，再市场化的发展路径。

从1958年以后的人民公社时期，苏南各地在集体副业基础上办起了一批社队企业，主要为本地农民提供简单的生产资料和生活资料。到20世纪70年代，这些小型社队企业逐渐发展成为农机具厂，为集体制造一些农机具。

党的十一届三中全会以后，国家对社队企业发展的明确支持，促使社队企业步入了一个大发展的阶段。它们利用这一地区工业基础比较薄弱的特点，抓住市场空隙，迅速壮大起来。改革开放初期的20世纪八九十年代，上海大量技术工人节假日到苏州、无锡、常州等地，给苏南带来了信息、技术和管理经验。历史上的积累和接受上海的辐射为苏南地区工业化的起步创造了良好的条件。

"苏南模式"在20世纪80年代和90年代中期经历了从拾遗补阙到自成一体、从"村村点火"到工业小区、从"船小好掉头"到"船大抗风浪"、从国内市场到国际市场的发展壮大过程。在整个20世纪八九十年代乡镇企业鼎盛时期，乡镇企业在国民经济中的比重已经达到"三分天下有其二"。1994年工业总产值达到3969亿元，是1978年的152倍，占全国乡镇企业总产值的1/6，出口创汇占全国的1/4，上缴税金占全国的1/11；1993年，苏南共有各种企业集团240多家，总产值达660亿元，占当年乡镇企业总产值的40%，出口总额超过100亿美元，形成显著的规模经济优势。

"苏南模式"主要形式是以乡镇政府为主组织资源，在法律上处于私营企业禁止发展的20世纪七八十年代，苏南地区乡镇企业以集体企业形式获得了合法生存，取得了先发优势，而且由于背靠乡镇政府，乡镇企业获得了一般"草根企业"难以取得的体制机制优势。"苏南模式"具有以下明显的特色：

1.政府出面组织土地、资本和劳动力等生产资料，出资办企业，并由政府指派所谓的能人来担任企业负责人。这种组织方式将企业家和社会闲散资本结合起来，很快跨越资本原始积累阶段，实现了苏南乡镇企业在全国的领先发展。不可否认，在计划经济向市场经济转轨初期，政府直接参与办企业，动员和组织生产活动，具有速度快、成本低等优势，因而成为首选形式。

2.苏南乡镇企业可以从不多的社区积累中获取原始资本，并可以依靠政府信用从银行取得贷款，还可以无偿或低成本占用社区内的土地资源，廉价使用社区内的劳动力，从而带来创业成本的节约。地方政府可以利用其身份和信誉，为企业取得计划外的原料，促进产品销售和处理商务纠纷，并帮助管理人员规避来自于财产转移和国家政策歧视方面的风险，这是许多私营企业宁愿放弃部分财产控制权和收益权、争当集体企业的一个主要原因。另外，政府组织资源，企业规模一般比较大，可以生产一些资本密集型的产品。

3.苏南乡镇企业发展初期，人们的产权意识、竞争观念比较淡薄，平均主义思想严重。此时兴办社区成员名义所有、地方政府实际控制的集体所有制企业，社会比较容易接受。另外，政企关系不明、社区成员共担风险的特性，客观上也使社区政府和企业决策者敢于大规模举债，上一些技术含量高但风险大的项目，使苏南地区在产业结构高级化、企业组织规模化方面领先温州地区。

4.苏南地区人口稠密，耕地有限，农业劳动力的过剩高达一半以上，大量的剩余劳动力的转移构成苏南农村较早兴办乡镇企业的内在动因。另外，该地区是中国资本主义萌芽较早的地区，农村素有家庭手工业传统，加之受近代工业文明的影响，苏南农村的商品经济意识较强，这些是苏南乡镇企业发展的社会基础。

5.苏南地区地处长三角城市群核心区，交通运输便利，文化发达，对来自上海等中心城市的经济辐射有较强的接收能力。"文革"期间，大城市知青、干部的下放带来了技术和管理知识，同时城市工业因动乱受挫，生产和生活资料供不应求，为苏南乡镇企业的发展提供了市场空间。

6.苏南乡镇企业与城市经济辐射密切相关，并逐步形成城乡经济一体化。苏南乡镇企业一开始就是立足为城市经济配套，与城市以各种形式联合创造的产值占苏南乡镇工业总产值的1/3，与城市形成各种形式的企业群体和企业集团，与科研机构形成科研—生产联合体，最终苏南地区形成了依托城市、大企业、科研单位的互相渗透的城乡经济一体化格局。

但是，"苏南模式"由于政府在乡镇企业发展过程起主导作用，政企不分，产权单一，一些企业出现了"二国营"现象，企业失去活力，经营效率低下，"苏南模式"的局限性和不适应性逐步暴露。

面对严峻形势，苏南从1998年起，先后进行两次改制，大力发展混合经济，积极引进外资，基本上实现了现代企业制度创新，使乡镇企业焕发了新的活力，形成了"混合经济＋外向型经济＋规模经济＋城乡一体化经济"的新的发展格局，促进了经济的快速增长。苏州张家港市、常熟市和吴江区，无锡江阴市等地通过乡镇企业股份制改造实现了"凤凰涅槃"，产权清晰后的企业走上了上市道路，江阴市成了中国县级市在国内主板市场上市企业最多的县市，形成了中国最大的精毛纺企业——阳光集团和海澜集团，毛纺织工业总量占中国的1/4，另外还有中国最大的软塑包装基地申达集团，中国最大的磷化工生产企业澄星集团，中国最大的模具塑料生产企业江阴模塑集团，中国最大的金属制品企业法尔胜集团。此外，张家港市有中国最大的民营钢铁企业沙钢集团，常熟市有世界上最大的羽绒服生产企业波司登集团，苏州市吴江区有进入世界500强的化纤企业恒力集团，有国内最大的光纤企业亨通集团。

常州市是中国近代工业的发祥地之一，1985年，这片只占江苏省国土面积4%的地方，创造了全省一半的生产总值和税收收入。形成了以纺织、轻工、电子、机械加工等行业为主的工业体系，拥有2500多家工业企业，职工25万余人，年产值超过50亿元。灯芯绒、卡其布、柴油机、拖拉机、自行车等产品享誉全国，"小桌子上唱大戏"的常州经验被写入经济教材，成为20世纪80年代整个中国的经济样板。胡耀邦曾批示"常州市是全国城市中的一个典型，希望全国一般城市都能像常州一样，吸取常州市发展中的经验和教训"。如今，乡镇企业改制后的一批民营企业如上上电缆、瑞声科技控股、千红生化等已经成长为享誉国内外的行业翘楚。

苏南地区健康成长的优秀民营企业在中国同行业中都已居龙头老大或行业领军地位，业绩可圈可点，也代表了苏南地区民营企业"凤凰涅槃"后的再次腾飞。

## 3. 珠江三角洲"四小虎"龙腾虎跃

"珠江三角洲模式"是广东民营经济在其成长过程中逐渐形成的颇具区域特色的发展模式，也是改革开放初期农村经济发展模式的典型代表之一。

　　"广东四小虎"——东莞、顺德、南海、中山，作为改革开放先走一步的象征，是胆识的象征、财富的象征，也成就了一个区域"先富起来"的神话。

　　"四小虎"，在改革开放中，根据各地情况形成适合自己的发展特色。东莞，"三来一补"遍地开花，"借腹生子"经济起飞；顺德，重点发展乡镇集体经济，乡镇集体工业成了支撑全县经济繁荣的支柱；南海，"六个轮子"一起转（县、公社、大队、生产队、联合体、个体私营企业），三大产业齐发展；中山，则以地方国营经济为龙头，带动全市经济稳步均衡发展。

## ▪ 东莞："三来一补"遍地开花

　　改革开放初期，凭借毗邻港澳，劳动力、土地价格低廉等优势，东莞以吸引港澳台资"三来一补"为主要手段积累资金，利用美国、中国香港和中国台湾地区制造业向大陆转移的历史性机遇，积极融入跨国公司的供应链做代工生产，辖区内32个镇和街道几乎每一个都发展成为专业从事某类产品加工制造的城镇，从电脑组件到软饮料，从毛织服饰到家用电器，成为国际性对外加工基地。其典型代表是中国第一家镇办的"三来一补"企业——虎门太平手袋厂。

　　1978年7月，香港信孚手袋制品公司，被香港不断上涨的成本逼到濒临倒闭边缘。港商张子弥经人介绍来到东莞县第二轻工业局，商谈合作创办一家服装厂的有关事宜。由于半个月前国务院刚颁发《开展对外加工装配业务试行办法》，允许广东、福建可以实行来料加工试点。根据国务院有关精神，双方很快达成协议，协定成立太平手袋厂，厂址设在虎门镇境内。

　　这是国内集体企业与港商合作创办全国第一家来料加工企业。同年9月15日，太平手袋厂获得国家工商局颁发的第一个牌照，编号为"粤字001"。

　　建厂之初的所有原材料、设备全部由香港信孚手袋制品公司从香港运过来，港方自筹贷款300万元投入运营，手袋厂赚取其中加工费，而加工费的20%返还给港商，作为偿还设备和贷款的费用。平均20元左右一打的手袋，工厂只收12元加工费。虽然太平手袋厂是港商投资，但仍算集体企业，由工厂掌握生产指挥权，是典型的"三来一补"企业。工厂悄悄采用香港"按件计酬"分配方式，实行多劳多得，按劳分配，工厂效率极高，工人积极性也空前高涨，工厂仅花不到半年的时间，兼并二轻局下属的另外两个厂，厂房面积从200多平方米扩大到1万多平方米，产品供不应求。

太平手袋厂的成功引起一系列的连锁反应。很多港商到太平手袋厂参观，放下对内地政策的各种顾虑，并决定到内地投资建厂。转眼间，太平手袋厂附近建起五金厂、拉链厂、印花厂等一系列与手袋厂配套的"三来一补"企业。

太平手袋厂产生极大的"蝴蝶效应"。短短10年时间，东莞"三来一补"企业遍地开花，大大小小、星罗棋布的工厂，散落在东莞各镇村的街巷农舍。至1988年年底，东莞"三来一补"企业达2500多家，遍布80%的乡村；至1991年，引入外资高达17亿美元。东莞从一个默默无闻的农业小县城，一跃成为一个全国知名的工业化城市，堪称"东莞奇迹"。"三来一补"企业的成功引起全国关注，一时间，"三来一补""两头在外""借船出海"等新鲜词迅速流行开来。"东莞模式"被全国各地广泛采用，吸引外资发展经济成为全国潮流。

## · 顺德——十年干成"白色家电之都"

顺德位于珠江三角洲中部，缫丝业和民间金融业发达，素来享有"南国丝都"和"广东银行"的美誉。

改革开放之初，一向带有开放基因的顺德人第一个想到的是搞容易上马的工业产品。选什么呢？当时顺德大批居住港澳的乡亲们回乡，带的礼品多是电风扇等家用电器。顺德人敏锐地发现了这一商机。

缺设备、少技术、没工业基础的顺德人，到处取经、学习。那时顺德人去港澳探亲，一定要带一件电器回来。之后反复拆解、仿制，再消化、吸收、创新。从电风扇开始一路发展到电冰箱、空调，顺德"社队企业"

迈出了第一步。

1983年9月，在顺德容桂镇的一个镇办企业简易工棚里，工人们用手锤与手锉等简陋工具，"敲打"出国内第一台双门电冰箱。而20世纪80年代进入风扇制造业的企业"美的"，也是从生产加工风扇零部件起步的。全球最大的微波炉制造企业"格兰仕"，也是一个靠收购鸡鸭毛生产羽绒服的小加工厂发展起来的。

而早在1978年8月，顺德建成容奇镇制衣厂，这是全国最早的"三来一补"企业之一，工厂资金、设备、技术、管理人员、原材料、订单全部来自香港厂家，容奇镇只负责提供厂房和劳动力，利用当地丰富的劳动力资源生产出口产品。当年只有300人的制衣厂，成立一年就赚了20万元，轰动一时。

尝到了利用外来资金、技术、管理的滋味，特别是借助党的十一届三中全会召开后的浩荡东风，顺德人纷纷走出家门去结识香港"资本家"、联络在港乡亲，号召利用外资回乡发展企业。

当时，顺德县政府提出"以集体经济为主、乡镇工业为主、骨干企业为主"的思路，确立"工业立县"战略，大力发展乡镇企业。短短几年时间，顺德很快改变以往农业占主导地位的经济结构。

1985年，全县风扇厂达14家，年生产能力881万台，产量占全国的20.6%，国内最大的风扇生产基地裕华风扇厂和桂洲风扇厂产值突破1亿元，是广东省产值最高的乡镇企业。1985年，全县区、乡、村三级工业企业达到3779家（区办475家、乡办2348家、村办956家），工业产值18.61亿元，占全县工业产值的67.57%。

1987年，顺德全县外贸出口12 661万美元，首次突破亿元大关，工农业总产值达38.8亿元，财政收入2.36亿元，居全省县域经济之冠。

1991年，国家农业部评出的全国十大乡镇企业中，广东省占5家，全部在顺德；顺德初步成长为世界白色家电之都，电冰箱、空调器、微波炉、电风扇、电饭煲、电子消毒柜、热水器等十几个家电产品产销量均居全国第一；顺德大道从南到北约10千米的车程内云集了5个中国驰名商标——科龙、容声、美的、万家乐、格兰仕。全县工农业总产值119.44亿元,国民收入39.5亿元,财政收入4.97亿元,居全国县级财政之首,成为全国2800个县域经济体的领跑者。

当然,20世纪80年代顺德辉煌的工业化成就,在很大程度上是由县、镇两级政府推动的,乡镇企业占90%以上。政府作为投资主体,政企合一,不可避免地带来政府有限投资能力与无限投资饥饿的矛盾,政府有限利益与无限责任、风险的矛盾,这些矛盾交织在一起,潜伏着日益严重的危机。

1992年广东省委、省政府确定顺德为全省综合改革试验市;1993年省委决定对顺德进行以企业改革为中心的配套的、综合性的全面改革,探索发展以本地民营资本为主导的改革路径;1993年6月,顺德市委、市政府下发了《关于转换企业机制,发展混合型经济的试行办法》,决定通过政府独资、控股、参股经营等方式,对全市公有、集体所有制企业进行产权改革。按照"产权明晰、责任明确、贴身经营、利益共享、风险共担"的目标,全面推动企业整体转制。通过产权转让、引资扩股、公开拍卖,建立股份制、股份合作制和混合型经济,实现产权主体多样化。

之后5年内,顺德1001家市镇两级企业全部成功转制。改革后产权主体的确立,"解放"了企业,极大地调动了经营者的积极性,同时也"解放"了政府。顺德实现了"华丽转身",大批企业完成转制后,实现了产权主体多元化,企业走上了自主经营、自负盈亏的道路,极大地激活了企业的生机和活力。

## ▪ 南海——"六个轮子一起转"

"南海模式"是典型的原生态民营经济。有人把"南海模式"视为中国草根经济原生发展样本,认为南海孕育着的"民间经济活力和草根精神",有"中国最为完整的民营经济发展史"。

改革开放前,南海和全国其他县一样,也毫不例外地是一个典型的农业县,1980年的工业总产值仅有7.37亿元。

1980年以后,南海县大批剩余劳动力从耕地上释放出来,迅速向第

二、三产业转移，办起了一批与城市工业相配套或相补充的加工工业和商品流通服务。

1979年，中国刚刚敲开改革的大门。在地方集体玻璃厂做了几年学徒的李深华与朋友承包了一家集体玻璃厂，开始了他人生创业的道路。虽然之后离开了这家企业，但是凭借着技术和工艺，1987年，李深华创办了华兴玻璃厂。

同样在那个年代，农民李兴浩也开始创业，先后尝试兜售冰棍、收集碎布卖、开织带厂、开酒楼等行业。1989年李兴浩开了一家空调维修店，并逐渐发展成为现在家喻户晓的志高空调。

相比于李深华和李兴浩的自主创业，梁凤仪在1978年就出任平洲藤器加工厂的厂长，这家加工厂是在1964年由乡亲们每人出资5元、10元而凑办起来，工厂除了制藤外，还有打麻绳、小电镀等工艺。

1982年，全县区、乡、村三级工业企业达4101家，其中区办384家，乡办1347家，村办2376家，以及大批个体、联合体企业。1983年，区、乡、村三级工业企业收入7.41亿元，占当年农村经济总收入12.77亿元的60%。全县农民年人均纯收入760元，其中来自工业企业收入423.5元，占55.7%。

1984年，南海县委、县政府做出"三大产业齐发展，县、公社、大队、生产队、联合体、个体私营企业'六个轮子一起转'"的发展思路，提倡个体、私营、集体等经济形式"各显神通"，并在公开文件中明确提出要"大力扶持非公经济发展"。

在这形势下，南海农民"洗脚上田""村村点火，户户冒烟"，纷纷投入工商业发展大潮，使南海步入一个中小企业崛起时代：传统的小手工业、小五金、小化工、小塑料、小加工、小冶炼等大量涌现，如雨后春笋一般成长。

后来，李深华创办的华兴玻璃成为全国最大日用玻璃企业，占据着国内10%的市场份额，海天酱油、劲酒、百威啤酒、可口可乐、燕京啤酒等行业大佬都是他的客户。而李兴浩的志高空调已经成为销售额过百亿元的企业。当年的平洲藤器厂随后也发展成为平洲城区经济发展总公司，并在

1994年从国有集体企业成功转制并发展成为当前的昭信集团。

"三大产业齐发展""六个轮子一起转"这种模式，实际上就是创造了一个混合型经济灵活发展的机制，从而广泛调动了社会各阶层的积极性，使各种经济成分能够有机地共存于一个经济体系中，为市场主体的公平竞争创造了良好环境，客观上也为民营经济的发展开拓了广阔的空间，从而有利于逐步形成产业结构多元化和所有制结构多样化的格局。

南海当时绝大多数民营企业从以下两种模式演变而来：一是纯粹的个体工商户，二是挂靠在集体企业、乡镇企业下发展起来的"真私人、假集体"企业。另外，也有部分民企是由改革后的集体企业、乡镇企业发展而来。无论是经历哪种形态发展起来的民营企业，它们所在的行业大多属于日用品、小五金、建筑材料等非垄断行业，这些企业在每一个阶段都不占据任何资源，可以说是完全依据市场竞争手段发展起来的。

但是，由于缺乏统一规划和引导，这种"村村点火，户户冒烟"的发展模式，最终也给南海的发展留下一些隐患：发展模式比较粗放、企业自主创新能力不强、高新产业比重偏低，产业链过短、行业整合能力较弱，中小企业数量多、行业龙头企业缺乏。

1987年5月，南海被国务院确定为农村改革试验区，主要是试验土地制度改革和规模化种植两个课题。当年4月，南海调整粮食政策，全面放开粮食计划任务和价格，取消粮食订购计划，农村土地卸掉长期背负的沉重包袱，可以放开手脚调整农业生产结构。不久后，开始酝酿土地股份合作制改革。在集体经营性建设用地入市之后，如何保障村集体经济组织和村民所享有的土地增值权益，这是当时土地改革所面临的最现实难题。

1993年，南海启动影响深远的农村土地股份合作制，8月正式实施《关于推行农村股份合作制的意见》，提出在两年内分批全面推行农村股份合作制，尝试成立股份合作社，把村民土地折价入股，村民凭股权证定期分红，并将全村土地划为农业保护区、工业区和商住区，集中土地、引资办工厂，迅速走向工业化。

1994年4月，广东省委在南海召开珠三角农村股份制改革座谈会，南海改革得到肯定。1995年，改造基本完成，南海全境共建立股份合作组织

1574个，占经联社总数的96%。

此后数年间，南海农村呈现出这样的景象：连片的厂房起来了，农民大规模地转移到二、三产业，南海农村的发展走入了一个不同的轨道。农村股份合作制改革，解决了南海区人多地少、土地收益低的矛盾，为实现农业产业化、农村工业化和城镇化奠定了基础。

该制度随后在南海全区以及珠三角推广。这种创新土地收益分配机制及征地制度的改革，后来被总结成"南海模式"，而农村股份合作制也成为全国农村发展经济的一个经典模式。

## ▪ 中山——"舰队"扬帆破浪行

"万元户"，是改革开放初期先富者的代名词。1979年，《人民日报》刊登一篇报道，称广东中山县小榄公社埒西二大队第二生产队农民黄新文一家总收入达10 700多元。

黄新文成为全国第一个被媒体报道的农村"万元户"而轰动一时。

从此，"万元户"这个词逐渐在民间流传开来。

在中山创造全国第一的还有中外合作宾馆——温泉宾馆。1978年12月19日，《澳门日报》发表了中山县翠亨村开辟旅游区的报道，著名港商霍英东从这篇报道里嗅到了"春天"的气息，立刻前来中山县考察。随后他成为第一批返回内地兴建宾馆的投资者，首站便选择在孙中山家乡。1979年，投资建设我国改革开放后第一家中外合作宾馆——温泉宾馆。

20世纪80年代初，市场大门初开，睿智的中山人抢抓先机，将发展重心定位于轻工业，以地方国有企业为依托，以引进国外先进技术促进技改为突破，推动市属工业向规模经济发展。

曾几何时，"威力、威力，够威够力""爱多VCD，我们一直在努力！""你拍一，我拍一，小霸王出了学习机""今天你喝了没有？我们都喝乐百氏！"这些脍炙人口的广告语曾响遍全国，至今仍留在人们的记忆中。

当时，以中山威力洗衣机、中山市凯达精细化工、中山市玻璃建材集团等十余家为代表的国有或集体企业，大多数是由国营企业发展而来的，组成了名噪一时的"中山舰队"。由于这些企业具有技术和人才的积累，当时走在行业前列，曾在国内市场上叱咤风云，造出了工业发展史上的传奇和神话，为中山下一轮腾飞奠定了坚实基础。

例如，威力的前身是一间生产农机具的国营小厂，1980年正式创立威力品牌，1984年起威力凭借其在双缸洗衣机上的技术突破，从此开创了中国洗衣机行业的发展新天地，在行业中其市场份额节节攀升，是同行业中首家年产销量超过100万台洗衣机的企业。期间连续7年实现全国销量第一，3000万台的市场保有量至今无人能及，是中国唯一被国家正式授予"中国洗衣机大王"称号的品牌。

再如，凯达的前身是1965年成立的石岐农药厂，凯达拥有国内第一家化工部气雾剂技术开发中心，20世纪八九十年代，率先引进国际先进水平的喷雾包装技术和设备，是国内最早生产、全国产量最大的马口铁气雾罐和气雾阀生产厂，拥有东南亚最庞大、配套最完备的特种专业制造设备……

由国营企业组合成十大企业集团，实力雄厚，技术水平较高，做到相互配套成龙，产品多名牌优质，畅销国内外，全市有80个产品分别获得国优、部优和省优的称号，"联合舰队"成为中山经济的顶梁柱，威力、中玻、小霸王、精细化工等一度威震全国，"全国单打冠军"的凯达、晨星、金马、美怡乐、千叶、华捷等这些品牌也完全可与全国同行叫板。

这期间，中山以地方国营经济为龙头、公有企业为依托，以引进国外先进技术促进技改为突破，推动市属工业向规模经济发展。

1988年，中山由县级市升格为"只辖镇的地级市"。

也就是在这一年，中山市的国内生产总值达39.3亿元，人均国内生产总值超过800美元，被国家统计局列为全国第一批36个率先跨入小康水平的城市之一。

1989年，中山职工的年平均工资达3232元，城乡居民储蓄余额27.33亿元。

但在进入20世纪90年代以后，中山市工业发展放缓了。因为政府作为投资主体，把大量的钱投到企业，结果背了沉重的包袱。加上部分企业由于没有及时调整经营策略以适应市场形势的快速变化，以及体制上的弊端等，原市属工业中的部分"名牌"已经没有了当年的势头。资本结构单一、资产负债率偏高、经营机制缺乏活力、创新能力下降，成为中山公有企业的通病。中山的"联合舰队"一度搁浅在一个必须重新"洗牌"的十字路口。

直到20世纪90年代中后期，中山实施市属公有企业产权制度改革，改革重点定格在明晰企业产权，实现政府瘦身与职能转变。这轮改革，虽然使中山经济社会经历阵痛，但催生出主体多元、结构优化、充满活力的社会主义市场经济体制，为中山经济的持续发展奠定了坚实的制度基础。中山从工业立市到工业强市，再到产业强市，基本形成电子信息、家电、五金、服装等具有鲜明特色的产业集群。小榄镇五金制造等9个产业集群被认定为省级产业集群升级示范区，中山（临海）装备制造等6个产业基地被认定为国家火炬计划特色产业基地，轻工（灯饰）广东中山市古镇、生物医药广东中山高科技产业开发区被工信部认定为国家新型工业化产业示范基地。

## 4."晋江模式"独领风骚

在"温州模式"形成的同时，福建"晋江模式"也在探索中逐步形成起来……

在遥远的年代，中原移民为躲避战乱一路跋山涉水，在远离故土千里之外的闽南沿海晋江流域，开辟出一片新家园。千百年来，晋江人一直咀嚼着"人稠山谷瘠"的生存之艰，为改变命运而拼搏闯荡。

1978年，中国改革开放号角吹响。在离晋江县政府西南10千米处的古镇安海，青年农民许连捷激动地对父亲说："天不再下雨了，要下金子了。"

当国门一打开，穷怕了的晋江人就利用侨乡特有的"闲钱、闲人、闲房"，从家庭小作坊开始了草根工业的发端。当年吸引人们热烈谈论的是，哪家的作坊赚了钱，谁的工厂又做出新产品。

1979年初，26岁的许连捷借助几部缝纫机，办起了后林劳保服装加工厂。由于产品物美价廉，港商订单接踵而至。

这一年，人称晋江"商业怪杰"的柯子江，在一没钱、二没厂、三没技术人才的情况下，居然一下子把国企厦工的部分订单"骗"到了手，由此"摇身"变成了民营晋江机械厂的厂长。他的三句回答，成了后来总结晋江商人起家的经典名言——没钱，可以借；没厂，可以租；没人，可以请。

这一年，另一个颇具传奇的人物林土秋邀集远在中国香港、菲律宾的14个亲友，每人出资2000元，开办了洋埭服装鞋帽厂，在一间用琉璃瓦盖起来的小作坊里，诞生了晋江第一家私营企业。

还是这一年，不远的石狮镇，不到2平方千米的小镇上，到处充斥着内地民众闻所未闻的各种"小洋货"：自动表、收录机、香水、领带、西服等。石狮人发现，按照当时的外汇比价，100港元只能兑换27元人民币，但若把港币换成洋货带进大陆销售，则可以实现1元港币换1元人民币的"增值收益"。通过这种方式，石狮人完成了他们的第一笔原始积累。

不久，晋江县委制定了《关于加快发展多种经营和社队企业若干问题的决定》，公布允许企业自主经营、股金分红、雇工、价格随行就市等政策，推高了农民企业主"登台唱戏"的热情。

1983年，30岁的许连捷靠服装厂赚了第一桶金——50万元。

1984年，被誉为晋江"做鞋第一人"的林土秋，拿着哥哥从香港寄来的8万元和另外14人的2.8万元，创办了陈埭第一家乡镇企业，并搬入新建的厂房，全面开始了初具现代工业企业流水线样子的企业式生产。也正是在他带动下，1984年，晋江的陈埭镇一个镇的乡镇企业就达到700多家，工农业总产值突破亿元，成为福建省首个"亿元镇"，也被外界称为"乡镇企业一枝花"。10年后，林土秋的产值已达4000万元，其生产的旅游鞋以新颖的款式和优质的工艺成为国内名牌。

精明的石狮商家也从洋货的热销中看到商机，开始建立小作坊仿制洋货出售。据说当时只要香港刚流行一种新面料新款式，不到一个星期，石狮就能以低价大量仿制上市。

石狮人宋太平，原是技工，1983年与侨眷合资创办胸罩服装厂，雇工50多人。他重金购买有关资料样品，悉心研究，精心设计，做出的产品款式新颖，质量优良。产品"爱花牌"胸罩行销海内外。20世纪80年代末，与来自中国香港、中国台湾以及澳大利亚的三家公司合作，总投资5000万元，引进500多套专用先进设备，扩建厂房，从事胸罩、内衣、西裤、童装等出口产品的制作。1988年总产值达2330万元，外贸出口额700万元，上缴税金83万元。

之后，许连捷、柯子江、林土秋、宋太平、林聪颖、李春兴等创业的故事被不断传播，在无数个家庭作坊，越来越多的晋江人拿起剪刀、锥子，告诉家人他们制鞋做服装的梦想。

1983年春，晋江县委根据中央方针和具体县情，又出台了十条规定：允许青阳、石狮、安海三镇开办小商品市场，允许长途贩运，允许集体企业和个体工商业在银行建立账户，给予贷款等。

5月，福建省委在晋江县陈埭镇召开了乡镇企业现场会，总结了晋江的经验，赞誉陈埭公社是"福建乡镇企业一枝花"，对其以联户集资发展乡镇企业作了充分的肯定。

1984年9月，晋江县委制定了《关于大力发展乡镇企业若干问题的决定》，要求大胆放手发展群众合资或独资办企业，并且根据资源短缺时实际情况，允许超出"三就地"（就地取材、就地加工、就地销售）的规定，走"市场—技术—原材料"的新路子。

由于政策指导的正确，晋江县以联户集资企业为主体的乡镇企业迅速发展。到1986年，全县联户集资企业户数增加5倍多，集资企业总收入增加了9.1倍。那时，海外的晋江人也嗅到了改革开放的商机，他们带着资金、信息和市场经验纷纷返乡合办工厂，与外商签下"三来一补"合同，承接来料加工、来样加工、来件装配和补偿贸易。

在此过程中，小作坊渐渐壮大成工业企业，并由此迅速催生了一个个产业，"家家办厂、村村冒烟""铺天盖地万国装"的景象初现。从此，民营经济的"晋江模式"逐步形成起来。

1986年，晋江第一次被经济学术界发现。时任国务院农村发展研究中心特约研究员的罗涵先，最早从学者的角度把"晋江模式"的内涵概括为

"以联户集资的股份合作制为主要形式，以侨资为依托，以市场为导向，以国产小洋货为特征，以外向型经济为目标的农村经济发展形式"。

一年后，在晋江陈埭镇，17岁的丁水波用打工积攒的500元钱，和两个兄弟一起在小河边搭起小棚子，每天生产十几双拖鞋。这就是日后"三兴特步公司"的雏形。

就在同一时期，丁水波的同学丁世忠也已按捺不住，他带着1万元和600双鞋，只身闯荡北京市场。许多年后，丁世忠的安踏与丁水波的特步一起被戏称为中国鞋业的"东邪西毒"，同列中国体育用品前三甲。

20世纪80年代末的试探，很快在90年代初开花结果。1993年，丁水波的三兴公司成为晋江首家打入南美、非洲市场的企业。丁世忠则在北京最主要的一些商场开设了晋江鞋专柜。

这一时期，七匹狼、鸿星尔克、劲霸、柒牌、利郎、九牧王等一大批晋江企业也纷纷登上了发展的高峰。全国各地商贾纷纷拥至石狮采购服装，到磁灶找石材陶瓷，去罗山寻休闲食品。

在一个个朴素的致富欲望的驱动下，晋江开始以势不可挡的力量冲出了地平线，把运动鞋、服装、石材、建陶、玩具、食品、雨伞等产业带上了一个辉煌的通道，晋江、石狮开始名扬大江南北。

晋江民营经济发展模式，具有"小""专""活""广"四大特色：

"小"，就是小企业、小商品、小项目，但是这却是个"大市场"，可以带来"大创汇""大产值"和"大网络"。

"专"，是专业化生产和专业化市场。今天晋江的纺织服装、鞋业、休闲食品、儿童玩具、建筑陶瓷等集群，就是当年的专业化市场的产物。

"活"，即先找市、以贸开路，以销定产和搞活销售。在这些灵活的管理方式中，晋江的许多品牌企业在全国各地布满了销售网络，使得晋江的许多产品畅销全国。

"广"，就是生产门类广，经济形式多种多样。这和晋江当时的小商品经济有关，现在的晋江经济更多地表现为由传统的制造业和加工业逐步向高新技术产业的发展，因而拓宽的是门类，但转变的是经济增长方式。

· 第五章 ·

# 阳光总在风雨后

改革开放后，个体经济很快得到政策肯定，有了较大发展，但对于自发成长起来的私营企业，不仅在政策上一直是禁区，而且在理论上贯穿着激烈的争论。这些争论随着民营经济在我国经济社会中发挥出越来越重要的作用才得以彻底解决。

## 1."雇工是不是剥削"的大争议

"雇工"一词在今天，对人们来说已经是比较陌生的词了。然而，在改革开放初期，"雇工"的问题，却困惑着无数的个体户和私营企业主。不仅社会上，甚至在党内也围绕着"雇工"的问题争论了十来年，直到党的十三大召开后才尘埃落定。

早在1978年年底的中央工作会议上，邓小平同志就提出了"让一部分人先富起来"的构想和主张，但付诸实践却很难。因为在相当长的一个时期内，平均主义、大锅饭和普遍贫穷被当作社会主义，谁也不敢冒富，也容不得别人富起来。那些年，人们把就业理解为国家安排工作，捧"铁饭碗"，到公有制以外的企事业单位工作，被称作雇员、雇工，而雇工则意味着剥削。而个体经济在发展过程中，一部分个体工商户和农村种养能手、承包大户，靠自家人单独经营已经力不从心，不得不雇工经营。

那时，为了回避"雇工"这个敏感字眼，连中央文件都用"请帮手""带学徒"这两个词来代替。

1979年2月，国家工商行政管理局向中共中央、国务院提交的报告中提出："各地可以根据当地市场需要，在取得有关业务主管部门同意后，批准一些有正式户口的闲散劳动力从事修理、服务和手工业等个体劳动，但不准雇工。"可见，这个报告允许个体经济存在，但在雇工问题上划了禁区。

1981年国务院发布《关于城镇非农业个体经济的若干政策规定》(108号文件)，指出：个体经济"一般是个人经营或家庭经营；必要时，经过工商行政管理部门批准，可以请一至两个帮手；技术性较强或有特殊技艺的可以带三个最多不超过五个学徒"。同年10月，中共中央、国务院作出《关于广开就业门路，搞活经济，解决城镇就业问题的若干决定》，规定对个体工商户，应当允许经营者请两个以内的帮手，有特殊技艺的可以带五个以内的学徒。

但是，随着个体经济的发展，雇工现象在各地大量出现，并且很快出现了雇工大户。这是我们常在社会主义实践中遇到的一个十分敏感而又极其复杂的问题。它既涉及坚持社会主义的政治方向问题，又关系到如何大力发展社会生产力的问题。其中，比较典型的是广东高要县农民陈志雄承包鱼塘引发的议论。

1979年，陈志雄承包了生产队的8亩鱼塘，辛苦一年，稍有斩获。第二年，陈志雄扩大再生产，承包141亩鱼塘，夫妻俩干不过来，就只好雇人，雇请固定工一人，临时工400个工日。第三年，陈继续扩大经营，承包面积达497亩，雇请固定工5人，临时工1000个工日。

陈志雄的雇工行为，引起人们的广泛议论，并成为舆论的一个热点。

人们争议的焦点是陈志雄的"雇工是不是剥削"的问题。

第一种意见认为，陈志雄承包的鱼塘面积大，在经营管理上超过他的力所能及。他要雇工，雇工必然有剥削，在我们社会里是不能允许雇工剥削的，这是一个大的原则问题。

第二种意见认为，不能说是剥削。陈志雄承包的鱼塘是集体的，生产资料公有制没有改变。陈志雄请人帮他管理鱼塘，这同生产资料私有制下的雇工性质不同。陈志雄承包集体鱼塘的收入，扣除生产成本，大部分是交给集体的。被雇请的人所得的工资报酬，不会比他们付出劳动所创造的价值低。

第三种意见认为，为了发挥陈志雄这种能人的技术专长，应当允许他用一定报酬请几名助手帮助他经营，但究竟可以请多少名助手？报酬多少才算合理？这是要进一步研究的。

第四种意见认为，目前在我们国家还有多种经济成分存在的情况下，像陈志雄这样承包鱼塘，既有利于集体，又有利于个人的做法，即使有一点剥削也不应大惊小怪。

1981年5月29日，《人民日报》发表《关于一场承包鱼塘的争论》一文，并开辟了"怎样看待陈志雄承包鱼塘问题"的专栏，展开讨论，历时3个月。

在讨论中，有一位经济学家引述马克思在《资本论》的论断，"雇工到了八个就不是普通的个体经济，而是资本主义经济，是剥削"。这是马克思在《资本论》第一卷第三篇第九章《剩余价值率和剩余价值量》中明确地划分的"小业主"与"资本家"的界线。按马克思的计算，在当时雇工8人以下，自己也和工人一样直接参加生产过程的，是"介于资本家和工人之间的中间人物，"也就是小业主；而超过8人，则开始"占有工人的剩余价值"，是为资本家。

以此为依据，这个经济学家认为：雇工7个人以下，赚了钱自己消费的，算个体户；雇工8个人以上，就产生了剩余价值，就是存在剥削，要算作资本家。于是，雇工7个人还是雇工8个人，成了个体户和私营业主的分水岭：雇7个人以下，还可以允许；雇8个人以上，就算搞资本主义。

这就是当年广泛流传的"7人和8人"的衡量标准。

接着，《人民日报》又于1981年12月8日，报道了福建省仙游县农民李金耀承包荒山1200亩，招聘20多位员工办林场的事情。同时，也展开了讨论。

应当指出的是，在个体、私营经济的萌生时期，这种在调查研究基础上、心平气和的同志式的讨论，对于创造生动活泼的政治局面，对于拨乱反正，以理服人，形成共识，起到了积极的作用，也为民营经济的起步扫除了思想障碍。

当年12月31日，在中央政治局扩大会议讨论即将以1983年一号文件形式下发的《关于当前农村经济政策的若干问题》时，陈云同志针对雇工问题表态说："过去国务院规定最多不得超过7个，现在实际上多了一些，究竟限不限，限几个合适，还要看一看。对这类问题，报纸上不要大张旗鼓地宣传。这几年农村变化很大，许多问题既不要干涉，也不要在报上大吹，看一段时间以后再说比较稳妥。"

陈云同志这个表态至关重要。因为这涉及传统理论与中国实际如何结合的问题，还需要在实践中摸索。"不要干涉"即不取缔，"看一看再说"，就是要让实践来检验。

1982年1月，在昆明召开的全国农业生产责任制讨论会上，广东社科院经济研究所的两位与会者提交了一份调查报告。他们仍然认为，陈志雄行为的资本主义性质非常明显。新华社记者以这份报告为根据，写了一份题为《广东沙浦公社出现一批雇佣劳动基础的承包人户》的内参，引起了中央领导的重视。一位高层领导批示："我个人认为，按这个材料所说，就离开了社会主义制度，需要做出明确规定予以制止和纠正并在全省通报。事关社会主义制度的大局，故提请省委考虑。"

4月22日，广东省委经过进一步的调查研究，将《关于陈志雄承包经营的情况报告》送到国家农委。报告肯定了陈志雄的承包方法和经营方式，认为"就其经济效益来说，比原来'吃大锅饭'的集体经营要好"。报告同时强调："这是发生在特殊的历史条件下产生的效益。"

1982年，由邓小平提议，中央政治局讨论并通过了对雇工大户采取"看一看、等一等"的方针。1983年1月2日，中共中央印发《当前农村经济政策的若干问题》明确指出：我国是社会主义国家，不能允许剥削制度存在。但是我们又是一个发展中的国家，尤其在农村，生产力水平还比较低，商品生产不发达，允许资金、技术、劳力一定程度的流动和多种方式的结合，对发展社会主义经济是有利的。因此，对农村中新出现的某些经济现象，应当区别对待。例如，农户与农户之间的换工，丧失劳动能力或劳力不足者为维持生活所请的零工，合作经济之间请季节工或专业工、技术工，等等，均属群众之间的劳动互助或技术协作，都应当允许。农村个体工商户和种养业的能手，请帮手、带徒弟，对于超过上述规定雇请较多帮工的，不宜提倡，不要公开宣传，也不要急于取缔，而应因势利导，使之向不同形式的合作经济方向发展。

1984年1月1日，中共中央发出《关于1984年农村工作的通知》指出：目前雇请工人超过规定人数的企业，有的实行了一些有别于私人企业的制度。例如，从税后利润中留一定比例的积累，作为集体公有财产，可以不按资本主义的雇工经营看待。

1984年10月22日，邓小平在听取有关方面负责人汇报当前经济情况时指出："雇工问题，我的意见是放两年再看。"1987年4月，邓小平在会见香港客人时说："比如雇工问题，犯不着在这个问题上表现出我们在'动'，可以再看几年。"他认为即使以后要"动"，也只不过是从分配问题上"制约一下"，不是像某些人坚持的那样进行打击和取缔。

至此，围绕雇工7个人和8个人的争论终于偃旗息鼓。然而，对私营企业主"是剥削者、资本家，还是什么？"的争议仍在继续着……

## 2.投机倒把与温州"八大王"事件

在中国民营经济发展史上，"八大王"的故事是一个特殊的符号，成为很多研究者不能绕过的历史事件。

投机倒把，这个在计划经济时代和改革开放初期曾经令许多人胆战心惊的罪名，如今随着市场经济的发展而逐渐销声匿迹。

打击投机倒把，是新中国成立初期为了稳定市场和物价，打击那些囤积居奇、操纵市场、制假售劣不法商人所采取的措施。后来，由于"左"的错误思想影响，打击投机倒把范围被严重扩大，特别是在"割资本主义尾巴"那个期间，连农民卖鸡蛋、粮票、布票、玉米、红薯……一旦被抓现行，轻则被批斗游行，重则被判以投机倒把罪。

十一届三中全会之后，我国市场开始活跃，个体、私营经济逐渐发展，长途贩运等活动日趋普遍。

浙江温州地区，人多地少，又临近海岸线，素有务工经商传统。所谓"温州生意郎，挑担走四方"。改革开放一开始，温州人就恢复了走四方做小买卖的传统，大批购销人员走南闯北，大小专业市场应运而生，逐渐成为全国经济最活跃的地区之一。而温州乐清县的个体、私营经济发展得最快，在当时的柳市镇出现了8位冒尖的私营业主，被称为"八大王"。他们是："电机大王"胡金林、"线圈大王"郑祥青、"目录大王"叶建华、"螺丝大王"刘大源、"矿灯大王"程步青、"电器大王"郑元忠、"合同大王"李方平、"旧货大王"王迈仟。

这些所谓的"大王"，其实都是专业户。由于他们常跑买卖，搞长途贩运，辛辛苦苦挣了一些钱，盖起了楼房，生活状况有了改善，便被认为是投机倒把，是经济犯罪。

当时，随着全国市场逐步放开，走私贩私、贪污受贿和窃取国家财产的犯罪活动也十分严重。1982年1月11日，中共中央发出《紧急通知》，传达中央政治局常委会会议关于对一些干部走私贩私、贪污受贿、把大量国家财产窃为己有等严重违法犯罪行为采取紧急措施的指示。4月13日，《中共中央、国务院关于打击经济领域中严重犯罪活动的决定》向全国公布，确定的打击对象是经济领域中严重犯罪活动，但《决定》同时指出，对于虽不是严重破坏经济的罪犯，但确实扰乱城乡市场管理、妨害国家物资购销和损害城乡人员利益的人，也要依法查处。

全国性的打击严重经济犯罪的斗争，浙江省将温州作为重点，而温州将乐清作为重点，乐清将柳市镇作为重点，打击的重点对象就是柳市镇的"八大王"。

1982年5月，省委工作组进驻柳市镇，"打击"了3个月，造成轰动一时的"八大王"事件。到1982年8月，被称为"八大王"的八位靠劳动致富的私营业主，都被作为重大经济犯罪分子受到严厉打击，除了"螺丝大王"刘大源潜逃在外，其他7人都被捕入狱。

在此后的两年多时间里，"八大王"事件一直如乌云笼罩在温州上空，柳市刚蓬勃兴起的家庭工业一下子被打了下去，致使当年柳市的工业产值下降了53%。这一事件使得刚刚走上创业经商之路的温州农民遭受重创，同时也导致不少工厂关门，使温州市的工业在1982年开始出现下滑，并且在此后的3年中一直徘徊不前。

"八大王"事件是1982年经济整肃运动的冰山一角。对温州柳市镇"八大王"的高调讨伐，令全国许多个体、私营企业噤若寒蝉。

这种形势直到1984年才发生变化。当年《中共中央关于1984年农村工作的通知》（中央"一号"文件）明确指出：要允许农民的资金自由地或有组织地流动，不受地区限制，鼓励农民向各种企业投资入股，鼓励集体和农民本着自愿互利的原则，将资金集中起来，联合兴办各种企业。

这期间，柳市通用电器厂厂长石锦宽，为"八大王"平反而四处奔波。他三上北京、八上省城、百上地委，前后共写了130万字的申诉材料。

于是，务实的温州市委、市政府也以极大的政治勇气为"八大王"平反。时任温州市委书记的袁芳烈深深感到，"八大王"案不翻，搞活温州经济就没有希望。于是，由市政法委牵头，会同公检法三家组成了联合调查组，对"八大王"全案进行复查。调查组对全部案卷进行复查，再三了解取证，结论是：除一些轻微的偷漏税外，"八大王"的所作所为基本符合中央精神。很快，"八大王"全部平反，无罪释放，收缴的财物从国库拨出如数归还。

"八大王"的平反作为温州头条新闻在全市传开，基层干部群众开始放开手脚，投入了商品经济的滚滚洪流，开始走上了以"小商品、大市场；小规模、大协作；小机器、大动力；小能人，大气魄"为主要特征的发展商品经济的新路子，家庭工业得到蓬勃发展。

"八大王"被无罪释放后，《浙江日报》《中国农民报》《人民日报》等对他们的报道不断升级，围绕着"八大王"的罪与非罪的讨论，引发了人们对计划经济的反思和市场经济的期盼，对日后个体、私营企业发展产生了深远影响。

在计划经济时代，一切资源都被计划分配，由政府主导资源配置，生产资料如此，生活资料也是如此。农民按照部队编制成公社、大队、生产队，种什么粮食，如何种，种多少，什么时候种，什么时候收，都由公社一层层布置到生产队，尤其是如何分配，都是上级一层层下达指令。这种计划经济体制是不容许任何与之相左的其他劳动与分配方式存在的，而诸如长途贩运、经营生意等游离于计划经济秩序之外的"地下"工商业活动，也就顺理成章地被当作投机倒把进行批斗或打击。

在改革开放初期，我国著名经济学家薛暮桥，曾对长途贩运问题提出了一个令人耳目一新但又十分朴实的观点："实践向我们提出了一个问题，我们一向把长途贩运当成投机倒把，这到底对不对呢？山货土产没有腿，没有人长途贩运，怎么会自己跑到城里来呢？如果让山货烂在山上是'社会主义'，贩运到城里来丰富市场供应是'资本主义'，这能说是马克思主义吗？我认为不能把长途贩运和投机倒把等同起来，应当允许长途贩运。"

薛暮桥的这段话，曾在全国引起很大反响，为"长途贩运"和"投机倒把"的正名起到了极大的推动作用。

以后，随着改革开放的不断深入，市场经济逐步发展起来，市场经济理论也逐渐深入人心，人们对所谓的"投机倒把"产生了颠覆性的认识。

当年"八大王"所摊上的"投机倒把罪"，已经在1997年3月从《刑法》修订案中删除，经济犯罪中不再有"投机倒把罪"这一罪名。

2008年1月，适用了20年的《投机倒把行政处罚暂行条例》也"寿终正寝"，被宣布失效。

## 3.邓小平："傻子瓜子"——不能动！

说起中国民营经济的发展，有一个绕不过去的人物，就是安徽芜湖个体户年广久。这个三次被邓小平同志提到过的"傻子瓜子"，因此而名载中国改革开放史，更是中国民营经济发展历程中一个标志性的事件。

年广久，何许人也？安徽怀远人，从十几岁开始就接过父亲的水果摊，并沿袭了父亲的"傻子"绰号。他贩过水果，卖过冰棒，倒过鱼虾，1963年因投机倒把罪被判处有期徒刑1年，出狱后常年游弋于市场，擅长炒货行当。经过遍访名家，集众所长，于1981年创制了一嗑三开、满口清香、风味独特并以自己绰号命名的"傻子瓜子"，并一炮走红，在安徽芜湖几乎到了无人不知、无人不晓的程度，多次荣获芜湖市著名商标、安徽省著名商标的殊荣。

之后，产品畅销全国各地。美国驻上海领事馆副领事访问安徽时，特意要求到芜湖参观"傻子瓜子"工厂，其后美国《金融时报》《美国之音》、德国《南德意志报》等媒体记者相继在海外为"傻子瓜子"扬名。

年广久出身贫穷，脱胎于旧社会，既保留了不少劳动人民的品质，又秉承了无业游民的固有陋习。直率与狡黠、聪明与愚昧、创新与守旧、俭朴与奢侈，这些尖锐对立的矛盾交织于一身，构成了其多元、多面的性格特征。他吃苦耐劳，常年在烟熏火燎的大锅旁，弓腰曲背炒着瓜子，直到当上老板还是扛包扫地样样都干；他没有文化，只能如负千斤地写上"年广久"三个大字，却经常训斥别人不懂得政策；职工生病或家有困难有求于他时，都能慷慨解囊，但员工偷懒或糟蹋原料，他开口就骂、举手就打；他一方面感激党和国家的政策，捐资赞助社会公益事业，一方面又偷漏税赋，采用不适当手段竞争。

由于傻子瓜子质优价廉，很受消费者欢迎，因而日益兴旺，年广久赚了不少钱。从1980年9月起，他每月缴税额从1100元递增到1981年11月的9000多元，每月上缴的工商业管理费也由500元增加到1600多元。在1982年的总收入中，他个人所得、雇工工资、上缴国家税费分别为44.6%、12%和43.33%。

但年广久也有过偷税漏税等不法行为，经市工商行政管理部门严肃指责，他作了检讨，补交了税款。1983年年底，市果品公司贸易货栈因运输紧张，未能按时供应原料，年广久竟不问情由，误认为是有意卡他，一怒之下，就带了一帮人把市货栈的牌子摘下，倒挂在市委机关门口，并在他的货摊门前贴了指责货栈卡他原料的通告，还狂言："谁不支持'傻子瓜子'，谁就是反对三中全会。"

年广久生意做大以后不得不雇人。开始时,只雇请了4名帮手,到1983年,工人数已达103人,加上他儿子的分店,雇工达140多人。此事引起了各方关注。有人认为他请雇工,是典型的资本主义;有人认为,他纳税不少,解决了一批就业人员。双方争论不下。甚至有人连连写信上告,指控年广久的"傻子瓜子"姓"资"不姓"社",是"资本主义剥削"。

在一次全国工商会议上,有人提出年广久雇工人数超过国家规定的范围,对国营、集体商业形成不利影响,应该限制其发展。为此,安徽省委派人到芜湖进行调查,写了一份调查报告。这个报告基本肯定了雇工的做法,提出应该允许他们存在、发展。

后来,这份材料被带到中央农村工作会议上。中央农村政策研究室主任杜润生看到这份材料,认为很好,很有典型意义,并送给邓小平同志阅览。邓小平同志看到杜润生送来的"傻子瓜子"问题的调查报告后,表示要"放一放"和"看一看"。

1984年10月22日,邓小平同志在中央顾问委员会第三次全体会议上,明确提出了对"傻子瓜子"问题的处理方针,把"傻子瓜子"上升到发展整个个体、私营经济的高度上来。他说:"前些时候那个雇工问题,相当震动呀,大家担心得不得了。我的意见是放两年再看。那个能影响到我们的大局吗?如果你一动,群众就说政策变了,人心就不安了。你解决了一个'傻子瓜子',会牵动人心不安,没有益处。让'傻子瓜子'经营一段,怕什么?伤害了社会主义吗?"

邓小平同志的表态,回答了"雇工是不是剥削"的问题,让年广久的"傻子瓜子"得以继续生存下去。更关键的是,邓小平同志的鲜明态度,稳住了当时我国民营企业的发展。

但是,由于长期"左"的思想的影响,人们对年广久的经营总是看不惯,处处挑毛病。年广久也因为自身多面的性格和一些不检点的行为,自己带来这样那样的麻烦。

随着"傻子瓜子"进入鼎盛期,在资金、场地、管理等方面的困难和矛盾接踵而至,年广久提出了联合的要求。经芜湖市工商局牵线搭桥,各方面多次协商,由芜湖市新芜区劳动服务公司和芜湖县清水工业公司分别出资，年广久以商标和炒制技术作为不计价投资，三家合办成立了芜湖市傻子瓜子公司。公司开办3个多月，合伙单位觉得年广久工作方法粗暴简单，动不动就打骂职工，不尊重协作者，曾因此提出退股散伙，后经调解，其他两方各退股一部分，公司由年广久承包。

那段时间，中国市场开始兴起一股有奖销售热，年广久自然不甘沉默，在全国20多个大中城市展开有奖销售。一时间，"您想拥有一辆轿车吗？请买傻子瓜子"的广告词风靡诸多媒体，这种风助火势、火借风威的销售风很快使瓜子销售额高达400多万元。

然而，天有不测风云，鉴于一时全国市场奖券泛滥，不少厂商乘机推销次品，暗中涨价，欺骗顾客，国务院颁发了关于制止滥发各种奖券的通知，"傻子瓜子"有奖销售被迫中止，各地纷纷退货，瓜子积压，生产停工，形势急转直下。其间，公司向省、市政府以及有关部门申请报告，要求另案处理，继续销售、开奖，但未获批。"傻子瓜子"有奖销售夭折，公司损失巨大，加上银行的贷款债台高筑，企业陷入困境。从此，傻子瓜子公司声誉锐减，艰难运行。

1987年年底，芜湖市新芜区检察院根据傻子瓜子公司一位副经理的举报，对年广久所谓的经济问题进行立案侦查，年广久被判处有期徒刑3年，缓刑3年。

在年广久遭到了大麻烦的时候，又是邓小平同志帮这位"傻子"解了围。1992年年初，邓小平同志在南方谈话中，把"傻子瓜子"提高到事关改革开放全局的高度，再次论述了"傻子瓜子"问题。他说："农村改革初期，安徽出了个'傻子瓜子'问题。当时许多人不舒服，说他赚了一百万，主张动他。我说不能动，一动人们就会说政策变了，得不偿失。像这一类的问题还有不少，如果处理不当，就很容易动摇我们的方针，影响改革的全局。城乡改革的基本政策，一定要长期保持稳定。"

邓小平的南方谈话传达后，年广久成为全国家喻户晓的名人。1992年3月，芜湖市检察院经过复查，主动撤诉，年广久被无罪释放。

这一年12月，识字不多的年广久请安徽师大一位教授代笔，给邓小平写了一封致谢信。信中说："您讲到了我们'傻子瓜子'，您是对全国人民讲的，但对我们更是极大鼓舞。光是今年下半年，我们'傻子瓜子'就新建了13家分厂，生产了700多万公斤瓜子。这都是由于您的支持和您的政策好！从经营'傻子瓜子'以来，我们已向国家交纳了200多万元的税，向社会提供了40多万元的捐赠。但我们还要兢兢业业地继续做'傻子'，为顾客提供更多味美可口、价格公道的瓜子；我们还计划更大地扩大经营规模，把'傻子瓜子'打到国际市场上去，为国家多作贡献。"年广久还寄上了由他亲自炒、亲自拣、亲自包装的瓜子。

信发出不久，年广久就收到了中央有关部门打来的电话，说信和寄来的瓜子都收到了，他们将转交邓小平同志。安徽工人报记者田柏强在《安徽工人报》及香港《广角镜》杂志发表《"傻子"致信邓小平》。据不完全统计，全国至少有200家媒体刊登了这篇报道。

一滴水能反映出太阳的光辉。"傻子瓜子"年广久的传奇故事，是我国改革开放初期个体、私营经济发展遭遇的一个典型案例；邓小平三次对"傻子瓜子"的表态，则是我们党坚定不移支持民营经济发展的一个生动写照。


## 4.乍暖还寒三年间

1987年年初，中共中央颁发《关于把农村改革引向深入》的文件中，强调私营经济作为社会主义经济结构的一种补充形式，对于实现资金、技术、劳动力的结合，尽快形成社会生产力，对于多方面提供就业机会，对于促进经营人才的成长，都是必要的。对它也应当采取"允许存在、加强管理、兴利抑弊、逐步引导"的方针。这里强调的"逐步引导"，不再是引导私营企业向合作经济发展而是引导私营企业自身的健康发展。

这年10月，党的十三大提出："实践证明，私营经济一定程度的发展，有利于促进生产，活跃市场，扩大就业，更好地满足人民多方面的生活需要，是公有制经济必要的和有益的补充。"并且强调，"必须尽快制订有关私营经济的政策和法律，保护他们的合法利益，加强对它们的引导、监督和管理。"

1988年4月，第七届全国人民代表大会第一次会议通过了宪法修正案，第十一条增加规定："国家允许私营经济在法律规定的范围内存在和发展。私营经济是社会主义公有制经济的补充。国家保护私营经济的合法权利和利益，对私营经济实行引导、监督和管理。"至此，我国私营经济真正进入了合法发展的阶段。

根据宪法的规定，1988年6月，国务院发布了《中华人民共和国私营企业暂行条例》。这是一部关于私营企业的综合性的基本法规。它规定了私营企业的标准、开办条件，私营企业的种类，明确了私营企业的登记管理和监督管理；还规定了私营企业的劳动管理和劳动保护；也规定了私营企业的税金征收管理和利润分配及投向等基本内容。

从此，私营企业的发展和管理被纳入了法治轨道，私营企业进入了合法发展的阶段，可以名正言顺地经营。因此，各地工商行政管理机关办理注册登记的私营企业大大增加，到1988年年底，全国除西藏、山西、黑龙江尚未开展私营企业的登记注册外，全国各地已注册的私营企业发展到40 638家，雇工人数达到723 782人，注册资金328 575.47万元。

然而，从1988年下半年至1991年年底，由于多种原因，民营经济发展进入曲折发展阶段。

1988年下半年，宏观经济运行出现严重失衡，出现经济过热。同时，中央进行的物价改革——"价格闯关"引发了物价急剧上涨，通货膨胀率高达18%。为控制经济社会秩序，中央作出了治理经济环境、整顿经济秩序、全面深化改革的决定，开始了为期三年的治理整顿，民营经济的发展环境由偏松转向偏紧，不少私营企业发展遇到了资金不足、原材料紧张、"三角债"等问题。

1989年春夏之交的政治风波之后，在政治上批判资产阶级自由化的同时，社会上出现了限制个体、私营经济发展的理论思潮，社会环境发生了较大的变化。在宣传舆论方面，讲私营经济"弊"的多了，讲"利"的少了。一段时期内，在一些大报上，甚至出现了很有影响的论点，如"私营经济是资产阶级自由化的社会基础""发展私营经济是搞私有化"，等等。

1989年，中央组织部明确规定：私营企业主不能入党。有些地方甚至要求党员企业主做出"要党，还是要厂"的选择。

在私营经济发展初期，也是我国向市场经济体制转轨开始时期，市场发育程度低，市场体系不健全，基本上呈无序状态。刚刚离开土地的农民，对于经营管理工商企业缺乏应有的知识、经验。加之企业本身技术含量低，粗放型经营，缺乏约束机制。这样，在私营经济迅速发展时，难免泥沙俱下，鱼龙混杂，他们在向社会提供适销对路的产品和优质服务的同时，也生产、制造出假冒伪劣产品。后来，国家开展了打击制售无证假冒伪劣产品的违法乱纪行为。各地在私营企业重新整顿中，一些生产经营不佳、管理不善、产品滞销的企业相继歇业和关闭。

在私营经济发展面临不利的经济、政治、社会环境的同时，工商行政管理部门和税务部门加大了对私营经济监督管理的力度。1989年的政治风波之后，在全国范围内开展的税收大检查，出现了对一些个体工商业、私营企业惩罚过重的现象，有的地区还错抓了一些人。有些地方把私营企业主当作"革命对象"，打入"另册"。

在这样的大背景下，个体、私营经济发展陷入低潮，出现较大回落。个体工商的户数和从业人员在1988年分别为1452.7万户和2304.9万人，1989年一年间分别下降了14.15%和15.8%。虽然两者后两年有缓慢回升，到1991年年底，各地工商户有1416.8万户，从业人员2258万人，仍然比1988年分别减少了35.9万户和46.9万人。私营企业的发展情况也与个体经济差不多，1991年底登记的私营企业数只有10.8万户，远远低于1987年国家工商行政管理局摸底估计的户数。

1989年9月29日，江泽民在庆祝中华人民共和国成立40周年的讲话时重申："在我国经济发展中，我们要继续坚持以公有制为主体，发展多种经济成分的方针，发挥个体经济、私营经济以及中外合资、合作企业和外资企业对社会主义经济有益的、必要的补充作用。"9月30日，李鹏也向国内外人士宣布，中国政府关于私营经济等一系列重大问题的政策将保持稳定，绝不轻易改变，这意味着我们党将继续坚持发展私营经济的政策。

此后，私营经济又开始缓慢发展……

# 链接：历程回顾（1978—1992）

　　新中国成立后，随着对资本主义工商业的社会主义改造的完成，我国个体工商业和私营经济基本被消灭，特别是此后20年里的各种政治运动，使得民营经济在中国几乎荡然无存。1978年，党中央召开了具有历史意义的十一届三中全会，开始了思想上的拨乱反正，提出以经济建设为中心的方针，国民经济开始恢复调整，几近消亡的民营经济也开始了重生的历程。

　　20世纪70年代末、80年代初，我国的经济改革首先在农村取得突破性进展。我国改革前的农村，实行的是政社合一的人民公社经济体制。实践表明，这种高度集体化和集中经营管理的生产方式，完全不适应我国现阶段农村生产力的发展，不仅不利于调动，甚至严重挫伤了农民的生产积极性。农业的发展、农民生活的改善都十分缓慢。

　　十一届三中全会召开，揭开了我国改革开放的序幕。家庭联产承包责任制的推行，极大地唤起了广大农民的生产热情，使农村生产力水平迅速提高，粮食、棉花、油料等农产品大幅度增产，农民收入大幅提升，农村开始出现了剩余劳动力和剩余资金，这就为农村个体、私营经济的产生奠定了经济基础。

　　为了进一步活跃农村经济，加快农村商品生产，党中央、国务院相继采取一系列措施，强调在农村除经营农业外，还要"开展多种经营，要发挥集体和个人两个积极性，……组织各种形式的专业队、专业组、专业户、专业工。""充分发挥各类手工业者、小商小贩和各种集体副业生产。""要大力调整、整顿和发展社队企业。"随着农村经营管理体制改革，产业结构调整，家庭联产承包普遍兴起，人民公社实际上已相继解体。

1985年，为进一步着手农村流通体制改革，中央决定"除个别的品种外，国家不再向农民下达农产品统购派购任务，不再下达指令性计划"，改统购派购为合同定购和市场收购。这样，农村集体和个人两股积极性都被调动起来，两种新的生力军拔地而起，各种组织形式的乡镇企业异军突起，不仅吸纳和安置了大量农业富余劳动力，而且有力地带动了农村各业的迅猛发展。

据国家工商行政管理局统计，1981年，全国农村个体工商业有95.8万户，从业人员121.6万人，注册资金总额24 767.6万元，营业额9 832.5万元。到1983年，这些数据分别比1981年增长了3.38倍、3.42倍、8.18倍和12.58倍。

在城镇，导致个体经济复苏的最直接的原因是当时日益严重的就业压力。20世纪70年代后期开始，全国有1000多万"文革"期间上山下乡的知识青年陆续返城，城市每年都有几百万的中学毕业生需要安排工作。据统计，1978—1985年，全国城镇需要就业的人数达2600多万，其中待业青年1800多万。另外，"文化大革命"结束后，一方面是经济一片凋敝，企业网点稀少，物资供应奇缺，人们日常生活吃用穿难，另一方面是社会上流散着数以百万计的无业人员亟待就业。

当时，安置就业成为一个严重的社会问题。继续按照我国原来的劳动就业制度，由国家包下来，已经做不到了。这样，从1979年起，中共中央、国务院以及有关部门便多次作出决定，要广开门路"在国家统筹规划和指导下，实行劳动部门介绍就业，自愿组织起来就业和自谋就业相结合的方针"，允许一部分有正式户口的闲散劳动力从事修理、服务等手工业个体劳动。大力扶植、兴办各种类型的自负盈亏的合作经济，鼓励和扶植城镇个体经济的发展，并明确个体经济是"自食其力的独立劳动者"。

1980年12月11日，19岁的温州姑娘章华妹从温州市工商行政管理局领到了标有"工商证字第10101号"字样的营业执照，这张营业执照成为改革开放以来中国第一份个体工商业营业执照，章华妹则成为改革开放以来中国第一个工商个体户。

1981年6月29日，党的十一届六中全会审议和通过《关于建国以来党的若干历史问题的决议》。《决议》指出"国营经济和集体经济是我国基本的经济形式，一定范围的劳动个体经济是公有制经济的必要补充。必须实行适合于各种经济成分的具体的管理制度和分配制度。"

1981年7月，国务院发出《关于城镇非农业个体经济若干政策性规定》，明确提出恢复和发展个体经济：必要时个体经营户可以请1～2个帮手，技术性较强或者有特殊技艺的，可以带2～3个至多不超过5个学徒。于是，"2个帮手、5个学徒"，"雇工不超过8人"成为很长一段时期实践中区分个体经济和私营经济的标准。

在党和国家大力鼓励、扶植下，城镇个体经济得到恢复和发展。1981年全国注册登记的城乡个体工商户计183万户，从业人员227万人，资金5亿元，销售总额或营业收入达10.9亿元。不仅解决了一批人员的就业问题，经济也开始活了。

1981年，中共中央总结了经济改革和国民经济结构调整的经验，明确指出："今后，在调整产业结构的同时，必须着重开辟集体经济和个体经济中的就业渠道。在我国，国营经济和集体经济是我国基本经济形式，一定范围内个体经济是公有制经济的必要补充。"1982年，中共十二大报告进一步指出："在农村和城市，都要鼓励劳动者个体经济在国家规定范围内和工商行政管理下适当发展，作为公有制经济的必要的、有益的补充，只有多种经济形式的合理配置和发展，才能繁荣城乡经济，方便人民生活。"

1982年12月，五届全国人大通过《宪法》，确认"国家保护个体经济的合法权利和利益。"个体经济第一次被写入《宪法》，标志着个体经济在我国取得了合法地位。这是我国经历了20多年社会主义建设实践取得的新认识，是对社会主义只能建立单一的公有制经济旧模式的一个重大突破。这就是说，发展包括个体经济等多种经济形式已不单纯是为了解决城镇就业人员、安置农村富余人员的一个临时的措施，而是搞活整个国民经济、进行社会主义经济建设的一项长期的战略决策。

1983年8月30日，胡耀邦在中南海接见300多名全国集体经济和个体经济的先进代表，发表《怎样划分光彩和不光彩》的长篇讲话，明确提出了划分光彩与不光彩的标准。他说：凡是辛勤劳动，为国家为人民作了贡献的劳动者，都是光彩的。党中央和国务院对城镇集体经济和个体经济事业是充分支持的，对从事集体和个体劳动，为国家富强，为方便人民生活作出贡献的同志们表示敬意。讲话对改变人们陈腐的就业观念、促进各地经济的发展产生了积极的影响。

城镇就业体制的改革，极大地促进了城镇个体经济的发展。城镇个体经济从业人数从1978年的14万人，发展到1991年年底，全国登记注册的个体工商户共有1 416.8万户，从业人员达2258万人，注册资金为488.2亿元。

我国私营企业从萌生到依法允许存在发展，则经历了一个艰巨的探索过程。

私营企业主要是伴随着我国经济所有制结构调整和管理体制改革逐步推行，先在农村，而后城市，先是零星，而后成片，不依人们的意志为转移自发地产生和发展起来的。从20世纪70年代末到80年代中期，在东南沿海历史上素有从工经商传统的地区，例如浙江的温州、台州，江苏南部的苏锡常一带，福建的晋江、石狮，广东珠江三角洲地带等，相对集中地出现了一批私营企业，当时人们称它们为承包大户、雇工大户、个体大户、冒尖户等。我国最早一批私营企业，主要是由以下几种途径产生的：

——由城市个体工商户发展壮大而来。随着个体工商户雇工经营政策的放宽和经营行业的拓宽，一批个体工商户发展为"个体大户"。为取得规模效应和竞争优势，这些"个体大户"通过不断扩大雇工人数，吸收其他个体户或社会闲散资金，扩大生产规模，逐渐改变了个体劳动者的性质，最终成为私营企业主。如安徽芜湖年广久，幼时随父摆水果瓜子摊。20世纪80年代初，自开作坊，雇工3人，炒作独具风味的、以自己绰号"傻子"命名的瓜子。1981—1984年短短几年，雇工上百人，产量猛增到近4万斤，财产由百万元增到千万元。

——由家庭手工作坊演化而成。这在浙江温州、台州，广东中山、南海，福建晋江和石狮十分突出。温州地区人多地少，素有务工经商传统。农村改革后，家庭作坊（前店后厂）如雨后春笋，拔地而起，大批购销人员走南闯北，大小专业市场应运而生。温州大力发展个体、私营经济，振兴地方经济，当时被称为"温州模式"。以生产、销售低压电器而闻名全国的乐清市柳市镇，1979年出现第一家低压电器门市部（兼作坊），仅隔一年，即增至300余家，1981年发展到800多家，其中实际上已形成了一批资达10多万元的私营企业主和包卖商。成百上千的家庭作坊企业，在市场风浪搏击中，多数趋于没落，少数强者脱颖而出。原家庭作坊出身的南存辉1984年与人合伙创办求精开关厂，资金5万元，雇工8人，生产低压电器，技艺超群，产值从1984年的1万元迅速上升至1991年的1000多万元，同年创办正泰电器有限公司。

　　——由专业户、承包户发展起来。部分专业承包户、自营户，在商品经济刺激下，逐步扩大承包荒地、荒滩、水面，投入大笔开发资金，雇佣较多的帮工和临时工，经营果木、水产、畜禽。例如，广东高要县沙浦公社农民陈志雄，1979年承包鱼塘8亩，次年增至105亩，1981年再扩大到357亩，雇工5人，临时工一批（折合9300小时），当年收入39 300元。

　　——由具有某种专业技能和组织能力的个人发展起来。农村一些具有建筑、运输等技能和组织能力的农户、个人以合伙合作名义，招募一批帮工，组织专业队，承揽城乡建筑、运输项目，老板的收入往往要比受雇帮工高出十数倍、几十倍。如江苏海门长乐乡中南村农民陈锦石，1988年初，怀揣着5000元到山东东营市，开始承包建筑工程。筚路蓝缕，艰苦创业，经过30年的拼搏发展，嬗变成一家多元化上市企业——中南集团，队伍规模、产值效益、社会影响、公益贡献等方面取得了进步和发展，不仅在商海浮沉中闯出了自己的一方天地，而且在激烈竞争中挤进了万千民营企业的前列，成为中国民营企业500强。

　　——由社队和街道集体企业转化而来。农村实行家庭联产承包责任制后，承包租赁等经营方式也引入社队、街道集体企业。一些经济效益不好或年年亏损的集体企业，交给原企业的厂长、经理或农村的能人承包经营。随着生产经营规模扩大，私人追加投资增多，原有的集体资产所占份额逐步减少直至丧失，社队、街道企业转化为私营企业。

——由个人集资直接开办私营企业。如福建晋江市石狮镇宋太平，原是技工，1983年与侨眷合资创办胸罩服装厂，雇工50多人，他重金购买有关资料样品，悉心研究，精心设计，做出的产品款式新颖、质量优良。产品"爱花牌"胸罩行销海内外。20世纪80年代末，与来自中国香港、中国台湾以及澳大利亚的三家公司合作，总投资500万元，引进500多台套专用先进设备，扩建厂房，从事胸罩、内衣、西裤、童装等出口产品的制作，1988年总产值达2330万元，外贸出口额700万元，上缴税金83万元。

1985年4月13日，改革开放后中国第一个私企执照以国务院特批形式颁发。国家工商行政管理局局长任仲林向大连市工商局发布命令，授权他们向姜维颁发改革开放后全国首个私营企业执照。4月17日《人民日报》报道，经国务院批准，辽宁省大连市摄影个体户姜维与香港华源投资有限公司成立的全国第一家个体户与港商合办企业——大连光彩实业有限公司于4月13日正式营业。

改革开放初期的另一个重要成就，就是20世纪80年代乡镇企业的迅猛发展。1984年3月，中共中央和国务院出台4号文件，将过去社队企业的名称确定为乡镇企业，并确定农户家庭企业和合伙企业也属于乡镇企业的范围。从此，乡镇企业迎来了一个发展高潮。1984—1988年，乡镇企业的总产值从1 709.89亿元增加到6 495.66亿元，年均增幅为39.9%；企业个数从606.52万个增加到1 888.16万个，年均增幅为37.2%；企业职工人数从5208万人增加到9545万人，年均增幅为16.77%；利润总额从188亿元增加到550.02亿元，年均增幅为322.4%。

在我国改革开放之初，允许、鼓励个体劳动者经济的存在和发展，在社会上、理论界基本上没有引起多少议论并且很快达成了共识。但是，面对私营经济的重新发展和崛起，在社会上、理论界则引起广泛关注和非议。争论焦点在于在社会主义条件下能不能允许具有雇工剥削的私营企业存在与发展。在这个问题上，中共中央采取了十分谨慎的态度。1982年，中共中央政治局进行了讨论，对雇工经营的私营经济的产生、发展，采取"看一看"的方针。1983年1月，中共中央在印发《关于当前农村经济政治的若干问题》中，指出：我国是社会主义国家，不能允许剥削制度存在。但是，我们又是一个发展中的国家，尤其在农村，生产力还比较低，商品生产不发达，允许资金、技术、劳力一定程度的流动和多种方式的结合，对发展社会主义经济是有利的，对雇请较多帮工的，采取"不宜提倡，不要公开宣传，也不要急于取缔，而应因势利导使之向不同形式的合作经济发展"的方针。

1984年10月22日，邓小平在中央顾问委员会第三次全体会议上指出："前些时候那个雇工问题，相当震动呀，大家担心得不得了。我的意见是放两年再看。那个能影响到我们的大局吗？如果你一动，群众就说政策变了，人心就不安了，你解决了一个'傻子瓜子'，会牵动人心不安，没有益处。让'傻子瓜子'经营一段，怕什么？伤害了社会主义吗？"

就这样，几年下来，党和国家对私营经济采取了"看一看"的政策。"看一看"，就是对还看不清楚的事情不急于简单地给予肯定或否定，而要冷静观察，调查研究。

1987年1月22日，中共中央政治局在通过的《关于把农村改革引向深入的决定》中指出：私营经济作为社会主义经济结构的一种补充形式，对于实现资金、技术、劳动力的结合，尽快形成社会生产力，对于多方面提供就业的机会，促进经营人才的成长，都是必要的。在一个较长的时期内，私人企业的存在是不可避免的，并确定对私人企业采取"允许存在，加强管理，兴利抑弊，逐步引导的方针"。

1987年10月，中共中央召开十三大，明确了我国的社会主义社会仍然长期处在初级阶段，确立了党在社会主义初级阶段的基本路线，即"一个中心，两个基本点"。会议明确指出："必须以公有制为主体，大力发展有计划的商品经济。目前全民所有制以外的其他经济成分，不是发展得太多了，而是还很不够。对于城乡合作经济、个体经济和私营经济，都要鼓励他们发展。……在不同的经济领域、不同的地区，各种所有制经济所占的比重应当允许有所不同。"

这是党中央对个体、私营等非公有制经济在现代化社会主义建设中的地位、认识上的一个重大飞跃，具有重要的理论和实践意义。

1988年4月，第七届全国人民代表大会通过的《中华人民共和国宪法修正案》增加了以下规定："国家允许私营经济在法律规定的范围内存在和发展。私营经济是社会主义公有制经济的补充。国家保护私营经济的合法的权利和利益，对私营经济实行引导、监督和管理。"接着，国务院出台了几个有关私营经济的法规。从此，私营经济的存在、发展被纳入了法制轨道，进入了合法的阶段。

据1987年国家工商行政管理局对各地的摸底调查，全国约有私营企业22.5万户，雇工人数360.7万人。其中以个体工商户的名义存在的有11.5万户，雇工184.7万人；以合作经济组织名义存在的约有6万户，雇工96万人；以集体名义存在的有5万户，雇工80万人。

回顾这一阶段我国的个体、私营经济，基本处于水平较低的初始发展阶段，主要有以下几个特点：

一是总体规模和体量比较小，管理比较粗放。从企业规模看，绝大部分私营企业是小作坊、小企业，与国有企业、外资企业相比，差距很大。从行业分布看，民营经济主要集中于工业、手工业、运输业、建筑业、加工制造业和服务业，进入门槛低，技术要求不高。从技术水平看，私营企业生产场地和设备简陋，工艺流程落后，仍停留在手工作坊阶段。从管理水平看，由于私营企业主大多文化水平不高，管理方式还比较原始，绝大多数属家族式管理，缺乏现代化管理理念和管理手段。

二是由于当时特定的政治、经济、文化、社会环境的影响，我国私营企业的合法地位到1988年才被正式确认，许多私营企业"犹抱琵琶半遮面"，往往要借助于其他经济形式来隐身，相当一部分私营企业或登记为个体工商户，或挂靠国有、集体、外资、校办、福利、知青企业，其中以戴"红帽子"的假集体企业最为普遍。这样可得到党政部门的支持和帮助，可享受政府在信贷、税收等方面的优待，免受当时社会上对私营企业的歧视。

三是这一时期私营、个体经济几乎是在国家政策调整的夹缝中顽强生长，表现出相当程度的政策性投机特征。作为国有经济和集体经济的拾遗补缺者，民营经济通过个人的关系获取发展机会，通过家庭作坊式的生产方式和较为落后的技术设备进行生产，主要依靠产量的扩张来满足市场短缺需求，从而完成原始资本的积累。

　　总的看来，这一时期虽然允许个体、私营经济存在和发展，但毕竟才刚刚起步，加上人们对个体、私营经济的认识还没有完全统一，在实践中还存在着这样或那样的顾虑以及各种限制民营经济发展的做法。因此，这一时期民营经济的发展在总体上速度并不快。特别是1988年下半年到1991年，由于受当时社会政治环境的影响特别是姓"社"姓"资"的争论，人们在思想上对发展民营经济的种种顾虑加重，这在一定程度上制约了民营经济的发展。在这样的大背景下，个体、私营经济发展陷入低潮，出现较大回落，直到邓小平同志南方谈话以后，我国的民营经济才再次得到迅速发展。

# 第二篇

# 风来满园春：民营经济快速发展阶段

## （1992—2002）

　　20世纪90年代，特别是邓小平南方谈话以后，党的十四大确立了社会主义市场经济体制改革的目标，回答了一系列困扰和束缚人们思想的重大认识问题，大大推进了改革开放的进程，民营经济迎来了大发展的春天，踏上了新的征程，进入了一个快速发展时期。

· 第一章 ·

# 忽如一夜春风来

邓小平在我国改革开放的关键时刻，视察南方并发表了重要讲话，使我国民营经济发展的政治环境和经济环境得到前所未有的改善，宽松的环境为民营经济的发展创造了十分有利的条件，尤其是理论、方针、政策和法律部分内容的修订，更加有力地保障了党和国家发展民营经济政策的权威性和稳定性。

## 1. 邓小平的南方谈话

邓小平南方谈话前，当时国际国内形势风云变幻莫测。

20世纪80年代末、90年代初是社会主义的多事之秋。最早是柏林墙倒塌，接着是波兰、捷克斯洛伐克、匈牙利、保加利亚等东欧社会主义国家发生剧变。最惊心动魄的一幕是1989年年底，罗马尼亚军队、警察倒戈，共产党政权一夜之间垮台，总统齐奥塞斯库夫妇被枪杀。与此同时，苏联也出现了复杂变化。1991年，列宁创造的世界上第一个社会主义国家在诞生74年后轰然解体、改旗易帜，引起全世界震惊。

1989年春夏之交，中国发生了一场共和国成立以来未有过的巨大政治风波。风波过后的一段时间，中国向何处去的问题，成为全国人民及党内甚至国际社会议论的焦点。

苏联解体、东欧剧变和国内发生的政治风波，使一些人在总结历史的和现实的教训中，政治态度更加坚决和强硬，振振有词地要把"反对和平演变"作为最重要、最迫切的任务。

面对西方一些国家在政治、经济、文化、外交等方面的所谓"制裁"，以及国际共产主义运动遭受严重挫折的巨大冲击，党内和一部分干部群众中对一些重大问题，比如对农村实行联产承包制、创办经济特区、发展民营经济，以及对什么是社会主义、如何建设社会主义、社会主义的前途命运等问题，产生了一些不正确的认识，甚至出现了姓"资"姓"社"的争论。

1990年2月22日，北京一家报纸发表了题为《关于反对资产阶级自由化》的文章，文章认为：私营企业和个体户就是搞资产阶级自由化的经济根源，提出中国的改革是资本主义化的改革还是社会主义改革？在社会上也有一些人议论纷纷，有的说："听说改革开放要收一收，该抓抓阶级斗争了。"有的说："乡镇企业是不正之风的风源，经营机制是资本主义的。"有的说："中央要取消个体户了。"

这些举动，说明当时"左"的思想在国内开始抬头，否定改革开放、否定民营经济的观点也开始出现。受当时氛围影响，民营经济的发展受到了挫折。

1992年1月18日至2月21日，我国改革开放和现代化建设总设计师、时年88岁高龄的邓小平同志，到武昌、深圳、珠海、顺德、上海等地视察，历时35天，行程6000多千米，并发表了著名的南方谈话。

邓小平指出："革命是解放生产力，改革也是解放生产力，社会主义基本制度确立以后，还要从根本上改变束缚生产力发展的经济体制，建立起充满生机和活力的社会主义经济体制，促进生产力的发展，这是改革，所以改革也是解放生产力。要坚持党的十一届三中全会以来的路线、方针、政策，关键是坚持'一个中心、两个基本点'。不坚持社会主义，不改革开放，不发展经济，不改善人民生活，只能是死路一条。基本路线要管一百年，动摇不得。只有坚持这条路线，人民才会相信你，拥护你。"

邓小平说:"这次十三届八中全会开得好,肯定农村家庭联产承包责任制不变。一变就人心不安,人们就会说中央的政策变了。农村改革初期,安徽出了个'傻子瓜子'问题。当时许多人不舒服,说他赚了一百万,主张动他。我说不能动,一动人们就会说政策变了,得不偿失。"

邓小平指出:"改革开放胆子要大一些,敢于试验,不能像小脚女人一样。看准了的,就大胆地试,大胆地闯。没有一点闯的精神,没有一点'冒'的精神,没有一股气呀、劲呀,就走不出一条好路,走不出一条新路,就干不出新的事业。"

邓小平说:"不搞争论,是我的一个发明。不争论,是为了争取时间干。一争论就复杂了,把时间都争掉了,什么也干不成,不争论,大胆地试,大胆地闯。农村改革是如此,城市改革也应如此。"

邓小平用"发展才是硬道理"的简明生动语言,激励人们"抓住时机,发展自己,关键是发展经济。"周边一些国家和地区经济发展比我们快,如果我们不发展或发展得太慢,老百姓一比较就有问题了。

邓小平抓住当时社会思想争论和交锋的要害,尖锐地指出:"改革开放迈不开步子,不敢闯,说来说去就是怕资本主义的东西多了,走了资本主义道路。要害是姓'资'姓'社'的问题。判断的标准,应该主要看是否有利于发展社会主义社会的生产力,是否有利于增强社会主义国家的综合国力,是否有利于提高人民的生活水平。

"计划多一点还是市场多一点,不是社会主义与资本主义的本质区别。计划经济不等于社会主义,资本主义也有计划;市场经济不等于资本主义,社会主义也有市场,计划和市场都是经济手段。"

邓小平特别强调:"现在,有右的东西影响我们,也有'左'的东西影响我们,但根深蒂固的还是'左'的东西。右可以葬送社会主义,'左'也可以葬送社会主义。中国要警惕右,但主要是防止'左'。右的东西有,动乱就是右的!'左'的东西也有。把改革开放说成是引进和发展资本主义,认为和平演变的主要危险来自经济领域,就是'左'的思想。"

他还就社会主义本质进行了精辟的论述:"社会主义的本质,是解放生产力,发展生产力。消灭剥削,消除两极分化,最终达到共同富裕。走社会主义道路，就是要逐步实现共同富裕。共同富裕的构想是这样提出的：一部分地区有条件先发展起来，一部分地区发展慢点，先发展起来的地区带动后发展的地区，最终达到共同富裕。"

1992年2月4日，《解放日报》头版发表了《十一届三中全会以来的路线要讲一百年》的重要评论，在全国拉开了率先宣传、深刻阐发邓小平同志南方谈话精神的序幕。文章发表后，在国内外引起很大反响。

2月28日，中共中央下发《关于传达学习邓小平同志重要谈话的通知》的文件，向全党传达了邓小平的南方谈话。

3月26日，《深圳特区报》以极大的政治勇气，刊发了反映邓小平视察深圳行程及南方谈话主要内容的长篇通讯——《东方风来满眼春》。这篇由当年深圳特区报记者陈锡添采写的长篇通讯，全景式生动地记录了邓小平在深圳的所行、所思、所讲。

接着，新华社向全国转发了《深圳特区报》长篇通讯《东方风来满眼春》，栩栩如生地传播了邓小平同志视察深圳的活动和谈话内容，中央和全国各地报纸纷纷发表自己的言论，宣传邓小平的谈话精神。

随着邓小平南方谈话精神在全国的传播，深化改革得到全面拥护，反对改革的声音开始消退，改革的政治氛围再次被转变。

邓小平南方谈话，精辟地分析了国际国内形势，对党的十一届三中全会以来改革开放和现代化建设的基本实践和基本经验进行了科学总结，明确回答了那些年经常困扰和束缚人们思想的许多重大认识问题，使人们从"凡事要问一问姓'社'姓'资'"的束缚中解脱出来，激发起亿万民众极大的积极性，催生出强大的物质力量。

谈话明确支持、鼓励改革开放，阐述了建立社会主义市场经济理论的基本原则，对正处于经济体制改革可能毁于一旦的关键时期的中国，指明了改革发展的方向，对20世纪90年代的经济改革与社会进步起到了关键的推动作用，掀起了改革开放的新高潮。

邓小平南方谈话，使我国民营经济如沐春风，进入新的快速发展阶段。

## 2.突破传统思想束缚

邓小平南方谈话吹响了中国新一轮改革开放的号角，开辟了中国特色社会主义新境界，为党的十四大做了思想准备和理论准备。

1992年10月，党的十四大在北京召开，江泽民同志作了《加快改革开放和现代化建设步伐，夺取有中国特色社会主义事业的更大胜利》的报告，提出"我国经济体制改革的目标是建立社会主义市场经济体制"。"我国经济体制改革确定什么样的目标模式，是关系整个社会主义现代化建设全局的一个重大问题。这个问题的核心，是正确认识和处理计划与市场的关系。"

"社会主义市场经济体制是同社会主义基本制度结合在一起的。在所有制结构上，以公有制包括全民所有制和集体所有制经济为主体，个体经济、私营经济、外资经济为补充，多种经济成分长期共同发展，不同经济成分还可以自愿实行多种形式的联合经营。国有企业、集体企业和其他企业都进入市场，通过平等竞争发挥国有企业的主导作用。"

提出建立社会主义市场经济体制，标志着我们党坚持解放思想、实事求是的思想路线，在坚持和发展马克思主义理论方面取得了新的重大突破。

因为，长期以来人们传统的思想观念是，社会主义实行计划经济，资本主义实行的是市场经济。与此相适应，体现在经济制度上是，计划经济就只能实行公有制经济，而不能实行私有经济。这被认为是马克思主义的基本理论，是划分社会主义和资本主义的主要标志，也是不可动摇的理念和不可讨论的禁区。

邓小平最早突破这一禁区。1979年11月26日，邓小平在会见美国不列颠百科全书出版公司编委会副主席弗·吉布尼等谈话时说："说市场经济只存在于资本主义社会，只有资本主义的市场经济，这肯定是不正确的。社会主义为什么不可以搞市场经济，这个不能说是资本主义。我们是计划经济为主，也结合市场经济，但这是社会主义的市场经济。"

1984年10月，党的十二届三中全会通过了《中共中央关于经济体制改革的决定》，明确提出商品经济是社会经济发展不可逾越的阶段，我国社会主义经济是公有制基础上的有计划商品经济。提出"社会主义有计划商品经济的体制，应该是计划与市场内在统一的体制"。还提出了"国家调节市场，市场引导企业"的经济运行模式。决定虽然在改革的目标模式上还没有达到建立社会主义市场经济的认识水平，但提出向着社会主义有计划商品经济体制的方向进行改革，可以说是社会主义经济理论问题上的一个重大突破。

对于中央的这个决定，邓小平评价说："这次经济体制改革的文件好，就是解释了什么是社会主义，有些是我们老祖宗没有说过的话，有些新话。我看讲清楚了。过去我们不可能写出这样的文件。没前几年的实践不可能写出这样的文件。写出来，也很不容易通过，会被看作'异端'。我们用自己的实践回答了新情况下出现的一些新问题。不是说四个坚持吗？这是真正坚持社会主义。"

1990年12月24日，针对思想理论界出现的一些错误认识，邓小平指出："我们必须从理论上搞懂，资本主义和社会主义的区别不在于是计划经济还是市场经济这样的问题。社会主义也有市场经济，资本主义也有计划控制，资本主义就没有控制，就那么自由？最惠国待遇也是控制嘛！不要以为搞点市场经济就是资本主义道路，没有那么回事。计划和市场都得要。不搞市场，连世界上的信息都不知道，是自甘落后。"

1992年初，邓小平在南方谈话中又特别强调，"计划多一点，还是市场多一点，不是社会主义与资本主义的基本区别。计划经济不等于社会主义，资本主义也有计划，市场经济不等于资本主义，社会主义也有市场，计划和市场都是经济手段。"这一精辟论断，从根本上解除了把计划经济和市场经济看作属于社会基本制度范畴的思想束缚，使全党在计划与市场关系问题上的认识有了新的重大突破。

1992年6月9日，江泽民同志在中央党校省部级干部进修班上作报告。在讲到经济体制改革的目标问题时，江泽民表明了自己的看法。他说："我个人的看法，比较倾向于使用'社会主义市场经济体制'这个提法。"

江泽民讲到这里的时候，全场热烈鼓掌，反映了全党全国人民的心声。

江泽民在讲话中，把"市场经济和计划经济的长处有机结合起来，充分发挥各自的优势作用"，作为社会主义市场经济的主要特征之一。他说："市场也有其自身的明显弱点和局限性。例如，市场不可能自动地实现宏观经济总量的稳定和平衡；市场难以对相当一部分公共设施和消费进行调节；在某些社会效益重于经济效益的环节，市场调节不可能达到预期的社会目标；在一些垄断性行业和规模经济显著的行业，市场调节也不可能达到理想的效果。"因此，"这就要求我们必须发挥计划调节的优势，来弥补和抑制市场调节的这些不足和消极作用，把宏观经济的平衡搞好，以保证整个经济全面发展。"他还提出，"在那些市场调节力所不及的若干环节中，也必须利用计划手段来配置资源。同时，还必须利用计划手段来加强社会保障和社会收入再分配的调节，防止两极分化。"

6月12日，邓小平在同江泽民交谈时，明确表示赞成江泽民的提法，说："实际上我们是在这样做，深圳就是社会主义市场经济。"他还说："在党校的讲话可以先发内部文件，反映好的话，就可以讲。这样十四大也就有了一个主题了。"

就这样，党的十四大顺应世界大势和时代潮流，做出了以建立社会主义市场经济体制为目标的经济体制改革战略部署。

社会主义市场经济体制改革目标的确立，突破了以计划经济和市场经济作为划分社会主义和资本主义两种经济制度标准的观念束缚，彻底解决了计划与市场的关系问题，对约定俗成的观念和范式提出了挑战，对于推进我国改革开放和现代化建设事业具有重大而深远的意义。

1992年11月，党的十四届三中全会在北京举行，审议并通过了《中共中央关于建立社会主义市场经济体制若干问题的决定》，提出建立社会主义市场经济体制，就是要使市场在国家宏观调控下对资源配置起基础性作用。为实现这个目标，必须坚持以公有制为主体、多种经济成分共同发展的方针，进一步转换国有企业经营机制，建立权责明确、政企分开、管理科学的现代企业制度；建立全国统一开放的市场体系，实现城乡市场紧密结合，国内市场与国际市场相互衔接，促进资源的优化配置；转变政府管理经济的职能，建立以间接手段为主的完善的宏观调控体系，保证国民经济的健康运行；建立以按劳分配为主体，效率优先、兼顾公平的收入分配制度，鼓励一部分地区、一部分人先富起来走共同富裕的道路；建立多层次的社会保障制度，为城乡居民提供同我国国情相适应的社会保障，促进经济发展和社会稳定。这些主要环节是相互联系和相互制约的有机整体，构成了社会主义市场经济体制的基本框架。

《中共中央关于建立社会主义市场经济体制若干问题的决定》，把十四大确定的经济体制改革的目标和基本原则加以系统化、具体化，是我国建立社会主义市场经济体制的总体规划。在党的十四大和十四届三中全会决定精神的指导下，社会主义市场经济体制的基本框架得以初步形成。

社会主义市场经济体制的确立，从根本上突破了传统观念的禁锢和束缚，解决了人们争论已久的姓"资"姓"社"问题，进一步解放了思想、更新了观念，为民营经济的发展创造了更加宽松的外部环境，极大地调动了个体工商户和私营企业创业者的积极性、主动性和创造性。

## 3. 工商联焕发新活力

工商联是工商业联合会的简称，是中国共产党领导的以非公有制企业和非公有制经济人士为主体的人民团体和商会组织。

我国工商联是在改造旧中国的商会、同业公会基础上组建的。

19世纪末20世纪初，伴随着民族资本主义的早期发展和清末新政的推行，逐步产生了近代商会。中国的商会起源于行会。行会是商人、手工业者为了互相帮助，维护同行业的利益而建立的同业性组织。随着商品生产的发展，行会逐步发展为商会，这使行会组织超越了同业、同乡的界限，不再以行帮出现，而是以新式社团组织的姿态从事经济社会活动。

新中国成立前，中国私人资本主义工业占现代工业的第二位，成为不可忽视的力量。1949年全国有私营工业12.3万余户，164万人，职工人数占全国职工人数的54.6%；生产总值68亿元，占全国工业总产值的

63.2%。

1949年2月，毛泽东在西柏坡与苏共中央政治局委员阿·伊·米高扬谈到成立新中国的问题时提出："我们准备成立一个工商联组织，这可以把工商业方面的活跃人物组织起来，其主要任务一是使他们较有组织地发挥自己的积极性，二是使他们有监督地自我改造。"

1952年8月，政务院颁发了《工商业联合会组织通则》，对工商联的性质、基本任务、组织体系、领导关系、会员对象、组织原则等做了明确规定，提出"工商业联合会的基本任务：一、领导工商业者遵守共同纲领及人民政府的政策法令；二、指导私营工商业者在国家总的经济计划下，发展生产，改善经营；三、代表私营工商业者的合法利益，向人民政府或有关机关反映意见，提出建议，并与工会协商有关劳资关系等问题；四、组织工商业者进行学习、改造思想和参加各种爱国运动。"

1953年10月23日，全国工商联第一届会员代表大会在北京举行，标志着全国工商联正式成立。

根据中央的要求，一些大中城市在接收、改组、改造旧商会、旧工业会、旧同业会的基础上，成立了工商联地方组织。后来，省、地、县各级也都陆续建立了工商联组织。

之后，围绕党在过渡时期总路线，各级工商联为巩固新生的人民政权，组织广大私营工商业者学习贯彻党在过渡时期的总路线，开展工商界整风运动，团结教育广大私营工商业者进行思想改造。

在对资本主义工商业进行社会主义改造时期，各级工商联主要任务是团结私营工商业者遵守政府的政策法律，推动私营工商企业和手工业者进行社会主义改造，做工商界人士的思想政治工作，反映他们的合法权益，引导工商业者投身社会主义建设。

改革开放前，工商联的工作对象主要是原工商界人士。

实行改革开放后，随着个体、私营经济快速发展，个体户、私营企业主大量涌现出来。1990年，我国私营企业达到9.8万户，从业人员170万人，个体工商户从业人员2092万人。

在这种情况下，一方面个体户、私营企业主人数不断增多；另一方面，工商联会员中的原工商业者人数越来越少，由"文化大革命"前的86万人，降到1990年的30万人，而且多数已经退休。而改革开放以来出现的大批非公有制经济人士的工作主要由谁来做，并不明确。工商联面临着"一代而亡"的趋势。

面对新形势，1991年7月6日，中共中央颁发了《中共中央批转中央统战部〈关于工商联若干问题的请示〉的通知》，对工商联的性质、任务和职能等进行了全面阐述。

文件指出，新时期工商联和20世纪50年代的工商联在性质和作用上既有继承，又有很大的不同。由于工商联的历史渊源和党的"长期共存、互相监督"方针，工商联作为统一战线的一个方面保留了原有的名称。在社会主义初级阶段，非公有制经济成分作为公有制经济的有益补充，将在社会主义商品经济中长期存在，适当发展。现在亟须有一个党领导下的主要做非公有制经济代表人士政治思想工作的人民团体，对私营企业主、个体工商户和"三胞"投资者介绍党的方针、政策，进行爱国、敬业、守法的教育，并维护他们的合法权益，反映他们的正确意见。工商联作为党领导下的以统战性为主，兼有经济性、民间性的人民团体，政府管理非公有制经济的助手，党和政府联系非公有制经济代表人士的一个桥梁，能够配合党和政府承担这方面的任务。

文件明确指出，工商联的主要工作对象是私营企业、个体工商户、"三胞"投资企业和部分乡镇企业，而不是国营企业。要求各级党委、政府要加强对工商联的领导，支持工商联的工作，继续发挥原工商业者的作用。明确对现在的私营企业主，不应和过去的原工商业者简单地类比和等同，更不是要像20世纪50年代那样对他们进行社会主义改造。

文件强调，工商联主要是做非公有制经济代表人士思想政治工作，并强调做好非公有制经济代表人士的思想政治工作，对巩固和发展爱国统一战线具有重要意义。工商联的主要任务是对私营企业主、个体工商户等介绍党的方针、政策，进行爱国、敬业、守法教育，并维护他们的合法权益，反映他们的正确意见。

文件明确提出，工商联开展非公有制经济代表人士工作的方针是：

"团结、帮助、引导、教育"。通过开展工作，在他们中逐渐培养起一支坚决拥护党的领导的积极分子队伍。

中央这一文件为工商联重新定位，从根本上解决了工商联"一代而亡"的问题（指由于自然规律，原工商业者逐渐减少，若工商联不具备新的职能，就会失去存在的必要性），解决了工商联组织思想上的困惑、迷惘甚至苦闷，为工商联指明了工作方向，开辟了广阔的工作领域，充分激发了各级工商联组织的生机和活力。

1994年11月，江泽民同志亲自为全国工商联题名"中国民间商会"。

随着中央文件精神在全国各地深入地贯彻落实，人们对私营经济在我国经济社会中地位、作用的认识不断提高，对工商联组织在做非公有制经济人士思想政治工作的重要性方面也越来越重视。特别是许多人从政治上认识到，要正确对待个体工商户、私营企业主，不能只看到来源多样、构成复杂，应该从整体、全面的角度去观察，不歧视他们，把他们作为团结的重要力量。做新时期包括个体、私营企业主在内的非公有制经济人士思想政治工作，事关我国非公有制经济的发展，事关非公有制经济人士健康成长，事关新时期爱国统一战线的巩固壮大，事关中国特色社会主义事业全局。

中央把改革开放以来新出现的个体户、私营企业主等非公有制经济人士作为新形势下工商联的主要工作对象，作为经济领域统战工作的主要内容，极大地丰富了新时期爱国统一战线理论和实践，使新时期爱国统一战线具有空前的广泛性、巨大的包容性、鲜明的多样性、显著的社会性等新的阶段性特征。

## 4.从"有益补充"上升为"重要组成部分"

1997年9月，党的十五大在北京召开，江泽民同志代表中共中央作政治报告。报告中有两段关系到我国民营经济未来发展的重大判断和重大论述：

一是"非公有制经济是我国社会主义市场经济的重要组成部分"。

二是"公有制为主体、多种所有制经济共同发展，是我国社会主义初级阶段的一项基本经济制度"。

这是改革开放近20年来我们党对民营经济理论的重大突破和创新发展。

新中国成立以后，我们党对于民营经济的认识经历了一个长期的、渐进的历史过程。我国在生产资料社会主义改造基本完成以后，形成的是"一大二公"的全民所有制和集体所有制的单一公有制结构，非公有制经济在我国被视为产生资本主义的土壤而被彻底排斥。

从实行改革开放到党的十五大召开之前的这段时期，对民营经济认识有了重大变化，从完全否定转变为较大程度和范围的认可，从被割除的"资本主义的尾巴"转变为社会主义的"必要的有益的补充"。

所以，从改革开放初期到十五大之前，党的许多文件对于个体、私营企业为主体的民营经济，都是用"有益的、必要的补充"进行表述。

1978年12月，十一届三中全会公报指出：社员自留地、家庭副业和农村集市贸易，是社会主义经济的必要补充部分。

1981年6月，十一届六中全会审议和通过《关于建国以来党的若干历史问题的决议》指出，国营经济和集体经济是我国基本的经济形式，一定范围的劳动个体经济是公有制经济的必要补充。

1982年9月，党的十二大报告提出，在农村和城市，都要鼓励劳动者个体经济在国家规定的范围内和工商行政管理下适当发展，作为公有制经济的必要的、有益的补充。

1983年4月13日，国务院发布《关于城镇劳动者合作经营的若干规定》指出：城镇个体经济是公有制经济的必要的、有益的补充。

1984年10月20日，党的十二届三中全会通过的《中共中央关于经济体制改革的决定》指出：我们现在的个体经济是与社会主义公有制相联系的，不同于与资本主义私有制相联系的个体经济，是社会主义经济必要的有益的补充，是从属于社会主义经济的。

1987年10月，党的十三大报告指出：私营经济一定程度的发展，有利于促进生产，活跃市场，扩大就业，更好地满足人民多方面的生活需求，是公有制经济必要的和有益的补充。

1992年，党的十四大确立了我国社会主义市场经济体制的改革目标，为适应这一改革目标的需要，提出"在所有制结构上，以公有制包括全民所有制和集体所有制为主，个体经济、私营经济、对外经济为补充，多种经济成分长期共同发展"。

经过这一时期艰难的探索，我们党逐步认识到，必须允许、鼓励、支持个体、私营等民营经济的发展，通过发展民营经济可以有效缓解劳动者就业压力，并能充分活跃市场，方便群众生活，发挥"拾遗补缺""有益补充"的作用。

邓小平南方谈话和党的十四大提出"建立社会主义市场经济体制"后，我们党对民营经济的认识从"必要的有益的补充"提高到"共同发展"，实现了民营经济由"制度外"进入"制度内"的理论创新。

1993年3月29日，八届全国人大一次会议通过了第二次宪法修正案，将社会主义市场经济写进《宪法》，实现了新的突破。这次修正案用"社会主义市场经济"取代"计划经济"；并改"国家在社会主义公有制基础上实行计划经济"为"国家实行社会主义市场经济"。这为民营经济的进一步发展提供了新的发展空间。《宪法》以"市场经济"取代"计划经济"也正式表明我国传统的以指令性计划作为资源配置方式在法律层次的终结，市场导向的经济模式得到了《宪法》的确认，这为民营经济与国有经济进行公开、公平、公正的竞争提供了明确的法律依据。

1993年4月28日，国家工商行政管理局发布了《关于促进个体私营经济发展的若干意见》，对个体、私营经济的经营做出了若干新的规定。指出："除国家法律、法规明令禁止个体工商户、私营企业经营的行业和商品外，其他行业和商品都允许经营。允许个体工商户、私营企业根据自身条件从事跨行业经营或综合经营。""积极支持个体工商户、私营企业发展第三产业。对申请从事商业、饮食业、服务业、修理业、咨询业、交通运输业和长途贩运业的，要简化登记手续，及时予以登记注册。""支持个体工商户、私营企业跨地区、跨行业、跨所有制开展横向经济联合、互相参股经营。个体工商户、私营企业可以租赁、承包、购买国有、集体企业。""支持私营企业举办中外合资经营、中外合作经营企业和从事'三来一补'业务，鼓励个体工商户从事边民互市贸易。"

1997年10月，党的十五大科学阐述了社会主义初级阶段的基本经济制度，明确提出，"以公有制为主体，多种经济成分共同发展，是社会主义初级阶段的一项基本经济制度。这一制度的确立，是由社会主义性质和初级阶段国情决定的：第一，我国是社会主义国家，必须坚持公有制作为社会主义经济制度的基础；第二，我国处在社会主义初级阶段，需要在公有制为主体的条件下发展多种所有制经济；第三，一切符合'三个有利于'的所有制形式都可以而且应该用来为社会主义服务。要全面认识公有制经济的含义。公有制经济不仅包括国有经济和集体经济，还包括混合所有制经济中的国有成分和集体成分。非公有制经济是我国社会主义市场经济的重要组成部分。对个体、私营等非公有制经济要继续鼓励、引导，使之健康发展。这对满足人们多样化的需要，增加就业，促进国民经济的发展有重要作用。"

这样，十五大第一次把发展非公有制经济作为我国社会主义初级阶段的一项基本经济制度确定了下来，也就把非公有制经济从外在的"补充"变为内在的"重要组成部分"。这一经济制度揭示了社会主义初级阶段生产关系的本质特征，是我们党对社会主义建设正反两方面经验的科学总结，也是对马克思主义所有制理论的丰富和发展。坚持发展中国特色社会主义制度，最重要的是坚持和完善我国基本的经济制度，这事关社会主义的前途命运，事关国家的长治久安。

1999年3月，全国人大九届二次会议通过的《中华人民共和国宪法修正案》明确规定，"在法律规定范围内的个体经济、私营经济等非公有制经济，是社会主义市场经济的重要组成部分。"这就不仅在理论和政策上，而且在国家根本大法上把非公有制经济纳入了基本经济制度。这是国家根本大法对非公有制经济20年来生存发展及其贡献的充分肯定。

2001年8月1日，中国人民银行发布了《关于进一步加强对（有）市场、有效益、有信用中小企业信贷支持的指导意见》。明确指出，要充分认识发展中小企业对落实中央扩大内需、增加就业、保持社会稳定的重要意义，对产权明晰、管理规范、资产负债率低、有一定自有资本金、产品有订单、销售资金回笼好、无逃废债记录、不欠息、资信状况良好的有市场、有效益、有信用的中小企业，积极给予信贷支持，尽量满足这部分中小企业合理的流动资金需求。"

2001年12月11日，国家计委发出了《国家计委关于印发〈促进和引导民间投资的若干意见〉的通知》，指出："除国家还有特殊规定的以外，凡是鼓励和允许外商投资进入的领域，均鼓励和允许民间投资进入；在实行优惠政策的投资领域，其优惠政策对民间投资同样适用；鼓励和引导民间投资以独资、合作、联营、参股、特许经营等方式，参与经营性的基础设施和公益事业项目建设。""各级地方政府要把促进和引导民间投资纳入国民经济和社会发展规划，本着积极引导、热心服务、依法监管的原则，采取法律、经济和必要的行政手段引导民间投资健康发展。"

2002年6月29日，《中华人民共和国中小企业促进法》由九届全国人大常务委员会二十八次会议通过，该法自2003年1月1日起施行。《中小企业促进法》明确指出："国家对中小企业实行积极扶持、加强引导、完善服务、依法规范、保障权益的方针，为中小企业创立和发展创造有利的环境。"

从以上党的理论、方针、政策和国家法律法规中可以看出，随着我国改革开放的稳步推进，党对民营经济认识不断深入，宪法、法律在不断完善，政策法规体系不断配套，发展环境持续得到改善，民营经济取得市场主体地位，这一时期我国民营经济取得了较快发展。

· 第二章 ·

# 千树万树梨花开

　　宽松的政治环境，激发了民营企业的创业热情。它们积极参与国有企业改革，进入一般性竞争领域发展。不少私营企业脱掉假集体的"红帽子"，轻装上阵，在市场经济的海洋中搏击。民营科技企业异军突起，成为我国经济发展的一个新的增长点。无数民营中小企业依托本地的历史传统和资源条件，竞相快速发展，形成特色鲜明、产品众多的产业集群。

## 1.民营企业参与国企改革

　　说起国有企业改革的艰难历程，这里不得不先说说为放活国有小企业创造了"诸城经验"的"陈卖光"。

　　"陈卖光"的真实名字叫陈光，先后任诸城市市长、市委书记。

　　1991年，陈光调任山东诸城市市长。1992年4月，诸城市对150家市属独立核算企业进行了清产核资和资产评估。结果令人甚为震惊：企业亏损面大，亏损额惊人，有103家明亏和暗亏，占企业总数的68.7%，其中43家已资不抵债，亏损额达1.47亿元，占相当于当时全市一年半的财政收入。此番状况"逼"出了日后陈光引发争议的那场国企改革。

　　陈光选择诸城电机厂作为改革试点。这是诸城市一个小型国有企业。

改制前企业销售收入1280万元，利润只有49万多元，销售利润率不到4%。最初，改革试点工作组推出两套股份制改造方案，但都遭到了职工的反对。职工自己提出了一个方案，企业净资产几乎是平均出售给每一位员工，国有土地使用权不入股，由企业有偿使用。

经过比较分析和广泛征求意见，诸城市政府工作组同意了这个意见。1993年1月1日，诸城市开元电机股份有限公司正式运行，4个月后即显示勃勃生机，各项经济技术指标大幅度增长。

那时，恰逢中共十四大召开后不久。十四大报告指出，"股份制有利于促进政企分开、转换企业经营机制和积聚社会资金，要积极试点""国有小型企业，有些可以出租或出售给集体或个人经营"。这些，成为陈光实施股份合作制的依据。

陈光决定扩大改制试点范围，推行"先出售后改制、内部职工持股"的形式。到1994年7月，全市国有企业和乡镇企业，基本上根据各自不同的情况，采取不同的形式进行改制。但是，一些人认为，把国有资产"卖"给职工，是国有资产的流失。于是，有文章称他是"私有化的先锋""复辟资本主义的带头羊"。有人干脆攻讦他叫"陈卖光"。

由此，"陈卖光"广为人知，备受争议，也引起了高层的注意。

1996年1月，国家体改委、财政部等9个部委组成联合调查组到诸城进行调查，结论是，方向正确，措施有力，效果显著，群众满意。3月，时任国务院副总理朱镕基及专家吴敬琏等再次到诸城调研，再次肯定并鼓励诸城继续大胆探索，采取多种方式放活、搞好国有小企业。至此，对"陈卖光"的争议才被平息。

陈光的诸城改革，创造了"放活国有小企业"的经验。不过，它只是改革开放以后国有企业改革的一个历史片段。

回顾国有企业改革的历程，先后经历了扩大企业经营自主权、建立现代企业制度、"抓大放小"、战略性改组、推进国有资产管理体制改革等几个阶段。

在"抓大放小"的战略调整中，民营企业迅速填补国有企业退出的领域，在救活了改制后的国有中小企业的同时，成长壮大起来。

　　自1978年改革开放以来，国企改革也进入了起步探索阶段，这一阶段以"扩权让利""两权分离"为重点。1979年7月，国务院发布了《关于扩大国营企业经营管理自主权的若干规定》等5个文件，率先在首钢等8个企业进行了扩大企业自主权试点，随后试点在全国逐步展开。从1981年起，把扩大企业自主权的工作在国营工业企业中全面推开，使企业在人、财、物、产、供、销等方面，拥有更大的自主权。

　　1984年10月，中共十二届三中全会通过了《中共中央关于经济体制改革的决定》，提出"增强企业活力是经济体制改革的中心环节"，要扩大企业自主权，使企业真正成为相对独立的经济实体，成为自主经营、自负盈亏的社会主义商品生产者和经营者，具有自我改造和自我发展的能力，成为具有一定权利和义务的法人。

　　在所有权与经营权分离的条件下，出现了承包经营责任制、租赁制、股份制等多种搞活企业的经营方式。1984年，有"承包国有企业第一人"之称的马胜利毛遂自荐承包石家庄造纸厂，使造纸厂迅速扭亏为盈，到1987年，竟跨越数省，承包了各地100家造纸厂，引发了社会的关注，承包经营责任制也逐渐推广开来。到1987年年底，全国预算内全民所有制企业有78%实行了承包制。

　　经历了20世纪80年代"投石问路、试探前行"，进入20世纪90年代，国企改革开始向"建立现代企业制度"迈进，并在20世纪90年代后期经历了"抓大放小"、战略性改组的过程。

　　这段时间，伴随着我国经济的整体快速增长，国有经济也获得了较快发展。1990—1995年，国有工业企业的总产值平均每年增长18.4%。但是，在国有经济不断铺新摊子的同时，经济效益却没有得到同步提高，而且国有企业的经济效益与企业规模明显相关，在亏损的国有企业中，大型企业的亏损额虽然最大，但亏损面最小，亏损率最低；相反，小型企业的亏损额虽然小于大型企业，但亏损面最大，亏损率也高于大型企业。

　　1993年11月，十四届三中全会通过《关于建立社会主义市场经济体制若干问题的决定》，首次提出"建立现代企业制度，是发展社会化大生产和市场经济的必然要求，是我国国有企业改革的方向"，要求"进一步转换国有企业经营机制，建立适应市场经济要求，产权清晰、权责明确、政企分开、管理科学的现代企业制度"。

1997年9月，党的十五大报告对国有企业改革进一步作出了重大部署，"要着眼于搞好整个国有经济，抓好大的，放活小的。对国有企业实施战略性改组""实行鼓励兼并、规范破产、下岗分流、减员增效和再就业工程，形成企业优胜劣汰的竞争机制"。国企改革由此进入"抓大放小"的战略阶段。

1999年9月，十五届四中全会又通过了《中共中央关于国有企业改革和发展若干重大问题的决定》，为国企改革作出具体部署，提出：从战略上调整国有经济布局，坚持有进有退，有所为有所不为，坚持"抓大放小"，继续对国有企业实施战略性改组。《决定》强调，要积极发展大型企业和企业集团，放开搞活中小企业的决策。"抓大放小"是中央针对国有企业现状制定的对国有经济实行战略性改组的重大决策，一方面要集中力量抓好一批国有大型企业和企业集团，使其发挥稳定经济、参与国际国内市场竞争和贯彻国家产业政策等的骨干作用，另一方面要放开放活量大面广的国有小企业，使之寻找更为适合自身特点的组织形式、经营方式和发展模式，在市场竞争中发展壮大。

"抓大"，就是以现代企业制度为规范，对经济效益好、实力强、资产负债率合理、有前途的重要企业实行大企业、大集团战略，促进其壮大；对经济效益较好、实力强、资产负债率较高、生产正常的企业，要加强管理，加强技改力度，增资减债，创造有利条件使其进入市场公平竞争；对经济效益差、资产负债率高、经营困难但又是经济中非常重要的行业，要综合治理，给予必要的扶持。

"放小"，就是探索搞活企业的多种途径，使其成为社会主义市场经济中自主经营、自我约束、自我发展的经济实体。

之后，一些专家学者提出，要使民营经济成为社会主义市场经济基础的途径有两条：一是"体制内"实行国有企业从一般性竞争领域退出，让民营企业进去发展；二是"体制外"鼓励个体和私营经济及外资经济的发展。一般性、竞争性的领域，是市场配置资源最有效的领域，主要应该是民营经济为主体发展的经济领域。国有资本从原有体制内的竞争性领域退出，应该从小型国有企业中退出，然后推广到中型企业，最后在大型国有企业实施国有资本的退出，民有资本的进入。具体形式应该多样化，应根据各个地区、各个行业、各个企业的不同情况进行，逐步实现这一战略性调整。

在随后几年中，全国许多地方采取改组、联合、兼并、股份合作制、租赁、承包经营和出售等多种形式，把一大批国有小企业直接推向市场。

在实施国有资产退出的过程中，实行管理层收购是普遍采用的一种方式，对企业发展产生了积极影响。比较典型的是，1998年12月，在沈阳轻工局的主持下，沈阳双喜压力锅制造公司进行改制，51%的股权转让给联合企业厂长姜天恩，轻工局则持有49%的股份。2001年1月，"粤美"由公司管理层与工会共同组建了顺德美托投资有限公司，通过管理层收购持有企业10 761万股，占总股本的22.19%，成为企业第一大股东。在这基础上，许多国有企业开始尝试管理层收购的改革试点，将其作为国有资产退出的重要方式。

就这样，国有企业按照中央提出调整国有经济布局"坚持有进有退，有所为有所不为"的战略和"抓大放小"的要求，有计划、有步骤地从一般竞争性行业和领域中撤离，将国家有限的资金和人才集中到关系国家经济命脉的重要行业、关键领域、支柱产业，发挥国有经济在国民经济中的主导作用。而民营企业在参与国有企业改革过程中，不断得到发展壮大，1992年全国登记注册的私营企业只有13.9万户，到2002年达到了243.5万户，大约为原来的17.5倍。

## 2.摘掉假集体"红帽子"

在民营经济发展过程中，曾经发生过一起私营企业主被判死刑后又改为无罪释放的案例。

1981年，河北省邯郸市农民冯连印与街道办事处合开一企业，街道办只负责办理集体企业营业执照，既未投入资金，也不承担风险，又不参与经营。冯在经营过程中，向国家缴纳了税金，也向办事处交了30%的纯利。

但是，为了归还借款，冯先后从利润中支出了4.5万元。有人由此告发他犯有贪污罪，冯连印被司法机关收审，后来以诈骗罪、贪污罪被正式逮捕。1984年，邯郸市中级人民法院判处其死刑。冯连印不服，提出上诉，官司打到最高人民法院。

后来，国家工商行政管理局发表意见，认为这家企业不是集体企业，应属私营企业。最高人民法院同意这个意见，终于在1987年将冯连印无罪释放。

这起案件的核心是企业产权的归属问题。产权属于街道办，冯连印即有罪；产权属于冯连印，则无罪。

与冯连印事件一样，在全国造成影响的还有温州鹿城区的"张朝荣红帽子"事件。

1990年，温州鹿城区私营企业主张朝荣将自己多年来挣的钱买了35辆中巴车，准备投入市内交通。但当时规定市内公交只能由国营或者集体企业运营。张朝荣只好将鹿城运输总公司挂靠在五马街道办事处下面，戴上假集体的"帽子"进行营运。短短几年内，不仅公司实力不断发展，而且在很大程度上改变了城市的交通面貌。

1995年3月16日，区工交委交通局突然召开运输总公司股东大会，以举手表决的方式通过罢免张朝荣在公司职务和资格的决定，张朝荣表示坚决反对。他依据有关法律法规，对这次股东大会提出质疑并投书《中华工商时报》。此后，《经济日报》《经济参考报》《浙江经济》等多家媒体对此作了系列报道。一时间，"鹿运事件"成为社会关注的焦点。后来，政府经过全面调查，结果是公司的存款、注册码和股东资本都是私人的。鹿城区领导对工交委提出批评，但工交委对于撤销发文却一拖再拖。直到1999年秋，在区法院的受理下，经过多方协调，鹿城运输总公司才正名为股份合作制企业。是年12月底，张朝荣领回了失去将近5年的《企业法人营业执照》。2000年4月，公司举行了新一届董事会，张朝荣再次当选公司董事长。

　　为什么会出现企业产权关系不清，而且在全国又是普遍现象呢？这与改革开放初期特定的政治、经济、文化、社会环境有着直接的关系。当时民营经济发达的温州市市委书记曾针对这种现象说，私营企业主既怕太公，怕财产充"公"；又怕太私，戴"资本家"帽子。所以，在进行企业登记时，纷纷给自己戴上一顶"红帽子"，也就是私营企业向所在社区有关部门上交一定的管理费，以集体企业的名义登记、注册，开展生产经营活动，缴纳税金。企业经营者则以集体企业的厂长、经理身份，参与政治活动和社会交往。

　　据考证，这些"假帽子"至少有"假国有、假集体、假外资、假校办、假福利、假知青企业"等类型，成为我国私营经济发展初期一种非常普遍、非常复杂、非常特殊的经济社会现象。

　　既然政策和法律允许民营企业存在和发展，他们为什么还要戴上一顶集体企业的"红帽子"呢？中国社科院研究员张厚义曾做过分析，认为主要有三个原因：一是企业主政治上保险，可以得到党政部门的支持和帮助，免受社会上的所有制歧视；二是能够享受政府在信贷、税收、技术、服务等方面的优待；三是假集体企业通过上缴管理费，将部分国家税收转为地方政府的计划外收入，同时在凡事都要先问姓"社"姓"资"的年代里，如果私营经济在区域经济结构中所占比重过高，当地领导就有可能被认为犯了方向错误。

　　因此，有人将"红帽子"比喻为：政治上的"安全帽"、经济上的"优惠卡"、额外负担的"避风港"。

　　"冯连印案件"和"张朝荣事件"在全国带有极大的普遍性和典型性。作为中国民营经济发展过程中的特殊现象，"红帽子"企业曾一度大量存在。据统计，到1985年全国的"红帽子"企业已达22万家。1994年国家工商局抽样调查，我国乡镇企业中有83%实际上是私营企业；同年浙江省东阳市有关部门统计，属于假集体的私营企业占集体企业的比例在70%以上。根据2000年中央统战部和全国工商联、私营经济研究会联合进行的第四次私营企业调查显示，全国有1/4以上的企业戴过"红帽子"。而这个比例在浙江、江苏、福建、广东等一些民营经济发达的地区更是高达

95%以上。

"红帽子"企业在改革发展初期对国民经济的发展起到了一定的促进作用。但是，"假集体"企业中普遍存在的问题是，在初期经营获得成功之后，经营者个人与相应主管部门之间在产权与利益划分方面的分歧逐渐明显，"假集体"的实质性问题——产权关系和产权归属的问题开始暴露出来，给国家、当事人带来很多麻烦，甚至引起了不必要的社会纠纷和冲突。而在这种纠纷和冲突中，受到最大伤害的往往是民营企业。

为此，1987年12月，国家工商局曾发出《关于处理个体、合伙经营及私营企业领有集体企业营业执照的通知》，要求对企业进行"摘帽"。但是在当时个体、私营企业受到严重歧视的情况下，作为法律允许并予以保护的私营企业却仍然不敢或不愿摘掉"红帽子"。从地方政府方面来看，由于部分既得利益也不愿给私营企业摘掉"红帽子"，所以，工作进展十分缓慢，很长时期没有取得实效。

在20世纪80年代中后期，很多私营企业戴假集体"红帽子"属于没有办法的办法；在1992年邓小平同志南方谈话之后，受当初企业设立时法律要件不够完备的影响，国内仍有很多这种类型的企业想恢复其本来面目而不能得到有关方面的批准。

1994年国家又发文，要求政府机构与企业脱钩，使假集体企业恢复私有性质，但收效甚微。如浙江省台州地区1993年就开始对区内挂集体招牌的企业进行清理，到1994年清理的不到200家，不足1%，4万多家登记为集体性质的股份合作制企业中仍有85%戴的是"红帽子"。

1995年，国家工商行政管理局组织对16个省区市、35个县市17.8万户集体企业进行抽样调查，其中，企业资产51%以上为私人所有的假集体企业占20.8%。私人所有的假集体企业占有按这个比重推算，当时全国实有的假集体企业相当于私营企业登记户数的2倍。有关专家认为，我国乡镇企业中70%实际上是戴"红帽子"的民营企业。

值得关注的是，党的十五大之后，所有制问题得到了解决。十五大报告指出要健全财产法律制度，依法保护各类企业的合法权益和公平竞争，从而给民营企业摘掉"红帽子"增强了信心。1996年，苏南乡镇企业的增长幅度由两位数下降到一位数，部分地区个别经济指标还出现负增长。1997年，苏南的摘帽子企业超过5000家，通过拍卖、转让等形式转为私营的集体企业也近5000家。

1998年3月24日，财政部、国家工商行政管理局、国家经贸委、国家税务总局发出《关于印发〈清理甄别"挂靠"集体企业工作的意见〉的通知》，指出由于历史原因，在我国城镇集体企业群体中，一些非集体所有制的企业（单位）社会团体或个人，在投资举办企业初期或发展过程中，为享受国家有关集体企业的优惠政策，或为取得有关的生产和经营资格，或为保持在生产经营活动中的信誉，或为便于获取有关证明材料，或因原主管部门及单位取消、变更等原因，在各地区、各部门形成了数量较多的"挂靠"集体企业。"挂靠"集体企业虽在工商行政管理部门登记注册为集体性质，但不少企业仅与主管部门、企业（单位）、社会团体之间采取自愿委托、任意划转或互相协商的松散管理方式，未纳入正常的集体经济管理范围。"挂靠"集体企业的长期存在，导致集体企业户数的虚增和资产总量的失真，影响了国家对不同公有制经济性质企业的正确判定，以及影响财会制度和税收政策的规范执行。

《通知》指出，根据全国城镇集体企业清产核资的有关规定，凡是在各级工商行政管理部门登记注册为城镇集体企业但资本来源主要为个人或国有企业（单位）投资、合资、合作，其现有财产构成不属于集体性质为主，采取上交一定管理费（挂靠费）名义上由有关主管部门、企业（单位）、社会团体临时管理、委托管理或"挂靠"管理等企业，均属此次清理甄别工作的范围。

《通知》要求："各级清产核资机构会同工商行政管理、经贸、税务等部门在1998年全面开展城镇集体企业清产核资中，要认真组织开展对各类'挂靠'集体企业的清理甄别工作。"

之后，原来的"红帽子"企业纷纷主动摘帽，全国各地出现了假集体企业摘红帽子的风潮，民营企业终于恢复其私营、合伙及个体性质的本来面目。

从此，许多民营企业摘掉假集体"红帽子"，轻装上阵，在市场经济大海中搏击……

## 3.民营科技企业异军突起

说起"用友",在中国几乎是财务软件的代名词。

而"用友"不过是中国无数民营科技企业的其中一个。

1988年,24岁的王文京借了5万元钱,从机关辞职出来,在中关村买了一台电脑,租了一间9平方米的房子,创办用友财务软件服务社。经过10多年的奋斗,用友集团发展成为国内最大的财务及企业管理软件开发商和销售商,也是国内第一家通过ISO9001国际质量保证体系认证的软件企业,行业覆盖率高达99%。2001年4月,用友集团在上海成功挂牌上市,成为第一个成功上市的民营软件企业集团。王文京用自己的发展经历作了"知识创造财富"的生动阐释。

北京启明星辰公司的严望佳,则是海归创业的一个民营科技企业典型。1996年6月,留美博士严望佳女士创办的高科技企业北京启明星辰公司,专门从事网络安全技术的开发和生产,拥有自主知识产权,实现技术开发、转让、咨询和销售。1998年,公司与国家计算机安全协会、国家信息中心、安全部、公安部、科技部、中国证监会等部门开展了一系列深入而卓有成效的技术合作。到2000年年底,该公司共承担了10项国家级网络安全重点科研项目和科技基金创新项目,标志着启明星辰公司的安全评估服务水平已经达到国际水平,成为中国网络安全风险评估领域最具实力的科技企业。

据国家有关部门统计,截至2002年年底,我国有民营科技企业109 384家,占民营企业的4.4%,却是民营经济中科技含量最高、发展潜力最大的部分。与传统产业的民营企业比较,民营科技企业创业人员的构成比较单纯,大多数是来自于大专院校、科研所和机关企事业单位的干部和知识分子,文化层次和各方面素质都比较高。

我国民营科技企业的产生和发展,大约经历了三个阶段。

第一个阶段是20世纪80年代初、中期。创业人员主要来自于大专院校和科研院所的中年科技人员。这一部分人创业时的政策环境、投资环境、社会环境还不宽松。在没有国家财政投入、没有给予人员编制的情况下，毅然放弃当时的稳定工作，采取自筹资金、自愿组合、自负盈亏、自主经营的经营机制，创办了一批民营科技企业，主要从事技术开发、技术转让、技术咨询、技术服务以及科技成果商品化和产业化活动。据统计，到1988年，全国民营科技企业大约15 000家，其中包括北京的联想、北大方正、四通、时代、用友，深圳的华为，西安的海星，河南的思达，成都的希望等。

第二阶段是20世纪80年代后期和90年代初期。创业者除了来自于大专院校和科研院所的科技人员外，还有一些来自国家机关、企事业单位的干部，少部分海外学成归国人员，以及一些凭着市场的敏感性，从传统产业转向科技产业的私营企业主。他们这时创业的环境比第一阶段改善了许多。首先是政策条件，1988年《宪法》增加了允许非公有制经济发展的条例，国家有关部门也制定了有关民营科技企业发展的条例，1992年邓小平南方谈话更是在全国掀起了下海创业的热潮。社会主义市场经济体制的建立和完善，促进了市场需求的旺盛，百废待兴的中国经济为下海创业者提供了许多发展机遇。

第三阶段是党的十五大以后。党和政府鼓励民营经济发展特别是民营科技企业发展的政策更为明确。在国家鼓励科技创业的热潮中下海的人员，除了来自于上述各方面的人外，大批海外留学人员开始回国，还有一小部分在校学生也参加了创业者的队伍。此时，我国一大批留学生经过艰辛苦读，在海外获得学位，其中一些人在国外高科技研究机构和企业任职，从事世界最前沿的科技活动。国家的强盛、优惠的政策和难得的商机吸引他们回国发挥自己的优势，进行科技创业。到20世纪90年代末，有3万余名留学归国人员创办民营科技企业。当时，全国50余家科技创业园吸引了2000多个留学人员创办的企业。

为了鼓励支持民营科技企业的发展，党和国家出台了一系列相关的政策、法规：

1984年10月,党的十二届三中全会通过的《中共中央关于经济体制改革的决定》,提出"要积极发展技术成果转让、技术承包、技术咨询、技术服务等多种形式的技术贸易活动,要改变鄙薄经营工作的错误观念,培养善于运用技术成果开发产业的人才和善于经营技术商品的人才,并且适当发展技术商品的经营机构。"

1987年1月,国务院发布《关于进一步推动科技体制改革的若干规定》,支持和鼓励部分科技人员以调离、停薪留职、辞职等方式到农村和城镇承包、承租全民所有制中小企业,承包或经办集体乡镇企业,兴办、经营各种所有制形式的技术开发、技术服务、技术贸易机构,创办各种中小型合资企业、股份公司等,允许他们在为社会创造财富的同时取得合法收入,技术入股者按股分红。

1993年6月,国家科委、国家体改委发布了《关于大力发展民营科技型企业若干问题的决定》,指出,"民营科技型企业是我国科技体制和经济体制改革的产物,是科技人员解放和开拓科技第一生产力的生动创造。民营科技型企业是相对国有国营而言的,它不仅包括以科技人员为主体创办的,实行集体经济、合作经济、股份制经济和个体经济、私营经济的民办科技机构,而且包括由国有科研院所、大专院校、大中型企业创办的,实行国有民营的科技型企业。""要发展以公有制为主体、多种经济成分并存的民营科技型企业,促进科技与经济相结合,推动科技成果商品化、产业化、国际化。"

1999年8月,《中共中央、国务院关于加强技术创新,发展高科技实现产业化的决定》明确指出:"支持发展多种形式的民营科技企业。国家科技型中小企业技术创新基金要对民营科技企业给予支持。要从管理制度上保证民营科技企业能够平等地参与政府科技计划项目的竞标,各级财政部门要帮助和支持民营科技企业解决产权关系不清的问题。在企业决策、管理、分配等方面要充分保障个人的合法权益。允许民营科技企业采用股份期权等形式,调动有创新能力的科技人才或经营管理人才的积极性。"

全国绝大多数省区市也以省委、省政府文件的形式提出了大力发展民营科技企业的政策和措施,许多地方还以人大立法的形式确认了民营科技企业的法律地位，确保这些政策措施的连续性和稳定性。

据不完全统计，中央有关部门出台的较为重要的相关政策有50多份，省级地方人大、政府及其有关部门出台的相关政策法规近400份，形成了推进民营科技企业健康发展的政策体系。

经过十几年的不断发展，民营科技企业成为中国国民经济尤其是区域经济的新的经济增长点，成为实施"科教兴国"战略的别具特色的企业形式和发展中国高新技术产业的一支充满生机和活力的力量，在以下几个方面作出了重要贡献。

——成为国民经济和区域经济重要的增长点。从1992年始，民营科技企业由最初的"四技"活动向产业化规模化方向发展，工业总产值和主营产品收入比例大规模上升，1999年技工贸总收入突破10 000亿元，成为中国国民经济持续健康快速发展的新的经济增长点。民营科技企业在全国各地和各行各业得到普遍发展，实现的产值、税收和创汇在经济总量中所占的份额越来越大。民营科技企业人均创造的经济效益高于传统的国有企业和乡镇企业，1998年全国民营科技企业人均实现利润是国有企业的6.1倍，是乡镇企业的7.5倍。在沿海地区，民营科技企业生机盎然，出现许多利税大户；在老工业基地，民营科技企业促进传统产业焕发青春；在西部地区，民营科技企业成为经济、科技发展的领头羊。如深圳市的民营科技企业，自1991年至1999年其产值以平均每年87%的速度增长，对当地经济增长的拉动作用越来越显著。

——成为发展高新技术产业的生力军。据统计，到20世纪90年代末，我国高新技术企业已经达到25 000多家，50多个国家级高新区中80%左右是民营科技企业，其余的也在按照民营机制改造自身的管理运行模式，逐步成为民营高科技企业。在北京、上海、江苏，经认定的高新技术企业中，民营科技企业超过80%，深圳则占了90%以上，浙江高新技术企业中95%是民营科技企业。民营科技企业已经形成了鲜明的地区特色，北京、深圳是IT产业群体最集中的地区，已成为中国计算机、通信、网络等产品的生产基地。民营科技企业坚持技术创新，在计算机、通信、新材料、新能源、生物医药等高新技术产业领域的发展，大大缩短了我国在这方面与发达国家的差距，并出现了一批领军式的企业群体。中关村的华旗资讯公司通过集成先进技术，不断进行产品创新，推出多项全球第一的移动存储设备，数码影像、数字水印技术名列国际同行前列，成功地打造了当时国内个人数字"爱国者"品牌产品。

——成为传统产业升级改造和结构调整的领跑者。一些在传统产业创业并已获得成功的民营企业，在进行第二次创业时也开始转向科技产业或在生产传统产品时充分运用高新技术，加强产品的科技含量。一批经济实力较强的民营科技企业，近几年来通过收购、兼并、入股以及引入先进管理和新技术等方式，积极参与传统产业的升级改造，特别是国有中小企业的结构调整。通过转制升级改造，焕发了生机，不但救活了一批国有中小企业，而且民营科技企业自身的经济规模也得到迅速壮大。

——成为安排社会就业岗位的重要渠道。在民营科技企业就业，成为就业人员尤其是高科技人才的重要选择，更为高等学校毕业生就业以及归国留学生回国创业提供了新的渠道。据统计，1992年，民营科技企业在职人员56万余人，1999年猛增到491万人，8年间增长9倍，在很大程度上缓解了社会就业的压力。许多民营科技企业广泛吸纳国有企业下岗职工，为顺利推进国企改革作出了贡献。从事摩托车生产的重庆宗申集团，在总部吸纳下岗职工3000人的基础上，通过其紧密层企业和供货的配件厂共解决了3万名下岗职工的就业问题。

——成为经济科技教育体制改革的试验田。民营科技企业倡导科技与市场结合，以市场为导向，成功地走出了一条按市场机制推进科技与经济相结合，促进科技成果转化、技术创新和企业发展的新路子，在科技体制改革方面为国有科研院所提供了经验，丰富了教育体制改革实践。在深化教育体制改革的过程中，走出了一条民办企业与教育相结合之路。陕西步长集团在咸阳投资创建了陕西国际商贸专修学院，成为陕西省首家由企业出资兴办的民办大学，并被陕西省评为"明星学院"。

——成为培育和造就企业家人才队伍的摇篮。经过十几年的创业实践和市场磨炼，造就了一支既有战略眼光、勇于创新又具备出色的管理才能的民营科技企业家人才群体。科技企业家人才队伍在形成和发展过程中，形成了技术领域高新化、创办方式多样化、创业人员年轻化、智力结构高层化、运行机制民营化的鲜明特征。这支队伍富有创业意识、创新意识、效率意识、人才意识和责任意识，善于把现代管理理念与中国传统文化结合起来，发挥团队精神，善于调动企业员工的积极性，创造出一套适合国情的企业发展模式。他们中，既有开创了我国科技产业发展新格局的第一代科技企业家，又有在新技术革命和知识经济的浪潮中诞生并崛起的第二代科技企业家人才群体，如华为的任正非、联想的柳传志、时代的王小兰、四通的段永基、力帆的尹明善、海星的荣海、三一重工的梁稳根、复星的郭广昌、海王的张思明等，其中任正非和柳传志已经被业界公认为民营科技企业的代表人物。

## 4. 色彩斑斓的"马赛克经济"

"马赛克经济"是人们对产业集群的形象比喻，也有的把它称为"块状经济"。

产业集群，是指以一个主导产业为主，大量联系密切的企业以及相关支撑机构在一定区域内集聚，并形成强劲、持续的竞争优势。

今天，产业集群的多少，已经成为一个区域、一个国家经济综合竞争力和社会富裕程度的重要标志。

从改革开放到20世纪90年代，经过10多年的发展，特别是乡镇企业的快速崛起，使我国民营企业具备了一定的规模，加之这一阶段我国许多产品在市场中仍处于"短缺经济"年代，民营经济在这一时期保持了高速的发展势头，其中一道亮丽的风景线：由无数民营中小企业构成众多的产业集群，呈现了色彩斑斓的"马赛克经济"。

我国的产业集群大多是在"一村一品""一镇一业"的"块状经济"基础上发展起来的，各地都有发育程度不同的产业集群，特别是民营经济发达的广东、浙江、江苏、福建、山东等地都出现了大量专业化区域，在"珠三角""长三角"、闽南三角洲和环渤海地区，产业集群发展更为迅猛。

　　这些集群初一看，往往很不起眼：许多企业只是一个生产车间，每家只做一道工序或只做一个小配件。但远看，成百上千家这样的"小车间""小作坊"聚集在一个村、一个镇、一个县，靠专业市场组织成一个个"大集团公司"，就能生产出无数占据全国乃至世界大部分市场的大小产品——服装、领带、皮鞋、纽扣、眼镜、打火机、电动工具、煤气灶、阀门、陶瓷、石材、日光灯管等。正是这些"不起眼"的企业，通过互动的合作和竞争，发挥规模经济和范围经济的效益，产生出强大的溢出效应，创造了一个个竞争力雄厚的特色区块和产业集群。

　　产业集群发展是广东经济的特色和优势之一，有力地支撑了广东省经济社会的快速发展。到20世纪90年代末，广东形成100多个不同特色、有一定规模的产业集群，其中包括30多个在国内外有一定竞争力、有较大规模的产业集群。以珠江东岸的深圳、东莞、惠州及广州为主体，形成了著名的电子信息产业走廊，成为全国规模最大的电子信息产业集群区；在珠江西岸，形成涵盖佛山、中山、江门、珠海、广州等地规模宏大的电器机械产业集群。在经济发达的珠江三角洲地区400多个镇中，以产业集群为特征的专业镇占了1/4。这些产业分散到上百个专业镇当中，如南海陆西樵的纺织印染、盐步的内衣、石湾环城的童装、张槎的针织、中山沙溪的休闲装、南海南庄的陶瓷、云浮云城的石材、云浮罗定的针织、东莞虎门的服装生产和贸易、大朗的服装、顺德化教的家具、佛山石湾的陶瓷等。

　　值得称道的是，中山古镇灯饰产业集群销量占据国内灯饰市场70%以上份额，产品出口到130多个国家和地区。古镇历史上并没有灯饰生产基础。改革开放后，经商意识强、头脑灵活的古镇镇海州村人在家电推销过程中，发现了灯饰行业投资少、效益好的优点，开始进行家庭作坊式生产，并激发当地其他群众的创业热情，吸引了一批有知识、有胆识的企业销售员和其他行业的经营者，纷纷兴办企业或转行进行灯饰生产，从简单的作坊式加工、组装，转而利用毗邻港澳的优势，吸收、引用港澳地区流行款式。通过引进设备进行模仿制造，再到自主设计、自主创新，造就了一批名牌名标灯饰企业。经过20年的努力，最终形成了以室内装饰灯具为主，节能照明和户外灯具横向发展，注塑、电镀、水晶制作和照明工程设计与安装等上下游产业纵向延伸，集聚2500多家灯饰企业，产业链完整的国内最大的灯饰生产基地和销售市场，成为世界四大灯饰专业市场之一。

改革开放初期，浙江当地农民依托本地的历史传统和资源条件，充分发挥能人的示范带动效应，依靠民间资金形成产权明晰的多元化投资主体，个体、私营和股份制经济竞相快速发展，逐渐形成小型化、产品特色鲜明的小企业集群。如绍兴倚借"日出华舍万丈绸"的传统经济，造就了千家万户轻纺工业和商贸业；义乌发扬"鸡毛换糖"的货郎担精神，演进成为全国最大的小商品贸易小企业集群；宁波依托"奉帮裁缝"的传统技艺，大力发展服装产业；永康利用"百工之乡"的优势，发展成了专事小五金生产的企业群体；温州人更是发挥能创新、善模仿、会经商的特点，逐步形成了有鲜明区域经济特色的皮鞋、服装、低压电器、标牌徽章、纽扣、打火机、灯具和眼镜等产业群。

邓小平发表南方谈话后，浙江民营企业如雨后春笋般快速发展，全省范围内处处皆集群，平均每个县拥有3个产业集群。1999年，浙江省形成特色优势产品产值超亿元的块状经济306个，平均每个区域8.7亿元。2000年，浙江省共有工业总产值亿元以上的产业集群519个，其中工业总产值10亿元以上产业集群149个。2004年，浙江省有工业总产值亿元以上的制造业产业集群839个，"一乡一品""一县一业"已成为浙江省区域经济发展的一大特色。如义乌小商品产业集群、永康五金产业集群、东阳木雕产业集群、绍兴轻纺产业集群、海宁的皮革产业群、嵊州的领带产业群、永嘉的纽扣产业群、乐清的低压电器产业群、桐庐的制笔产业群、诸暨的袜业产业群誉满全国。

浙江诸暨大唐袜业产业集群诞生于20世纪80年代。当时伴随着农村改革开放的深入，大唐镇出现了家庭织袜工厂，并在公路交叉处自然形成袜子交易市场，在此后的近10年中，经历了"以袜业为主，多种经营，工贸结合，市场联动"的发展阶段，逐步辐射周边草塔、牌头、暨阳、五泄、安华等14个乡镇，集群内有袜业企业1万多家，袜机12.7万余台，其中进口电脑袜机7万多台，还有前后工序配套设备2万余台，吸纳从业人员20余万人，形成一条包括原材料供给、织袜、缝头、定型、包装等袜业生产完整的产业链及完备的配套服务设施，大唐袜业集群生产的袜子曾经占到全国袜子生产总量的12%。

20世纪八九十年代，乡镇企业异军突起，使得江苏全省产业集群呈现星罗棋布的现象。产业集群不仅有纺织、服装、金属制品、建材、电器、轻工等传统产业，也有IT、环保、花木园艺等新兴产业。产业集群几乎在各个县市都有分布，带动了地区经济的发展，而且还形成了一批集群名牌。如盛泽的丝绸纺织产业集群、无锡的电子产业集群、江阴的精细纺织产业集群、昆山的笔记本电脑产业集群、宜兴的陶瓷产业集群、南通的家纺产业集群、扬中的低压电器产业集群、常熟的服装产业集群等在全国都有很大的影响。这些独具特色的产业集群一方面为民营企业带来了巨大的经济效益，另一方面又为当地经济发展和群众发家致富发挥了重要的作用。

苏州盛泽是一个有悠久历史的丝绸纺织重镇，早在明清时期就有发达的丝绸织造和繁荣的丝绸贸易，是我国四大绸都之一。"水乡成一市，罗绮走中原""日出万绸，衣被天下"是对当时盛泽的生动写照。改革开放后，勤奋的盛泽人利用当地丰富的自然资源，恢复传统的丝绸生产工艺，一个个中小企业迅速发展，很快集聚近2000家纺织工厂，近6000家纺织品贸易商行，全镇形成一条从缫丝、化纤纺丝、织造、印染、织物深加工到服装等纺织制成品的产业链，成为中国最大的纺织产业基地。同时，盛泽的纺织产业不断向邻近地区辐射，形成一个以盛泽为中心，包括江苏、浙江省内许多相邻乡镇的纺织产业基地。

在东北地区，吉林通化地处长白山腹地，盛产植物药、动物药和矿物药，药物资源十分丰富，是中国"三大天然药库"之一。大山聚宝，脚下生金。20世纪90年代初，一群通化的新"参把头"带着人参迈出了大山，用人参换回了钞票，也带回来南方先进的经营理念。一时间，通化医药界群雄并起，李一奎、王振国、潘首德、修涞贵、王光远、关宝树等民营企业家，唤醒大山中沉睡的资源，从此山城药香四溢。

然而，通化民营医药企业大多依托长白山药用资源自发形成，20世纪80年代，仅有18户，属于低成本型医药生产。从20世纪90年代中期起，随着这些民营药业企业的发展，通化医药产业集群规模不断扩大，出现了生产专业分工，一批专司服务的企业专业提供产前、产中和产后服务，同时带动了运输、仓储、电信等10余种行业的发展，产生了产业集群发展的投资驱动效应，聚集了200多家药厂，初步形成了以"修正""东宝""金马""万通""华夏""振国""紫鑫""茂祥"等为代表的一批龙头骨干企业，其中修正药业连续多年位居全省医药行业龙头地位，连续4年位居全国医药工业百强榜的前三甲。之后的10多年时间里，通化市医药产业每年平均以超过20%的速度增长，成为第一个被国家命名的"中国医药城"，被确定为国家级现代中药基地、国家级生物医药产业基地、国家首批新型工业化医药产业示范基地、中国中医药产业展览交易基地。

在产业集群的形成过程中，许多大型民营企业发挥了龙头带动作用。温州柳市镇低压电器集群的形成，就是在正泰、德力西、新华和天正四家龙头企业带动下发展起来的，其中正泰集团和德力西集团，与其合作的中小企业分别有800多家和700多家之多，形成了以集团企业为核心，中小企业为外围的分工协作体系。龙头企业依靠自身的经济实力和研发实力，专注于产品技术难度较大和附加值较高的环节，而将技术要求低、批量小、知名度高的零配件或半成品外包给中小企业，形成协作关系。如正泰集团，只生产10%的关键部件，而将剩下的90%通过标的形式外包给协作的中小企业。

这种"大手拉小手"的做法，使柳市低压电器集群在几年内像滚雪球一样发展，以柳市为中心，向外辐射至白象、瓮垟、磐石、慎江、黄华等八镇，聚集了4200多家民营企业，从事低压电器及其配件的生产，销售品覆盖200多大类、上千个型号和上万种规格，全镇工业电器商品占全国市场总量的8.54%，在规模、品种和产值上均居全国首位，成为国内最大的低压电器产销和出口基地，被中国机电工业联合会授予"中国电器之都"称号。

在中西部地区，许多民营企业也发挥当地的资源优势，抱团发展，形成产业集群。湖北有"鱼米之乡"的美誉，是全国重要的商品粮棉油生产基地和最大的淡水产品生产基地。武汉新洲区徐古镇民营企业自发成立蘑菇协会，积极引导农民发展蘑菇生产，为种植户提供产前、产中和产后服务，形成了产、加、销、贸、工、农一体化的蘑菇产业化格局，成为农民发家致富的重要途径。全国闻名的"板栗之乡"罗田县，有各类板栗加工民营企业近200家，从业人员1.2万人，带动当地农民脱贫致富。武汉蔡甸区索河镇有劳保手套和五金制锅两个产业集群，分别聚集民营企业200多家，生产的劳保手套和铁锅分别占全国市场的40%和汉正街市场的100%。仙桃市彭场镇集中了近百家相关企业，职工15 000多人，形成无纺布产业集群，成为集无纺布生产、制品加工、产品研发于一体的中国最大的无纺布产业基地。在一些地区还出现了一批以资源开发为主的产业集群，如洪湖水产，应城石膏、盐化工，鹤峰山野菜，随州三里岗香菇，英山、五峰茶叶，竹山绿松石，通山石材等。

总的来看，我国民营企业的发展，推动各地特别是东部沿海发达地区形成了星罗棋布的产业集群，之后又不断地向中西部地区辐射和扩展，如北京中关村的IT行业集群、河北唐山的钢铁业集群、河北清河的羊绒加工集群、内蒙古鄂尔多斯羊绒产业集群、辽宁海城服装业集群、吉林精细化工集群、黑龙江大庆石化产业集群、河南南庄的皮毛加工集群、湖南浏阳的花炮制造业集群、重庆的摩托车制造集群、广西贵港制糖业集群，等等。现在，我国从北到南、从东到西的国家经济版图上，由产业集群形成的城镇集群和经济集群，已成为引人注目的经济隆起带，在区域经济发展史上描上了浓墨重彩的一笔。

· 第三章 ·

# 春色满园关不住

改革开放初期的民营企业，大多处于劳动密集、资源依赖的低端产业，主要发挥着国有经济"拾遗补缺"作用。20世纪90年代以后，随着信息产业的兴起，开始进入高新技术产业，特别是2000年前后，出现了一批在互联网等高科技领域进行创业创新的民营企业，迅速改变了民营经济的产业结构。一些从事传统行业的民营企业，逐步改变管理粗放的做法，开始讲求质量、打造品牌，在激烈的市场竞争中发展起来。

## 1."心系中华，有所作为"——华为走向世界

华为，是今天销售额最大、获得利润最高、申请国际国内专利最多的中国民营企业，多年来一直居于中国民营企业500强之首；任正非，是当今最没有争议、最成功的"教父级"民营企业家。

华为，用它成功的创业历史，诠释了"心系中华，有所作为"的丰富内涵；用它的非凡业绩，向人们展示了一部充满传奇而又艰苦卓绝的发展历程。

1988年，进入不惑之年的任正非和其他五人凑了2.4万元，创立了深圳华为公司。当时谁都没有想到，这家诞生在一间破旧厂房里的小公司，

即将改写中国乃至世界通信制造业的历史。

创立初期，任正非给华为定下目标：紧跟世界先进技术，立足于自己科研开发，目标是占领中国市场，开拓海外市场，与国外同行抗衡。

公司最初的业务主要是小型程控交换机、火灾警报器和气浮仪开发生产及有关的工程承包咨询等。起初两年，公司主要是代销香港的一种程控交换机，靠价格差获利。此时，国内在程控交换机技术上基本是空白，任正非敏感地意识到了这项技术的重要性，便倾全力投入到程控交换机的开发上。刚刚有些积蓄，就倾其所有，把全部资金投入到数字交换机的自行研究开发上。

1992年，华为研制出第一台小交换机，并开始自己生产，由于价格比国外同类产品低2/3，功能与之类似，当年销售额就达到1亿多元，市场前景十分可观。成立之初确立的这个自主研制技术的策略，让华为冒了极大的风险，但也最终奠定了华为适度领先的技术基础，使华为与国内竞争对手拉开差距，在电信行业站稳脚跟。

当时，国际电信巨头大部分已经进入中国，与这些拥有雄厚财力、先进技术的百年老店相比，华为还是一只刚刚出世的丑小鸭。最严峻的是，由于国内市场迅速进入恶性竞争阶段，国际电信巨头依仗雄厚财力，也开始大幅降价，企图将华为等国内新兴电信制造企业扼杀在摇篮里。

华为在进入电信行业之初，国际巨头主要集中在城市市场，对于广大农村市场无暇顾及，而这正是华为这样的本土企业的优势所在。另外，由于农村市场购买力有限，即使国外产品大幅降价，也与农村市场的要求有段距离。因此，国际电信巨头基本上放弃了农村市场。华为程控交换机等产品开发成功后，一开始就选择从农村"新市场进入"，走"农村包围城市"路线。

华为针对外国企业集中全部精力及力量投入在大城市的特点，在竞争尚不激烈的农村市场进行突破。这个战略不仅使华为避免了被国际电信巨头扼杀，更让华为获得了长足发展，培养了一支精良的营销队伍，成长起来一个研发团队，积蓄了"打城市战"的资本。

在农村市场获得成功后，华为开始进入城市市场。由于技术性能逐渐接近国际巨头，成本又低于对手，在城市市场华为能为电信运营商提供更高的性价比，于是又成功扮演"低端进入者"的角色，使其在国内城市市场上不断得以拓展。

任正非是一个危机意识和忧患意识极强的企业家。在华为度过了风险极高的创业期、进入快速发展轨道的时候，他已经敏感地意识到了华为的不足。自1993年到1996年，任正非提出制定一套华为基本法的构想。1998年3月23日，经过长达两年的制定，《华为公司基本法》共计6章103条，获得通过，并颁布实施。

《华为公司基本法》的架构涵盖公司宗旨、企业文化、经营理念及管理哲学、基本经营政策、基本组织政策、基本人力资源政策、基本控制政策、工作道德与纪律、接班人的产生等各个部分，这是中国企业在实践中探索职业化管理的开始。

为保证《华为公司基本法》的执行，任正非还系统借鉴了国际化公司的治理结构。1996年，华为用3个月时间，在深圳西丽湖畔探讨工资改革方案；同年底，引入美国HAY咨询公司香港分公司任职资格评价体系；1998年，成为国家劳动部与英国合作的"任职资格标准体系"两个试点企业之一；2000年，请IBM为IPD（集成产品开发）提供咨询，打破了以部门为管理结构的模式，转向以业务流程为核心的管理模式。

另外，华为坚持"知识资本化"，把知识转化为资本，其表现在股权和股金的分配上，股权的分配不是按资本分配，而是按知本分配，即将知识回报的一部分转化为股权，员工可以分得自己的股份，然后通过知本股权获得收益。

在华为的股本结构中：30%的优秀员工集体控股，40%的骨干员工有比例地持股，10%到20%的低级员工和新员工适当参股，而且员工持有的股份会根据"才能、责任、贡献、工作态度和风险承诺"做出动态调整。

1997年圣诞节期间，任正非出访了美国一批著名高科技公司，所见所闻让他清晰地看到了华为与这些国际巨头的差距。任正非回国后，开启了一场持续5年的变革，华为进入了全面学习西方经验、反思自身，提升内部管理的阶段。

通信行业的一个特性是，谁掌握核心技术，谁就掌握市场竞争的战略高地。唯有拥有核心技术，才能势不可挡。华为坚持每年将销售额的10%投入到研发中去，特别是核心技术上的投入不断加大，专利申请一直保持超过100%的年增长率，连续多年成为中国申请专利最多的单位。靠着掌握越来越多的核心技术，华为在世界电信市场上才能与跨国公司比肩较量。

高素质的人才是高科技企业得以发展的保证。华为坚持把人才当作资本，而且是比金钱更重要的资本，千方百计招揽高素质、开拓型、敬业型人才，并创造一种吸引人才、留住人才、用好人才的机制。在华为的员工中，85%以上是大学本科学历；高薪聘用技术研究及开发人才，其中博士后、博士、硕士等高级研究人才占70%以上。华为在人才培养上不惜投入大量资金，以保证长远发展。公司内部建立了员工培训制度，员工每年有7%的时间接受培训，年轻人一批一批被派往美国、欧洲、日本考察学习，又一批一批走上企业领导的岗位。

华为强调人力资本增值目标优先于财务资本增值目标。公司不仅建立了一套人力资源管理体制，而且引入竞争和选择机制，在内部建立劳动力市场，促进内部人才的合理流动。在人才流动上，强调高中级干部强制轮换，以培养和提高他们能担当重任的综合素质；对低级职员则提供自然流动，爱一行干一行，在岗位上做实，成为某一方面的管理或技术专家。每月都要开展职工换岗，每个人都可以选择或竞聘自己适合的岗位和职位。

华为探索了一套适合自身发展的企业经营机制，包括利益驱动机制、权力驱动机制、成就驱动机制、理想追求与价值驱动机制。公司的价值评价体系和价值分配制度是华为成功的关键因素之一，也是华为管理中最具特色之处。其主要内容和特点是：劳动、知识、企业家和资本创造公司的全部价值；公司的成就，以及全体员工的士气和公司的归属意识是价值评价的标准；才能、责任、贡献、工作态度与风险承诺是价值分配的依据；组织权力和经济利益是价值分配的对象；机会、职权、工资、奖金、股权、红利、福利以及其他人事待遇是价值分配的形式。

在国际化过程中，华为始终站在全球竞争的角度去思考自身的全球化策略，在全球范围内整合资源，提升研发能力。多年来，华为在国际与国内先后建立诸多研究所：美国硅谷研究所、美国达拉斯研究所、瑞典研究所、印度研究所、俄罗斯研究所等海外机构，华为技术（总部深圳）、北京研究所、上海研究所、西安研究所、成都研究所、杭州研究所、南京研究所等研发中心，以跟踪世界先进技术走向，并努力占领技术制高点，不断地在创新中寻求并保持发展的主动性。

任正非说："以顾客为导向是公司的基本方针，为了满足用户的要求，我们会做出最大的努力。"

一次，一名欧洲老牌电信运营商说："我们最怕的就是设备买回来几年后，设备供应商倒闭了，没有人来升级、维护，因此我们购买设备要综合考察设备供应商，只有那些具有持续发展的可能、在产品和服务上不用我们担心的供应商才会进入我们的视野。"这番话给了任正非极大的启发。

任正非说："中国的技术人员重功能开发，轻技术服务，导致维护专家的成长缓慢，严重地制约了人才的均衡成长，外国公司一般都十分重视服务。没有良好的服务队伍，就是能销售也不敢大销售，没有好的服务网络就会垮下来。"

于是，华为在国际市场开始建立庞大的营销和服务网络，为客户提供持续稳定的服务，且能够在最短时间内响应客户的需求。

之后，华为以其快速的需求响应能力和技术创新能力在国际市场赢得一个又一个客户。不少国外的客户说，欧洲企业普遍反映较慢，用户提出一个修改建议，他们往往要一年甚至一年半才能改进。而华为公司，只要用户有需求，总是能加班加点，快速反应。一个要一年才改进，一个只要一个月就能改进，华为的优势自然体现出来了。欧洲人福利待遇好，工作与生活分明，工作以外的时间一般不再谈工作，更别提加班了，而有任务就立即顶上去是华为人多年养成的工作习惯。为了一个单子，华为人可以不回家过年，可以没有星期天、节假日，甚至连老婆生孩子都顾不上。

在中国，做一个电信企业，竞争对手是全球各发达国家的世界级巨子，他们有几十年甚至近百年的积累，有世界一流的专业技术人才和研发体系，有雄厚的资金和全球著名的品牌，有深厚的市场地位和客户基础。面对这样的竞争格局，面对如此的技术及市场壁垒，从一个产品跟随者、模仿者，到技术与市场的全面创新者，华为没有任何经验可以借鉴，只有通过勤奋和拼搏来弥补。

总结华为的快速发展，任正非说："公司高层管理团队夜以继日地工作，有许多高级干部几乎没有什么节假日，24小时不能关手机，随时随地都在处理随时发生的问题。现在，更因为全球化后的时差问题，总是夜里开会。我们没有国际大公司积累了几十年的市场地位、人脉和品牌，没有什么可以依赖，只有比别人更多一点奋斗，只有在别人喝咖啡和休闲的时间努力工作，只有更虔诚对待客户，否则我们怎么能拿到订单？"

面对华为的成功，任正非认为华为是特殊历史机遇所造就的。华为在创业过程中幸运遇上改革开放的大潮、遇上中华民族千载难逢的发展机遇。他曾经说："华为成长在全球信息产业发展最快的时期，特别是中国正从一个落后网改造成为世界级先进网。华为像一片树叶，有幸掉到了这个潮流的大船上，是躺在大船上随波逐流到今天的。"

## 2.这里是"研究生的发祥地"

1990年，27岁的陈志列从西北工业大学研究生院计算机应用专业毕业。第二年，他被北京航空部下属某设计研究院派到深圳工作。

1992年春天，邓小平同志在南方发表谈话，使深圳这个改革开放的窗口城市掀起了投资和创业高潮，催生了一大批下海的创业者。陈志列周围的许多同学陆续成了老板，这些更早来到深圳的朋友多次对他说："你不比我们差啊，你也创业吧！"

陈志列是学计算机的，硕士毕业后，又做了工业计算机产品应用的市场推广和销售，对国内工业计算机市场情况比较熟悉。他深知，改革开放后，我们国家搞四化建设，这里面最核心的基础平台就是工业计算机和军用计算机，这是国民经济各骨干行业和领域都大量需要的核心产品技术。然而，当时国内的特种计算机市场，都被海外知名品牌一统天下，军用计算机更是发达国家对华禁运的主要产品技术。对于广大用户来讲，只能被动接受国外的二流技术，而且价格昂贵，始终无法摆脱受制于人的现状。

对此，陈志列心里颇为不平：我们也懂技术，凭什么任由外国人摆布？如果我们闯出一条路，能够拥有自主的产品技术和品牌，不仅能占据广阔的市场，又会得到政府的大力扶持，这样的事情值得去搏！

在这股创业浪潮的推动下，经过一段时间的冷静思考和分析，陈志列决定辞去公职，下海自主创业。

刚创业时，陈志列家里存折上只有500元钱，租了一间28平方米的办公室。这时，创业的伙伴为此感到寒碜。陈志列却十分自豪地说：这里是"研究生的发祥地"啊！公司的名字"研祥"也就由此来，充分显示了陈志列立志自主研发与创新、打破由国外产品一统天下局面的志向、自信和底气。

经过两年的拼搏，他们淘到了第一桶金，具备了做自己产品与国际品牌过招的基础。陈志列就想将已经考虑很久的想法付诸实施，那就是做研祥自己的品牌！他当时有点担心，做品牌需要将赚来的钱全部砸进去，创业团队成员同意吗？

1994年秋的一天，陈志列召集大家一起吃饭讨论，这是一个决定未来的重要饭局。结果，人人情绪激昂，纷纷赞同陈志列的想法。大家达成了一致意见：放手一搏。

为了招揽人才，研祥公司1995年8月在《计算机世界》报上刊登了1/4版广告，当时定下的题目是"高薪诚聘高手"，但由于文员疏忽，打成了"高手诚聘高手"。结果，这则招聘广告竟然在全国引来了100多位"高手"竞聘，其中包括后来公司总工程师朱军。当时，在江浙一带的工控行业里，朱军称得上是一个知名人物。他看到这则广告后的反应是，这家公司太牛了，得来会会！朱军凭着对成功的梦想，不远千里到深圳投奔研祥。陈志列见到朱军后只说了一句话："就凭为这句话就敢来深圳闯荡，这样的人我要了！"

工业计算机是一个比拼技术实力的行业。它的一个显著特点就是技术、生产、品质控制等进入门槛的标准要求高，进入周期长，研发新产品承担风险高。研祥成立之初面对的都是全球顶尖品牌产品，这就意味着在你还没站稳脚跟的时候,就要在相同平台上按照国际标准,跟世界最强的企业竞争。而这个领域客户最关注的是产品的性能与可靠性。很明显,不像其他行业有强、中、弱生存的空间,小企业可先简单模仿,然后逐步做大做强。而特种计算机行业仅靠走模仿、山寨的路子是行不通的,唯一可行的就是立足于自主创新。

从一开始,就逼得陈志列和他的团队要站到高峰上,做好准备在国际规则下竞争发展,在产品研发、生产各个主要环节采用与国外知名品牌企业同样严格的标准。在鼓励创新方面,陈志列在公司反复倡导"雷同永远落后,创新才有发展"的理念。他说:"在前行探索的路上,可以左转,也可以右转,但不许停车,鼓励创新,允许试错,宽容失败。"

嵌入式行业需要的是综合多种专门技术的产品开发,在这个行业要做自主品牌产品,需要持续大量的投入,很多和研祥同时期、同类型的企业都因为这个原因而中途退出。但是陈志列没有退缩,他坚信:"把难做的事情做好就有钱赚,而且会有较高的利润率。"在产品研发的头两年,陈志列就投入了当时能聚集的全部家当3000多万元,用于自主品牌、更符合国内需求的产品研发,第二年就推出EVOC自主品牌的新产品。

公司成立后,研祥每年平均的研发投入占到年销售额的10%。为了持续保持公司的发展后劲,陈志列十分注重关键技术的预研和突破,在新产品战略、计划、人财力安排等方面坚持"生产一代、研发一代、预研一代"。一分耕耘一分收获。研祥每年做到了推出40%的新产品,其中20%为全球首推的新产品。

如何打造能量强大又善于协同作战的研发队伍,是公司实现可持续发展的关键,陈志列带领的研祥团队也经历了从依靠技术"大拿"转变为专业化团队协同攻关的探索过程。开始,他们十分青睐中餐大厨式的技术"大拿"。一有攻关任务,一两个精英带上几个技术人员,很快就把产品做出来了。这一做法在创业初期优势明显,容易取得突破。但是,随着企业不断做大,这种少数骨干"单打独斗"的弊端日益显现,使公司人才的积极性和创新的连续性受到影响。觉察到这些风险后,陈志列立刻采用专业化团队分工协作形式,用专业的人做专业的事,发挥各自优势。这种不靠

"大拿"靠团队的做法，确保公司研发创新活动能够持续稳定开展下去。

研祥公司坚持依靠核心技术引导客户需求。陈志列提出产品研发的定位是，"只要用户需要的，就是我们要做的"。他们在产品设计、研发方面，始终围绕客户的需求，为用户量身定制适合不同行业、不同领域需求的专用计算机产品，而且做到快速反应、马上行动、贴近市场求生存。

随着公司对各个行业市场需求的深入了解、核心研发能力的不断提高以及对各个行业新产品应用解决方案技术经验的不断积累，陈志列又提出产品研发的新定位：市场需求导向与新技术引导导向双重并重，即"研祥所做的，就是市场需要的！"

多年来，研祥公司坚持用核心技术占领市场。陈志列说："核心技术不仅为企业带来定价权，带来更高的利润，而且能形成技术排他性和技术壁垒，使我们在和别人竞争中处于优势地位。"2002年，深圳地铁一期工业计算机控制系统公开招标，研祥和国外一家著名公司站在了最后的擂台上。深圳地铁的工况环境非常潮湿，且电磁干扰非常大。两家对决的方式是，每家出10台设备，并用包装封闭起来，让人看不出设备是哪家的，然后放在恶劣的工况里运转两周，谁的故障率低，谁就胜出中标。最后正式公布的结果：10台出故障的设备里，国外这家公司占了9台，而研祥仅有1台！这一战，让研祥在地铁领域扬威立名。后来，深圳地铁从二期开始就只用研祥的设备，广州地铁从一期开始、北京地铁从五期开始也都只选择更加可靠的研祥产品。

2010年，上海电气在承接一个海上风电成套设备项目的产品集成时，一位负责此项目的工程师大胆推荐已经严格考察了两年的研祥专用计算机系统产品，与德国一家公司的产品同台竞争。经过专家组的仔细对比评估、严格的实验与现场测试，得出的一致结论是：研祥的风电专用计算机系统产品不仅在产品性能、运行的可靠性等方面完全可以与德国这家公司的产品媲美，而且更适合海上严酷复杂运行环境的需求，具有更高的性能价格比。因此，采购了上百套研祥的产品取代了德国公司的产品。

多年来，研祥集团坚持不打价格战。在开拓国际市场的初期，研祥也想通过价格战作为突破口。在参加美国的一次展会上，研祥一款产品的报价是250美元,他们觉得已经有不错的利润空间了,但国外客户说这款产品在美国卖950美元,最低不可能低于870美元,你们报价这么低,产品质量与可靠性就不可信了。陈志列由此得到了深刻的启迪:科技企业的关键在核心技术,只有掌握核心技术,才能让企业保持竞争优势,才能得到客户的尊敬!就这样,研祥公司坚持以高质量产品获得市场的高利润。在"2007年央视中国经济年度人物"评选中,陈志列当选"经济年度人物",给他的颁奖词是:"他把行业标准贴上了中国制造的标签,他对世界说,定价权,中国造。"

经过持续创新和奋力开拓,研祥集团成为中国最大的工业计算机研究、开发、制造、销售与系统整合于一体的高科技企业。其产品是产业自动化、智能化、信息化、数字化产品的核心部件,目前已广泛应用于我国高端装备制造、航空航天、能源、电子、交通、电信、金融、网络、医疗、监控等国民经济各主要行业与领域。研祥主导编写了本行业全部29项中国国家标准和行业标准,拥有730多项专利和1300余项非专利核心技术,全部产品拥有自主知识产权。产品直接销售全球43个国家,间接销售167个国家。研祥集团先后荣获中国企业500强、国家级创新型企业、国家级高新技术企业、全国创先争优先进基层党组织等荣誉。据CCID & IDG的统计,研祥在市场份额和产品技术领先性方面已经连续11年位居同行业中国第一、世界第三。

## 3. 脍炙人口 "老干妈"

说起中国民营企业的制造业,有两个不能不提的企业,一个是代表高端制造业的华为,另一个是代表传统制造业的老干妈。

今天,在食品界,老干妈如同可口可乐一样,可以说是无人不知、无人不晓。无论在大小饭店、餐馆,还是普通家庭,老干妈的身影无处不在。到了国外,老干妈被称为"家乡的味道"和"留学生必备"。

在中国,8元钱一瓶的老干妈辣酱,每天卖出200万瓶。

在美国亚马逊，一瓶280克老干妈辣酱卖9美元。

在奢侈品折扣网站Gilt，老干妈被誉为全球顶级辣酱，售价12美元。

目前，老干妈公司的20个品种产品远销70多个国家和地区。

老干妈制造了中国品牌的一个传奇。更传奇的还有其"奇葩"经营模式：不做推销，不打广告，没有促销，坐在家门口，经销商就来抢货；不上市、不贷款、不融资，别的企业到处找贷款、拉融资、想上市，老干妈却多次拒绝政府的融资建议；现款现货，经销商要先打款才发货，常常是打了第二批款才能提到第一批货，公司现金流十分充裕……

老干妈是怎么发展起来的，老干妈凭什么这么牛，用什么样的商业模式创造了市场奇迹？

老干妈是贵阳南明老干妈风味食品有限责任公司的简称，创始人陶华碧，1947年出生于贵州省湄潭县一个偏僻的山村。由于家里贫穷，陶华碧从小到大没读过一天书。20岁那年，她嫁给了206地质队的一名队员；但没过几年，丈夫就病逝了，扔下了她和两个孩子。为了生存，她不得不去打工和摆地摊。

1989年夏天，陶华碧用捡来的砖头和石棉瓦，搭成一间不足10平方米的小店，一家名为"实惠餐厅"的简陋店面便形成了，专门卖凉粉和冷面，她还特地制作了麻辣酱拌凉粉，生意出奇地好。那个时候，她还没在意一切都是因为麻辣酱在起作用。直到有一天，陶华碧早上起床头晕，就没有买辣椒，谁知道顾客一听说没有麻辣酱，纷纷转头就走。她一下子就领悟过来，从此潜心研究麻辣酱，经过几年的反复调整，麻辣酱味道更好、更加独特，很多人吃完凉粉都单买麻辣酱，甚至还有很多不吃凉粉的人前来购买。

1994年，贵阳修建环城公路，昔日偏僻的龙洞堡成为贵阳南环线的主干道，途经此处的货车司机日渐增多，陶华碧开了一家"实惠饭店"，因烹调手艺不错，小店生意煞是红火。特别是陶老太太亲手制作的风味豆豉、豆腐乳、泡菜、香辣菜等几味小吃以独特的口味，给小店引来众多回头客。当时，这几味小吃都是陶华碧配送给食客的，并不收费。他们成了实惠饭店的主要客源。陶华碧近乎本能的商业智慧第一次发挥出来，她开始向司机免费赠送自家制作的豆豉辣酱、香辣菜等小吃和调味品，大受欢迎。

正是货车司机让"老干妈"如同蒲公英的种子一样，撒向全国，并在最适宜的地方扎根生长。当时，以广州为代表，大量农民工进城，老干妈正符合了他们的口味和价位，于是首先在广州市场取得销量爆发，继而逐渐实现全国扩张，最终征服了中国人的味蕾。

随着时间的推移，实惠饭店风味豆豉声名远扬，许多熟客时常向陶华碧索要些带回家品尝，陶华碧每天制作豆豉的量越来越大。如此一来，便有细心人提醒陶老太太：既然这么受欢迎，不如再多做些来卖。受此提醒，陶老太太真的开始了风味豆豉的销售业务，并将其命名为"老干妈"牌。

生意愈发火爆起来，饭店也一步步发展为"陶氏风味食品店""陶氏风味食品厂"。

但生意火爆起来后，陶老太太很长一段时间里还基本是待客上门，并没有主动向外拓展老干妈风味食品的市场。

1997年元月，几位昆明客商慕名来到实惠饭店吃饭。尝毕风味豆豉，连声叫绝，随后马上找到陶老太太，要求做其云南的代理商。这一来，"老干妈"开始真正走上了飞速发展的快车道。

当年，这几位昆明商客将老干妈带到了昆明糖酒订货会。没想到老干妈刚一露面便备受追捧，订单源源不断飞向了贵阳。是年5月，老干妈风味豆豉等食品销售额便突破了百万元关口，年底销售额超过千万元。

1997年，陶华碧的公司正式挂牌，工厂里的工人也增加到200多人。到千禧年，老干妈公司迅速扩张，已经有1200个员工。

如何管理好公司越来越多的员工，陶华碧想出了一个绝招：实行管理亲情化，自始至终对员工进行"感情投资"。别的企业制定许多规章制度，都是为了规范员工行为，制约员工消极怠工。可陶华碧对此却有另一番见解：帮一个人，能感动一群人；关心一群人，肯定能感动整个集体。

最初，她让儿子李贵山制定规章制度时，就把这一招视为最基本的要素。比如：在员工福利待遇的制定上，陶华碧考虑到公司地处偏远地区，交通不便，员工吃饭难，她决定所有员工一律由公司包吃包住。当老干妈公司发展到1300人后，该规矩仍然在执行。她还亲力亲为，每当有员工出差，她总是像送儿女远行一样，亲手为他们煮上几个鸡蛋，一直把他们送到厂门口。果然，这种亲情化的"感情投资"，使老干妈公司的凝聚力日益增强。

在员工的心目中，陶华碧就像妈妈一样可亲、可爱、可敬；没有人叫她董事长，全都叫她"老干妈"。公司的员工来自五湖四海，生活习惯各异，他们每天吃、住、工作、生活在公司，时间久了，互相间难免发生摩擦，但只要陶华碧一出面，问题就迎刃而解。

经过长期的苦心经营，老干妈辣酱在行业内几无敌手，成为海内外华人中脍炙人口的辣椒调味品品牌，不但是国内知名的企业，更是被视为中国舌尖上的名片。

如今，处于四面丛林的传统制造业处境十分艰难，有的关门歇业，有的苦苦支撑，"老干妈"却做得红红火火、供不应求。其奥妙就在于坚持做到以下几条：

——严把原材料关。老干妈所用原料主要是遵义地区的出口免检产品辣椒，供货方给公司的辣椒全部要先剪蒂、再分装，确保挑拣剪过的辣椒没有任何杂质。后来，"老干妈"与当地联合建立无公害干辣椒基地和绿色产品原材料基地，搭建了一条"企业＋基地＋农户"的农业产业链，绝大部分原料都来源于"老干妈"的自产基地，从源头上解决原料质量问题。

——坚持"味道即王道"。食品之争，最重要的是口味之争，口味之争首先是抢占最普世的口味。豆豉作为发酵产品，属于复合口味，恰到好处的豆豉产品，给人丰富口感，也在餐饮菜肴中被广泛应用。老干妈根据用户的需求不断地调整，很好地平衡了辣和香，让最大多数消费者接受，以至于很多消费者一段时间不吃，都会非常惦记。

——坚持做到货真价实。老干妈的消费人群绝大部分都是中低端消费者，但他们坚持"低端绝对不是低质"，保证客户价值，把品质稳定做到极致。这种传统的诚信理念，使得消费者无论什么时候买，在哪个地方买，味道都始终如一，高度稳定的产品品质就成了一般企业难以企及的竞争力。同时坚守价格定位，每次价格涨幅微乎其微，一瓶只有几角钱利润，不给对手可乘之机。任何一家企业的产品，价格低于老干妈就没利润，高过老干妈就没有市场，同样价格又达不到老干妈的品质。

——依靠品牌征服顾客。长期以来，老干妈不做广告、不搞活动、不开经销会、不给经销商政策优惠，更是从来不更换"土得掉渣"的瓶贴，产品却在市场畅销不衰。他们坚持用过硬的产品打造品牌，把老干妈系列产品做成了硬通货，特别是其包装和瓶贴长期固化为最深入消费者内心的品牌符号，甚至成为这一品类的代表符号。经销商只要能拿到货，就不愁卖，而且流通速度快、风险小、利润有保障。

## 4. 互联网"三剑客"

互联网作为20世纪最伟大的发明之一，把世界变成了"地球村"，深刻改变着人类的生产方式、生活方式、思维方式和商业模式。中国以前所未有的热情拥抱互联网。

20世纪90年代，随着社会主义市场经济体制的建立和完善，经济多元化趋势加强，市场机会逐渐增多，创业环境和条件越来越好，许多具有良好教育背景的高素质人才，踏着时代和科技潮流的节拍，在互联网上掀起新一轮创业浪潮，涌现了一大批互联网企业和互联网"大咖"。网易的丁磊、搜狐的张朝阳、新浪的王志东，就是其中的代表人物，被誉为中国互联网"三剑客"。

网易创立者丁磊，有一句流传甚广的名言："人生是个积累的过程，你总会有摔倒，即使跌倒了，你也要懂得抓一把沙子在手里。"

丁磊1993年从成都电讯工程学院毕业，在宁波市电信局工作，尽管待遇不错，但始终有一种难尽其才的苦恼。两年后，他毅然从电信局辞职，"第一次把自己开除了"。从1995年5月开始进入Sybase任职广州分公司技术支持工程师。同年6月，丁磊成为北京电信前100个用户之一。

为了"按自己的意图做事"，丁磊在离开Sybase后终于找到了自己

"冒险"旅程的目标。1997年6月，丁磊筹集了50万元开始创办网易公司。网易成立后，丁磊把资金和精力主要放在开发互联网应用软件上。1997年11月，网易推出了中国第一个双语电子邮件系统。1998年2月16日，www.163.net开放使用，反应强烈，注册用户数以每天2000人左右的速度递增。

网易推出的双语电子邮件系统，极大地推动了中国互联网的普及和发展，并先后被多家互联网公司采用。尽管网易是一家以邮件起家的门户网站，但网易最为人所津津乐道的却是它的网络游戏业务。

网易的成功逐渐得到了各方面的认可。1998年7月，CNNIC（中国互联网信息中心）投票评选十佳中文网站，网易喜获第一。1999年1月，网易再获CNNIC十佳中文网站第一。2000年3月，丁磊辞去首席执行官，出任网易公司联合首席技术执行官。2001年3月，担任首席架构设计师，专注于公司远景战略的设计与规划。2000年6月30日上午，网易在纳斯达克股票交易所正式挂牌交易。网易旗下拥有163.com、126.com、188.com、vip.163.com、yeah.net、netease.com等多套免费、收费大容量邮件系统，是中国最大的电子邮件运营商。网易在最新推出的www.188.com财富邮中，型号为财富5000的邮箱，空间有5G之巨，附件高达40M，是目前中国市面上容量最大的邮箱，在给用户提供更人性化服务的同时进一步捍卫了网易在国内邮箱的霸主地位。

一个人想要实现自己的目标，除勤奋外，就是要积极进取和创新。从创业那天起，丁磊每天都在关心新的技术，密切跟踪Internet新的发展，每天工作16个小时以上，其中有10个小时是在网上，他的邮箱有数十个，每天都要收到上百封电子邮件。

丁磊说："在创业的路上，要保持饥饿的状态，保持充实的状态，保持求知的状态，因为只有这样，才能不停地进步。"他具有十分敏锐的市场洞察力，除了免费邮箱外，网易的主要业务还有在线游戏业务，以内容、社区和电子商务服务为核心的中文在线服务和全新中文搜索服务等。网易公司包含门户网站、在线游戏、电子邮箱、在线教育、电子商务、在线音乐、网易bobo等多种服务。其在线游戏包括：大话西游、梦幻西游、天下、魔兽世界、星际争霸，等等。可以说，网易的游戏在国内一直占据比较大的份额。网易自从2001年底推出《大话西游》以来，已经从网络游戏领域的"小人物"变成该领域的巨头之一。事实证明，尽管网络游戏市场竞争激烈，网易的投入还是获得了很好的回报。

与丁磊几乎同期创业的张朝阳，也在互联网领域闯出了一片天地。

1995年，在美国麻省理工学院读博士的张朝阳，耳濡目染美国"硅谷"式的创业，激起了他回国创业的强烈念头。他清楚地认识到互联网经济极为惊人的商业和社会价值，于是毅然决然地离开美国，开始了他的回国创业之路。

1996年8月，依靠风险投资，张朝阳创办了"爱特信信息技术有限公司"，成为中国第一家以风险投资资金建立的互联网公司。张朝阳觉得中国因特网的市场潜力巨大。1998年2月，他正式推出了第一家全中文的网上搜索引擎——搜狐，并更名为搜狐公司。"出门靠地图，上网找搜狐"，搜狐由此打开了中国网民通往互联网世界的神奇大门。1998年3月，张朝阳获得英特尔等两家公司210万美元的投资，他的事业开始蒸蒸日上。

1998年9月，搜狐上海分公司成立，1999年6月组建搜狐广州分公司。

1999年，搜狐推出新闻及内容频道，奠定了综合门户网站的雏形，开启了中国互联网门户时代。2000年7月，搜狐公司正式在美国纳斯达克挂牌上市，从一个国内知名企业发展成为一个国际品牌。2000年，搜狐收购了中国最大的年轻人社区ChinaRen校友录，树立国内最大的中文网站地位。2002年第三季度，搜狐公司在国内互联网行业首次实现全面盈利，这是中国互联网发展进程中一个划时代的里程碑，带动了中国概念股在纳斯达克的全面飙红。

在创业过程中，张朝阳不失时机地进行了一连串大手笔的动作，让搜狐出现在更多的地方。他及时判断出短信对互联网的巨大利益，并且尝试着把它作为一个能与互联网紧密结合的产业来运作。2001年耗资百万成就"sohu手机时尚之旅"，张朝阳亲自出现在首席形象代言人的位置上，这在风风雨雨的互联网世界，收到了空前的效果，树立了搜狐人的信心。

作为中文世界最大的网络资产，搜狐门户囊括了中国最领先的门户网站sohu.com、华人最大的青年社区ChinaRen.com、中国最大的网络游戏信息和社区网站17173.com、北京最具影响力的房地产网站focus.cn、国内领先的手机WAP门户goodfeel.com.cn、具有领先技术的搜索搜狗sogou.com、国内领先的地图服务网站图行天下go2map.com等7大网站。搜狐新闻和内容频道成为主流人群获取资讯的最大的平台之一，搜狐庞大的社区体系，包括搜狐社区和ChinaRen社区，是年轻人休闲娱乐的重要平台，搜狗也成为拥有先进技术的搜索引擎。

互联网是一个高风险的产业，即使在搜狐公司状况较好的时候，媒体也称张朝阳是站在"风火轮"上，飞旋着忽上忽下，难以平静。而难得的是，张朝阳对自己的事业有着极为坚定的信心。他常说："对一切都心存敬畏，诚惶诚恐，始终盯着自己的脚下，像过草地一般试探着、实践者、分析着，才能跨越自己的人格障碍，达到宠辱不惊，从而举重若轻。"通过多年的努力，搜狐实现了从创立伊始确立的"让网络成为中国人民生活中不可缺少的一部分"的理想。

"三剑客"中另一位传奇人物是新浪的王志东。他是广东省东莞人，新浪网创始人。中国互联网产业十位最有影响力企业领袖之一。王志东在中国南方农村长大，在考入北京大学之前曾在鸭场做零工。

王志东是第一个写出Windows中文平台的程序员，在引领新浪成为中国三大门户网站之一的奋斗中功不可没。自北大毕业后，王志东成为中国"硅谷"的自由软件工程师，以软件奇才扬名业内。

王志东1993年创办四通利方信息技术有限公司，1997年成功地为四通利方公司引入650万美元的国际风险投资，成为国内IT产业引进风险投资的首家企业。1998年12月，他又成功地完成了与美国华渊资讯网公司的合并，创建新浪网公司，担任新浪网首席执行长兼总裁，并率领新浪成为首家成功在美国纳斯达克上市的中国网络公司，成为全球华人IT界的美谈。王志东在新浪网开创性地建立起了互联网平台模式，通过对各种信息资源的整合，为用户创造价值。科索沃危机显示网络优势。1999年3月，新浪网推出"科索沃危机专题"，借鉴了传统媒体的报道方式，结合了网络快速、互动的特点，吸引了大量网民。1999年5月，新浪网在国内率先报道"北约导弹击中中国驻南联盟大使馆事件",成为网民追逐的热点,瞬间访问达到平时5倍以上。当时的网民发现,除了收发邮件、聊天以外,网上的新闻更有看头。接着,香港凤凰卫视中文台主持人吴小莉做客新浪网,创建名人嘉宾网络聊天形式,新浪在网民中的重要位置日益凸显出来。

1999年6月,王志东带领新浪网与美国业界最知名的搜索引擎公司Altavista合作,建立全球最大的中文搜索引擎服务。1999年7月,新浪网就登上中国互联网信息中心公布的中文网站排名之首。后来,新浪网成为拥有下辖北京新浪、香港新浪、台北新浪、北美新浪等覆盖全球华人社区中文网站的全球最大中文门户。

王志东说过:"互联网就像倒一杯啤酒会出现泡沫一样,重要的是除了泡沫,里面的酒到底有多少。""我们要在互联网上做实业,现在最重要的是如何满足用户的需求,如何更好地给用户提供完善的服务。"

2001年由于新浪网内部意见分歧,王志东被迫离开公司。

不断追求卓越是王志东的信条,2001年12月3日,王志东创建北京点击科技有限公司,致力于将软件、互联网、通讯三大现代技术融合为广大信息化用户提供协同应用环境协同软件的研发。王志东是国内协同应用理念的首倡者,而点击科技也就成为国内最早将协同理念应用于实践的软件厂商。在王志东亲自带领下,2002年年底,点击科技推出了国内第一个协同应用平台——竞开协同应用平台。平台是一套基于"扩展对等网络"的协同应用开发与操作平台,目标是为电子政务与企业信息化提供一套简单、方便、安全、实用的协同应用解决方案,实现低成本、低风险、高效率的信息化目标。

在王志东带领下,点击科技在竞开协同应用平台和竞开协同之星的基础上又相继研发出了竞开协同服务器、竞开邮件服务器、竞开工作流服务器、竞开进销存管理服务器、竞开销售管理服务器等一系列协同软件,并形成了竞开协同办公系统、竞开协同政务系统、竞开协同销售系统、竞开协同进销存系统等一系列应用系统组合。

就这样,点击科技推出的竞开系列协同软件产品,经过制造、石油化工、电力能源、专业服务、媒体、教育、电子政务等近20个行业和数百余家典型用户的实践证明，是一套适用于企业和政府等机构用户的高效、方便、实用、低风险的应用解决方案，能够在组织及部门内部，以及各种跨组织、跨地区、跨时区、跨系统、跨网络的动态团队内部，实现安全、高效、方便的信息交换、知识管理与流程控制，从而全面提升组织的敏捷性，使应变更灵敏、决策更准确、管理更高效。因产品性能高，整体拥有成本低，并具有较强的市场竞争力，竞开系列协同软件被计世资讯、赛迪顾问等多家权威机构评为"中国协同软件市场领导型产品"和"中国协同软件市场第一品牌"，并被中国软件行业协会评为"优秀软件产品"。

## 5. "BAT" 崭露头角

中国互联网企业三巨头"BAT"，即百度、阿里巴巴、腾讯。

20世纪末期，人类社会进入到了电子信息和互联网络的时代。在这个新兴的产业中，涌现了一批年轻的创业者。他们或者亲身参与过美国硅谷的创新实践，或者深谙纳斯达克的运作规则，或者幸运地获得了风险投资基金的支持，或者干脆就是白手起家。

如今，这些为中国崛起贡献出敏锐眼光、卓越才智及坚定意志的精英们的创业经历，经常被人们所津津乐道，尤其是李彦宏、马云、马化腾等，被描绘成一段段生动有趣的传奇故事……

百度公司创始人李彦宏，1968年出生在山西阳泉一个普通的家庭。1987年，李彦宏以阳泉市第一名的成绩考上了梦想中的北京大学。1991年，李彦宏远渡重洋赴美国布法罗纽约州立大学主攻计算机，31岁创建搜索引擎公司百度网络技术有限公司。

留学期间，白天上课，晚上补习英语、编写程序，经常忙碌到凌晨两点。"回想起来，觉得当时挺苦的，但年轻就应该吃苦。"李彦宏评价这段经历。

自小就立志成为科学家的李彦宏在美国纽约州立大学获得计算机硕士

学位后，在华尔街的三年半时间里，每天都跟实时更新的金融新闻打交道，先后担任了道琼斯子公司高级顾问、《华尔街日报》网络版实时金融信息系统设计人员。

李彦宏在帮助《华尔街日报》网络版开发软件时，发现了一种可以根据网络连接数目进行网站排名的搜索方法。但是，道琼斯的高管对此丝毫没有兴趣。李彦宏离开了这家公司，并在美国为自己的技术申请了专利。

1997年，李彦宏离开了华尔街，前往硅谷著名搜索引擎公司 Infoseek（搜信）公司。之后在一次会议上，李彦宏遇到了公司的首席技术官威廉，后者邀请他加入担任高级工程师，一起开发第一代搜索引擎。一开始，兴奋的李彦宏把自己关在会议室里不停地写软件代码。李彦宏所持有的"超链分析"技术专利，是奠定整个现代搜索引擎发展趋势和方向的基础发明之一。

然而，这家公司被迪士尼公司收购后，对搜索引擎领域没有给予足够的热情和支持。李彦宏感觉极为失落，遂决定自立门户，回国创业。

在硅谷的日子，让李彦宏感受最深刻的还是商战气氛。他经常翻看《华尔街日报》：微软如何跳出来公然反叛IBM，又怎样以软件教父的身份对抗SUN、网景等。这些故事让李彦宏感觉到："原来技术本身并不是唯一的决定性因素，商战策略才是真正决胜千里的因素。"李彦宏看到了企业家所能获得的巨大回报，决定改变自己的梦想。

李彦宏在海外的8年时间里，中国互联网界正发生着翻天覆地的变化。从1995年起，李彦宏每年要回国进行考察。1999年，李彦宏认定环境成熟，于是启程回国，在北大资源宾馆租了两间房，开始创建百度公司。

百度最初的商业模式是为门户提供搜索服务的网站，在当时中国互联网市场的竞争中，面对诸多门户网站，百度的模式并无多少优势。而在互联网泡沫破灭之前，百度又幸运地获得了1000万美元投资。

从2001年开始，以搜索结果中出现付费广告为赢利模式的Google正获得业界关注，李彦宏从中受到启发，决定采用付费广告的模式。李彦宏在百度董事会上提出百度转型做独立搜索引擎网站，开展竞价排名的计划。

然而，他的这个提议遭到股东们的一致反对，因为此时百度的收入全部来自给门户网站提供搜索技术服务支持。如果百度转做独立的搜索引擎网站，那些门户网站不再与百度合作，百度眼前的收入就没了；而竞价排名模式又不能马上赚钱，百度会面临极大风险。

在充分陈述了自己的计划和观点后，仍旧得不到首肯的李彦宏平生第一次发了大火。尽管李彦宏的一贯自信这次受到了极大的挑战，然而只要他认准了的东西，几乎没有人能改变，尤其是在关乎百度未来发展的大方向、大问题上，他丝毫不会退让。

最终，投资人同意李彦宏将百度转型为面向终端用户的搜索引擎公司。他们告诉李彦宏："是你的态度而不是你的论据打动了我们。"

不断调整发展方向的百度终于踏上了正确的道路，并凭借本土化优势，成为全球第二大的独立搜索引擎，在中文搜索引擎中名列第一，成为中国搜索市场上的绝对老大。

2005年8月，百度在美国纳斯达克成功上市，成为全球资本市场最受关注的上市公司之一。

李彦宏说："希望自己做的事能改变大多数人的生活方式，让足够多的人受益，这是我的人生理想和目标。无论当初做Infoseek还是现在做百度，我看到每天有上千万的人在用自己的技术，大家从中受益了，我心里就特别高兴，觉得对社会作出了贡献。而且现在这个社会越来越趋向合理，你对社会作出贡献了，社会也会给予你同样的回报。"

1994年，而立之年的马云开始创业，开办杭州第一家专业翻译社——海博翻译社。1995年，"杭州英语最棒"的31岁的马云受浙江省交通厅委托到美国催讨一笔债务。结果是钱没要到一分，却发现了一个"宝库"，因为在西雅图，对计算机一窍不通的马云第一次上了互联网。刚刚学会上网，他竟然就想到了为他的翻译社做网上广告，上午10点他把广告发送上网，中午12点前他就收到了6个电子邮件，分别来自美国、德国和日本，说这是他们看到的有关中国的第一个网页。马云当时就意识到互联网是一座金矿，开始设想回国建立一个公司，专门做互联网。

马云萌生了这样一个想法，把国内的企业资料收集起来放到网上向全世界发布，他立即决定和西雅图的朋友合作，一个全球首创的B2B电子商务模式，就这样开始有了创意，并起名中国黄页。

回国当晚，马云约了24个做外贸的朋友也是他在夜校名义上的学生，给他们介绍，结果有23人反对。马云想了一个晚上，第二天早上还是决定干，哪怕24人都反对，他也要干。"其实最大的决心并不是我对互联网有很大的信心，而是我觉得做一件事，经历就是成功，你去闯一闯，不行你还可以调头。但是如果你不做，就像你晚上想想千条路，早上起来走原路，一样的道理"。

1995年4月，31岁的马云投入7000元，又联合妹妹、妹夫、父母等亲戚凑了2万元，创建了"海博网络"。"海博网络"从此成为中国最早的互联网公司之一，产品就是"中国黄页"。

1996年，32岁的马云在市场上艰难地推广自己的中国黄页，在很多没有互联网的城市，马云常常被称为"骗子"，但他天天都这样提醒自己："互联网是影响人类未来生活30年的长跑，你必须跑得像兔子一样快，又要像乌龟一样耐跑。"然后出门跟人侃互联网，说服客户。业务就这样一点一点开展了起来。1996年营业额做到了700万元！也就是这一年，互联网渐渐普及了。

1996年3月，因为与杭州电信的实力悬殊的竞争，最后马云不得已和杭州电信合作，马云的中国黄页资产折成60万元，占30%股份，杭州电信投入140万元人民币，占70%股份。后来，因经营观念不同，马云和杭州电信分道扬镳，放弃了自己的中国黄页，并将自己拥有的21%的中国黄页股份，全数送给了一起创业的员工。

1997年，受外经贸部邀请，马云加盟外经贸部新成立的中国国际电子商务中心，并由他组建管理，参与开发了外经贸部的官方站点以及后来的网上中国商品交易市场。在这个过程中，马云的B2B思路渐渐成熟——用电子商务为中小企业服务。连网站的域名他都想好了——阿里巴巴。互联网像一个无穷的宝藏，等待人们前去发掘，就像阿里巴巴用咒语打开的那个山洞。

1999年初，35岁的马云受够了在政府企业做事条条框框的束缚与磕绊，不甘心受制于人的他决心带领团队南归创业。

他对团队的伙伴们说："我要回杭州创办一家自己的公司，从零开始。愿意回去的，只有500元工资；愿意留在北京的，可以介绍去收入很高的雅虎和新浪。"不到5分钟，伙伴们一致决定："我们回杭州去，一起去！"这就是被阿里巴巴员工戏称为"十八罗汉"的开山元老。

2月的一天，在杭州湖畔家园马云的家中，他们召开了第一次全体会议。18位创业成员或坐或站，神情肃穆地围绕着慷慨激昂的马云，马云发表了激情洋溢的演讲："黑暗中一起摸索，一起喊，我喊叫着往前冲的时候，你们都不会慌了。你们拿着大刀，一直往前冲，十几个人往前冲，有什么好慌的？"在这次"起事"的会议上，马云和伙伴共筹了50万元本钱，并按照惯例进行了全程录像，马云坚信这将有极大的历史价值。

在这次会议上，马云还说"我们要办的是一家电子商务公司，我们的目标有三个：第一，要建立一家生存102年的公司；第二，要建立一家为中国中小企业服务的电子商务公司；第三，要建立世界上最大的电子商务公司，要进入全球网站排名前十位。

从这天开始，马云开始铁下心来做电子商务。尽管只有50万元创业资金，但马云首先花了1万美元从一个加拿大人手里购买了阿里巴巴的域名。他们没有租写字楼，就在马云家里办公，最多的时候一个房间里坐了35个人。他们每天16～18个小时，日夜不停地设计网页，讨论网页和构思，困了就席地而卧。马云不断地鼓励员工，"发令枪一响，你不可能有时间去看对手是怎么跑的，你只有一路狂奔"，又不时告诫员工"最大的失败是放弃，最大的敌人是自己，最大的对手是时间"，阿拉巴巴就这样孕育、诞生在马云家中。

1999年3月，阿里巴巴正式推出，直至逐渐为媒体、风险投资者关注。他们在拒绝38家不符合自己要求的投资商之后，于1999年8月接受了以高盛基金为主的500万美元投资、2000年第一季度接受了软银2000万美元的投入，从而横空出世，成为全球最大网上贸易市场、全球电子商务第一品牌。

2001年12月27日，阿里巴巴的中国供应商会员达到100万人，成为全球第一个达到此数目的B2B网站，并在当月实现盈利。

2003年5月，阿里巴巴投资1亿元人民币，推出个人网上交易平台——淘宝网，打造全球最大的个人交易网站。到2005年底，淘宝网在线商品数量超过1663万件、注册会员数突破1390万人，2005年第四季度成交额达30.3亿元人民币，占中国C2C市场70%的份额，遥遥领跑中国个人电子商务市场。

2005年8月，阿里巴巴兼并雅虎在中国的所有资产，成为中国最大的互联网公司。

2007年11月，阿里巴巴在香港联交所主板上市，不仅以15亿美元创下了中国互联网公司IPO新纪录，而且上市后市值超200亿美元，成为当时全球第五大互联网企业。就是这个自称不I也不T的马云却创办了中国最大电子商务网站阿里巴巴，成为中国内地第一位登上福布斯封面的企业家，成为世界经济论坛选出的全球100位未来领袖之一。

马云创立的阿里巴巴，推动了中国商业信用的建立，在激烈的国际竞争中为广大中小企业创造了无限机会，正在逐渐实现"让天下没难做的生意"的目标。

1993年从深大毕业后，马化腾进入深圳润迅公司，开始做软件工程师。1997年，马化腾第一次认识了ICQ。一见面，他便被其无穷的魅力所吸引，立即就注册了一个号。可是使用了一段时间，他觉得英文界面的ICQ在中文用户中想推广开来不是一件容易的事儿。

于是，马化腾想，自己能否做个类似于ICQ的中文版本工具呢？

1998年11月，马化腾和张志东正式注册成立深圳市腾讯计算机系统有限公司，主要业务是拓展无线网络寻呼系统。

1999年2月，腾讯正式推出第一版QQ——QQ99b0210，与无线寻呼、GSM短消息、IP电话网互联。从那一天起，QQ开始改变着人们的沟通方式。

腾讯QQ推出之后，立刻受到用户欢迎，注册人数疯长，很短时间内就增加到几万人。人数增加就要不断扩充服务器，而那时一两千元的服务器托管费对马化腾来说都是很大的开支。为了维持QQ的运营，马化腾不得不四处去筹措款项。

　　1999年下半年的互联网热为马化腾解决资金问题提供了绝好的机遇。马化腾拿着改了6个版本、20多页的商业计划书开始寻找国外风险投资。最后，IDG和盈科数码向QQ融资220万美元，解决了公司发展的资金问题。

　　截至2004年9月，腾讯QQ总注册用户数为3.55亿，活跃用户数1.19亿，QQ最高同时在线730万、QQ游戏最高同时在线78万，跃居中国第一大休闲游戏门户。经过艰难的创业，马化腾的腾讯公司开始逐步走上正轨，业务不断扩展，用户也与日俱增。

　　马化腾表示，创新是腾讯公司企业文化的核心，成果转化则是腾讯公司衡量科技创新的一个重要标准。是否最终将创新技术转化为产品应用，从而不断满足用户的需求，真正给用户带来创新的价值体验，才是腾讯公司所最为看重的。

　　2004年6月，腾讯QQ终于向资本市场迈出了第一步——成功在香港挂牌上市，其超额认购的首次公开募股，为企业带来了总计14.4亿港元的净收入。

　　2005年5月，腾讯公司位列"2005年中国软件产业最大规模前100家企业"第25位。

　　2007年9月19日，腾讯市值突破100亿美元，成为当时中国互联网市值最高的上市公司。年仅34岁的马化腾被美国《时代》周刊和CNN评为"2004全球最具影响力商界人士"，还获得了中国香港第四届紫荆花杯杰出企业家奖。

　　腾讯以"为用户提供一站式在线生活服务"作为自己的战略目标，先后构建了QQ、腾讯网、QQ游戏以及拍拍网等四大网络平台，形成中国规模最大的网络社区。

　　截至2008年4月，腾讯即时通信工具QQ的注册账户数已经超过7.834亿，活跃账户数超过3.179亿，QQ游戏的同时在线人数达到400万，腾讯网成为当时中国浏览量第一的综合门户网站，电子商务平台拍拍网也成为当时中国第二大的电子商务交易平台。

　　基于创新成果最大化和价值创新的理念，腾讯以QQ为核心，建立起覆盖即时通讯、门户资讯、互动娱乐、电子商务等领域的网络应用平台，带动了整个互联网产业链的成长。

马化腾和腾讯QQ，不仅改变了数亿中国人的沟通习惯，创造了一种网络时代的文化，更引领出一个全新的赢利模式。

· 第四章 ·

# 春风得意马蹄疾

改革开放以来，我国民营经济不断发展壮大，个体户、私营企业主等新的社会阶层不断大量出现。作为改革开放先富起来的群体，他们经济上拥有大量的财富，在政治上如何确定他们的社会属性，能不能加入中国共产党，能不能当选党代表、人大代表和政协委员等，成为社会各界广泛关注的一个重大问题，也成为新形势下关系党的建设和发展方向的重大问题。我们党坚持与时俱进，根据我国经济社会结构发生的新变化，创造性地提出了不断增强党的阶级基础和扩大党的群众基础、保持党的先进性的新论断，充分调动广大新的社会阶层人士的积极性，激励他们以更加高昂的热情参与国家的政治、经济和社会生活。

## 1.江泽民：新的社会阶层是"建设者"

2001年7月1日，江泽民在庆祝中国共产党成立80周年大会上的讲话中，第一次明确指出："改革开放以来，我国社会阶层构成发生了新变化，出现了民营科技企业的创业人员和技术人员，受聘于外资企业的管理技术人员、个体户、私营企业主、中介组织的从业人员、自由职业人员等社会阶层。"

江泽民还指出:"在党的路线方针政策指引下,这些新的社会阶层中的广大人员,通过诚实劳动和工作,通过合法经营,为发展社会主义的生产力和其他事业作出了贡献。他们与工人、农民、知识分子、干部和解放军指战员团结在一起,他们也是有中国特色社会主义事业的建设者。"

江泽民的这一重大新论述,立刻在全社会引起强烈反响,更使包括个体户、私营企业主在内的新的社会阶层人士深受鼓舞和振奋。

新的社会阶层是社会主义事业的建设者,这一论断是对新的社会阶层人士政治属性的科学定位,反映了新的社会阶层的经济财产状况、思想政治表现及对国家和社会作出的贡献,是对新的社会阶层人士积极作用的充分肯定,是我们党对新的社会阶层人士认识不断深化的必然结果。

新的社会阶层的出现不是偶然的。社会阶层的变化是由经济结构和社会结构的变化所决定的。新阶层的出现,是我国从计划经济向市场经济转变、社会主义市场经济逐步建立和完善的必然结果,是经济发展的体制环境所发生的重大变化在社会层面的客观反映。

——经济结构的变化催生了新的社会阶层人士出现。经过多年的改革实践,传统计划经济体制下单一的公有制格局被打破,公有制为主体、多种所有制经济共同发展,成为我国社会主义初级阶段的基本经济制度。经济成分的多样化,引发了经济利益、组织形式、就业方式和生活方式的多样化,使原有的同一阶层内部出现了具有不同特征的社会阶层。在经济增长的同时,产业结构不断调整和升级,新兴产业迅速发展,新的职业应运而生,这就使那些具备现代产业发展所需知识和技能的人们从原有社会阶层中脱颖而出,如进入民营科技领域的自主创业者。

——城乡结构的显著变化推动了新社会阶层人士的出现。家庭联产承包责任制在我国农村全面推行,极大地促进了农村生产力的发展,越来越多的农民从土地上解放出来,有的成了专业户、个体户、承包户,有的兴办乡镇企业。一些进城打工的农民依靠自己的收入积累创办了自己的企业,也成为新社会阶层人士。

——工人阶级内部构成变化对社会阶层结构变化产生了重大影响。在改革开放的过程中,由于市场经济的发展,工人阶级在发展的同时,内部也分化出一部分人，如党政干部、国有企业下岗职工、大专院校和科研院所的知识分子以及转业军人等经商下海，转化为新的社会阶层人士。

——收入分配政策及方式的调整对新阶层人士的出现产生重要影响。改革开放以来，计划经济体制下收入分配的平均主义"大锅饭"被打破，实行了按劳分配为主体、多种分配方式并存的分配制度。资本、技术等生产要素参与收益分配，按劳分配与按生产要素分配有机地结合了起来。在这种收入分配格局下，一部分人率先富裕了起来，他们或者依靠自己的消费资料的积累，或者依靠自己的技术，创办了自己的企业，成为新的社会阶层人士。

——教育科技文化的发展为新社会阶层人士的产生创造了条件。在经济发展的同时，我国社会成员受教育程度和文化素质普遍提高，具有良好文化素质的劳动者，不仅能够在不同的职业中更加自由地流动，而且越来越多的人开始自主创业，加入到新的社会阶层人士的行列。据统计，1992—2002年，私营企业从近14万户增加到243.53万户，增长了约17.4倍，平均年增长33.10%。

有人认为，个体户、私营企业主等新的社会阶层人士占有剩余价值，担心民营经济进一步发展会再产生新的剥削者，导致两极分化，甚至形成新的资产阶级。

江泽民在党的十六大报告中指出："不能简单地把有没有财产、有多少财产当作判断人们政治上先进和落后的标准，而主要应该看他们的思想政治状况和现实表现，看他们的财产是怎么得来的以及对财产怎么支配和使用，看他们以自己的劳动对中国特色社会主义事业所作的贡献。"

新的社会阶层人士是否是中国社会主义事业的建设者，关键要从新的社会阶层人士的劳动性质、政治立场和社会贡献等三个方面进行客观分析和判断。

在劳动性质方面，应当说，绝大多数新的社会阶层人士的财富主要来自于合法的劳动收入和合法的非劳动收入。

合法劳动收入，这主要是经营管理、风险和机会等收入。企业经营管理是一种复杂的劳动，可以比简单劳动创造加倍的价值；由于社会经济生活具有极大的不确定性，创业者从事生产经营活动要冒巨大的风险，理应获得风险收入；创业者不仅要敢于冒险，还要善于把握稍纵即逝的机会，这需要经验和智慧，其收入中应当包括这部分收入。

合法的非劳动收入，包括资本、知识和人力资本的收益。创业者首先要投入资本，不管是自有的还是借贷的，在运营中都具有资本产权，必然要获得产权的收入；有的创业者还拥有技术专长或技术专利，具有排他性的知识产权，凭借技术、专利等生产要素获得的收入是合理合法的；成功的创业者是企业家，高素质的企业家是一种稀缺资源，这种稀缺性导致企业家这种人力资本的上涨，是符合市场经济规律的。

当然，不能否认有一部分人并不是靠诚实劳动和合法经营发财致富，而是通过非法经营暴富的，如以假冒伪劣、偷税漏税、走私贩私、官商勾结、权钱交易等手段聚敛起巨额财富的暴富者。这部分人不仅破坏了社会主义市场经济秩序，而且危害社会秩序，是违法犯罪分子，应当依法严厉打击。

在政治立场方面，新的社会阶层人士是改革开放的受益者，他们中的绝大多数拥护党的领导、拥护中国特色社会主义、支持党的改革开放路线，积极投身改革开放和中国特色社会主义实践。

在社会贡献方面，新的社会阶层人士作为最具活力的新兴生产力，适应了社会主义初级阶段发展的客观要求，在推动经济发展、创造就业岗位、繁荣城乡市场、增加财政收入、消除短缺经济、消除贫困等方面取得了令人瞩目的成就，为改革开放的顺利进行，为国民经济的持续、稳定、健康发展，为我国综合国力的提高，作出了巨大的贡献。事实证明，哪个地区民营经济活动活跃，哪个地区的经济就能在全国各区域的发展竞争中获得明显优势。

总之，个体户、私营企业主等6个方面新的社会阶层人士，是在我国社会主义改革开放新的历史条件下产生和发展起来的，他们是党的改革开放政策的实践者和受益者。他们的投资行为和创业活动，是受到国家的鼓励、支持和引导的；他们既是私人资本的投资者，又是从事企业经营管理和生产技术的劳动者，这种双重性，使他们既拥有高额的劳动收入，又拥有相当一部分合法的非劳动收入；他们通过诚实劳动和合法经营，积累了财富，扩大了生产，在使自己先富起来的同时也为发展社会的生产力和其他事业作出了积极的贡献；他们积累的财富，主要是劳动所得和投资回报，对财富的支配和使用主要用于企业的扩大再生产或参与某些公益事业，这些都是有益于发展社会主义现代化建设事业的；他们的广大人员原来出身于工人、农民、知识分子、国家干部和企业技术管理人员，长期接受党和社会主义的教育，对改革开放政策和中国特色社会主义事业有切身的感受和认同感。

因此，党中央把新的社会阶层人士定性为中国特色社会主义事业建设者，是正确的、科学的、准确的，完全符合我国改革开放和新的社会阶层人士实际。

## 2. 私营企业主能不能入党

我国实行改革开放后，鼓励个体劳动者经济的存在和发展，在社会上和理论界基本上没有引起多少议论。但是，随着私营企业的不断发展和崛起，特别是到了20世纪90年代中后期，面对大量私营企业主的不断涌现，他们能否入党成为党建工作的重大问题，在社会上和理论界则引起广泛关注和争议。

争论的焦点主要是，在社会主义条件下能不能允许剥削？能不能允许私营企业存在与发展下去？能不能允许私营企业主入党？

中国共产党是无产阶级的先锋队组织。新中国成立初期，中共中央规定私营企业主只有在放弃"剥削"后才能入党。1956年，党的八大通过的党章明确规定：任何从事劳动、不剥削他人劳动的中国公民，才能成为本党党员。

改革开放后，随着社会主义市场经济体制的建立和完善，我党对个体经济和私营经济的认识也发生了新的变化，认识到不能再用以前的标准来衡量入党的资格。党的十二大以后，经修改的党章规定，除了农民、军人、知识分子之外，其他革命分子也可以加入中国共产党。

党的十三大召开后，私营经济被确立为"公有制经济有益的、必要的补充"。由于当时政策尚不明朗，一些原本是党员的人便开办起了私营企业，成了私营企业主；另外，由于各地方党组织对党章的理解不同，有些认为私营企业主如果能具有共产主义觉悟，全心全意为人民服务，决心为实现共产主义奋斗终生的话，那他们也属于"其他革命分子"之列，也是可以入党的，所以也吸收了一些私营企业主入党。

但是，1989年春夏之交的政治风波之后，在政治上批判资产阶级自由化思潮的同时，社会上出现了限制个体、私营经济发展的思潮，社会环境发生了较大的变化。在宣传舆论方面，一些大报上甚至出现了"私营经济是资产阶级自由化的社会基础""发展私营经济是搞私有化""私营企业主是制造动乱的中产阶级"的论点。

1989年8月28日，中共中央政治局举行全体会议，讨论并通过了《中共中央关于加强党的建设的通知》。《通知》指出："私营企业主同工人之间实际上存在着剥削与被剥削的关系，不能吸收私营企业主入党。已经是党员的私营企业主，除应模范地遵守国家政策法令、依法经营、照章纳税外，还必须坚持党的理想和宗旨，严格履行党员义务，自觉接受组织的监督；在企业的收入分配方面，领取作为经营管理者应得的收入，而把企业税后利润的绝大部分用作生产发展基金，增加社会财富，发展公共事业；要平等对待工人，尊重工人的合法权益。做不到这些的，不能再当党员。"

1989年，中央组织部明确规定：私营企业主不能入党。有些地方甚至要求党员企业主做出"要党，还是要厂"的选择。

邓小平南方谈话后，党的十四大提出建立社会主义市场经济体制，党的十五大提出非公有制经济是我国市场经济的重要组成部分，我国民营经济进入了快速发展阶段，私营企业每年以30%以上的速度增长，私营企业主等新的社会阶层大量涌现出来。私营企业主能否入党问题，再次成为社会各界争议较大的热门话题。

2000年，中央党校副校长李君如在接受《百年潮》杂志记者采访时表示，赞成吸收私营企业主入党，还特别强调吸收党员不应拘泥于党员的社会职业、阶级成分和阶级出身。《"三个代表"与党的建设——李君如访谈录》一文发表后，马上在社会上特别是理论界引起了激烈的争论。

有人撰文，坚决反对私营企业主入党。认为"私营企业主不是劳动人民的普通一员，他们的特征是，靠占有生产资料剥削工农劳动人民创造的剩余价值。他们是剥削者，是资本家，不是中国共产党的阶级基础……决不能把私营企业主拉进中国共产党内。"

有的人说：吸收私营企业主入党，势必会影响甚至改变党的性质。若为了一味追求扩大党的社会基础而吸收他们入党，我们党的工人阶级先锋队的性质必然会改变，若失去了党的这个阶级性，我们党甚至有可能重蹈苏联共产党由于推行"全民党"的建党路线而瓦解的命运。还有，允许私营企业主入党，会影响到党的纯洁性和先进性，等于允许他们在党内继续其剥削行为，这样党不能再代表广大人民群众的利益。

还有人认为，"私营企业主的经济地位特性决定了其不可能没有个人野心，他们入党只是为了利用党，以实现私人目的，因此应该堵死他们入党的通口。"

究竟私营企业主如何定位、私营企业主能不能入党？江泽民在党的十六大报告中明确指出："在社会变革中出现的民营科技企业的创业人员和技术人员、受聘于外资企业的管理技术人员、个体户、私营企业主、中介组织的从业人员、自由职业人员等社会阶层，都是中国特色社会主义事业的建设者。"

我们党的富民政策是允许并鼓励一部分人依靠自己的诚实劳动和合法经营先富起来，最后带动全体人民走向共同富裕。实践证明，这一决策是非常及时和正确的。正是在党的这一正确政策指引下，我国出现了一些新的社会阶层，他们确实先于其他阶层富了起来，个人拥有了可观的财产。

反对私营企业主入党，究其原因，就是多年来存在巨大的思想障碍："劳动者必无产，有产者必剥削"。改革开放后，随着我国经济的快速发展，新的社会阶层人士尤其是私营企业主成为拥有较多财产的"有产者"。他们的财产究竟是创业致富还是剥削所得？

实际上，这些拥有较多财产的"有产者"，大体上有三种情况：一是改革开放之初，最早进入流通领域经商做生意的人，或利用自己的一技之长从事"第二职业"，如到乡镇企业当"星期天工程师"的人，由于思想解放较早，抓住发展机遇较早，发挥优势明显，先富裕起来；二是城市经济体制改革全面展开以后，一些党政干部主动"辞职下海"，有的承包经营国有企业，有的创办独立经营的公司，他们充分发挥自身的智慧和广泛社会联系的优势，很快发展起来；三是在社会主义市场经济的发展过程中，一些高科技人员、高级知识分子，还有一些海外学子返回国内，利用自己掌握的高新科技和特有的知识产权，创办高新科技企业或中介、咨询机构，从事科技开发或高智能服务，展示出卓越的才干，率先实现了超常规的发展。

应该说，新的社会阶层人士都是积极响应党的号召，在发展社会主义市场经济中走在前列的人，其原始积累是依靠自己的诚实劳动和合法经营实现的。当然，其中也不排除有极少数违法经营或官商勾结、钱权交易而暴富的情况，但就大多数人来说，他们都是党的改革开放政策的最先受惠者，是劳动致富的带头人，而不是剥削者，更不是资本家。

应该怎样正确看待这些人政治上的先进与落后？江泽民明确提出了"三看"的标准：

一看思想政治状况和现实表现，就是看其是否贯彻执行党的基本理论、基本路线、基本纲领，是否积极投身改革开放和现代化建设，是否热爱社会主义祖国，是否自觉遵守国家的法律法规和社会主义的道德规范；

二看财产是怎么得来的以及对财产怎么支配和使用，如果他的财产是靠自己的诚实劳动和合法经营得来的，除了把一部分积累的财产用于个人消费外，更多的是用于生产性投资，用于社会公益事业上，那他在政治上就是先进的；

三看对中国特色社会主义事业所作的贡献，只要兢兢业业、恪尽职守，给社会主义大厦添砖加瓦，为改革开放和现代化建设作贡献，那么他在政治上就是先进的。

在长期的革命和建设实践中，我们党坚持把各个阶层优秀分子中一些承认党的纲领和章程、自觉为党的路线和纲领而奋斗、符合党员条件的人，积极地吸收到党的队伍中来，而不是以有没有财产和财产多少作为入党条件和标准。由于坚持了一条正确的建党路线，并没有改变党的性质。在新时期，以"三个代表"思想为指导，把私营企业主中符合入党条件的人吸收入党，也不会改变党的性质。

"三个代表"重要思想是回答和解决私营企业主能否入党问题的根本依据。我们党是代表中国先进社会生产力发展基本要求的，是代表中国先进文化前进方向的，是代表中国最广大人民根本利益的。换句话说，凡是符合社会生产力发展所要求的，符合先进文化前进方向的，符合人民根本利益要求的，我们党就要理直气壮地、真正切实地去代表。"三个代表"不仅提供了检验党的建设成败得失的基本标准，而且提供了允许私营企业主入党的根本标准。

党的十六大修改的党章中明确规定："年满十八岁的中国工人、农民、军人、知识分子和其他社会阶层的先进分子，承认党的纲领和章程，愿意参加党的一个组织并在其中积极工作、执行党的决议和按期交纳党费的，可以申请加入中国共产党。"

这期间，江泽民在江苏、浙江、上海等地考察工作时反复强调：在非公有制企业开展党建工作是一个新领域。各级党委特别是主要领导的思想认识要跟上客观形势的发展，抓紧在非公有制经济组织开展党的工作，加强党的建设。这是我们党确立和巩固社会主义初级阶段基本经济制度，引导非公有制经济健康发展的需要，也是加强党同在非公有制企业劳动的广大职工群众的联系，巩固党在新形势下执政的群众基础的需要。

在纪念中国共产党成立80周年大会上，江泽民又强调指出，根据国际国内形势的变化和党面临的历史任务，我们"必须坚持党的工人阶级先锋队的性质，始终保持党的先进性，同时要根据经济发展和社会进步的实际，不断增强党的阶级基础和扩大党的群众基础，不断提高党的社会影响力"。这些，为私营企业主中的优秀分子入党问题作出了政治性的结论。

至此，我们党坚持与时俱进，按照"三个代表"重要思想的要求，坚决排除各种"左"的思潮的干扰和影响，明确包括私营企业主在内的新的社会阶层中的积极分子，都可以加入中国共产党。

## 3. "建设者"走上政治舞台

2002年11月8日，中国共产党第十六次全国代表大会在北京隆重召开。

这次党代会的一个新闻热点是，5名民营企业家第一次被选为党代表出席了这次大会。他们分别是：

江苏沙钢集团公司董事长、总裁、党委书记沈文荣；

江苏远东集团总裁、党委书记蒋锡培；

广东金潮集团有限公司董事长、总经理刘思荣；

重庆市工商联副会长、重庆南方集团董事长孙甚林；

江苏综艺集团董事长昝圣达。

特殊的身份，使得他们一时成为新闻热点人物。

大会开幕前，当代表们步入会场时，江苏远东集团党委书记蒋锡培被记者团团围住。

有记者问："你认为民营企业家入党会改变共产党的性质吗？"

蒋锡培回答说："吸收更多的民营企业家入党说明了中国共产党能审时度势，与时俱进。民营企业发展壮大之后，能更好地回报社会，我相信成功的民营企业一定使政府满意、人民满意。民营企业一定会为中国下一步全面建设小康社会作出贡献。"

又有记者问："企业家当选党代表意味着什么？"

蒋锡培说："我觉得，当选十六大代表意味着什么，这绝对不只是我个人的荣誉，而是意味着我们的党、我们的政府对民营企业的高度关心和重视。民营企业家也是广大人民群众的优秀代表，我这次能成为党代表，体现了党对民营企业的重视。"

作为民营企业家的党代表现身十六大，是蒋锡培等人的机遇和荣誉，也是他们的责任和压力，体现着我们党对民营经济发展认识的进一步深化，更标志着包括私营企业主在内的新社会阶层人士等建设者走上历史舞台，更象征着中国社会发展的一次历史性进步。

"建设者"政治地位和社会地位提高的背后，是我们党领导思维的一次巨大进步，这就是不再是拘泥于僵化意识形态的束缚和单个社会阶层的利益最大化，而是把整个社会的和谐、理性、共赢作为执政的宗旨，是"三个代表"重要思想在党建工作中的具体体现……

在民营经济发展的初期，由于社会上包括党内对民营经济存在着诸多偏见，个体工商户、私营企业主基本上处于政治上无人问津的散乱状态。随着党的民营经济政策的逐步完善和落实，各级党委和政府不仅在经济上对民营经济予以扶持，而且在政治上更加关心新的社会阶层人士，以充分调动他们的积极性。特别是江泽民关于新的社会阶层人士是中国特色社会主义建设者的讲话以后，广大民营企业家的政治参与热情更加高涨，许多人纷纷要求加入党团组织、爱国统一战线组织和其他各种社会团体。

从1991年中共中央提出要把非公有制经济人士纳入统一战线和工商联的工作对象、并强调要在他们中培养一支坚决拥护党的领导的积极分子队伍以后，各级党委统战部和工商联认真贯彻落实"团结、帮助、引导、教育"的方针，在非公有制经济人士中广泛开展思想政治工作，并将他们的政治诉求引导到现有的政治体制框架内，让他们实现有序的政治参与，并在其中发挥着积极作用。

1993年3月，全国有21名非公有制经济代表人士担任第八届全国政协委员。10月，刘永好当选为全国工商联副主席。这标志着非公有制经济代表人士开始在国家政治生活和社会事务中发挥作用。

随着非公有制经济人士对经济发展的贡献越来越多，社会影响越来越大，他们中的代表人物进入各级工商联、政协、人大的比例越来越高，起到的作用也越来越大，有些人还担任了重要的领导职务。

据不完全统计，到1997年11月，非公有制经济代表人士中，有全国人大代表8名，全国政协委员23名；县级以上人大代表5400名，县级以上政协委员8600名。在省级工商联执委中，非公有制经济人士占执委总数的52%；在省级工商联常委中，非公有制经济人士占常委总数的50.4%；在省级工商联的正、副会长中，非公有制经济人士也占有一定的比例。

到1998年3月，在非公有制经济人士中，已有全国人大代表48人，全国政协委员46人；省级人大代表372人，省级政协委员895人，总数已达1361人。柳传志、刘永好、张宏伟3位非公有制经济代表人士,担任全国工商联副主席。这些人年富力强,中青年占绝大多数,在同行中有较强的代表性和先进性,起到了骨干带头作用。

到2002年11月,非公有制经济人士中涌现了一大批代表人物。他们中担任县以上各级人大代表的有9065名,担任县以上各级政协委员的有32025名,工商联会员企业中有609人荣获省级劳动模范光荣称号,有4人荣获全国"五一劳动奖章"。

2002年全国各级工商联换届,非公经济代表人士进入省级工商联领导班子的有1903人,进入全国工商联领导班子的有183人,其中46人为常委,王玉锁、李海仓、郑跃文等7人担任全国工商联副主席。

2003年全国"两会"换届以后,工商联成员中被选举为全国人大代表的有125人,被推荐担任全国政协委员的有107人。

中共十六大后,民营企业家开始进入省级政协领导层。2003年,重庆力帆实业(集团)董事长尹明善当选为该市的政协副主席,成为中国改革开放以来首位进入省级政协领导班子的民营企业家。同年,资产超过12.5亿元的民营企业家、42岁的浙江传化集团董事长徐冠巨,当选为中国东部发达省份浙江省的政协副主席。他是以浙江省工商业联合会会长身份当选这一职务的。徐冠巨说,"我感到非常光荣,也深感责任重大"。徐冠巨表示,"我要认真倾听和反映非公有制经济界的建议和呼声,参大政、议大事",要团结广大非公经济人士跟共产党走,坚定不移走社会主义道路。

此后,中国的民营企业家们越来越多地和政治发生关系。随着执政党大门向他们敞开,越来越多的人期盼着参与到国家政治生活中。

2006年10月,在党的十六届六中全会上,中央首次明确提出:"推进新经济组织、新社会组织党建工作,扩大党的工作覆盖面,发挥基层党组织凝聚人心、推动发展、促进和谐的作用。"不到一个月,11月12日发布的《关于党的十七大代表选举工作的通知》要求十七大代表中,"新经济组织、新社会组织"的代表要占"适当比例"。而党员民营企业主,正是"双新组织"代表所指的最主要组成部分。

2007年全国工商联换届时,企业家执委中有109位全国人大代表和全国政协委员，其中有5位是中共十七大代表，有6位是省级工商联主席。

从多年的实践看，选举和推荐包括民营企业家在内的非公有制经济人士担任各级党代表、人大代表、政协委员和工商联领导职务，以及当选各级劳动模范，既有利于扩大党的群众基础、巩固党的执政基础，也有利于巩固和壮大新时期最广泛的爱国统一战线。

一个执政党要巩固自己的执政地位，就必须有坚实的阶级基础和广泛的群众基础。作为执政党的中国共产党，必须适应变化了的形势，巩固和壮大党的队伍，提高党的社会影响力。对于在社会经济生活的深刻变动中形成的新的社会阶层人士，如果不能把他们及时吸引和凝聚在党的周围，而是把他们视作异己力量推到党的对立面，将很不利于党的执政地位的巩固。相反，将他们中间的优秀分子吸收到党内来，而不是把他们关在党的门槛之外，将大大增强党的群众基础，促进党的发展，扩大党的社会影响力。

在巩固和壮大新时期最广泛的爱国统一战线方面，中国共产党领导的建设中国特色社会主义事业，要在复杂变幻的国际环境中进一步发展，必须团结一切可能团结的人，调动一切积极因素，化消极因素为积极因素。全面建设小康社会要实现的政治目标，就是要使社会主义民主更加完善，社会主义法治更加完备，依法治国方略得到全面落实，人民的政治、经济和文化权益得到切实尊重和保障。把广大非公有制经济人士中的优秀代表吸收到各级人大、政协和工商联等人民团体，并在其中担任一定的领导职务，对于最广泛地调动一切积极因素，把各方面的智慧和力量凝聚到为实现中华民族伟大复兴的历史进程中来，对于最充分地发挥广大人民群众的主动性和创造性，通过人民群众的实践活动，使我们的各项事业更加充满生机和活力，对于更有效地集中人民群众的意见和建议，参与国家政治和社会生活，把权力运行置于人民群众的监督之下，对于最大限度地扩大团结面，巩固和壮大新时期爱国统一战线，都将产生重大而深远的影响。

·第五章·

# 播撒春天的希望

为了配合国家的"八七扶贫攻坚计划",10位民营企业家倡议开展以扶贫开发为主题的光彩事业,号召先富起来的民营企业界人士以互惠互利、自觉自愿为原则,以帮助"老、少、边、穷"地区开发资源、兴办企业、培训人才为主要内容,为缩小地区差距、实现共同富裕,动一份真情、献一份爱心、作一份贡献。这一倡议得到广大民营企业界人士的热烈响应。他们富了不忘国家,自觉回报社会,把自身的发展融汇到全社会的发展中去。通过积极投身光彩事业,为贫困地区的经济发展和群众脱贫致富播种着希望和幸福。

## 1.光彩事业的发起和推动

1994年,党和政府郑重提出到20世纪末基本解决中国农村贫困问题的战略目标,即在7年左右的时间里,基本解决8000万最贫困人口的温饱问题。

这年4月21日晚,出席全国工商联七届二次常委会议的民营企业家刘永好、方小文、王力、王命兴、汪远思、张芝庭、张江平、范建中、周晋峰、韩伟等10人,集聚在北京国谊宾馆二楼会议厅,商讨如何响应党和政府的号召，投身到扶贫事业之中。

会议在热烈的气氛中进行，大家各抒己见。周晋峰提议，将扶贫行动命名为"光彩事业"。他解释说，"光彩"二字缘起于胡耀邦的讲话，叫"光彩事业"，就是要突出民营经济，标明正身，认认真真地做好，让社会不再误解民营经济。周晋峰的建议得到大家的支持。

4月23日，全国工商联七届二次常委会闭幕时，周晋峰代表10位民营企业家宣读了联名发出《让我们投身于扶贫的光彩事业中来》的倡议。倡议书是这样写的：

"我们的祖国、我们的民族是个水乳交融、血浓于水的和睦大家庭。改革开放以来，广大人民群众的生活水平有了显著提高。但是，老少边穷地区八千万人民的温饱和贫困问题始终牵动着我们的心。消灭绝对贫困是每一个中国人的责任，是时代赋予我们的光彩事业。

"我们，参加全国工商联七届二次常委会的部分企业代表，以一颗热诚的心，向全国各级工商联执委、常委企业家们，向全体工商联会员企业家们，向所有民营企业家们倡议：举办一个光彩事业计划，让我们投身到这一光彩事业中来，为脱贫致富作一份贡献、献一份爱心！

"我们中国民营经济每年为老少边穷地区培训一千个人才，把他们请到我们的企业中来，将我们的技术和经验传送给他们，为其家乡的经济振兴出力。我们中国民营经济每年为老少边穷地区开发一个项目、传授技术、发展生产、拓展销路。我们中国民营经济每年到老少边穷地区开发十种资源，利用当地自然条件，互惠互利，共同富裕。

"为此，到本世纪末共培训七千人才，办七百个项目，开发七十个资源，完成这个光彩事业计划，为缩小贫富差距作出贡献……"

第二天，全国工商联向时任中央政治局常委、全国政协主席李瑞环，全国政协副主席、中央统战部部长王兆国等领导同志报送了10位民营企业家的扶贫光彩事业倡议书。

1994年5月，全国工商联发出《关于组织推动非公有制经济代表人士参与倡议书活动的通知》，要求各级工商联积极组织和推动非公有制经济代表人士响应倡议，投身到扶贫的光彩事业中。

8月18日，中央统战部下发《关于大力推动光彩事业的意见》，指出光彩事业是非公有制经济人士响应党中央、国务院号召，落实国家八七扶贫攻坚计划的具体行动，是一项惠及当前、功在千秋的宏伟事业。光彩事业从此拉开了序幕。

光彩事业倡议发出后，10位发起人首先带头投入行动之中。发起人之一——贵州神奇制药有限公司董事长张芝庭，回到贵州后，一方面组织其他私营企业家参与此事，另一方面深入到瑶族、苗族等少数民族聚居的黔南考察，决定实施三个扶贫项目。一是种植金银花，无偿投资17.4万元，提供50万元资金无息使用两年，运去种苗12万株。二是养殖黑山羊，买了3000只种羊，无偿送给最贫困的群众饲养，并和乡、村干部达成协议。从第二年开始，每增加一只山羊再奖励50元。三是培训致富人才，每年免费培训30名瑶族青年技术人员，用5年时间培训150名，让他们返回瑶乡，发挥技术"种子"的作用。

10位发起人之一、希望集团总裁刘永好回到四川后，立即向本省西南部的彝族同胞聚居地凉山派出扶贫调查组。经过考察，希望集团董事会决定斥资1500万元，兴建凉山希望饲料厂及配套工程，每年让利100万元，以优质低价向当地农民提供好饲料，帮助农民发展科学养殖业，治贫致富。

1994年10月，中央统战部、全国工商联推动光彩事业考察团赴贵州毕节地区考察，这是光彩事业发起后的第一次考察活动。之后，中央统战部、全国工商联和中国光彩会多次共同组织考察团赴西藏、新疆、内蒙古、甘肃、四川、湖南、湖北、广西等地进行考察、洽谈、投资活动。光彩事业逐步成为民营企业在祖国老少边穷地区开发资源、投资办厂、培训人才、义利结合的事业，成为老少边穷地区盼望的一项富民事业。

从1995年开始，光彩事业连续3次组织民营企业家到三峡库区考察投资。仅2001年，中国光彩事业促进会与国务院三峡工程建设委员会移民开发局成功举办了"光彩事业三峡行"活动，共签订项目54个，协议投资额达41亿多元，有力地促进了移民搬迁建设，加快了库区产业结构调整和经济发展，推动全国对口支持三峡移民工作迈上一个新的台阶。国务院三峡办用三个"最"对此作了评价，即"国家实施三峡对口支援以来，集中签约项目最多，项目规模和投资最大，最有成效的一次活动"。

光彩事业倡议发出后，各地私营企业家纷纷响应，积极投身到扶贫帮困，走向富裕的事业中来。四川禾嘉实业集团总裁夏朝嘉，积极帮助攀枝花西部山区米易县脱贫致富，投资225万元与米易县合资建蔬果脆片厂，年产蔬菜水果脆片可达400吨，使当地丰富的蔬菜水果资源转化为财富。

辽宁省康平县是国家级贫困县之一，沈阳希贵集团董事长刘希贵决定从这里开始自己的扶贫光彩事业。1994年6月，希贵集团同康平县政府签订了全省最大的扶贫开发项目：联合开发卧龙湖。预算总投资为50亿元人民币，分三阶段开发，让卧龙真正腾飞。河南内乡县第二冷冻厂厂长陈书法根据内乡水草资源丰富的特点，帮助当地农民养羊，连片发展，使当地农民走向脱贫致富之路。

江西省高级职业学校是我国第一所中外合作职业学校，该校拿出30万元用于扶贫教育。从1994年秋季开始，首届招收老少边穷地区贫困子弟45人免费入学深造，毕业后再帮助他们回原地区创业，发挥脱贫致富骨干带头作用。

## 2.致富思源，富而思进

在实施光彩事业中，香江集团董事局主席刘志强、总裁翟美卿堪称典型。他们创造性地与特困国企合作兴办专业化市场，通过租赁和购买亏损企业的闲置厂房，盘活国有存量资产，安排国有企业下岗职工就业；通过投入大量资金，兴建一大批"光彩大市场"，为活跃当地市场、增加国家税收、促进经济社会发展作出独特贡献。

1994年，香江集团参与光彩事业，首战进入上海。当时正是我国大中型国企面临三年走出困境的艰巨任务，香江集团在上海和周边地区所租用的经营场所全部是国有企业沉淀下来的资产，以前一直处于闲置状态。他们利用这些闲置的场地大规模开发市场，产生了"点石成金"的效果，不仅解决了当地大量下岗员工的就业，还带动了当地批发市场的红火和兴旺。

1996年，香江集团与天津国有特困企业——天津针织厂洽谈合作，对其1万平方米的旧厂房进行投资改造，当年12月建成金海马家具世界，盘活了针织厂，保证了3400名退休人员退休金的发放，解决了企业的沉重包袱。

山东聊城光彩大市场是香江集团在全国各地所实施的光彩事业项目中的得意之作。聊城的商业在全国有着辉煌而悠久的历史，素有"漕挽之咽喉、天都之肘腋"之美称，但是随着古运河的衰落，交通铁路的兴起，聊城逐渐沉寂下来，欠发达地区的帽子成了聊城人心中永远的痛。2001年，香江集团董事局主席刘志强决定在聊城投资29亿元建设光彩事业项目——香江光彩大市场。开业3年多，全国3000多家有实力的厂商入住，涵盖商品300多个门类、数万个品种，该项目被中国光彩事业促进会确定为重点支持的特大型光彩事业项目。

就这样，香江集团先后与20多家国有企业合作，在全国多个省市投资兴建了20多个大规模的光彩市场，总建筑面积超过500万平方米，建立了一个全国性的民族商贸流通网络。据统计，香江集团从事的光彩事业，解决了30多万人的就业问题。2000年，刘志强因为对光彩事业的贡献，荣获"全国十大扶贫状元"的称号。2002年，刘志强、翟美卿夫妇双双荣获光彩事业奖。

民营企业家为什么会发出"光彩事业"倡议？这个倡议为什么会得到广大民营企业家的积极响应和党与政府的大力支持？

改革开放以来，邓小平反复强调，我们走社会主义道路，就是要逐步实现共同富裕。他说："共同富裕的构想是这样提出的：一部分地区有条件先发展起来，一部分地区发展慢点，先发展起来的地区带动后发展的地区，最终达到共同富裕。如果富的愈来愈富，穷的愈来愈穷，两极分化就会产生，而社会主义制度就应该而且能够避免两极分化。"改革开放以后，党和政府领导各族人民为消灭贫困、实现民富国强，进行了艰苦的奋斗，取得了举世瞩目的成就。

但是，由于我国幅员辽阔，加上历史、自然、文化等方面的原因，地区之间发展很不平衡，贫困问题仍困扰着许多地区，尤其是老少边穷地区。为了彻底解决贫困问题，1994年初，党中央、国务院召开了全国扶贫工作会议，部署国家八七扶贫攻坚计划，要求在20世纪末的最后7年内，解决农村8000万人口的温饱问题。时任中共中央总书记江泽民在这次全国扶贫开发工作会议上说："消灭贫困，实现共同富裕，是社会主义的本质要求和社会主义优越性的体现，是改革和发展的要求，也是维护稳定的重要条件。"在党中央的号召和部署下，全国掀起了前所未有的扶贫开发热潮。消灭贫困，成为社会各界的共同责任；实现共同富裕，成为时代赋予每个中国人的历史使命。

应该说，民营企业家是我国改革开放中首先富起来的一部分人，是党的富民政策的最大受益者。他们中许多人在短短的几年时间里，资产发展到几百万、几千万，甚至几亿元。他们富起来后怎么想呢？他们中许多人致富之后不忘国家，不忘社会，不断尽自己的一份力量帮助穷困地区的人民。党和政府发出扶贫号召后，他们更感到这是自己义不容辞的责任，是自己先富带动后富的好方法，是进一步推动非公有制经济发展的大好时机，因而义无反顾投身到扶贫开发的历史大潮中。

从情感上说，广大民营企业家最能理解处于贫困中需要帮助的人。因为他们中许多人就是从贫困中走过来的。刘永好从不讳言自己的穷苦出身和经历。少年时，他为了谋生，曾在铁道旁拾过多年煤渣，1斤才能赚取1分钱。20岁之前，他从未穿过一双像样的鞋和一件像样的衣服。他深知贫穷的滋味，忘不了贫穷带给人的磨难。

刘志强在参与光彩事业过程中经常说："我觉得当一个人拥有了足够的财富之后，就不该仅仅停留在对财富的追求上了，还要寻求精神上的超越，提升人生的境界。在拥有财富的基础上回报社会，帮助更多的人富起来。"

可以说，在民营企业家中，许多人的经历和刘永好、刘志强一样，甚至比他们还要贫困。正是这种贫困，促使他们奋斗努力，最终事业有成。自己事业有成后，他们没有忘记那些仍处于贫困中的人，尤其是那些贫困地区的人民，他们在脱贫的道路上需要别人扶一把。从根源上说，先富起来的人与正在脱贫的人都是同"根"生，因此在情感上能相互理解和联系。

从责任上说，先富起来的人应该帮助后富的人。我们党的富民政策允许一部分人先富起来，然后先富帮后富。一部分人先富起来，体现了社会的发展和进步，但是还不够，只有大家都富了，实现社会的共同富裕，才是社会的全面进步和发展，也才会有社会全面的稳定和谐。否则，社会会在两极分化中出现动乱。仅有一部分人的先富，会给社会带来许多问题。因此，先富起来的人应该帮助后富的人，走共同富裕的道路，促使社会的全面进步和稳定。此外，先富起来的人所拥有和所能推动的社会资源比一般人要多，对社会所能产生的影响也比一般人要大，因此他们应承担起的社会责任也就比一般人要大。

从自身发展上说，光彩事业的推动也是民营经济加快发展的一次难得的机遇。由于种种原因，民营经济在一些地方发展得并不十分顺利。但是，在光彩事业推动下，在党和政府的大力支持下，民营经济可以越过一些障碍，在扶贫地区较快地发展，从而促使整个民营经济的发展和壮大。

总之，光彩事业的开展，是国家和社会外在因素与民营企业家自身内在因素相互结合的产物，是一种时代的召唤和进步。

## 3. 功在当代，利在千秋

光彩事业经过多年的实践和探索，因地制宜地创造出许多行之有效的扶贫开发模式。

光彩事业适应国家产业政策的调整和扶贫政策的要求，大力开发农业，兴办种植、养殖、加工项目，使扶贫到村到户。例如湖北美力集团樊孝先先生在鄂西贫困地区建立的魔芋基地，就是通过魔芋的生产加工来带动千家万户脱贫致富的光彩项目。仅五峰县就有4.6万农户种植魔芋，面积超过2万亩。美力集团负责收购、加工、科研、销售和出口。3年时间，鄂西贫困地区已有50万人脱了贫。

根据贫困地区资源、市场等优势，在贫困地区投资办厂，使贫困地区经济发展和企业自身的发展相互促进，相得益彰。有的民营企业已是本行业的排头兵，他们按照市场原则有意识地在贫困地区兴办分厂，生产统一的品牌产品。如希望集团在四川、云南、贵州、新疆、甘肃、宁夏、湖南、湖北、江西等中西部贫困地区投资，兴建了近20家光彩扶贫工厂，生产"希望"牌优质饲料。农民群众在希望集团实施的光彩事业中得到了经济利益，希望集团也在光彩事业实施中得到了农民群众的信任。集团和分厂与贫困农户建立起牢固的利益共同体，互惠合作，形成新的经济增长点。

光彩事业把民营企业家的资金优势与科技优势转化为促进贫困地区脱贫的生产力，促进当地产业结构的优化和高新技术的发展。现代饲料营养酸模基地和加工项目，是沃地来集团郭建新从苏联农科院引进的新物种，经过多年选育，培养成一种稳定高产，富含蛋白质、维生素和矿物质的饲料营养酸模（又名高秆菠菜），在不少省区试种成功。国家有关部门将这一项目列入国家科技成果重点推广计划。这一项目的实施，不仅为贫困地区带来经济效益和就业机会，还能改良土壤，在环保方面也有现实的意义。

许多民营企业家在贫困地区建立培训基地，兴办多种形式的培训班，组织贫困地区干部分批到经济发达地区参观学习，起到了治贫先治愚、缓解贫困地区人才短缺的作用。科瑞集团郑跃文在重庆永川兴办光彩经济技术学院，聘请了重庆大学校长和香港专业人士进行管理，培训学员数千人。

在实施光彩事业过程中，不少民营企业通过有计划地到贫困地区招收工人，不仅达到了"招工一人，脱贫一户"的扶贫效果，而且还帮助贫困地区的青年开阔眼界，学到技术，具有脱贫致富和提高人员素质的双重效果。深圳光彩事业促进会从1997年开始，在市有关部门的配合支持下，从贵州、四川、云南、湖南、甘肃等省的贫困地区招收25万多人到深圳市打工，若按每个打工家庭3人计算，仅这一举动就使70多万人脱贫。

在光彩事业中，不少民营企业把居住在大石山区、高寒山区，缺乏基本生存条件的贫困群众迁移到条件较好的地区异地安居并安排就业。如嘉浩集团出资创建"中国光彩扶贫移民新村"，使200户、1600多贫困人口安居，然后再继续投资兴办现代化养猪场和三高农业生产基地，使这些农户有房住、有地种、有业兴。泓基集团有限公司庄水莲帮助海南省的两个少数民族贫困村 80 户农户，把居住的茅草棚改造成砖瓦房。同时，捐赠光彩小学和山村合作医疗所，帮助农户发展热带作物，使当地贫困的苗、彝、黎族同胞多方面获益。

中国光彩事业促进会引导和帮助参与光彩事业的企业家到贫困地区参与一些综合性批发市场的开发和建设。香江集团刘志强等民营企业家在山东聊城、安徽阜阳和安庆、内蒙古包头和呼和浩特、江西赣县兴办小商品市场、商业街以及各种综合式专业市场，以流通促进当地的商品生产，同时引进外地物美价廉的商品。

光彩事业作为中国在世界上这个人口最多的国家实现共同富裕的一次壮举，其实施起来却十分不易。因为贫困地区主要集中在中西部地区。虽然这里的自然资源十分丰富，但是这些地方又大多交通不便，基础设施差，劳动者素质偏低，工作、生活条件十分艰苦，极其缺乏资金、技术和人才。为了使这些落后地区尽快脱贫，光彩事业必须按自己的特点，走一条新的扶贫路子。

这种扶贫不是政府性质的救济，也不是一般的济贫活动，而是强调"开发"，即开发贫困地区的智力资源和自然资源，为贫困地区形成"造血"机制，而不是简单地向贫困地区"输血"。因而光彩事业始终遵循三条原则：一是自觉自愿，一律不下指标，不搞摊派，凡参与这一活动的必须是自愿参加；二是互惠互利，以共同的利益为纽带，按经济规律和企业行为办事，不搞成政府行为；三是因地制宜，从当地实际情况出发，既实事求是，又灵活多样。

"光彩事业"倡议，在全国各界引起了极大的反响。光彩事业活动得到了江泽民同志的充分肯定和其他中央领导同志的高度赞扬，得到了各级党委和政府的大力支持。1996 年 4 月，江泽民同志为光彩事业题词："发扬中华民族传统美德，促进共同富裕。"

1994 年，时任中央政治局常委、中央书记处书记胡锦涛指出，光彩事业这个倡议很好，希望付诸行动，为国家八七扶贫攻坚计划作出贡献。1995 年，李瑞环称赞光彩事业是"通过民间渠道、利用民间形式实施的扶贫行为，是惠及百姓、功在千秋的事业""既是一种经济行为，又是一种充满感情的道德行为"。

王兆国将"光彩精神"总结为："致富思源、富而思进，扶危济困、共同富裕、义利兼顾、德行并重，发展企业、回馈社会"。指出：光彩事业作为一项自愿参加的民间扶贫开发活动，之所以能够始终保持旺盛的生机与活力，主要得益于广大民营企业家自始至终坚持和弘扬了这种精神。"光彩精神"，是广大民营企业家做合格的中国特色社会主义事业建设者的一条现实之路、成功之路、必由之路。

为了把光彩事业办大、办好、办出声势、办出实效，中央统战部、全国工商联于1995年成立了中国光彩事业促进会，中央统战部部长王兆国亲掌帅印，担任促进会的会长，全国工商联主席经叔平及一批有影响有实力的民营企业家等担任副会长。同时，在全国各省、自治区、直辖市和市、区、县也分别成立了相应机构，形成了联合推动的组织网络。

2005年12月，中国光彩事业基金会正式成立，其宗旨是在中国共产党领导下，团结非公有制经济人士，弘扬"致富思源，富而思进，义利兼顾，以义为先，扶危济困，共同富裕"的光彩精神，履行社会责任，致力光彩事业，促进扶贫和社会公益事业发展。中国光彩事业基金会的成立是中国光彩事业发展史上一个带有标志性的事件，它为光彩事业长期、稳定、健康发展提供了一个重要的支撑平台。

光彩事业的扶贫开发行为，不仅在国内产生影响，而且得到了国际社会的关注，获得了国际扶贫机构的支持。联合国经济与社会事务部的官员通过考察后，认为中国的光彩事业是一个很好的扶贫创举与扶贫模式，对落后贫困国家和地区的扶贫有重要的借鉴意义。

中国光彩事业促进会先后取得了联合国经社理事会非政府组织特别咨商地位、联合国贸易发展大会特邀观察员身份。这是联合国对中国光彩事业的肯定与支持，也标志着光彩事业在跨出国门、走上国际舞台方面迈出了重要的一步，对于更好地让国际社会了解光彩事业及其实践，加强对外交流与合作，提供了广阔的舞台。

中国光彩事业促进会先后参加了联合国特别联大、联合国发展筹资问题、"减少转型期社会成本""可持续发展""亚洲公民社会论坛"等一些重要国际性会议，向国际社会介绍了中国光彩事业的开展情况，国际社会的一些团体多次到中国各地视察光彩事业项目的开展情况。

1999年10月26日，经国际小天体命名委员会批准，中国科学院北京天文台将发现并获得永久编号的一颗小行星命名为光彩事业星。命名仪式在北京人民大会堂举行。

进入新世纪，光彩事业在全国普遍布点、突出重点的基础上，着重在京九沿线和三峡库区建立一批重点项目和产业示范基地，发展形成"一线、一片、多点"的项目分布新格局。在京九沿线，主要以聊城、阜阳、黄冈、赣州等革命老区和贫困地区为重点，着力推动农业生产基地和市场建设等项目。在三峡库区，主要以重庆、宜昌等贫困地区和移民区为重点，着力推动农业开发、新型建材、安居工程等项目。与此同时，继续加强对西藏、内蒙古等重点地区及贵州毕节地区开发项目的推动工作。

在各级党委、政府的重视、支持和推动下，光彩事业不断深化，领域不断拓宽，逐步形成了农业产业化、兴建光彩大市场、智力开发、投资办学、生态环保综合开发、招工就业、医药卫生、资源开发、移民安居、公益捐赠、参与国有企业改革和国家重点项目建设等多种模式。

多年来，中央统战部和全国工商联领导同志带领企业家开展"光彩行"活动，为光彩项目的实施起到了推动作用。光彩事业先后开展了"白城行""三峡库区（宜昌）行""乌海行""阜新行""襄樊行""延边行""宁夏行""巴中行""西藏行""六安行""赣州行""信阳行""南疆行""黄冈（红安）老区行""庆阳行""德宏行""凉山行"等30多次"光彩行"投资考察活动，邀请全国知名企业家参加。

为配合三峡库区移民工程，中国光彩事业促进会先后7次组织光彩理事企业家到三峡库区考察投资，在库区建成了新型产业群，成为库区经济发展的重要支柱和新的增长点，促进了库区产业结构调整和经济发展，带动了移民就业。均瑶集团自1999年参加"中国光彩事业三峡行"后，在三峡坝区宜昌投资建设了奶牛基地，采取"公司＋基地＋农户"模式，实施"万户奶牛养殖计划"。由均瑶集团担保，银行提供贷款，以后每月从奶农的奶款中扣除还贷，同时用政府的税收补助为奶牛购买保险，解除了奶农的后顾之忧，让一大批奶农脱贫致富。截至2010年，均瑶集团已在三峡库区累计投资10亿多元，带动5000人就业。

截至2012年，民营企业家参与光彩事业项目37 727个，到位资金5 035.75亿元，培训人员784.39万人，安置就业993.18万人，帮助带动1 880.48万人脱贫。光彩事业能够迅速开展起来并取得广泛的社会、经济效益，主要有以下几个重要因素：

——符合中国发展的大趋势。我国贫困地区、贫困人口集中在中国的中西部地区。加大对中西部地区投资开发力度，促进该地区经济更快发展，既是国家确定的战略目标，又是缩小地区差异、保持社会稳定和协调发展的紧迫任务。光彩事业调动起民间的力量投入到中西部的开发中，符合国家整体发展的大局。

——光彩事业以义利兼顾、以义为先作为核心理念，既弘扬了中华民族扶危济困的传统美德，又符合社会主义市场经济追求效益和回报的内在要求。光彩事业有别于一般的慈善捐赠行为，是以共同利益为纽带的同贫困地区共创利润、共谋发展、共享成果的经济行为，是开发性的社会扶贫活动。光彩事业提倡奉献、爱心和信义，同时坚持利益共享、公平竞争，讲求投入产出的效益。

——光彩扶贫项目的选择和实施，发挥了当地政府、社会组织、企业家和农户几个方面的积极性。通过公开、公平、公正的谈判，把几个方面凝结成利益共同体。这种洽谈的过程，自然而然地把市场观念和平等协商机制引入到贫困地区，对落后地区的经济成长和社会进步具有深远影响。

——光彩事业通过企业家这一欠发达地区最稀缺的社会资源，集聚了资源、资金、技术等多种生产要素，并进行有机组合，产生出经济效益。光彩事业不仅开辟了一条先富帮后富，最终达到共同富裕的社会扶贫新途径，也为民营企业家的成长锻炼、施展才干提供了一个社会实践的大舞台，有利于他们健康成长。

光彩事业这项播种希望和幸福的伟大事业，由于符合国家扶贫开发的战略方针，顺应国家加大力度开发中西部地区的发展趋势，适合民营企业家拓展事业的实际需要，体现了中华民族传统美德和社会主义市场经济规律的有机结合，在实践中显示出旺盛的生机和广阔的发展前景。短短的几年时间里，如燎原之势，从我国东南部迅速扩展到中西部，从沿海经济发达地区伸展到老少边穷地区，从祖国大陆地区发展到港澳台和海外地区，光彩事业蓬蓬勃勃、处处大放光彩。

# 链接：历程回顾（1992—2002）

如果说民营经济在改革开放最初10多年的时间里成功创业，完成了资本的原始积累，那么邓小平南方谈话之后，我国民营经济发展迎来了"第二个春天"，进入了一个为期10年的创业期，实现了超常规、突飞猛进的发展和飞跃。

1989年发生政治风波后的将近3年时间，国内"左"倾思想有一定程度的回潮，人们对中国的经济改革产生了疑虑。社会上出现了一些对民营经济不利的言论，民营经济受到一定程度的冲击，其发展情况出现了由下降再到缓慢上升的态势。

1992年春，邓小平的南方谈话，从根本上解决了姓"社"姓"资"的问题，再次解放了人们的思想，极大地促进了深化改革和扩大开放的浪潮。在南方谈话中，邓小平明确提出，发展是硬道理。判断各方面工作的是非得失，归根到底，要以是否有利于发展社会的生产力，是否有利于增强社会主义国家的综合国力，是否有利于提高人民的生活水平为标准。计划经济不等于社会主义，资本主义也有计划；市场经济不等于资本主义，社会主义也有市场。计划和市场都是经济手段。计划多一点还是市场多一点，不是社会主义与资本主义的本质区别。邓小平提出的"三个有利于"标准，以及对计划和市场关系的创造性论述，都是对传统理论的重大突破，也为民营经济纳入体制之内，发挥平等竞争作用提供了重要的理论基础。

1992年10月，党的十四大的召开，全面阐释了邓小平建设有中国特色的社会主义理论，并确定了建立社会主义市场经济体制的目标，民营经济政策也有了新的发展。十四大报告指出：要坚持公有制为主体和多种所有制经济长期并存、共同发展的方针，不同经济成分还可以自愿实行多种形式的联合经营。

1995年9月，江泽民同志在党的十四届五中全会上重申"以公有制经济为主体、多种经济成分共同发展，是我们必须长期坚持的方针""允许和鼓励个体、私营、外资等非公有制经济的发展""国家对各类企业一视同仁，为各种所有制经济平等与市场竞争创造良好的环境和条件"。

1997年，党的十五大提出"公有制为主体、多种所有制经济共同发展，是我国社会主义初级阶段的一项基本经济制度"，把"多种所有制经济共同发展"，从过去的"方针政策"提高到"基本经济制度"的高度。认为社会主义初级阶段的所有制结构不应该是公有制经济的一统天下，而应该是一个多元的大家庭，个体、私营经济和国有、集体经济一样，都是这个家庭的正式成员。所以，"非公有制经济是我国社会主义市场经济的重要组成部分。对个体、私营等非公有制经济要继续鼓励、引导，使之健康发展。这对满足人们多样化的需要，增加就业，促进国民经济的发展有重要作用。"这种作用已经不是简单的"补充"，而是"重要组成部分"，并发挥着"重要作用"。民营经济属于我国社会主义经济中不可缺少、无法替代、关系全局的经济成分。

这是党对于民营经济认识上的一个里程碑，使个体经济、私营经济等民营经济从社会主义制度外进入到社会主义制度内。同时，十五大提出，公有制实现形式可以而且应当多样化，一切反映社会化生产规律的经营方式和组织形式都可以大胆利用，要努力寻找能够极大促进生产力发展的公有制实现形式。首次提出了公有制实现形式的命题，把所有制与所有制实现形式、公有制与公有制实现形式区别开来，进而将人们从长期的姓"公"姓"私"的所有制禁区中解放出来，为大胆寻找多种多样的公有制实现形式提供了坚实的思想基础和理论前提，也为民营经济参与公有制经济实现形式的改革提供了契机。

1999年3月，九届人大二次会议通过的《中华人民共和国宪法修正案》将原"私营经济是社会主义公有经济的补充"等内容，修改为"在法律范围内的个体经济、私营经济等非公有制经济，是社会主义市场经济的重要组成部分。""国家保护个体经济、私营经济的合法权利和利益。"民营经济的地位问题最终被《宪法》确立。这是党第一次把公有制经济与民营经济平等对待，把民营经济从"制度外"纳入"制度内"共同视为社会主义市场经济的组成部分，这就使民营经济的重要作用在《宪法》中得到了确认，为民营经济的稳定发展奠定了法律基础。至此，民营经济的发展呈现出新的特点，思想认识有了新的飞跃，发展民营经济由个人行为、部门行为变成政府行为。

2001年7月1日，江泽民同志在庆祝中国共产党成立80周年大会上的讲话中，科学地界定了民营企业主的政治地位——中国特色社会主义事业的建设者。

江泽民同志指出，改革开放以来，我国的社会阶层构成发生了新的变化，出现了民营科技企业的创业人员和技术人员、受聘于外资企业的管理技术人员、个体户、私营企业主、中介组织的从业人员、自由职业人员等社会阶层。他们与工人、农民、知识分子、干部和解放军指战员团结在一起，他们也是有中国特色社会主义事业的建设者。

把私营企业主等定位为中国特色社会主义事业的建设者，这是对新时期我国私营企业主社会属性的科学表述，反映了私营企业主这一新社会阶层的经济财产状况、思想政治表现及对国家作出的贡献。私营企业主这一新的社会阶层是在我国社会主义改革开放新的历史条件下产生和发展起来的。他们是党的改革开放政策的实践者和受益者。他们通过诚实劳动和合法经营，积累了财富，扩大了生产，在使自己先富起来的同时也为发展社会的生产力和其他事业作出了积极的贡献。他们既是私人资本的投资者，又是从事企业经营管理和生产技术的劳动者。这种双重性，使他们既拥有高额的劳动收入，又拥有相当一部分合法的非劳动收入。他们的投资行为和创业活动，是受到国家的鼓励、支持和引导的。他们积累的财富，主要是劳动所得和投资回报，对财富的支配和使用主要在于企业的扩大再生产或参与某些公益事业。这些都是有益于发展社会主义现代化建设事业的。

江泽民同志在庆祝建党 80 周年的重要讲话中，全面回顾和系统总结了党 80 年来的光辉历程和基本经验，深刻阐述了"三个代表"重要思想，提出"来自工人、农民、知识分子、军人、干部的党员是党的队伍最基本的组成部分和骨干力量，同时也应该把承认党的纲领和章程，自觉为党的路线和纲领而奋斗，经过长期考验，符合党员条件的其他社会阶层的优秀分子吸收到党内来。"2001 年 9 月召开的中共十五届六中全会，高度评价了江泽民的讲话。这表明，吸收私营企业主等新的社会阶层中的优秀分子入党，为党的中央委员会所肯定。与此同时，不少个体户、私营企业主等新阶层的优秀代表人士，被推荐或当选为各级党代表、人大代表、政协委员以及劳动模范。

回顾这一阶段，党关于民营经济发展的理论、方针、政策和法律方面，都有许多突破和创新：

在政治环境方面，邓小平发表南方谈话，极大地解放了人们的思想，结束了长期以来在计划与市场问题上"姓资姓社"问题的争议，推动了改革开放的深入；

在经济体制方面，党的十四大正式确立了建立社会主义市场经济体制的改革目标，提出了多种经济成分长期共同发展的方针；

在经济制度方面，党的十五大提出，个体、私营等非公有制经济是社会主义市场经济的重要组成部分，把民营经济从"拾遗补阙"提升到"重要组成部分"；

在法治环境方面，宪法修正案把个体、私营经济从"有益的补充"，改为"社会主义市场经济的重要组成部分"；

在新社会阶层人士的政治属性方面，提出个体、私营企业主等新的社会阶层人士是中国特色社会主义的建设者，同时允许私营企业主入党。

以上所有这些，为这一阶段我国民营经济的发展创造了宽松的政治环境、经济环境、法治环境和社会环境，极大地调动了各方面创业者的积极性，使得民营经济释放出巨大的活力。民营经济发展呈现了一些新的发展特点：

一、发展数量出现快速扩张的态势。2002 年，我国个体工商户达

2 377.5万户，从业人员4743万人，比1992年分别增长59%和92%。私营企业发展到243万户，从业人员3409万人，分别比1992年增长16.5倍和13.7倍。个体、私营经济等非公有制经济创造的增加值占国内生产总值的1/3。随着民营经济规模数量的扩张，其经营领域也在不断拓展。1992年以前，民营经济主要集中于商贸服务业和一般制造业。1992年以后，除了在原有的完全竞争性行业稳住阵地，民营经济开始涉足过去由国有经济一统天下的交通、水利、能源、通信、环保、城建等基础设施领域，以及文化、教育、卫生、体育等公用事业领域。

二、企业规模迅速扩大。20世纪80年代民营企业诞生之后，其规模一般比较小，平均每户雇工人数在16人左右，超过100人者只有1%～2%，雇佣数百人者极少，上千人的更属个别现象。到20世纪90年代，东南沿海地区部分私营企业基本上完成了资本原始积累，进入了快速发展阶段，出现了一批上规模、上档次、跨产业、跨行业的企业集团，从户均注册资本金额看，由1992年的10万元左右上升到2002年的100多万元，其中超过1000万元的，2002年达34 300户，上亿元的，2002年达658户。从雇工人数看，超过500人的私营企业，2002年达到近1.5万户，超过1000人的私营企业，2002年达到527户。随着私营企业市场竞争力的增强，资本增值速度加快，出现了一些规模较大的民营企业集团。2002年全国工商联的会员企业中，年销售收入超过10亿元的企业有194家，其中超过50亿元的有20家。2002年，深圳华为的销售收入超过200亿元，广东美的集团的销售收入达到140亿元。

三、产业结构日趋合理。20世纪80年代末90年代初，民营企业主要集中在第二产业，其次在第三产业，从事第一产业的几乎没有。从1995年后，民营企业的产业结构比较明显地发生变化：从事第一产业的，所占比重仍然很少，但以后逐年有所提高，其户数、投资人数、雇工人数、注册资金等几项指标，从1995年的1%上升到2002年的2%；从事第二产业的比重则逐年有所减少，户数由1995年的50%下降到2002年的36%，投资人数由49%降到33%，雇工人数由63%降到51%，注册资金由41%降到36%；而从事第三产业的则逐年增加，1995年的户数、投资人数、雇工人数、注册资金分别为49%、50%、36%、58%，到2002年分别上升为62%、65%、47%、62%，已跃居主导地位。随着私营企业的发展，经营范围不断扩大，由原来经营的主要是民用加工工业，扩展到为农业服务的行业，从为国有企业配套服务的行业进入了许多国民经济重要部门，包括高速公路航运、民用飞机制造等曾被视为"禁区"的领域，几乎已遍布各行各业。

四、民营科技型企业迅猛兴起。民营科技企业发端于20世纪80年代，兴盛于20世纪90年代。改革开放初期，科学家陈春先和中国科学院十几名技术人员，在北京中关村办起先进技术发展服务，成为我国民办科技型企业第一创业人。中央领导高度重视、力排众议、积极支持。之后，又有一大批科技人员"下海"在中关村创业，相继成立一批发展科技产业的现代化企业，从事技术开发、技术转让、技术咨询、技术服务以及技术成果产业化等活动。在党中央国务院有关政策的推动下，许多科技人员以离职、停薪留职、辞职等方式，到农村和城市承包、承租全民所有制中小企业，承包或经办集体乡镇企业，兴办经营多种所有制形式的技术开发、技术服务、技术贸易机构，创造多种中小型合资企业、股份公司等。与此同时，全国各大中城市也先后开辟科技园、大学科技园，倡办民营科技企业。到2002年，全国从事信息咨询业务和计算机应用服务的私营企业近14万户，注册资金达1020亿元。民营科技企业的蓬勃发展，成为我国科技与经济紧密结合的重要突破口，成为一些省区市新的经济增长点。

五、民营产业集群迅速发展。改革开放初期，浙江等地就出现了一些以专门生产、销售同类产品闻名全国的专业品镇。20世纪90年代中期以后，民营企业由农村向城镇转移，产业集群迅速发展，扩展到全国很多省份，最典型的是浙江的"块状经济"、广东珠三角产业集群区、苏南地区的"行业规模经济"以及福建闽南地区产业集群区。2002年，浙江省拥有年产值亿元以上的产业集群区519个，年产值达6000亿元，平均每个县有3个产业集群，这些集群的产业不是全国最大就是最强。这些产业集群，内部专业化程度很高，社会资本丰厚，集聚效应明显。如台州阀门水泵产业集群，就是一个典型。台州拥有阀门和水泵生产企业1.2万多家，其中规模以上企业200多家，形成全国最大的低压铜阀门和真空泵、微型泵产业集群。台州阀门厂商的产品出口量占全国的60%，国内市场占有率在50%以上，其中配件高达90%以上；台州真空泵生产企业占国内的80%，小型农用泵国内市场占有率超过50%，而潜水泵、螺杆泵、家用泵等占有的国内市场份额高达3/4，并大量出口到东南亚。

六、民营企业组织结构开始向公司化、集团化转变。1992年以前，民营企业中，独资企业和合伙企业居多，占95%以上，有限责任公司仅不到5%。之后，承担无限责任、风险较大的独资企业和合伙企业户数逐年减少，产权清晰、权责明确、管理较为规范的现代企业组织形式——有限责任公司逐年增加。到2002年，有限责任公司在民营企业总户数中已占到71.5%。20世纪80年代的独资企业，带有浓厚的家族色彩，多以家族、亲属为纽带，主要由企业主本人或其家庭成员掌管，形成浓厚的家族管理体制。1992年以后，这种家族式管理得到了一定程度的改观。一些规模较大的民营企业开始尝试设立董事会、股东会、监事会等治理机构。虽然这些企业内部治理机制仍未摆脱家族特征，但民营企业公司治理的意识已经觉醒，开始实现股权结构和管理模式的转变，向现代企业制度迈进。在企业组织结构上，则由小而全、小而散向专业化协作和公司化、集团化转变。

七、创业者素质不断提高。民营企业发展初期，企业主多是洗脚上田的农民、城市待业青年、无业人员及“两劳”释放人员，素质普遍不高。20世纪90年代后，随着民营经济的发展，党政机关、企事业单位人员、离退休科技人员、停薪留职科技人员、国有企业下岗职工以及大学教授、大学生也纷纷投身民营企业，使得企业主素质不断提高。20世纪90年代末以后，在政府鼓励政策激励下，大量在外留学人员纷纷回国，掀起新一轮回国创业浪潮。大批“海归”回国创业，带回了大量新的技术、新的管理经验和经营理念，成为我国高科技民营企业发展的新的成长点。特别是随着互联网的诞生和发展，一大批网络精英在互联网领域大展身手，他们不仅加快了中国互联网发展的步伐，推进中国的信息化时代，也成为民营经济新的发展领域。

当然，在这一阶段，我国民营经济在高速发展的同时，也暴露了不少的问题：

一是有些产品粗糙、质量低劣。由于许多民营企业基本上是土生土长，白手起家的，所以初期大多基础工作差，管理不规范，产品多靠仿造。很多企业厂房破旧，设备简陋，技术薄弱，产品质量堪忧。从1995年国家有关质量监督管理部门抽查的情况看，全国平均抽样合格率为75.3%，而个体、私营企业合格率仅为42.6%，低于平均水平32.7个百分点，远远低于国有企业的79.6%和合资企业的80.2%。不少企业缺乏法治观念，为追求眼前高额利润，假冒产地名牌，制造伪劣产品、仿制商标，有时达到专业化的程度。例如，有一段时间，温州劣质皮鞋被打上上海名牌充斥全国市场，由于徒有外表，一穿就坏，被戏称为"星期鞋"。至于伪劣产品、虚假广告、强行推销等，更是直接损害了消费者的利益，降低了企业信誉。

二是有的管理混乱、不守法规。许多企业生产基本上以手工劳动和简单技术为主，工人劳动时间长、强度大、条件差而且几乎没有节假日。由于没有正式合同，工人在生活、工作、安全上没有保障，经常加班加点，被压低工资甚至解雇。有的管理上缺少完善的规章制度，财务上则多不建账或干脆造假账。

三是有的作坊经营，实行家族统治。如果说我国民营企业创业初期，作坊式经营和家庭式管理是不可避免甚至是必要的，那么当积累到一定资产后仍墨守成规，不思变革，必然会造成人才外流，后劲不足。在企业，"董事长兼总经理"是老板最普遍的头衔，"家长式""经验式"管理，集权化领导，专制式决策较为普遍。据统计，一般私营企业老板有53.4%是处于"个人决定一切"的位置。另外，家族企业虽然在创业初期具有血浓于水的凝聚力，但在企业规模扩大后往往在资产和金钱上难以扯清，兄弟分家，夫妻反目，父子对抗，反而成为企业矛盾和分裂的根源。

四是有的偷税漏税，违法经营。一些企业受利益驱使，利用计划经济和市场经济双轨并行中的种种漏洞，常常踩政策红线、打制度擦边球、钻法律的空子，有的偷工减料、缺斤少两，有的走私贩私、偷税漏税，有的官商勾结、权钱交易。个别民营企业采取不正当竞争手段，来实现自己不合理的甚至非法的利益，在社会上造成不良影响，也损坏了民营企业的形象。

# 第三篇

# 水阔船好渡：民营经济转型升级发展阶段

# （2002—2012）

　　邓小平同志南方谈话后，随着我国社会主义市场经济体制的不断发展和完善，党关于民营经济发展的各种利好政策不断推出，各种所有制平等竞争、相互促进的新格局逐步形成，民营经济发展进入转型升级、科学发展的历史新阶段。

# · 第一章 ·

# 潮平两岸阔

民营经济的发展在我国社会主义经济中的地位，从最初的作为公有制经济有益的必要的补充，发展到成为我国社会主义基本经济制度的重要组成部分，再到坚持"两个毫不动摇"，党对民营经济的认识经历了一个认识——实践——再认识——再实践的升华过程，同时对民营经济的方针政策也经历了一个不断发展和深化的过程。

## 1. "两个毫不动摇" 的提出

2002年11月，党的十六大在北京召开。大会全面分析了新世纪我们党和国家面临的新形势和新任务，科学总结了改革开放以来党带领全国人民建设中国特色社会主义的基本经验，对于民营经济理论又有许多创新，对于全面推动民营经济快速、健康发展，具有重大的现实意义和深远的历史意义。

——十六大创造性地提出了"两个毫不动摇"，要求把坚持公有制为主体和促进非公有制经济发展统一于社会主义现代化建设的全过程。

十六大报告指出，根据解放和发展生产力的要求，坚持和完善公有制为主体、多种所有制经济共同发展的基本经济制度。第一，必须毫不动摇地巩固和发展公有制经济。发展壮大国有经济，国有经济控制国民经济命脉，对于发挥社会主义制度的优越性，增强我国的经济实力、国防实力和民族凝聚力，具有关键性作用。集体经济是公有制经济的重要组成部分，对实现共同富裕具有重要作用。第二，必须毫不动摇地鼓励、支持和引导非公有制经济发展。个体、私营等各种形式的非公有制经济是社会主义市场经济的重要组成部分，对充分调动社会各方面的积极性、加快生产力发展具有重要作用。第三，坚持公有制为主体，促进非公有制经济发展，将两者统一于社会主义现代化建设的进程中，不能把这两者对立起来。各种所有制经济完全可以在市场竞争中发挥各自优势，相互促进，共同发展。这既是从我国社会主义市场经济的实际情况出发的正确认识，也是实行社会主义市场经济以来的经验总结。

　　——十六大首次提出放宽市场准入，实现公平竞争，充分发挥非公有制经济的重要作用。

　　针对实际工作中依然存在的一些对民间资本的歧视，对非公有制经济不给予国民待遇，以及有些领域准许外国资本进入，却不准中国非公有制经济进入的问题，十六大要求充分发挥个体、私营等非公有制经济在促进经济增长、扩大就业和活跃市场等方面的作用。放宽国内民间资本的市场准入领域，在投融资、税收、土地使用和对外贸易等方面采取措施，实现公平竞争。在更大程度上发挥市场在配置资源中的基础性作用，健全统一、开放、竞争、有序的现代市场体系。推进资本市场的改革开放和稳定发展。发展产权、土地、劳动力和技术市场，创造各类市场主体平等使用生产要素的环境。根据十六大的精神，十六届三中全会又进一步明确：允许非公有资本进入法律法规未禁入的基础设施、公用事业及其他行业和领域。凡是鼓励和允许外商进入的领域，都应鼓励和允许民间资本进入。全面清理不利于民营经济发展的法律法规和政策规定。一些垄断性行业如电力、铁路、民航、通信等行业，也要推进行业改革，引入竞争机制，区分自然垄断性业务和非自然垄断性业务，对后者积极引入市场机制，提高效率。对煤炭、油气、金属矿和非金属矿等资源型企业，在保证实现国家宏观调控目标以及国家对经济的控制力的前提下，除部分具有重要战略意义的矿产必须保持国有国营外，其他的企业也要加快引入民间资本参与竞争。

——十六大首次提出确立劳动、资本、技术和管理等生产要素按贡献参与分配的原则，强调保护一切合法的劳动收入和非劳动收入。

十六大在劳动、资本和收入分配上进行了理论创新，强调要尊重一切有益于人民和社会的劳动。报告要求完善按劳分配为主体、多种分配方式并存的分配制度，坚持效率优先、兼顾公平，既要提倡奉献精神，又要落实分配政策；既要反对平均主义，又要防止收入悬殊。初次分配注重效率，发挥市场的作用，鼓励一部分人通过诚实劳动、合法经营先富起来。再次分配注重公平，加强政府对收入分配的调节职能，调节差距过大的收入。以共同富裕为目标，扩大中等收入者比重，提高低收入者收入水平。强调要保护一切合法的劳动收入和非劳动收入，这当然包括非公有制经济领域从业者的所有合法收入。这就是说，劳动、知识、技术、管理和资本对创造社会财富都有贡献，贡献越大越是进步。这将极大地鼓励人们去大胆创业。

——十六大提出让创造社会财富的源泉充分涌流，团结、鼓励、表彰和保护新的社会阶层人士。

十六大进一步发挥了邓小平同志"三个有利于"的重要标准，号召努力"形成与社会主义初级阶段基本经济制度相适应的思想观念和创业机制，营造鼓励人民干事业、支持人们干成事业的社会氛围，放手让一切劳动、知识、技术、管理和资本的活力，竞相迸发，让创造社会财富的源泉充分涌流，以造福人民"。十六大还强调贯彻"三个代表"重要思想，必须最广泛、最充分地调动一切积极因素，不断为中华民族的伟大复兴增添新力量。提出在社会变革中出现的新的社会阶层都是中国特色社会主义事业的建设者。因此，对为祖国富强贡献力量的社会各阶层人们都要团结，对他们的创业精神都要鼓励，对他们的合法权益都要保护，对他们中的优秀分子都要表彰，努力形成全体人民各尽其能、各得其所而又和谐相处的局面。民营经济成为社会主义市场经济的重要组成部分，不少民营企业是先进生产力的代表，不少民营企业家是经营管理的精英。对他们中的优秀分子进行表彰，推选为全国和省市的劳动模范、先进工作者，甚至可以吸收入党。这对促进民营经济发展具有十分重要的意义，对人们解放思想是一个很大的促进，在舆论导向上形成一个人人敢干事业的氛围。这样，更有利于最广泛、最充分地调动一切积极因素。

　　——十六大首次鲜明地提出完善保护私人财产的法律制度，使私有财产同公有财产一样受到法律的保护。

　　十六大要求完善保护私人财产的法律制度。2004年3月，第十届人大第二次会议通过的宪法修正案将《中华人民共和国宪法》第13条"国家保护公民的合法的收入、储蓄、房屋和其他合法财产的所有权""国家依照法律规定保护公民的私有财产的继承权"，修改为"公民的合法的私有财产不受侵犯""国家依照法律规定保护公民的私有财产权和继承权""国家为了公共利益的需要，可以依照法律规定对公民的私有财产实行征收或者征用并给予补偿"。这样的修改，进一步明确了国家对全体公民的合法的私有财产都给予保护，保护范围既包括生活资料，也包括生产资料；用"财产权"代替原条文中的"所有权"，在权利含义上更加准确、全面；强调对私有财产实行征收或者征用需要给予补偿，有利于正确处理私有财产保护和公共利益需要的关系。

　　以上5个方面关于民营经济的创新理论和政策，都是历史性的重大突破。当时，海内外舆论普遍认为，这些由十六大传递出的政策信息表明，中国的民营经济再次得到政府的支持和肯定，获得了新的发展动力，必将指引我国民营经济进入一个更大发展的新时期。

## 2.宪法规定："私有财产不受侵犯"

　　2004年3月14日，第十届全国人民代表大会第二次会议通过了宪法修正案。修改后的内容如下：

　　第十一条第二款："国家保护个体经济、私营经济等非公有制经济的合法的权利和利益。国家鼓励、支持和引导非公有制经济的发展，并对非公有制经济依法实行监督和管理。"

第十三条："公民的合法的私有财产不受侵犯。""国家依照法律规定保护公民的私有财产权和继承权。""国家为了公共利益的需要，可以依照法律规定对公民的私有财产实行征收或者征用并给予补偿。"

这次修宪，将"私有财产不受侵犯"写入《宪法》，突破了长期禁锢人们的思想藩篱，表达了国家对公民基本权利的尊重，标志着我国民主法治建设的巨大进步，对我国的经济、政治、社会、文化，将产生深远的影响。

将"私有财产不受侵犯"写入《宪法》，既是中国民营经济发展的必然结果，也将进一步促进民营经济的发展。

新中国成立初期，党在对待私营工商业的问题上，采取"利用、限制、改造"的方针，实际上目的是为了限"私"、去"私"。1956年，社会主义改造完成后，工商界的私有财产很少了。在农业合作化高潮中，集体所有制取代了合作制，农民的土地所有权也变得模糊了。后来开展的反右派、"大跃进"、人民公社，把土改中分给农民的土地等生产资料基本剥夺了。"文化大革命"期间，阶级斗争无限扩大，实行全面专政，反复开展斗私批修，特别是狠斗私字一闪念，仇私批私达到了顶峰。

十一届三中全会实现党的工作重心转移，提出让一部分人先富起来。农村实行联产承包到户，"交给国家的，留足集体的，剩下全是自己的"，一定范围内的"私"获得合法地位。党的十二大承认个体劳动者合法地位，同年五届全国人大一次会议通过的《宪法》，首次允许个体经济作为公有制经济的补充而存在和发展。1988年4月，第七届全国人大一次会议通过《宪法》的第一次修正案，规定个体经济和私营经济等非公有制经济是公有制经济的补充，私营企业取得了合法地位。

1992年，邓小平同志发表南方谈话，提出"三个有利于"，指出社会主义的本质是解放生产力，发展生产力，消灭剥削，消除两极分化，最终实现共同富裕。党的十四大，确立社会主义市场经济体制的改革目标。1993年3月，八届人大一次会议第二次修宪，市场经济体制入宪。1997年9月，党的十五大确立了社会主义初级阶段的基本经济制度：以公有制为主体，个体、私营等多种经济成分共同发展，承认个体、私营经济是社会主义市场经济的重要组成部分，而不仅仅是体制外的补充。私营经济从体制外进入体制内，不再是边缘化的经济成分了。

2002年，党的十六大对民营经济的地位作了充分肯定，对私营企业主作了科学的定位——社会主义建设者。对所有制和分配原则作了新的解释，强调按劳分配与按要素分配相结合，承认劳动收入与非劳动收入，扩大中等收入者比重；提出看一个人政治上是否进步，不在于是否有无财产，有多少财产，而主要看财产的来路与出处。江泽民同志在十六大报告中明确提出："海内外各类投资者在我国建设中的创业活动都应该受到鼓励。一切合法的劳动收入和合法的非劳动收入，都应该得到保护。不能简单地把有没有财产、有多少财产当作判断人们政治上先进和落后的标准，而主要应该看他们的思想政治状况和现实表现，看他们的财产是怎么得来的以及对财产怎么支配和使用，看他们以自己的劳动对中国特色社会主义事业所作的贡献"，并强调要"完善保护私人财产的法律制度"。这些重大突破，充分肯定了"私有财产"的地位与作用，表明了党对私有产权的科学态度。

这次修改后的《宪法》不仅规定"公有财产神圣不可侵犯"，而且明确要"保护合法的私有财产"，即保护个体工商户、私营企业主通过自己的合法经营和正当途径创造和获得的私人财产，这样大大鼓励了公民从事个体工商业和创办企业，对于坚持和完善社会主义初级阶段的基本经济制度、促进民营经济的发展，有着十分重要的作用。

改革开放以来的实践证明：邓小平同志关于什么是社会主义、怎样建设社会主义的理论，是对马克思主义的重大发展。贫穷不是社会主义，发展太慢也不是社会主义。要发展，要富裕，就不能不正确对待私有财产。

共产党作为革命党与执政党的区别之一，就是对私有财产的态度。在夺取政权前，剥夺剥削者，消灭封建主义、官僚资本主义的私有制，打土豪，分田地；在夺取政权后，如果不调动广大人民群众的创业积极性去发展经济，让无产者变为有产者，而是继续搞阶级斗争，与私有产权作对，无视人民群众的切身利益，限私、斗私、灭私，那么人民群众就会失去创造财富的热情，经济社会就会倒退，党的执政基础就会被削弱；如果尊重人民群众的合法权益，给私有产权以合理合法的地位，保护它、引导它，人民群众就有了创业的积极性，经济就发展，社会就进步，人民生活就提高，共产党执政的基础就更巩固和稳定。

改革开放以来的实践说明，私营经济发展最快的地区，恰恰是地方国有资产增速最快的地区，也是就业最充分、社会普遍富裕、人民生活水平提高最快、社会最稳定的地区。2003年年底，全国个体工商户2 353.79万户，从业人员4636万人，注册资金4187亿元；私企300.55万户，从业人数4066万人，注册资本3.5万亿元，个私等民营经济在GDP增长中占48.5%。说明我们党在夺取了政权之后，因势利导，引导社会各阶层各尽所能，各得其所，共同创造财富，实现共同富裕。

改革开放前的1978年，全国储蓄281亿元，人均只有20元；修宪时2004年居民存款超过12万亿元，人均将近1万元。

这次宪法修正案适应保护私有财产的客观需要，进一步完善了私有财产保护制度。宪法修正案完善了私有财产保护的法律制度，提升了私有财产保护的法律地位，为民法、行政法、刑法等部门法对私有财产保护做出具体规定提供了宪法依据。这次宪法修正案对公民的私有财产形态不再一一列举，采取概括而不是列举的方式，改用"私有财产"和"私有财产权"加以表述，事实上扩大了私有财产的保护范围。这次宪法修正案就防止公共权力和公职人员对公民权利包括私有财产权的侵害作了特别规定，这就加大了对私有财产保护的力度。

## 3.两个"非公经济36条"彰显政府决心

2005年2月19日，国务院颁发《关于鼓励支持和引导个体私营等非公有制经济发展的若干意见》，文件包含7大措施36条内容（被称为"非公经济36条"），这是新中国成立56年来第一部以中央政府名义发布的鼓励、支持和引导非公有制经济发展的政策性文件。

　　这个文件出台的背景是，党的十五大以来，中央提出了一系列促进民营经济发展的方针政策，宪法修正案明确了完善保护私有财产法律制度，使民营经济发展的外部环境日益改善。但民营经济发展仍面临一些困难和问题，主要是：部分地方、部门观念转变滞后，相关法律法规不完善；市场准入方面还存在一些不适当的限制，企业融资渠道窄；社会服务体系不健全，政府监管和服务不到位；部分企业行为不规范，自身素质有待提高。

　　根据时任国务院总理温家宝关于要按照十六大的精神、着手研究形成一个促进非公有制经济发展的政策指导性文件的批示，由国务院研究室牵头，国家发改委、财政部、商务部、央行、国土资源部、科技部等二十几家中央政府部门参加的专题工作组，经过深入的调查研究和广泛征求意见，历时近一年，最终形成"非公经济36条"。

　　这个文件，把鼓励、支持和引导民营经济的发展提高到了一个战略的高度，明确规定了放宽民营经济的市场准入，加大对民营经济的财税金融支持，完善对民营经济的社会服务，维护民营企业和职工的合法权益，积极引导民营企业提高自身素质，改进政府对民营企业的监管，加强对发展民营经济的指导和政策协调等措施。《意见》的颁发，是我国市场经济改革的又一个里程碑，将进一步消除影响民营经济发展的体制性障碍，确立平等的市场主体地位，对我国民营经济的发展产生了巨大的促进作用，推动我国民营经济进入新的发展阶段。

　　《意见》的核心内容是平等竞争、公平待遇，重点是放宽市场准入、加大财税金融支持和完善社会服务体系等方面。改革开放以后，民营经济所受到的不公平待遇，主要表现是市场准入的障碍。许多领域和行业，尽管国家没有明文禁止民营经济进入，但也没有许可的明文规定。在实际生活中，不少领域和行业民营企业是难以进入的，造成了事实上的禁入。由于受进入领域和行业的限制，民营企业只能拥挤在一般竞争性领域互相搏杀，竞相压价，形成恶性竞争。即使某些领域对民营企业开放，也只是少数个案和特例，不是普遍现象。

　　"非公经济36条"在放开市场准入这方面作了重大突破，强调贯彻平等准入、公平待遇原则。允许非公有资本进入法律法规未禁入的行业和领域。允许外资进入的行业和领域，也允许国内非公有资本进入，并放宽股权比例限制等方面的条件。在投资核准、融资服务、财税政策、土地使用、对外贸易和经济技术合作等方面，对非公有制企业与其他所有制企业一视同仁，实行同等待遇。

文件明确规定了对民间资本的"五个允许"和"两个鼓励"。

一是允许进入垄断行业和领域。强调要加快垄断行业改革，在电力、电信、铁路、民航、石油等行业和领域，进一步引入市场竞争机制。对其中的自然垄断业务，积极推进投资主体多元化，非公有资本可以参股等方式进入；对其他业务，非公有资本可以独资、合资、合作、项目融资等方式进入。

二是允许进入公用事业和基础设施领域。强调要加快完善政府特许经营制度，规范招投标行为，支持非公有资本积极参与城镇供水、供气、供热、公共交通、污水垃圾处理等市政公用事业和基础设施的投资、建设与运营。

三是允许进入社会事业领域。强调支持、引导和规范非公有资本投资教育、科研、卫生、文化、体育等社会事业的非营利性和营利性领域。

四是允许进入金融服务业。提出允许非公有资本进入区域性股份制银行和合作性金融机构，符合条件的非公有制企业可以发起设立金融中介服务机构，允许符合条件的非公有制企业参与银行、证券、保险等金融机构的改组改制。

五是允许进入国防科技工业建设领域。提出允许非公有制企业按有关规定参与军工科研生产任务的竞争以及军工企业的改组改制，鼓励非公有制企业参与军民两用高技术开发及其产业化。

"两个鼓励"是：鼓励非公有制经济参与国有经济结构调整和国有企业重组，鼓励和支持非公有制经济参与西部大开发东北地区等老工业基地振兴和中部地区崛起。

"非公经济36条"还在财税金融支持和完善社会服务体系方面，提出了一系列新的突破性政策。比如，为了拓宽直接融资渠道，要求对非公有制企业在资本市场上市发行股票与国有企业一视同仁，允许符合条件的非公有制企业依照国家有关规定发行企业债券。这些民营企业长期争取而得不到明确回答的问题，这次终于得到明确的回应。再如，在完善社会服务系统方面，对非公有制企业的创业辅导、开拓国内外市场、到境外投资创业等，都表示了明确的支持态度。

"非公经济36条"要求有关部门和各地区要加紧制定相关配套办法和实施细则，完善具体的政策措施，确保政策落到实处。中央各部委和各省、直辖市、自治区高度重视贯彻落实工作，相继出台了贯彻落实《若干意见》的实施意见和相关法规政策性文件。

2005年3月，国家工商总局下发的《关于发挥工商行政管理职能作用促进个体私营等非公有制经济发展的通知》。

4月，国务院减负办下发《关于治理向个体私营等非公有制企业乱收费、乱罚款和各种摊派等问题的通知》。

5月，国防科工委率先发布《武器装备科研生产许可实施办法》，允许非公经济企业申请第二类许可，从事武器、装备的一般分系统和其他专用配套产品；支持非公有制企业按有关规定参与军工科研生产任务的竞争以及军工企业的改组改制，鼓励非公有制企业参与军民两用高技术开发及其产业化。

7月，铁道部出台政策允许民间资本进入铁路建设、铁路运输、铁路运输装备制造、铁路多元经营等四大领域。同月，国家民航总局正式对外公布《国内投资民用航空业规定（试行）》。

8月，国务院下发了《关于非公有资本进入文化产业的若干规定》。同月，国务院下发了《关于非公有资本进入文化产业的若干决定》，明确了非公有资本进入文化产业的具体领域。

9月，商务部和中国出口信用保险公司下发了《关于实行出口信用保险专项优惠措施支持个体私营等非公有制企业开拓国际市场的通知》；同月，商务部出台了《商务部关于促进中小流通企业改革和发展的指导意见》。

10月，文化部出台的《关于鼓励支持和引导非公有制经济发展文化产业的意见》。

11月，文化部、财政部、人事部、国家税务总局联合颁布《关于鼓励发展民营文艺表演团体的意见》，取消了对民营文艺表演团体注册资本限额的特殊规定和个体演员证，允许国有文艺院团演职人员经单位批准离职自主创办民营文艺表演团体。

12月，国家发改委等8部委下发了《关于进一步推进城镇供热体制改革的意见》，允许非公有资本参与热源厂、供热管网的投资、建设、改造和运营。

此外，中宣部、国家税务总局、国家外汇管理局等部门也出台了相关的配套措施，这些措施在市场准入、金融支持、改进政府监督管理和舆论宣传等方面，积极推进了"非公经济36条"的贯彻与落实。

之后，国家发改委与国务院法制办联合下发《关于开展清理限制非公有制经济发展规定工作的通知》。截止到2006年年底，中央有关部门和地方政府共审核了规章性的文件130多万件，其中清理废除了5000多件与"非公经济36条"不一致的规章和文件。

"非公经济36条"的出台和贯彻落实，对促进民间投资、推动民营经济发展起到了一定的作用。但是，由于种种原因，"非公经济36条"中的一些政策措施没有真正落实到位。如在市场准入方面，"非公经济36条"明确规定，允许外资进入的行业和领域，也允许国内非公有资本进入，但根据有关方面的调研情况，截至2010年4月，全社会80多个行业，允许外资进入的有62个，允许民间资本进入的只有41个。民间投资在传统垄断行业和领域所占比重非常低，据统计，在电力、热力的生产和供应业中占13.6%，在教育中占12.3%，在卫生、社会保障和社会福利业中占11.8%，在金融业中占9.6%，在信息传输、计算机服务和软件业中占7.8%，在交通运输、仓储和邮政业中占7.5%，在水利、环境和公共设施管理业中占6.6%，在公共管理和社会组织中占5.9%。

存在的主要问题有四个方面：一是行业准入存在不少障碍。特别是在一些传统垄断行业和领域，仍然存在着制约民间投资进入的"玻璃门"或"弹簧门"问题。二是融资难问题未得到根本解决，在国际金融危机影响下，银行信贷更多投向大项目和大企业，中小企业融资难问题更显突出。三是民间投资的能力和水平有待提高。民营企业的投资转型升级步伐需要加快、创新能力有待提高，民间投资的管理水平有待整体提升。四是民间投资的政策环境需要不断改进，服务体系有待进一步健全和完善。

特别是2008年发生国际金融危机，给我国经济社会发展带来严重冲击，党中央、国务院迅速出台并不断完善应对危机促进发展的一揽子计划，有效实施两年内中央新增投资1.18万亿元带动总额4万亿元投资的计划，对于稳住全社会信心、拉动投资和稳定经济发挥了不可替代的作用。但是，在以市场化为基本取向的改革和发展进程中，仅仅依靠政府投资和信贷增长等刺激性政策拉动经济发展是远远不够的，需要采取更加有效的措施全面启动民间投资，切实将民间储蓄的优势转化为投资增长的内生动力和活力。

于是，2010年5月，国务院针对制约民间投资发展的各种困难和障碍，又颁发了《关于鼓励和引导民间投资健康发展的若干意见》，内容共计36条（又称"新36条"）。文件把破除、拆除民间投资发展中存在的"玻璃门""弹簧门"等现象作为重点，针对上述行业和领域存在的准入难问题，进一步明确和细化了"非公经济36条"等文件中有关放宽市场准入的政策规定，提出了鼓励民间资本进入相关行业和领域的具体范围、途径方式、政策保障等一系列政策措施，并努力增强可操作性、提高文件的可执行力。"新36条"是改革开放以来国务院出台的第一份专门针对民间投资发展、管理和调控方面的综合性政策文件，出台这个文件既是应对国际金融危机、稳固经济可持续发展的基础的迫切需要，也是坚持和完善社会主义初级阶段基本经济制度、完善社会主义市场经济体制的长久之策。

与"非公经济36条"相比，"新36条"对民间资本的开放力度更大，内容更加全面，操作性更强。主要体现在以下四个方面：

一是明确了进一步拓宽民间投资准入范围的总体要求。提出要深入贯彻落实"非公经济36条"，深化传统垄断行业和领域改革开放，规范设置投资准入门槛，明确界定政府投资范围，进一步调整国有经济布局和结构，将民办社会事业作为社会公共事业发展的重要补充，鼓励和引导民间资本进入法律法规未明确禁止准入的行业和领域,为民间资本营造更广阔的市场空间。

二是明确了鼓励和引导民间资本进入的具体行业和领域。鼓励和引导民间资本进入交通电信能源基础设施、市政公用事业、国防科技工业、保障性住房建设等领域,兴办金融机构,投资商贸流通产业,参与发展文化、教育、体育、医疗和社会福利事业。

三是提出了鼓励民间投资进入的具体途径和方式。主要包括项目业主招标、承包、租赁、产权或经营权转让、参与改组改制等。

四是通过推进体制改革、健全收费补偿机制、实行政府补贴和政府采购、给予信贷支持和用地保障等多种方式,提出了鼓励民间投资进入的保障措施。

之后,国务院各有关部门又出台了贯彻"新36条"的42项配套措施。

2009年9月,国务院颁发《关于进一步促进中小企业发展的若干意见》(即"中小企业29条")。

2012年4月,国务院又颁发《关于进一步支持小型微型企业健康发展的意见》(即"新29条")。

在短短的几年时间里,国务院连续出台两个促进民营经济发展的"36条"及42项配套措施、两个促进中小企业发展的"29条",充分彰显了当时以胡锦涛同志为总书记的党中央高度重视民营经济发展,下决心打破影响民营经济发展的体制机制性障碍,建立统一开放、平等对待、竞争有序的市场经济体系的魄力和信心。


## 4.胡锦涛:民营企业要"三个有更大作为"

2010年3月4日下午,全国政协十一届三次会议召开的第二天,时任中共中央总书记、国家主席胡锦涛和时任政治中央政治局常委、全国政协主席贾庆林等,参加全国政协民建和工商联界别委员联组会。

胡锦涛认真听取了部分委员的发言后,着重就民营企业要"三个有更大作为"问题，发表了重要讲话。

胡锦涛首先肯定了民营经济对我国经济社会发展作出的重要贡献。他说，改革开放30多年来，经济在我国经济社会发展中发挥了重要作用，成为社会主义市场经济的重要组成部分，成为社会主义现代化建设的重要推动力量。广大民营企业家热情投身改革开放的伟大实践，坚持以强国富民为己任，坚持爱国、敬业、诚信、守法、贡献，自觉实践义利兼顾、以义为先的理念，为推动科学发展、促进社会和谐作出了积极贡献。实践证明，公有制为主体、多种所有制经济共同发展的基本经济制度符合我国国情，符合我国经济社会发展要求，是完全正确的。

胡锦涛指出，当前，国际金融危机加快了世界科技创新和国际产业调整重组步伐，培育新的经济增长点、抢占国际经济科技制高点正在成为世界经济发展大势，我国正在加快经济发展方式转变和经济结构调整、大力发展战略性新兴产业、完善现代产业体系，这为民营经济加快科技进步和创新、加快产业结构优化升级提供了难得的机遇；我国工业化、城镇化加速推进，扩大内需方针政策进一步实施，我国巨大的内需潜力正在不断释放，这为民营经济实现更大更好的发展提供了广阔空间；我国社会主义市场经济体制日臻完善，市场在资源配置中的基础性作用日益显著，这为民营经济增强活力提供了有利的体制条件；我国经济同世界经济的联系日趋紧密，对外经济技术合作的广度和深度快速拓展，这为民营经济扩大对外合作、积极开拓国际市场提供了前所未有的开放平台。

胡锦涛给民营企业提出三点希望：

第一，希望民营企业在加快经济发展方式转变上有更大作为。国际金融危机对我国经济的冲击，表面上是对经济增长速度的冲击，实质上是对经济发展方式的冲击。综合国际国内经济形势看，转变经济发展方式已刻不容缓。只有毫不动摇地加快经济发展方式转变，我们才能突破资源环境对经济发展的瓶颈制约，才能满足人民的新期待新要求，才能在后国际金融危机时期的国际竞争中赢得主动，我国发展空间才会越来越大、发展质量才会越来越高、发展道路才会越走越宽广。所以，加快经济发展方式转变，既是挑战，也是机遇，我们一定要坚定必胜信念，增强忧患意识，及时采取行动,争取早见成效。

第二,希望民营企业在保障和改善民生上有更大作为。多年来,民营经济在保障和改善民生方面发挥了重要作用。特别是面对国际金融危机冲击,许多民营企业在自身经营遇到困难的情况下,仍然顾大局、讲奉献,自觉坚持不裁员、不减薪,积极缓解严峻就业形势、维护社会和谐稳定,用实际行动为党和政府分忧。今后,民营经济应该更加主动地为保障和改善民生多作贡献。

第三,希望民营企业在提升自身素质上有更大作为。经过长期努力,民营企业整体素质不断提高,但与我国经济不断发展的形势和国际市场日趋激烈的竞争相比,也有不少民营企业在治理结构、经营模式、管理理念、人才队伍等方面还存在明显不足。广大民营企业要自觉苦练内功,不断提高自身素质,为实现自身持续健康发展打下扎实基础。

胡锦涛还特别强调,各级党委和政府要认真贯彻落实促进民营经济发展的方针政策,加强对民营经济发展的指导和引导,贯彻平等准入、公平待遇原则,积极提供创业辅导、信息咨询、金融支持、法律帮助、员工培训等服务,营造良好市场环境、政策环境、法治环境、社会环境,帮助民营企业解决生产经营面临的突出困难,切实维护民营企业合法权益。各级党委要加强和改善对新形势下工商联工作的领导,充分发挥工商联组织职能作用,帮助工商联更好团结、凝聚、引导、服务非公有制企业和非公有制经济人士,进一步促进非公有制经济健康发展和非公有制经济人士健康成长。

贯彻落实胡锦涛重要讲话精神,对于民营企业在加快经济发展方式转变上有更大作为,具有十分重要的意义。纵观世界的近代史,就是一部发展方式的更新史。从发达国家走过的道路看,多数企业都有一个从数量扩张向质量提升转变的阶段,这是市场经济的客观规律。当时,我国民营企业虽然经过30年的发展,但总体上仍是粗放型的发展方式,是高耗能、高污染、低技术、低水平产能的主要集中地,加工贸易型、能源消耗型占比例明显偏大,处于产业链低端的数量明显偏多,在国际市场上的竞争能力明显偏弱。实践证明,我国民营经济已经进入一个必须依靠加快经济发展方式转变来提升竞争力的时期。加快发展方式转变，是民营经济适应全球需求结构重大变化、增强抵御国际市场风险能力、在后国际金融危机时期抢占科技经济制高点的必然要求。

胡锦涛强调非公有制企业要加快经济发展方式转变，充分反映了这种时代背景下的必然要求，体现了科学发展主旋律。广大民营企业必须认真贯彻胡锦涛的重要讲话精神，自觉调结构、转方式、上水平，不断提升市场竞争力、抵御风险能力和可持续发展能力；要推进自主创新，加强对关键核心技术的研究开发和转化应用，努力掌握更多自主知识产权，培养更多自主品牌，重点向现代农业、战略新兴产业、现代服务业发展；要注重做好节能减排工作，抓紧淘汰高耗能、高排放的落后生产能力，广泛推行清洁生产和节能技术，积极投身资源节约型、环境友好型社会建设，努力做节能减排的自觉实践者。

贯彻落实胡锦涛重要讲话精神，对于民营企业在保障和改善民生上有更大作为，具有十分重要的意义。我国民营企业在保障和改善民生方面发挥了重要作用，特别是在国内重大自然灾害和国际金融危机冲击面前，许多民营企业坚持顾大局、讲贡献，积极捐款捐物，自觉不裁员、不减薪，有力地维护了社会和谐稳定，充分展示了广大民营企业家心系国家、情牵人民、致富思源、富而思进的高尚情怀。但是，我国的市场经济仅用30余年的时间就完成了西方发达国家用200多年才走过的历程，由此也逐步产生和积累了诸如生产安全、产品质量、交易诚信、能源资源浪费、环境污染破坏、劳资关系紧张、贫富差距扩大等一系列经济和社会问题。实践证明，我国民营经济已经进入一个必须把企业利益与社会利益统一起来、把履行社会责任与保障和改善民生结合起来的时期。民营企业家只有既追求经济效益又自觉承担社会责任，既积极发展企业又努力造福社会，才会为社会所接受，企业的生命才会更长久。

胡锦涛强调民营企业要在保障和改善民生上有更大作为，就是基于这一现实背景。广大民营企业必须认真贯彻胡锦涛的重要讲话精神，努力开辟就业渠道，创造更多就业岗位，吸纳更多劳动者就业，尤其要对高校毕业生、农民工就业困难群众给予特别关照；要积极构建和谐劳动关系，建立员工工资随企业效益增长稳步增加的机制，及时足额缴纳各种社会保险，切实加强劳动安全保护，不断改善员工工作生活条件，自觉保障员工合法权益；要参与社会事业建设，加大教育、卫生、文化等领域投资，努力促进社会事业发展，更好地满足人民群众多层次个性化需求；要进一步弘扬中华民族扶危济困的传统美德，加大扶贫开发投入，深入推进光彩事业，积极投身公益慈善事业，促进共同富裕；要引导他们积极践行依法经营理念，严格遵守国家法律法规，自觉维护市场经济秩序，为社会主义市场经济的健康发展多作贡献。

贯彻落实胡锦涛重要讲话精神，对于民营企业在提升自身素质上有更大作为，具有十分重要的意义。一个企业能否做强、做大、做久，关键在于企业特别是经营管理人员的自身素质。改革开放以来，我国企业从无到有，从少到多，从弱到强，出现了像联想、华为这样的科技型、创新型企业。但也要看到，不少民营企业在治理模式、经济建设等方面还存在明显不足。实践证明，我国民营经济已经进入一个必须依靠提升自身素质内生驱动的发展阶段。如果继续依靠廉价劳动力和高能耗、高污染、高排放的方式来发展，发展的代价就会越来越大，道路就会越走越艰难，只有增强自主创新能力，依靠资源节约、技术进步、劳动者素质提高，发展的内在动力才会充足。

胡锦涛强调企业要在提升自身素质上有更大作为，就是基于对这一客观现实的深刻洞察。广大民营企业必须认真贯彻胡锦涛的重要讲话精神，完善内部治理结构，建立健全内部激励约束机制，形成科学规范的经营管理模式，加快建立现代企业制度；要提高经营管理者素质，树立世界眼光，强化战略思维，掌握现代经营管理知识，增强科学决策和市场应变能力；要加强吸引和使用人才工作，加大人力资本投入，广泛吸纳人才、真心对待人才、放手使用人才，充分调动人才的积极性、主动性和创造性，为企业发展提供有力人才支持；要构建内涵丰富、特色突出、员工认同的企业文化，使之成为企业可持续发展的动力；要把"引进来"和"走出去"结合起来，不断增强利用两个市场、两种资源发展自己的能力和水平，为实施国家"走出去"战略作出新贡献。

# 5.中央赋予工商联"两个健康"新使命

2010年9月16日，《中共中央国务院关于加强和改进新形势下工商联工作的意见》（中发〔2010〕16号，简称中央16号文件）颁发。这是党中央、国务院着眼我国经济社会发展和统一战线工作全局，为加强和改进新形势下工商联工作、促进非公有制经济健康发展和非公有制经济人士健康成长作出的重大举措，在我国统一战线和工商联事业发展中具有重要意义。

自1991年《中共中央批转中央统战部〈关于工商联若干问题的请示〉的通知》（中央15号文件）颁发以来，特别是我国改革发展进入全面建设小康社会新阶段以后，我国经济、政治、文化和社会生活各领域发生了巨大而深刻的变化，工商联工作面临新的形势和环境。

中央15号文件颁发的时候，改革开放只有13个年头。文件颁发后近20年，非公有制经济和非公有制经济人士的状况发生了重大变化。据统计，从1991年到2009年，全国个体工商户由1417万户增加到3197万户，从业人员由2258万人增加到6585万人；登记注册的私营企业由10.8万户增长到了740万户，占到全国企业总数的70%，其投资者由24万人增加到1650万人，从业人员由184万人增加到6956万人；个体、私营经济注册资金由611亿元增长到15.7万亿元。非公有制经济创造了约50%的国内生产总值、25%的进出口总额、60%的国内发明专利和90%的城镇新增就业岗位。非公有制经济成为社会主义市场经济的重要组成部分和社会主义现代化建设的重要推动力量，非公有制经济人士成为中国特色社会主义事业建设者和新世纪新阶段爱国统一战线的重要成员。促进非公有制经济健康发展和非公有制经济人士健康成长，成为新形势下工商联工作的主要任务。这一系列变化，迫切需要工商联在促进"两个健康"方面发挥作用，对工商联工作提出新要求。

中央16号文件提出，工商联是中国共产党领导的以非公有制企业和非公有制经济人士为主体的人民团体和商会组织，是党和政府联系非公有制经济人士的桥梁纽带，是政府管理和服务非公有制经济的助手，在促进非公有制经济健康发展、引导非公有制经济人士健康成长中具有不可替代的作用。

中央16号文件强调，工商联工作是党的统一战线工作和经济工作的重要内容。这是中央文件第一次对工商联工作在党和国家工作全局中的地位作出明确表述。

这次文件在总结实践经验的基础上，提出了许多理论方针政策和体制机制方面的创新。为了便于对文件精神的把握，有的同志把文件的主要内容用“12345678”作了生动形象的概括。

“1”就是文件规划了一条中国特色的工商联发展道路：走中国特色工商联发展道路，核心是坚持中国共产党领导，根本是坚持社会主义基本经济制度，协助党和政府不断优化市场经济环境，关键是坚持统战性、经济性和民间性的有机统一。

“2”就是文件强调工商联一切工作的出发点和落脚点是促进“两个健康”：促进非公有制经济健康发展和促进非公有制经济人士健康成长。

“3”就是文件提出工商联的基本特征：统战性、经济性、民间性“三性”有机统一。统战性主要体现在工商联是党领导的统一战线组织，决定了工商联的政治方向、政治地位和政治功能；经济性主要体现在工商联由工商界及其人士组成，直接服务于经济建设；民间性主要体现在工商联具有商会性质和职能，其组织方式和工作机制不同于政府机构。

“4”就是文件论述了加强和改进新形势下工商联工作的“四大意义”：是坚持和完善我国基本经济制度、促进非公有制经济科学发展的需要，是适应政府职能转变、完善社会主义市场经济体制的需要，是坚持对外开放基本国策、不断提高我国开放型经济水平的需要，是巩固发展壮大爱国统一战线、加强党在非公有制经济领域领导的需要。

“5”就是文件明确了发挥新形势下工商联的“五项职能作用”：在非公有制经济人士思想政治工作中的引导作用、在非公有制经济人士参与国家政治生活和社会事务中的重要作用、在政府管理和服务非公有制经济中的助手作用、在行业协会商会改革发展中的促进作用、在构建和谐劳动关系中的积极作用。

"6"就是文件提出了新形势下工商联工作的"六项基本任务"：加强思想政治工作，引导非公有制经济人士学习贯彻党的路线方针政策，遵守国家法律法规，培养拥护党的领导、走中国特色社会主义道路的非公有制经济人士队伍；参加政治协商，发挥民主监督作用，积极参政议政；推动经贸交流和协作，促进经济社会发展；加强行业协会商会建设，服务非公有制企业发展；参与协调劳动关系，促进社会和谐稳定；反映非公有制企业和非公有制经济人士利益诉求，维护其合法权益。

"7"就是文件界定了工商联工作范围的"七个对象"：私营企业、非公有制经济成分控股的有限责任公司和股份有限公司、港澳投资企业、私营企业出资人、个体工商户、在内地投资的港澳工商界人士、原工商业者。

"8"就是文件明确了团结、服务、引导、教育的"八字方针"。"团结"，就是要把广大非公有制经济人士紧密地团结在党的周围，坚定不移走中国特色社会主义道路，凝聚起建设中国特色社会主义的广泛力量；"服务"，就是提供信息、金融、人才等支持，反映利益诉求，维护合法权益，帮助解决实际困难，推动非公有制企业实现科学发展；"引导"，就是要引导非公有制经济人士自觉贯彻执行党的方针政策，践行社会主义核心价值体系，有序参与政治生活和社会事务，积极履行社会责任；"教育"，就是要对非公有制经济人士进行理想信念、思想道德、法律法规、基本国情、现代经营管理等教育，不断提高他们的综合素质，做到爱国、敬业、诚信、守法、贡献。

为了深入学习贯彻落实中央16号文件精神，经中央批准，2010年11月15日，全国加强和改进工商联工作会议在北京召开。时任中央政治局常委、全国政协主席贾庆林在会上发表讲话，中组部、中宣部、国家发改委、工业和信息化部、民政部、财政部、人力资源和社会保障部、商务部、国家工商总局等12个中央部门负责同志在大会上作发言，各地1.6万人在各地的分会场参加电视电话会议。中央批准召开全国加强和改进工商联工作会议，这在历史上尚属首次。

贾庆林在讲话中指出，中央16号文件明确了工商联的性质、基本特征、工作对象、指导思想、主要任务和职能作用等一系列重大问题，提出了一系列新的重要观点、政策和举措，既体现历史的连续性，又具有鲜明的时代性。工商联的一切工作，都要牢牢把握统战性，充分发挥经济性，切实体现民间性，始终坚持"三性"的有机统一。把握工商联的职能作用，最根本的是把促进非公有制经济健康发展和非公有制经济人士健康成长，作为一切工作的出发点和落脚点；最重要的是把非公有制经济人士思想政治工作，作为贯穿工商联工作始终的生命线。准确把握加强工商联自身建设的工作要求，必须坚持以思想建设为核心，以组织建设为基础，以非公有制经济代表人士队伍建设为重点，以制度建设和作风建设为保障，以改革创新精神全面加强自身建设，不断提高凝聚力、影响力、执行力。

中央16号文件下发后，中央统战部、全国工商联把推动各地学习宣传和贯彻落实文件精神作为工作的重中之重。截至2011年年底，全国31个省级党委政府和新疆生产建设兵团全部出台贯彻落实文件精神的实施意见，并召开加强和改进工商联工作会议，先后有22个省区市党委书记出席会议并讲话。在各地党委政府的领导下，各地市和多数县区也召开了加强和改进工商联工作会议，出台了贯彻落实中央16号文件精神的实施意见。

## ·第二章·

# 风正一帆悬

随着中国经济的持续快速发展，民营企业原来赖以生存和发展的社会与市场基础发生了根本性变化，长期维持低人力成本的"人口红利"逐步减退，资源短缺和生态环境恶化，使高耗低效的生产方式受到资源环境的硬性制约。许多民营企业充分发挥对市场更了解、反应更迅速、制度机制更灵活等优势，加强技术、产品、管理、营销和商业模式的创新，走上加强自主创新和转型升级之路，提高企业和产品的市场竞争力。

## 1. "三一"——实体经济做大做强的代表

三一集团有限公司创建于20世纪80年代，从一家由4名大学生创办的乡村小厂起家，现已成为中国最大、全球第五的工程机械制造商，同时也是世界最大的混凝土机械制造商，先后获得福布斯"中国顶尖企业"、中国最具成长力自主品牌、中国最具竞争力品牌、中国工程机械行业标志性品牌等殊荣。

目前，三一集团在中国长沙、北京、上海、沈阳、昆山、乌鲁木齐、娄底等地建有产业园，在印度、美国、德国、巴西建有研发制造中心，业务覆盖全球150多个国家和地区。

三一集团的公司名称，源于创业初期提出的"创建一流企业，造就一流人才，作出一流贡献"的企业愿景。

1985年，梁稳根等4个年轻人，义无反顾地从湖南涟源市的洪源机械厂辞职下海。

然而，创业的过程远比想象中的艰难，4个人一起贩过羊、销过酒、生产过玻璃纤维，却始终找不到出路。1986年，眼看就要山穷水尽的时候，梁稳根终于找到了商机——焊接材料在市场上供不应求，而四人都是学材料专业出身，这正是他们的特长所在。于是，他们从亲戚朋友那里凑来6万元，在家乡涟源茅塘道童村成立了焊接材料厂。由于产品适销对路，涟源茅塘焊接材料厂取得了快速发展。

1989年，梁稳根他们走出茅塘乡，在涟源市成立了"涟源焊接材料总厂"。在不到5年的时间里，实现了产值过亿。但这时，梁稳根却又有了新的苦恼：同为湖南民企，"三一"和本省一家空调企业几乎同时起步，为什么人家一下子就能够做到20亿元，而"三一"却不过1亿元？

一年多的时间，他们走访了几十位专家，开了10多次董事会议，终于找到了制约公司发展的两个瓶颈：一是所在行业有色金属材料的市场狭小；二是所在地方涟源，地域偏僻。

之后，董事会提出了"三一"历史上著名的"双进"战略：进入中心城市长沙；进入大行业装备制造业，首先进入工程机械制造业。

1994年，按照"双进战略"制定的规划，三一重工落户长沙市，开始了混凝土泵送产品的生产与制造，从此由材料行业最终进入国家支柱性产业，施展起"创建一流企业，造就一流人才，作出一流贡献"的抱负。

从20世纪90年代开始，在国内东南沿海城市，一股兴建高层建筑的社会热潮正在形成，因此用于建高楼的专用产品拖泵供不应求，价格居高不下。由于拖泵是一个设备产品，涉及众多部件和配件。尤其是拖泵的核心部件集流阀组，制造技术一直为国外企业掌控，并通过采用非标准件设计构建了技术门槛，后来者想要简单模仿，几乎不可能。

可以说，当时中国工程机械市场，几乎被国外企业占领，如混凝土机械，国外品牌占了95%以上的市场。

在这样一个强敌环伺、几乎不可能打破垄断的领域，"三一"通过顽强的自主创新，成功研制出集流阀组，一举打破了国外品牌的垄断。技术上的突破打造出"三一"核心竞争力，不仅让"三一"拖泵实现了批量生产，还给"三一"带来了丰厚的利润。

随着市场的扩展，三一重工开始向工程机械全液压技术领域突破，相继研制了全液压压路机、全液压平地机和全液压推土机等一系列产品，多款极具竞争力的创新产品让"三一"开始在国内崭露头角。

20世纪90年代末，中国市场上90%的长臂泵车都是洋品牌。中国还没有掌握研制泵车臂架的关键技术，30米以上的长臂架泵车只能依靠进口。

"三一"立志要研制出中国第一台拥有自主知识产权的泵车。1998年，公司将目光锁定当时处于高端水平的30米以上臂架泵车，并为此成立了由十几名年轻的工程师组成的泵车研发小组。

经过大量的市场调研，他们发现，中国泵车市场以进口的32米臂架泵车为主，36米以上泵车几乎没有。国内住宅多以七八层的宿舍楼为主，30米以上臂架泵车是市场上的抢手货。于是，他们把第一台泵车的臂架长度定为37米。

为了保证研发进度，研发团队把办公室搬到了车间，设计图纸、制造部件、探讨问题，团队成员不分白天黑夜，全身心扑在37米泵车的研制上。几个月的艰辛努力，中国第一台具有自主知识产权的长臂架泵车终于在三一集团下线。

后来，这台37米泵车顺利销往青海西宁，并在这个城市服役11年，参与了西宁市五环大厦、柴达木立交桥、王府井百货大楼等多个标志性工程的施工，泵车行驶总里程超过80万千米，泵送混凝土总量超过60万立方米，创造了多项工程机械施工纪录。

业内人士称，"臂架长一米，难于上青天"。然而，37米泵车臂架技术实现突破后，"三一"的泵车臂架很快增长至40米、45米、56米、62米、72米、86米……并多次创造最长臂架泵车世界纪录。"三一"也由混凝土设备制造领域的追随者成为领导者，并带动了整个中国工程机械行业的发展。如今，乾坤倒转，中国品牌的混凝土设备已占到市场的95%。

2002年，香港国际金融中心封顶在即。这栋高达406米的摩天大楼是当时世界上最高的建筑，参与大楼的封顶工程是展现施工设备品质的最佳机会。来自德国、意大利的世界顶尖混凝土工程机械企业都对这一工程虎视眈眈。

此时的"三一"，还只是一家进入混凝土机械行业8年的新晋公司。但对自己的产品，"三一"有着绝对的信心。为了揽下这个大工程，公司向建筑商提出了一个"对赌"协议：让"三一"大排量、高压力混凝土输送泵承担封顶工程；"三一"提供双备份保障，即在现场所需4台设备的基础上，额外再提供4台机器，若仍无法保证工程顺利完工，将免费为施工方在全球范围内购买指定设备。

这种自信和诚意打动了施工方，他们最终决定选用三一拖泵，但不得不说，这种选择带有试一试的心态。没想到，问题真的来了。混凝土在泵送到300多米高度的时候，忽然停滞不前。施工方急了，要求立即更换设备。在现场人员的一再争取下，施工方最终同意宽限一天时间来解决问题。

问题到底出在哪里？尽管反复测试，却依然没有头绪，驻扎现场的三一集团总工程师易小刚陷入了沉思。突然，眼前的一摊水渍吸引了易小刚的注意。很快，他找到了答案，原来是送料管密封度不够，导致水分溢出，以致混凝土在高空处于准凝固状态，无法泵送。

改进密封结构后，问题迎刃而解。2002年9月21日，香港国际金融中心顺利封顶，三一泵创造了406米单泵垂直泵送的世界纪录。这是单泵垂直泵送纪录第一次归属中国企业。当时，中央电视台将"三一"的超高压混凝土泵送技术作为国家创新成果进行推介，并称誉"三一"为"中国泵王"。

据统计，目前国内400米以上的高楼，70%都是由三一混凝土设备完成施工任务，620米的上海中心、600米的广州新电视塔、597米的天津117大厦、592.5米的深圳平安国际金融中心、492米的上海环球金融中心，全部由"三一"的泵送设备完成泵送施工任务。

在国外，世界第一高楼迪拜塔、欧洲第一高楼俄罗斯大厦、日本第一高楼阿倍野中心等都有三一重工的设备参与建设，这些世界标志性建筑一次次见证了"三一"挑战世界高度的征程。

2014年6月15日，世界目光聚焦"中国第一、世界第二"高楼上海中心。在助力上海中心580米主体结构封顶后，三一超高压混凝土拖泵再次成功将混凝土泵送至620米的世界新高。仅靠一台拖泵就完成了如此高度的混凝土泵送，这在世界建筑史上绝无仅有，"三一"也由"中国泵王"跨上"世界泵王"的宝座。

长期以来，"三一"以"品质改变世界"为使命，致力于为中华民族贡献一个世界级品牌。自诞生之初，"三一"便立足于创新，追求卓越的核心竞争力，缔造世界最高品质，用"品质改变世界"。依靠创新，"三一"打造了一大批世界第一的产品，世界最长钢制臂架86米泵车、"神州第一挖"200吨液压挖掘机、全球第一吊3600吨履带起重机、亚洲首台千吨级全地面起重机等产品。这些，奠定了"三一"的行业领军地位。

如今，"三一"的混凝土机械全球第一、挖掘机械中国第一、移动港口机械中国第一、大吨位起重机械中国第一、煤炭掘进机械中国第一、桩工机械中国第一……

崇高的理想，精良的产品，确保三一集团在抗灾救灾等重大事件和关键时刻能够挺身而出，勇挑大梁。

2008年汶川地震、2009年玉树地震发生后，集团党委迅速向全体党员和员工发出倡议，向灾区捐赠资金和设备，组织志愿服务队，调配工程机械第一时间驰援灾区。之后，公司注资1500万元成立中国第一个灾后孤儿教助基金，建立灾后救助长效机制。2012年的冬天，"三一"的服务工程师们历经4天的不眠不休，用智慧与技艺创造了巴音布鲁克的无人区冰河救援奇迹。

在国际救援上，"三一"已成为"中国制造"的一张名片。在北爱尔兰巨轮搁浅、智利矿工救援、日本福岛核电站泄漏等全球重大事件中，三一集团都在第一时间挺身而出，参与国际重大救援，用责任和行动感动了世界。

2010年8月5日，智利圣何塞铜矿发生矿难，33名矿工被困在700

米深的地下。历时 69 天的救援牵动了各国人民的心。在这场大救援中，"三一"生产的 SCC4000 型履带起重机承担起吊救援舱的重任。在救援现场拥有"神州第一吊"之称的巨无霸成了耀眼的明星。救援成功后，智利政府专门发来感谢信，感谢中国三一集团对智利矿难救援所作的贡献。信中说："'三一'不仅是中国的'三一'，也是智利的'三一'，更是世界的'三一'。"

2012 年 1 月 31 日，三一重工在长沙召开新闻发布会，宣布联合中信产业基金投资顾问公司，共同出资 3.6 亿欧元，收购德国混凝土泵生产商普茨迈斯特的全部股权，其中三一重工持股 90%。这是"三一"历史上首次海外并购事件，也是当时中国企业在德国完成的最大一笔收购，被誉为"中德示范性交易"，在业界引起轰动。

三一重工是全球最大的混凝土机械制造商，普茨迈斯特是中国以外的全球混凝土机械第一品牌，在业内素有"大象"之称，这起交易因此被称为"龙象共舞"。并购完成后，"三一"与"大象"实现了共赢发展。合并当年，普茨迈斯特就取得了销售额同比增长 30% 的优秀业绩，公司运营也由此走上了更加稳健的发展通道。在国际化的发展道路上，"三一"从最初以出口产品为主，到进行海外绿地投资，再到海外战略并购，走出了一条属于自己的独特的国际化路径。

目前，三一集团已经成长为全球领先的装备制造企业，也是中国智能制造首批试点示范企业。业务覆盖全球 150 多个国家和地区。主营业务是以工程为主题的装备制造业，覆盖混凝土机械、挖掘机械、起重机械、筑路机械、桩工机械、风电设备、港口机械、石油装备、煤炭设备、精密机床等全系列产品。

三一集团创立 30 多年来，始终保持创新创业精神，始终抱定强烈的社会责任感，是中国制造的民族品牌，也是中国民营企业发展的成功标杆，更是中国实体经济做大做强的优秀代表。

## 2.亨通——万物互联网络的筑路者

　　未来，无处不在的以互联网为基础的网络连接，将使人类逐渐进入一个万物互联的智能世界。互联网的诞生源于20世纪一项伟大的发现——光纤通信。过去，中国光纤通信市场一直被国外所垄断。亨通集团通过自主研发，实现从光纤领域全产业链创新，打破国外技术垄断，把光纤通信核心技术、全球最新技术掌握在中国人自己手上，确立了中国在世界光纤通信领域的话语权。

　　20多年来，亨通从小到大，由弱变强，历经了从艰苦创业到自主创新，从中国制造到中国创造的跨越。现已成为中国光纤光网、智能电网领域规模最大的系统集成商与网络服务商，位居中国企业500强、全球光纤通信前3强。

　　1991年2月，亨通集团的前身江苏吴江七都通信电缆厂正式成立。土生土长于吴江农民家庭、曾经参军当过通信兵的崔根良临危受命担任厂长。几百平方米的破旧厂房，几台陈旧设备，一台报废铁炉，还有120多万元的债务。

　　一无资金，二无技术，三无人才，四无市场，崔根良的手里只攥着一纸批文和一块土地。

　　无资金，崔根良便"借鸡生蛋"。他拿出了原先办厂的老办法，其实也是当时许多乡镇企业起步时的"三个一点"：一是向银行贷点，二是向社会借点，三是向员工集点。经过"三个一点"，崔根良解决了创办电缆厂的启动资金。

　　无技术、无人才怎么办，他开始四处拜师学艺，寻找品牌，寻找靠山。"不要对方投资，只要对方投技术和技术人员，帮助培训员工，指导生产就行。"经过一番苦战，吴江七都通信电缆厂当年投产当年见效，年销售额达450万元，生产出的第一批电缆产品销往江苏、安徽等几个省市，创利税87万元。

　　崔根良并没有满足。1992年亨通决定上马光缆，通过与邮电部武汉邮电科学院合作，实现"借梯登高"。与此同时，他开始选派优秀员工前往武汉邮电科学院学习。同年，亨通终于拉出华东地区第一根合格的光缆。

"当时光缆市场是邮电电信垄断的，可以说没有市场，我们只是做了一个技术与产品的储备。"崔根良回忆道。机遇总是留给有准备的人。一个偶然的机会，崔根良结识了一位来自日本的投资商。这位投资商投资150万美元，与亨通合资创办了吴江妙都光缆有限公司。

崔根良用这笔资金，带着技术设备专家，从欧美国家进口了几十台（套）先进生产设备和检测仪器，大大提升了亨通的装备水平。至此，亨通完成了"借船出海"的目标。

亨通灵活大胆地在企业发展的道路上，利用"三借"——"借鸡生蛋""借梯登高"和"借船出海"，使亨通实现了三级跳，实现了企业发展的阶段性目标。

20世纪90年代中期，广播电视系统开始布局光缆网络，并向全国招标；广电的光缆铺设刚刚起步，没有固定的供应商。亨通的光缆质量高、价格低，很快打进了广电光缆的市场。国家"九五"计划设立了"八纵八横"的光缆干线工程，这使市场需求量急增，亨通的光缆事业一下子进入快车道。从此，亨通在中国的光缆行业里，越走越广阔。

"亨通要想跻身世界光通信之林，必须要有自己的产业竞争力，要有自己的撒手锏！"

1992年，亨通上马光缆项目后，就开始深度关注光缆技术与行业的发展趋势。光缆的主要原料是光纤，光纤是由光纤预制棒拉丝而成。然而，当时光纤拉丝技术和光纤预制棒制造技术都掌控在外国人手里。那时，亨通集团生产光缆的光纤原料也是100%从国外进口。崔根良意识到，光纤传输必定优于电传输、光纤通信一定会替代电传输，不能自喜于通信电缆取得全国销量第一的成就，也不应满足于光缆批量销售的业绩，要转型发展光纤。

1995年，亨通正式决策要制造光纤。在当时，只有美国、法国和日本几家国际大公司拥有制造光纤的核心技术。当时，亨通想用以市场换技术、以市场寻求外企合作的方式进行。有一家日本公司曾向亨通集团伸出了橄榄枝。这家日本公司既有成熟的光纤拉丝技术，又有世界最强的光纤预制棒研制生产能力。

崔根良率队到了日本。在谈判中，日方谈判人员直接拿出一份合作协议，指着协议说："你们要想合作可以，按协议内容执行就行……"

崔根良一看："这哪里是什么谈判？谈判是公平的，是双方协商的，眼前的这个场景，就是通知我们来日本签个字。"同时，日方还提出今后必须长期采购日方公司的光纤预制棒。看来与这些国际大公司实现平等合作是根本不可能的事情。

亨通发展光纤的路到底怎么走？ 2000年12月，亨通集团首届发展战略研讨会在上海召开。

在这次研讨会上，知名通信专家周仲麟说："光纤是光缆的必需原材料，现在全国都要依靠进口，就像被人掐住脖子。亨通要想跻身世界光通信之林，必须要有自己的产业竞争力，要有自己的撒手锏！"专家的讲话坚定了亨通集团上马光纤的决心。既然不能通过市场获取技术，那就自力更生研发光纤的制造技术！

2001年，全球互联网泡沫的破裂，对中国光通信行业产生重大影响。正因为在那段时间投资低迷、物价走低，国外光纤设备价格下降，亨通建设光纤厂房就比同行至少节省了30%的投资成本。更意外的收获是，外资在中国的光纤厂经营惨淡，一大批优秀的光纤技术人才随之流出。亨通立即敞开胸怀，招揽精英，吸引了一大批高素质专业人才加盟亨通的光纤研制生产行列。

通过购买国外光纤拉丝设备，在消化吸收的基础上对设备按照工艺要求进行调整改造，亨通技术团队经过半年的技术攻关，终于拉出了自己的光纤。不过令技术团队焦虑的是，丝是拉出来了，但光纤指标合格率偏低。接下来，技术团队夜以继日，不断地改造装备，不断地更换材料，不断地调整参数，又经过一年半的苦战，终于使光纤指标达到了世界同行业的先进水平。

2006年11月，在国际电信联盟日内瓦会议上，第一次颁布了G657光纤标准，作为中国专家组成员之一的亨通带去的光纤技术指标，不但符合国际技术标准，而且还高于国际标准。在获得了市场的同时，又博得了业内的赞誉！这意味着：从此，在世界光通信领域，中国企业有了一席之地。

崔根良常说，"在这个创新创造的时代，新兴需求不断创造，传统需求正被颠覆。创新已成为企业生存与发展的唯一的能力和途径。走自主创新之路才有未来，走自主创新的道路，才可能掌握明天。"

"光棒"全称"光纤预制棒"，可以用来拉制光纤的材料预制件，是制造光纤的核心原材料，是整个光通信产业链中高端、核心的技术。长期以来，这项核心技术一直被美国、日本等极少数国家牢牢掌控，我国自20世纪70年代起就开始研发光纤预制棒技术，直到2003年仍没有取得实质性突破。

2003年8月，"能不能搞光纤预制棒研发，突破国外对中国的制约"成了亨通战略研讨会主要议题。战略研讨会本就是务虚会，但这个议题却让会议氛围显得异常沉重。崔根良一抛出这个议题，想请专家、院士们为亨通把把脉、建言献策，马上就有院士站出来讲，"光纤预制棒项目投资大、风险大，国内到目前为止，一些科研院所、企业进入该领域搞研发的都失败了。亨通没有必要冒这个风险！"还有院士说，"亨通技术力量没法跟国家研究院所比，同时要拿自己口袋里钱去搞研发，搞光纤预制棒等于烧钱！"权威专家的反对意见不是没有道理。既然有这么多反对意见，亨通没有马上作出决策，但调研摸底工作却在紧锣密鼓地进行中。

为实现制造光棒的理想，亨通就一直在寻找研制光棒成功的合作方。在一年多时间里，亨通的团队对全世界光棒企业都做了不同程度的接触谈判。崔根良带领团队曾创造了一个星期绕地球一圈考察了5个国家的纪录。结果，到处是"对不起""不可以""这是商业机密""这是高端知识产权""这是高科技核心技术"。

完成光纤项目是亨通推进产业升级和完善产业链的重要一步，而完成光棒制造，却是完善产业链的高端核心技术和我国光通信产业从中国制造向中国创造的关键台阶。光纤预制棒产业的研发，不仅事关亨通的发展，更重要的是关系到国家光通信产业的振兴大计。

　　崔根良经常在各种会议上说，自主创新是对不确定性的探索和研究。做企业本身就有经营风险，有风险不可怕，怕的是不考虑风险后果盲目去干，要把风险控制在企业可承受的范围内。

　　于是，亨通一次性投入6亿元用于光纤预制棒的研发。

　　然而，自主研制光棒是一个痛苦而漫长的艰难历程，相比于自主研发制造光纤，这次亨通研发团队感受到了前所未有的压力。没有理论，没有工艺，没有原料，没有装备。一切从零开始，屡试屡败、屡败屡试，创新的路远比想象的要艰难得多。

　　2010年8月，经过100多名技术人员1500多个日日夜夜的研发，亨通最终摘得了这颗光通信产业"皇冠上的明珠"，完全掌握了光纤、光棒的核心技术，成为中国唯一掌握光棒尖端技术自主知识产权的民族企业。

　　值得一提的是，经过近5年的科研创新，亨通再次打破国外技术壁垒，成功研发了国际顶尖、全过程绿色环保的新一代光纤预制棒制造技术，成为全球第二、中国唯一拥有此项核心技术的企业。这项技术可实现氯废弃物零排放，显著提高了国内光纤预制棒制造企业的国际竞争力。

　　亨通集团就是这样，始终瞄准世界通信发展前沿，围绕关键核心技术和高端领域，以战略、人才、技术、机制、资本"五位一体"的创新体系为载体，依托国家级企业技术中心、院士工作站、博士后工作站等创新平台，开展原创性、自主性技术的研发创新，现已拥有国内外专利3000多项，参与国际、国家标准300多项，在光通信、海洋通信、智能电网等许多领域创造了中国第一、全球首创。

　　亨通自主研发出光纤通信核心技术，独立生产出中国人自己的光纤产品，把国外垄断光纤价格降低了70%，使网速提高50倍，为发展大数据、物联网、云计算奠定坚实基础，为国家宽带中国、网络强国的实施提供了保障，触发了中国互联网、数据流量的井喷式发展，推动中国步入全球光通信强国。

　　目前，亨通集团已建成全球单体规模最大的绿色光纤材料现代化智能制造基地，先后荣获中国工业大奖、袁宝华企业管理金奖，入选工信部国家工业强基工程、国家绿色集成制造、国家智能制造项目。

占据了产业竞争制高点，就有了全球同台比拼的底气！

一个企业发展到一定规模以后，只有全球定位、融入全球市场，才能锻造出国际化企业。企业今天不国际化，明天就会成为别人国际化的一部分。"国际化是打造百年亨通的必由之路。"崔根良的定位很明确。

2001年，亨通开始涉足海外市场，首先在发展中国家市场掘到了第一桶金。

随着海外市场的拓展，亨通确立了市场国际化、产业国际化、品牌国际化"三步走"方针，实施50%营收来自海外，50%产业在海外，50%人才为国际化人才的"555"国际化战略，大踏步走向世界，拉开了企业全球化运营格局。

"当前中国综合国力、影响力在上升，有政治上、外交上、金融上、财政上等支持，是开展国际合作的最佳时机。"崔根良信心满满地说，"中国已从资本输入转型为资本输出的时代，也是中国企业走出去的最好时机。"

从2012年开始，亨通集团通过投资、收购方式先后在巴西、南非、西班牙、葡萄牙、印尼、印度、埃及创建了9个产业制造基地，其中还收购了有107年历史的欧洲老牌企业、50多年历史的印尼老牌上市公司。目前，亨通已在海外拥有外籍员工超5000人，在海外创建了34个全球营销技术服务中心，亨通的光纤网络与业务品牌已覆盖130多个国家和地区，全球光纤网络的市场份额达15%。

这里值得浓墨重彩一笔的是由亨通海洋光网公司承接的马尔代夫马累海缆项目。该项目是亨通海洋承接的单个订单中总长最长、单根长度最长达318公里的国际海缆订单，同时此举也创造了国际最长海光缆的记录。该项目海缆总长1200千米，联通马尔代夫的200多个岛屿。这一通信工程为马尔代夫提供了4G骨干网技术支持，使马尔代夫由2G时代跃升到4G时代，为全球海洋通信递上了一张中国名片，为中国制造赢得了世界声誉，为全球光纤网络和能源互联网建设提供了中国方案。

目前，亨通集团的海洋通信和能源互联产品及系统解决方案已在国内外多个重大项目中得到成功运用，赢得了国际社会的高度认可。在俄罗斯国家电网220kV大截面光纤复合海底电缆项目整体交付中，亨通集团出色完成任务，获得俄罗斯总统普京的高度认可，创下国内出口海缆的最大订单纪录。

从纯粹产品出口，到参与欧美国家的工程总承包（EPC）项目，再到海外并购，亨通集团历经了从"市场国际化"到"资本国际化"再到"品牌国际化"的"三部曲"。

亨通在国际化的道路上，虽然遇到了种种困难、曲折和教训，但信念从未动摇过，因为只有坚定不移地走出去，才能在国际产业分工当中赢得发展空间。

## 3.奥盛——世界第一的大跨径桥梁缆索供应商

奥盛集团创立于1997年，创始人为汤亮博士。

在汤亮的带领下，奥盛集团已经发展成为一家以桥梁缆索制造产业链为核心的高科技制造业集团，成为世界排名第一的大跨径桥梁缆索的供应商，连续多年位列中国制造业企业500强和中国民营企业500强，是中国制造行业科技创新的领军企业。

20世纪90年代，在邓小平同志南方谈话的鼓舞下，中国改革开放大潮风起云涌，打破"大锅饭"，告别"铁饭碗"，下海创业，实现自我价值，成了时代最强音。研究生毕业后在国家部委工作的汤亮，也被时代精神所感召，决心跳出体制，勇闯市场，去寻找属于自己的那一份事业，奥盛集团由此应运而生。

多年后，汤亮回顾那一段岁月说："我不是迫于生计而创业，也不是梦想发财而创业。那会儿，虽说朝九晚五的机关工作比较安逸，可我总感到生活缺乏一股激情，内心渴望一种更加充满挑战的生活。因此在创办奥盛时，我的目标就很明确，也很单纯：决定一辈子立足民族的高端制造业，以中国市场和世界市场为舞台，作出一番为国争光的事业。"

从创业第一天起，汤亮就对奥盛的科创团队说：我们不吃别人嚼过的馍，一定要走自己的路！他们这个创业团队的知识视野和专业素养，决定了奥盛集团的创业与传统民营企业的创业有很大的不同：一是起点很高，要从中国制造的空白点做起；二是追求坚定，要做世界上最好的大桥缆索；三是路径清晰，就是要通过科技创新来攀登高峰。

20世纪末，奥盛集团一举成名的首战项目，就是中国第一条大跨径斜拉桥——上海南浦大桥。他们抱定科技创新的宗旨，依靠自己的技术力量，打破了国际上的技术垄断，制造出了具有国际一流水准的缆索材料，填补了国内空白。集团旗下的全资子企业浦江缆索公司，成功架设了让中国桥梁界为之瞩目的黄浦江上第一条跨江缆索，由此拉开了改革开放桥头堡上海的桥梁建设序幕。

以此为开端，"奥盛缆索"一发不可收。从上海的南浦大桥、杨浦大桥起步，逐步走到全国各地跨江越海的大桥，再走到世界各国的地标性大桥，使"奥盛缆索"成为"中国制造""中国智造"的象征。

长期以来，奥盛集团聚精会神搞实体经济，孜孜不倦地在企业的主业上拼搏，以科技创新为驱动，咬定青山不放松，与世界桥梁工程的科技水平同步发展，并在多项新材料和新技术领域，领先于国际水平。迄今为止，奥盛集团已获得重大科技成果13项，其中包括国家科技成果一等奖2个、二等奖1个，拥有123项发明专利，获得詹天佑奖、鲁班奖等国家级质量奖82项。参建完成国内外的大型地标性工程120个，为全球800多座大桥提供了缆索结构。在英国皇家《桥梁》杂志的行业全球统计排名中，奥盛在全球特大型悬索桥、特大型斜拉桥缆索市场的份额，分别达到51.2%和54%。

2005年，浦江缆索公司被时任浙江省省委书记的习近平同志慧眼看中，亲自拍板把它作为先进制造业的样板企业，引进到浙江的嘉善。次年1月12日，浙江省人民政府在北京人民大会堂举行了隆重的签约仪式，习近平同志不仅亲自参加，还发表了热情洋溢的重要讲话，对浦江缆索给予了高度评价。他说："像浦江缆索这样的先进制造业，我们不但要多多引进，还要大力扶持，让企业走向世界市场。"

进入新世纪以来，奥盛集团高举"中国创造"的大旗，以领先全球的、无可替代的核心竞争力，在世界舞台上不惧强手竞争，屡屡承接了许多突破世界桥梁跨径纪录、具有全球地标性意义的大桥工程。

2012年，奥盛集团承接了世界跨径第一的自锚式悬索桥美国旧金山奥克兰新海湾大桥。奥克兰新海湾大桥是美国的新地标建筑，也是目前世界上投资量最大、技术要求最高、设计使用寿命最长的大桥。当初竞标时，全球桥梁工程界人士就说：谁拿下这个缆索工程，就等于摘下了全球大桥缆索的"桂冠"，获得了进入全球市场的"通行证"。

因为奥克兰新海湾大桥地处地震带，所以美方提出的缆索技术指标非常苛刻，要有抗八级地震的能力。全球能接这活的13家顶尖企业都去投标了，大家都拿出了自己的绝活，但是最终能满足美方全部技术要求的，全球只有两家企业。在最后的"巅峰对决"中，奥盛集团旗下的浦江缆索公司依靠自身实力，一举夺标胜出。

在制造和施工过程中，奥盛集团拿出了很多独立自主研发的、世界首创的新技术，获得了美国业主和美国舆论界的高度赞赏。美方聘请了40多个工程监理驻扎在工地，按照国际惯例，如果监理对任何一道程序或质量标准有不同看法时，就有权开出一张"停工单"，召集施工方坐下来开会，统一意见后再开工。但在施工全过程中，浦江缆索没有"吃"过一张停工单，美国监理也不得不佩服浦江缆索的施工质量确实是一流的。奥盛的工程技术人员指挥美国工人，一气呵成地完成了工程建设，交出了优异的答卷，质量完美度受到美方的高度评价，也奠定了浦江缆索在全球行业中的"领头羊"地位。

不久，峡谷跨径世界第一的云南龙江大桥、海峡跨径世界第一的杭州湾跨海大桥，也由奥盛集团中标，并先后开工建设。特别在架设被世人美誉为"云中漫步"云南龙江大桥的缆索时，奥盛集团采用了一项全球创新的新技术——主缆索股入鞍预成型技术，使得整座桥梁的架设周期整整缩短了57天，一举创造了世界桥梁工程工期的新纪录。

桥梁工程是百年大计，工程建设进度都要经过严格的科学计算，工期安排都非常紧凑，要想缩短几天，都是"难于上青天"的事情，不要说一下子缩短近两个月时间了。全球同行闻悉，无不惊叹，有的专家不相信，还特地飞到中国云南来实地查看。奥盛集团的这项能够神奇缩短建桥工期的创新技术，后来被国际权威专业杂志作了广泛报道，成为奥盛集团的独门绝招。

当今世界上的大桥基本都是悬索桥，都是通过桥梁上部的缆索来负重，既让桥梁跨越大江大海，也不妨碍桥下的航行。从理论上讲，悬索桥最大极限的跨径是3500米。近10年来，由于桥梁科技和缆索材料的进步，各国都在不断刷新世界桥梁跨径的纪录，以接近这个理论极限。

中国的西堠门大桥是1650米，虎门二桥是1680米，位居全球第二和第三名，桥梁缆索都是奥盛集团制造承建的。位居全球第一名的是跨径1991米的日本明石海峡大桥。但是，这个世界纪录即将被突破。由土耳其通往希腊的恰那卡莱海峡大桥，萃集了全球桥梁工程的新科技、新技术，桥梁设计跨径达到了2023米，成为全球第一。

2018年6月15日，这座世界第一大跨径悬索桥的承建施工招标结果，在全球桥梁界人士的注目下，终于揭标了。业主方郑重宣布：恰那卡莱海峡大桥的上部结构——缆索工程的全部设计制造合同，由来自中国的奥盛集团中标！

走一步，想两步，看三步，是奥盛集团长盛不衰的一个秘密。汤亮董事长说："从今后十年看，奥盛集团的订单是不愁的，但是市场总有饱和的那一天。于是我们未雨绸缪，在企业经营最好的状态下，开始了结构性调整，力争培育新的经济增长点。如今，奥盛集团旗下已经增添了两个新的高科技企业，都落户在上海中心城区转型升级示范区的桃浦地区。"

一个是专注于高端医疗器械研发制造的企业，产品有先天性心脏病封堵器系列、左心耳封堵器系统、二尖瓣修复系统等，这些产品都是去年TCT大会上最受关注、最前沿的创新产品。另一个是制造多种航空发动机叶片的企业，是贯彻落实中央"军民融合"发展战略的高科技企业。

汤亮说："这两家高科技企业，今后都将依托奥盛材料研究所，在新材料研发和基础科研上走出一条新路。这是奥盛集团在新时代高质量发展的新作为规划，争取在不久的将来能整体实现奥盛集团跨越式发展的目标。"

从大桥缆索跨界到心脏医疗器械，再跨界到航空发动机叶片，步子会不会迈得太大了呢？

汤亮解释道："其实不然。因为从产品属性和工艺来讲，无论缆索、医疗器械还是叶片，都属于金属材料的塑性变形加工的范畴，都是依托于奥盛材料研究所对材料和工艺的研发。从企业发展理念来讲，都贯彻了同一个"连接"理念：大桥缆索是"连接"陆上的两地距离，心脏医疗器械是"连接"人体内外的距离；叶片是"连接"地空之间的距离。成功的"连接"，就是新时代的创新，就能催生出新的生产力和新效率。

这些年来，奥盛的高速度、高质量发展，完全得益于以推进党建工作为抓手，以企业创新文化为平台，强劲推动企业快速发展。

奥盛的"企业创新文化"，被评为"上海市十佳企业创新文化"。创新是奥盛与生俱来的灵魂，也是奥盛人时刻不敢忘怀的立身之本。用汤亮的话来说，就是"一年创新，靠智慧；几年创新，靠团队；多年创新，就要靠企业的创新文化平台来支撑"。一个企业的创新文化，就像"润物细无声"的春风，虽说看不见，摸不着，但是人人都能感受得到。

对于奥盛集团的创新文化，汤亮有一个简洁的理论概括，叫作"一个本质标识+三个鲜明特征"。

奥盛创新文化的一个本质标识，就是"责任"两字。大桥缆索这一行当的最大特点，就是肩上的责任大如天！世上许多制造业的许多产品，都是允许回炉返工的，唯独大桥缆索不行。正是这种严肃得几乎近于残酷的客观现实，才孕育出了以"责任"为本质标识的奥盛创新文化。譬如说，奥盛对缆索产品的内控原则是：在企业的缆索实验室里，再大的风险也能接受；缆索一旦上了桥梁工地，再小的风险也要把它消灭在萌芽状态！迄今为止，奥盛的大桥缆索质量，始终保持着零事故纪录。

奥盛创新文化的第一个鲜明特征是：奥盛创新文化的世界视野。奥盛在培养年轻一代科技人才时，首先要求他们的成长起点要高，要有开阔的国际视野，要了解国际前沿科技的进展。奥盛的科技创新团队是由不同年龄段的人组成的，其中有60来岁的技术权威，他们功成名就，甘当人梯，也有一批30多岁的技术专才，他们富有激情，敢闯敢拼。这种组合形成了"双翼齐飞"的团队优势：既有传统老经验的传承，也有时代新思维的融合。

奥盛创新文化的第二个鲜明特征是：奥盛创新文化的全员创新。在中国制造业中，奥盛是个年轻的企业，企业员工普遍年轻，但人人钻研技术，企业中的学习气氛很浓厚。特别在生产第一线上，员工们在实践中搞个小改革、小发明的，是常有的事情。其中，有一个工人还获得了"上海十大工人发明家"的称号。

奥盛创新文化的第三个鲜明特征是：奥盛创新文化的民族情怀。奥盛在承接全球特大型桥梁缆索的过程中，屡屡创造了世界纪录。这些里程碑式的工程，无不彰显了奥盛创新文化的一份民族情怀。因为人类用悬索形式来承载桥梁重力的伟大设想，就是中国人发明的。最早的文字记载出现在公元前285年，李冰父子镇守西蜀时，就造出了世界上第一座以竹为悬索的吊桥。世界科技史权威学者李约瑟说："古代中国人以'吊'承力的伟大智慧，整整影响了人类2000多年的造桥史。"今天，奥盛集团每架设一座刷新世界纪录的大桥缆索时，都会感到无比的自豪，因为奥盛是在继承中华智慧，发扬先人荣光，这也是奥盛集团创新文化的动力源泉。

## 4."百步亭"——百步不停

为什么在当今社会矛盾大量涌现时，18万人的百步亭社区近20年始终保持没有邻里纠纷、没有越级上访、没有群体性事件等"十没有"和无违章搭建、无开窗设点、无占道经营等"十无"？

为什么许许多多普通党员、居民退休入住百步亭社区后，重新迸发出蓬勃的生机和活力？

为什么一些地方仇富成为一种蔓延的戾气，百步亭社区党委书记、董事局主席茅永红作为一个民营企业家得到社区居民的衷心拥戴？

为什么居民都骄傲地说"选择了百步亭，就是选择了幸福生活"？

中组部先后3次派出调研组，打着背包住进社区，走家串户访谈居民100多人次，调研组"通过走访、座谈，感到百步亭社区确实百闻不如一看，深受感染和触动。"

百步亭社区先后被评为全国先进基层党组织、全国文明社区示范点、全国文化先进社区等，并获得了中国城市管理进步奖、全国和谐社区建设自主创新奖等100多项国家级奖项。

百步亭是全国社区建设的一面旗帜，成为展示武汉人文风貌的一个窗口。2003年，中央宣传部、中央文明办、建设部、文化部四部委联合发文向全国推广百步亭社区经验。中央宣传部、国家民政部，将"全国社区工作者和志愿服务骨干培训基地"设在百步亭社区，百步亭社区承办"全国社区工作者培训班"，培训来自全国31个省区市的4000多名社区书记；全国2万多个社区的工作者、社会各界以及30多个国家的友好人士，200多万人次到百步亭社区考察参观。

党和国家领导人习近平、李克强、汪洋、韩正、王岐山以及俞正声、刘云山等对百步亭给予高度评价。王岐山同志2013年11月视察百步亭时称赞道："百步亭党风正、民风淳，是全国的榜样，是党建的一面旗帜，要放大，要带动全国。"

百步亭地处武汉市近郊，早在100多年前，进城生活的人们在此扎着"白布篷"居住过渡，后谐音得名"百步亭"。在开发建设之前，这里到处是鱼塘和沟渠，水电路等市政配套全无。首期开发用地7家房地产公司先后进驻，都因条件恶劣、赚不到钱，又先后退出。

1995年，百步亭集团作为第8家开发企业，踏上了这块土地。董事局主席茅永红，出生在一个农民家庭，杜甫"安得广厦千万间，大庇天下寒士俱欢颜"的诗句，使他一直有一个梦想——建很多的房子，让老百姓来居住。

改革开放给了他圆梦的机会。机缘巧合，他来到了百步亭地区。亭，《说文》解释为"民所安定也"，就是要让老百姓安居乐业的意思。于是，他把开发企业命名为武汉安居公司，集团命名为百步亭集团，为老百姓安居乐业建房子。

不忘初心，方得始终。百步亭怎么建？考察发现，国内很多房地产小区，因为缺乏规划配套和后期管理，脏乱差严重，成为政府的包袱、百姓的痛处。如何蹚出一条开发新路？百步亭进行了长达2年的前期论证，到发达国家考察，向费孝通等社会学家请教。认识到了"社区"与"小区"一字之间的巨大差别。

1997年，百步亭房地产开发提出全新产品定位：建设"可持续发展的现代文明社区"。什么是社区？茅永红的理解是"老百姓安居乐业的幸福家园"。这里既要居住安心，又要服务舒心，还要生活开心，物质文明和精神文明全面提供、全面保证。

有人提出，企业建社区、管社区，那是自讨苦吃，还会影响利润。茅永红回答，企业要追求利润，但不是"掘一桶金就走"的短期利润，而是要追求"理性利润"，追求"长远效益"和"多赢效应"。

思想明确了，行动就有了方向。在设计、施工、验收等各个环节，他们坚持一切围绕居民的需要和社区的功能，不给居民添麻烦，不给物业留后患。

宁可少出房10%，也要将所有房屋设计成南北朝向，通风采光，让居民少开空调少开灯；为保证工程质量，他们制定了"三大纪律八项注意"，不准吃施工队一顿饭，不准拿施工队一包烟，违者坚决辞退；组成居民"验房团"，在专家验收的基础上，再从"鸡蛋里面挑骨头"。

茅永红要求公司各级负责人全部住到社区，并公开自己家庭住址和电话号码。如果管工程的老总建的房屋渗水，如果管物业的老总服务不到位，就让居民天天找他，让他吃不好饭，睡不好觉。

真心诚意的付出，换来真金白银的回报。首期开盘销售，1000多套房子，一抢而空。

居民入住了，可问题又来了。大年三十，茅永红让员工回家吃年饭。可初一上班时发现，小区到处是烟头、纸屑、果皮。茅永红感到，光靠物业管理，少数人管多数人，解决不了这个问题。必须把社区居民都发动起来，共同参与社区管理。

为此，茅永红让工作人员买好腰鼓和服装送给居民，吸引大家参加文化活动。一场活动，就是一次感情交流。慢慢地，大家从只关心自己的"小家"，变为爱护社区"大家"。

茅永红在社区带头捡烟头，捡到第三天，员工跟着捡；捡到第七天，社区居民跟着捡。后来，百步亭社区出现了无烟头、无纸屑、无果皮等"十无"的喜人局面。

居民参加文体活动的人多了，又有人找到茅永红说："你一片好心，叫我们都出来活动交流，可现在场地又不够了。"茅永红召集股东开会，提出将中心地段的一个房屋组团不建，拿出地来建社区公园。这话一出，就炸了锅！有股东说，刚过上两天好日子，你又要折腾。别人是铲掉公园建房子，你是推倒房子建公园。直接损失就是1个多亿啊，以后还要贴钱维护，有这样办企业的吗？

茅永红坚持自己的观点："既然我们的产品是社区，就必须具备社区相应的功能。"有两名股东见不能说服他，就翻脸退出了。茅永红顶住压力，把已经规划的6万平方米房屋，改建成4万平方米的社区中心公园。

十几年来，百步亭用于社区的各种公益性投入，累计近10亿元，满足了居民的多种要求：居民在家门口就可健身娱乐；居民看病费用只有三甲医院的1/4；居民的孩子不用交赞助费，就可以上名校。因配套完善，环境优美，百步亭社区荣获了建设部首届"中国人居环境范例奖"。

多年来，国家提出加强保障性住房建设，百步亭积极响应，毅然拿出800多亩商品房储备用地，建了9000套保障性住房，其中廉租房2834套。因房屋质量好，获得了住建部颁发的广厦奖。企业虽然损失6亿多元，但解决了3万多低收入群众的住房困难。

搬进保障房的居民孙桂芳，拉着茅永红的手，泪流满面地说："茅总，我家买不起房子。我孩子一米八的个子，只能睡在厨房隔出的小床上，这么多年来，就没有伸直了睡过觉，我这个当娘的，心里疼啊！是中央的好政策，让我家住进了新房。看到孩子在床上打滚，我高兴得真想哭啊！"

百姓的心声，让茅永红深深感到，为保障房建设的付出，真是非常值得！

舍得舍得，有舍才有得。百步亭为政府分忧，政府给了百步亭很多荣誉和支持；百步亭为居民服务，居民替百步亭做了大量宣传。百步亭很少做广告，老百姓的口碑，就是最好的广告，每次开盘，总是排队抢购一空。有媒体评论说"百步亭社区品牌，不管市场冷暖，始终不愁销售"。

当年的臭水沟、烂泥塘，如今变成了十几万人居住的全国文明社区；当年名不见经传的武汉安居公司，成了百步亭集团，连续多年被评为全国房地产的百强企业。

2000年，社区成立党委，茅永红被推选为党委书记。民营企业家担任社区的党委书记，当时全国尚无先例。为当好这个书记，腾出更多时间为社区居民服务，茅永红辞去了总经理职务。他提出："社区党的干部，要让居民看得见、叫得应、来得快、办得了，一定要成为居民贴心贴肝的依靠。"

百步亭社区党委始终认为"有钱有物，不如有个好支部"。他们大力实施"红色引擎"，把社区党支部建设成为一个坚强有力的"红色堡垒"，激活党员"红色细胞"。

社区党委借鉴"支部建在连上"的做法，将党小组建在楼栋，实行区域党组织管总的责任体系。要求做到"五个负责"：党委书记负责社区，支部书记负责苑区，党支部委员负责片区，党小组长负责楼栋，党员负责家庭。每个楼栋网格管理小组由"二长四员"组成，包括党小组长、楼栋长以及卫生委员、治安委员、文体委员、物业房管员。

5000多名"二长四员"成为社区工作骨干，他们照片上墙，电话公开，24小时履职。上万只耳朵倾听居民心声，上万只手为居民服务，居民的困难第一时间得到解决。

十几年来，社区党组织走访了所有的家庭，解决了近20万件问题。社区事有人管，苦有人问，难有人帮，温馨和谐得像个大家庭。

"党组织对居民有求必应，居民对党组织一呼百应"。十八大前夕，百步亭社区发起接力绣红旗活动，全国20多个城市、10多万党员群众踊跃参加绣红旗，表达一个共同心愿——社区老百姓永远跟党走。这面红旗献给了十八大，在中央电视台《领航中国》大型晚会上庄严展示。

百步亭树立"居民永远都不错，社区永远有不足"的理念，实施"亲情服务、规范管理、从小事做起、从好事做起"的服务宗旨，服务做到"三全"：全方位、全天候、全过程，服务过程不说"不"字。

社区建立党群服务中心和信访接待中心，开设一站式服务平台和24

小时服务热线，开通网上"小总理信箱"，信息窗口遍布于每个角落。对居民的诉求，实行"首问责任制"，做到"小事不过夜，大事不隔天，件件有记录，事事有回音。"每年接待信访诉求一万多件次，处理率100%，解决了包括水管漏水、灯泡不亮、出门忘带钥匙、夫妻吵架、半夜小狗噪声扰民等问题，老百姓的吃喝拉撒睡全都管到。

一人走百步不如百人走一步。社区发动群众、多方参与，管理服务社区的工作人员，从100多名专职社区工作者，拓展到5000多名兼职社区骨干，发展到4万多名注册志愿者，成立了170多支特色志愿服务队伍。

社区志愿者就近就便，开展各种志愿服务活动，成为社区服务的重要力量。他们聚是一团火，散是满天星，是居民眼中"最可爱的人"。社区建立养老服务信息平台，为7000多名65岁以上老人免费发放"一键通"手机。邻里关照志愿服务，将温暖送到家，志愿者与社区1000多名空巢老人、500多名残疾人，全部结上了关爱对子。孙朝娟带领400多人的"温馨姐妹"服务队关爱高龄空巢老人；李小海志愿服务队，主动帮助空巢老人采购生活用品；阎维娜的退休医生"健康关爱站"，量血压，拉家常，成为老人的"心理聊天室"。老人们说："志愿者来到家，除了不知道存折密码，其他什么都知道。他们叫得应、来得快、办得好、信得过，真是比亲人还亲。"

百步亭社区通过组织开展丰富多彩的社区文化活动，吸引广大居民走出家庭、走进社区。

"亭文化"是百步亭社区景观标志，社区先后建成300多个亭子。居民以亭为载体开展文化活动，找个亭子、搭个班子，如今亭子里的歌友会、棋友会、书友会，成为亭文化的一道风景。题亭名，赋亭联，是居民热心参与的一项文化活动。一位在社区实现了创业的居民感恩社区，将中心绿化广场中的一个亭子赋名为"绿荫亭"，寓意"社区绿荫满中华"，楹联为"长亭短亭连亭亭亭深情、党心民心心换心心心相印"。

"百步亭万家宴"也是社区活动的一个品牌，迄今已经连续举办了17届。居民用精心制作的"菜文化"，表达对"中国梦社区美"的情怀。从百家宴到千家宴，再到万家宴，人气越办越旺，影响越来越大，2011年

"百步亭万家宴"入选英国吉尼斯世界纪录。省委书记亲赠贺联,"百步亭百步更不停,万家宴万家尽欢颜"。

百步亭社区志愿服务工作,得到了中央文明办的充分肯定。中组部、中央文明办在百步亭成立"社区志愿服务全国联络总站",开办"中国社区网"和"中国社区志愿服务网"。百步亭依托"一站两网",牵头联络全国2万多家社区,开展社区党建活动和志愿服务活动,促进了全国社区党建和志愿服务的蓬勃开展。联络全国各地社区,连续举办了6届"全国社区网络春晚"。2017年,参演居民由1万增加到20多万人,点击收看总人数达3.3亿人次,成为全国社区群众文化的草根盛会。

百步亭坚持发动群众参与社区民主管理。社区通过"六步议事定公约",推行居民自治管理。一是多种渠道"提议题",二是多方恳谈"出主意",三是议事组织"拟方案",四是张榜公示"开言路",五是专家审查"定公约",六是居民表决"说了算"。

2001年,一位三年级小学生给党委书记茅永红写信,提出"现在社区狗比孩子多,人文明狗不文明怎么办?"社区就此提出议题,召开恳谈会,"人权""狗权"之争异常热闹,有和风细雨,也有电闪雷鸣。最后通过"六步议事"步骤,制定了《百步亭社区宠物管理公约》,约定早上7点以前、晚上7点以后可以在苑区内遛狗,遛狗时要牵上狗链并处理好粪便。香港议员代表团来社区考察,认真查阅了3000多份征求居民养狗意见表,感慨道:"百步亭居民自治,真正体现了民主自治的精髓,在世界上都有说服力。"

十几万人的百步亭社区,实现了没有居民家中被盗、没有刑事案件、没有黄赌毒、没有未成年人犯罪、没有大的邻里纠纷、没有越级上访、没有群体性事件等"十个没有"。

多年来,百步亭为我国房地产业可持续发展、为我国和谐社区建设,进行了有益探索并积累了宝贵的经验。

百步亭社区被居住在这里的居民称赞为"绿色社区、安全港湾、温馨家园",居民们骄傲地说:"选择百步亭,就是选择了幸福生活!"

中央宣传部、中央文明办、建设部、文化部,四部委联合发文,向全国推广百步亭经验，高度评价"百步亭社区模式，对于提升居民生活质量、提高城市文明程度、促进改革发展、维护社会稳定、夯实党的执政基础，具有全局性、方向性和示范性的意义，影响和推动了中国的社区建设。"

## 5."天生"我材必有用

宁波天生密封件有限公司是一家只有100多名员工的小型民营科技企业，年营业额几千万元。

但是，小企业也能干大事。他们生产的核电站密封件打破了美国、法国等西方国家对我国的技术封锁，攻破了发展核电站的关键技术。为此，该公司获得了"2010年国家科技进步二等奖"，公司董事长励行根受到了党和国家领导人的亲切接见。

什么是密封件？密封件是一种基础性工业产品，工业领域应用极为广泛，石油、石化、发电、船舶、工程机械、汽车、航空、航天、核工业、导弹等高技术领域更是缺少不了。

曾几何时，美国哥伦比亚号和挑战者号航天飞机坠毁，就是密封件出了问题。一个看似简单的密封件，真要应用到高技术领域时，需要热物理、化学、机械原理、材料、力学等方面的深入研究。

核电站被誉为现代工业高技术、高可靠性产业的组合体，密封是其中最关键的技术之一，涉及压力容器、阀门、管道、泵等设备的密封点达1万余处，按密封的功能结构分为5大类产品。核装置的密封不但数量多，结构复杂，尺寸跨度大，压力高，而且要在辐照强、温度高的环境中工作，一般材料无法胜任。

过去国内核电站所用密封件全部从国外进口，18个月的大修周期均要更换。小小的密封件以前只有西方极少数公司能够生产；制造这类产品的重要原材料石墨基材只有德国公司可以满足最严格的指标要求，由于石墨基材涉及军事领域，欧盟技术委员会一直禁止对中国出口，只允许通过配套后的产品经审核后提供给中国。这些都严重制约着我国核电自主化的进程，怎么办？

对于密封技术领域的企业来说，答案只有一个，就是去闯、去创新。

核电站密封件，通俗地讲就是防止核泄漏的零部件，也是世界上几个发达国家对我国实行最严密技术封锁的领域之一。

在现代工业，核电站科技含量非常高，一家小型的民营企业怎么能在这个领域攻破如此尖端的技术呢？当初，励行根心里也没底，但他有个特点：就喜欢做有挑战性的事。

20世纪80年代末，励行根辞去了国营工厂的工作，创办了宁波天生公司，开始生产各种民用密封垫圈。

因为质量好，产品很快就热销起来，生意越来越好，收入也越来越多。但励行根总觉得生产普通密封件，不是他的追求。

有一天，一位朋友对他说："你不是一直想做技术含量最高的密封件吗？核电站使用的密封件技术含量最高，也最难做，现在中国还做不了只能买外国的。"从那以后，励行根开始了在核密封技术领域20多年的艰难历程。

秦山核电站是我国第一座核电站。党中央考虑到在经济发达地区建设核电站安全问题至关重要，关键部件均采用了当时国际上最可靠的产品，其中的核密封产品由少数几个国际知名公司提供。1989年，秦山核电站急需一个核三级阀门关键密封部件，该部件原计划由一家日本公司提供，但是美国不许日本对中国出口该部件。核工业部决定让国内的厂家解决这个问题。

当得知这一消息时，天生公司毛遂自荐向中核集团的专家们讲述了自身的技术能力。专家组通过综合考虑后，决定由天生公司和另一家国有企业联合开发这一产品。

当时，最大的难关就是要解决化学指标问题，如果这些指标达不到就会严重影响核电站的寿命。可是日本企业能做到的这些指标高于当时我国掌握技术指标的1000倍，如何在短期内达到这一指标，问题摆在了每个工程师的面前。

励行根大胆提出了自己的一套想法。他说："小时候，我们在家蒸馒头，气体的上升会产生通道，用这种方法也许会产生效果。"在实施过程中，技术组通过不断调整容器内温度、压力和介质流量，最终使产品的化学指标达到了技术要求，解决了这一大难题。天生公司终于成功迈进了以前想也不敢想的核密封领域的大门，开创了国内企业进入这一领域的先河，开辟了中国核电站密封件自主化的起点。

这次成功，没有使励行根陶醉和满足，而是有了更高的志向和追求。

励行根十分清楚，"核密封技术"是少数几个发达国家才掌握的技术，对外高度保密，要想获得国际上的技术资料根本不可能。专家告诉他，要掌握核电站的密封技术，关键是拿到实验数据，但实验不可能直接在核反应堆上去做，要做实验，必须建立自己的高水平实验室。

建立实验室需要大量的资金。当时，一个小企业是不可能获得政府的资金支持的。励行根去几家银行申请贷款，说他要投资做一个核电站密封件的实验室，人家都以为他疯了，根本不贷给他款。为了资金，励行根克服了常人难以想象的困难，东借西凑筹集了2000多万元，建立了国内最先进的实验室。这个实验室，可以做各种实验。为了获得宝贵的试验参数，励行根几乎天天吃住在实验室，一项项实验反复试，一个个数据反复做，几年时间天天如此。

有了自己的实验室就等于有了新产品研发基地。经过长期的攻关，天生密封件公司在基础材料、工艺和制造技术方面取得了重大突破，掌握了具有自主知识产权的核心技术，达到了世界一流水平。

但是，产品生产出来，并不等于能卖出去。当时中国所有核电站使用的各种密封件全是国外的产品，一家小型民营企业生产的密封件想进入这个市场其难度是可以想象的。

营销产品的过程是艰苦而漫长的，它考验着民营企业家的毅力和信心，但励行根始终相信机遇永远是留给有准备的人。

2007年，国内从加拿大全套引进的重水堆加料装置出现故障，请来了二十几位国外专家艰苦奋战了一个多月，仍然没有找到可行的解决方案，急坏了中方技术负责人。这时，他们突然想到了励行根，因为他曾多次介绍过公司的产品。半夜1点钟他们打电话给励行根。一听情况紧急，励行根立即驱车赶往现场，冒着强辐射的危险，尽量靠近事故点。当时现场的辐射剂量已经超标，励行根虽然穿着防护服，但是显示剂量超标的红灯一直在闪，警报器一直在叫。但为了尽快找到事故原因，拿出解决方案，励行根必须尽可能接近事故点。核电站中方技术负责人多次强行把他拖离事故现场，并警告说，你受到的辐射剂量已经超标了，这样下去会对身体伤害很大。

但为了找到事故原因，励行根顾不了这些。早晨6点钟，励行根提出了3套解决方案，经过大家4个小时的激烈讨论，上午10点双方同意实施第一方案，接着是24小时连夜奋战，运用天生公司研发的密封构件，一次安装成功，圆满地解决了困扰双方一个多月的大难题。当时现场的加拿大公司的负责人激动地抱着励行根大声说："中国技术、中国速度，了不起。"

自此，宁波天生成为这家加拿大原子能公司的终身顾问公司。在以后的几年内，又解决了世界范围内的多项重水堆密封难题，得到了加拿大原子能公司高层的高度肯定。对天生公司来说，更重要的是，由此平台获得了大量的西方企业的技术参数，进入了国际核密封俱乐部。

通过这件事，天生公司在核电站密封技术领域一举成名，产品广泛应用于国内所有运营核电站中。

2008年，中国原子能公司对中核集团方家山核电站和福清核电站密封件进行国际招标。法国一家公司知道天生公司是他们最大的竞争对手，在招标前派出专家来中国讲解他们的专利技术，介绍过去十几年从未向中国人透露过的6项核心技术。但法国专家讲完后，中方专家告诉他们，你们讲的这些技术，中国的一家民营公司——宁波天生公司早就掌握了。过去，中国企业购买核电站密封件，和外国公司进行价格谈判时，由于人家知道我们生产不了，就进行价格垄断，他们说是什么价就是什么价，降5%都很难。这次招标，国外公司降价了70%都没有中标，天生公司开创了国内企业在核电站核一级领域国际中标的先河。

宁波天生公司后来发明的以石墨基材为核心的新密封结构型式，创造了泄漏率最低的世界最高水平，在石墨基材方面达到世界上该类指标最苛刻的法国公司的要求。通过多项发明创造使中国拥有完全的知识产权，产品成功应用于国内所有核电站的一级设备中。2008年以后，当拿到世界上最严格的石墨基材技术指标时，天生公司发现公司的相应产品不仅全部达标，有些还超过了该项材料的技术要求。

2009年，国家核电技术有限公司第三代核电项目密封件招标，国家核电技术公司和美国西屋公司组成联合评标组，从世界上100多家密封件企业中选取3家企业进入最后评标阶段。评标现场，天生公司技术人员详细回答评标组专家的每一项问题，得到了全场的技术最高分，并最终中标。投标结束后，美国公司的一位华人经理感慨道，虽然他的公司没有中标，但他为中国人能在核电站石墨密封基材领域取得这么高端的技术而骄傲。

由于以上一系列的成绩引起了外国公司的高度关注，一家有着100多年历史的全球最著名的密封件生产公司想收购天生公司60%的股权，先后3次开价，1亿元、3亿元、6亿元。他们的中方经理对励行根说："励总，这些够你奋斗几十年的了！"励行根始终没有同意，因为他坚定地认为，天生公司的技术永远属于中国，永远属于中国的核电事业！因为天生公司核电站密封技术和产品已经得到国内外市场的普遍认可，各种订单纷至沓来，公司的发展前景越来越好。

后来，天生公司起草制定了国家能源局核电站密封件4项标准，其中两项在世界范围均是开创性的，得到了核工业领域专家们的一致认可。

通过励行根和天生公司的努力，提高了我国核电站设备的密封安全等级，推进了核安全技术的进步和发展，对世界核安全技术进步作出了贡献。

宁波天生密封件有限公司走过的创业创新的历程告诉世人：小型微型民营企业要想求生存谋发展，就要把自己的产品做到最专、最精、最好，特别要以科技创新打造自己的核心产品，占有一份独特的市场份额，这才是小型微型企业可持续发展的道路。

创新，让天生这个小企业干出大事业！

·第三章·

# 众人摇桨划大船

随着社会主义市场经济体制的建立和完善，有关民营经济发展的各种利好政策不断推出，各种所有制市场主体平等竞争的局面逐渐形成，民营经济开始进入一些"禁区"参与竞争和发展。加入世界贸易组织（WTO）后，中国经济融入全球化，民营企业随之跨入国际市场，充分利用"两种资源、两个市场"，参与国际竞争与合作，分享全球化带来的红利。民营企业家在富裕起来的同时，积极履行社会责任，成为我国公益慈善事业的主力军。

## 1.垄断领域的"破冰之旅"

2005年3月11日，一架印有"奥凯航空"标志的飞机从天津滨海国际机场起飞，标志着中国民航第一家民营航空运输企业——奥凯航空正式开通了首次航班。

在奥凯公司首航仪式上，民航总局副局长杨国庆讲话指出，作为中国第一家民营航空公司，奥凯航空有限公司筹建成立并成功实现首航开飞，是中国民航持续、健康、快速发展的必然结果，必将成为中国民航发展史上的标志性事件而载入中国民用航空事业发展史册。杨国庆表示，民航总局积极鼓励国内民营资本和外资进入中国航空业，民航总局自2004年以来相继批准筹建了4家民营航空公司和1家中外合资航空公司。

2005年，可以说是"中国民营航空元年"，在民营航空史上创下了许多历史性的"第一"。

长期以来，国有垄断的大门一直没有向民营经济打开，使民用航空事业的发展无法适应国民经济快速发展的要求。因此，当民航业向民营经济开放的大门逐渐打开之后，"民营航空"迅速成为社会各界高度关注的一个经济热点。

说起中国民营航空迈出的"第一步"，应当首推"胆大包天"的已故著名民营企业家王均瑶。1990年年终，王氏三兄弟与同在长沙经商的几个老乡一起，包了一辆大巴回温州老家。一路长途跋涉，风雨兼程，累坏的大哥王均瑶无意中说了句："汽车真慢。"同行的老乡打趣道："飞机快，你去包飞机啊！"16岁就出来闯荡的王均瑶动了真格，不久即果断做出了欲承包航线的决定，半年多后即1991年7月28日，年仅25岁的王均瑶真的承包了长沙至温州的航线。一架"安24"型民航客机从长沙起飞，平稳地降落在温州机场。这是国内第一条私人承包的包机航线，开创了中国私人包机的先河。1992年8月，王均瑶创办了中国第一家民营包机公司——温州天龙包机有限公司，该公司鼎盛时期承包了50多条国内航线和400多个航班。之后，均瑶集团又于2002年8月和2003年1月分别投资1.2亿元和3.5亿元入股东方航空武汉有限责任公司，并收购宜昌三峡机场。

2004年元月，民航总局局长杨元元在新闻发布会上表示，我国将在低成本航空公司的建设、低成本航线的开辟等方面作出一些有益的尝试。这一表态，预示着国内民营航空公司的诞生已经提上日程。同年2月，由广东民营企业家李继宁牵头组建的鹰联航空有限公司获准在四川成都筹建，这是国内第一家获准筹建的真正意义上的民营航空企业。同年5月和6月，总部位于天津和上海的另两家民营航空企业奥凯航空和春秋航空也分别获准筹建。除了这些新成立的民营航空公司以外，还有一部分民营企业通过并购的方式获得了原国有航空公司的控制权。2005年5月，两家民营企业以272亿元人民币的价格联合买下深圳航空公司的65%股权，使这家在地方航空公司中处于领先地位的大型航空公司摇身一变成为民营控股企业。到年底，国内已有10余家民营航空公司开始筹建，航空业成为民营经济的新兴热点投资行业。民营航空企业的出现，对活跃我国民用航空市场起到了积极作用。

与民用航空业一样，在国民经济的整体行业结构中，有不少行业由于其本身在技术特点、成本结构等方面的特殊性，存在着自然垄断。这些行业长期以来处于国有企业的高度垄断之下，既包括金融、铁路、民航、电信服务性行业，也包括石油、电力、军工、装备制造等工业性行业。在这样的行业中，民营经济长期被拒之门外，通常被称为民营经济的产业"禁区"。然而，垄断会导致企业缺乏活力，并造成经营运作的低效率。此外，竞争机制的缺位还容易造成服务与产品的垄断性价格，损害消费者利益；同时，在国有经济垄断的行业，单一的投资渠道使得投资相对不足，无法满足社会经济发展的巨大需求。

因此，随着我国市场经济体制的建立与完善，垄断行业向民营经济的开放是不可逆转的大势所趋。

2005年2月19日，国务院颁布了《关于鼓励支持和引导个体私营等非公有制经济发展的若干意见》（"非公经济36条"）。提出"放宽非公有制经济市场准入""允许非公有资本进入垄断行业和领域，加快垄断行业改革，在电力、电信、铁路、民航、石油等行业和领域，进一步引入市场竞争机制"。该文件的颁布表明了中央政府对开放垄断行业、引入行业竞争的支持态度，为民营经济进入这些行业创造了一个良好的政策环境。民营经济产业进入的"破冰之路"仍在继续之中。

石油作为关键性能源，在国内外都被视为国有企业垄断的典型行业，在我国也不例外。石油行业的产业链条主要划分为上游的勘探开采、中游的炼化加工和下游的成品油销售等三个环节，勘探开采环节是石油产业链当中政策开放力度最小、民营经济参与程度最低的一个环节。国务院于1993年颁发《中华人民共和国对外合作开采陆上石油资源条例》，对外资企业参与国内海陆石油资源开采进行了政策上的开放，但是该领域对民营企业而言一直是一片政策上的"禁区"。尽管如此，还是有部分民营企业已经通过合作方式介入到了石油开采环节当中。这些企业通过在海外注册"外资企业"的方式绕过政策禁区，与中石油和中石化的下属油田企业展开合作，对一些属于石油储量相对贫瘠的油田区块进行开采，然后再将所得原油按一定比例进行"分成"。与勘探开采环节相比，民营企业在冶炼加工和成品油销售两个中下游环节进入时间较早、市场规模较大，但是其发展历程仍然充满波折。20世纪80年代中期，在广东和山东等沿海省份，部分民营企业通过贩卖赚取差价的方式非正式地进入到了成品油销售领域当中。20世纪90年代初，民营企业开始涉足石油消费市场和进入到炼化加工环节。在随后的几年中，大量的民营石油炼化与销售企业蜂拥而起。经过10余年的发展，民营石油企业已经在行业中占有了一席之地。

在"非公经济36条"出台的大背景下，加大金融、铁路、汽车、电力、城市基础设施行业对民营经济的开放力度、破除行业垄断、创造公平的行业竞争格局已经成为社会各界的共识。

金融业对整个国民经济的影响，是任何行业都无法比拟的。政府对该行业的控制力度和重视程度也是最大的。改革开放以后，我国金融业对民营经济的开放步伐相对迟缓，但在民营经济起步较早的沿海地区，为满足民营企业的融资需求，一些非正式的民间金融机构如私人地下钱庄开始出现，一些地区民营企业也参与到了城乡信用社的改革。1986年11月，东风城市信用社、鹿城城市信用社相继在浙江温州诞生，这也是全国最早的两家由集体、个人集资入股的股份制城市信用社。与地下钱庄相比，这些民营性质的城市信用社虽然也是以"试点"的方式起步，但毕竟具有相对合法的从业资格，可以被视为改革开放后民营商业银行的雏形。此后，合作信用社、合作基金会、资金调剂服务社等各种形式的民间金融机构开始在沿海地区纷纷涌现，并向国内其他地区扩展。

20世纪90年代，融资难成为民营企业发展中面临的重要问题。1993年年底，时任全国工商联主席经叔平给当时国务院领导写信，建议由全国工商联牵头办一家以民营企业投资为主的股份制商业银行。国务院批复中国人民银行同意，正式批准民生开银行业并颁发金融许可证。1996年1月12日，有13.8亿元资本金、86亿元资产总额的民生银行在北京开业。这是我国第一家民营股份制商业银行，也是第一家真正意义上的民营银行。与民生银行模式类似、同样由全国工商联牵头组建的民生人寿和民生证券分别于2002年4月和8月成立，它们分别是我国第一家以民营资本为投资主体的保险公司和证券公司。除了民营控股金融机构以外，还有更多的民营资本以参股的形式进入到了各种业务领域的金融机构当中。

汽车产业是衡量一个国家工业技术水平、企业实力高低的最重要指标之一。改革开放后，在一个外资巨头全面介入、国有企业实力雄厚、产业政策作用影响显著的行业当中，我国民营汽车产业历经十几年来的艰难探索，实现了从无到有的发展过程。20世纪90年代，国家的汽车产业政策设置了很高的进入壁垒，对于当时羽翼尚未丰满的民营企业显得高不可攀。1997年，浙江民营摩托车制造企业吉利集团迈出了向汽车整车制造业挺进的第一步。当时汽车行业实行严格的"目录制"管理，如果无法登上每年公布一次的《汽车产品目录》，即便能造出车来也无法上市。吉利通过收购四川德阳一家濒临破产的国有汽车厂，辗转登上了轻型客车生产目录，并于1998年8月下线了第一辆模仿"夏利"开发的"豪情"轿车。尽管没有获得正式的轿车生产目录许可，但吉利打着"擦边球"曲折下线，意味着民营企业正式进入了汽车行业中市场规模最大、对生产厂商实力要求也最高的轿车整车生产领域，揭开了中国民营汽车产业发展史的新一页。

从2001年开始，隆鑫、力帆、中大、曙光等一批民营企业相继收购国有客车生产企业股权，逐步改变了国内客车生产行业的市场格局。此后两年，中国汽车市场的"井喷"行情的出现和国家管制政策的进一步放松，使得从2003年开始出现了一个民营企业竞相投资汽车行业的高潮。继2003年1月民营企业"电池大王"深圳比亚迪公司通过收购西安秦川汽车77%股权成为汽车行业民企新军之后，自2003年下半年到2004年上半年不到一年的时间内，又有多家民营企业相继通过收购、合资等方式进军汽车行业，掀起了一股民企投资汽车的高潮。如今，中国汽车产业的版图中，民营汽车企业已经拥有了一定的话语权，初步具备了与外资和国有汽车企业展开市场竞争的实力，而且在民营经济的产业发展史上，标志着从传统劳动密集型制造业向资本、技术密集型制造业迈进。

当历史跨入20世纪90年代，改革开放的浩瀚大潮涌向八闽大地。泉州地区交通车流呈井喷式增长，进入市区的泉州大桥不堪重负，天天发生堵塞现象，无法满足交通发展的需要。1994年，由15家民营企业组成的泉州市名流实业股份有限公司向泉州市委市政府主动请缨，要求承担新建泉州刺桐大桥的任务。刺桐大桥及连接线工程全长12千米，于1995年5月动工建设，1996年12月通车，施工期一年半。泉州刺桐大桥的建设用少量的国有资金引导大量的民营企业资金投资基础设施，这种以民营经济为主的投资模式，开创了我国民营经济投资基础设施建设的先河，是我国首例采用BOT投资方式和投资体制改革的成功范例。在我国率先采用经营权质押融资和大型基础设施建设引入按揭式还本付息还贷新模式，为我国投资体制改革提供了先例，为我国PPP建设和运营提供了宝贵的借鉴。

2003年6月8日，全长36千米、"世界上最长的跨海大桥""中国历史上投资额最大的桥梁"杭州湾大桥，在宁波慈溪举行奠基仪式。在杭州湾大桥118亿元的总投资项目中，国有公司持股45%居第一位，杭州宋城集团以17.3%的股份成为民营企业的最大股东，其余股东都是民营企业，开启了中国民间资本进入国家特大型基本建设项目的先河，标志着阻碍民间资本准入限制性领域的坚冰再一次被打破。

改革开放后，我国交通运输行业运力虽然严重不足，但由于公共交通系统与广大人民群众日常生活息息相关，因此该行业一直是民营经济的"禁地"，直到20世纪90年代后才逐渐打破僵局。这之前，一部分民营企业通过"车辆承包"的方式非正式地介入了该行业的运营。在一些大城市中，民营中巴作为国营公交的补充也获得了一定发展。2002年2月，湖北省黄石市民营企业鸿泰客运有限公司通过公开拍卖，成功竞得公交4路线3年的经营权，打破了公交线路一贯的垄断格局，成为全国首条民营公交线路。同年7月，成都市市政公用局一次性将6条公交线路的特许经营权进行拍卖，开了全国省会城市公交民营化之先河。2003年4月，浙江温州民营企业五马汽车出租公司斥资3931万元整体收购湖北省十堰市公交集团，国内第一家民营城市公交公司诞生。

20世纪90年代中后期，国内公路建设向民间放开，一部分民营企业开始投资于收费公路建设。之后，民营经济开始进军投资更高、回报也更大的高速公路建设领域。1999年8月，民营企业广东珠江公路桥梁投资有限公司参股广州——惠州高速公路建设，股权比重30%，这是国内首次引入民营资本投资高速公路项目。2003年8月，广东江珠高速公路（江门—珠海）动工，该公路由民营企业珠海市新长江建设投资有限公司自筹资金组建，是国内第一条全部为民营企业独资投资的高速公路。后来，越来越多的民营企业已经成为各地高速公路建设投资的重要力量。

在公用事业中，民营企业的进入发展相对比较晚。2003年，建设部出台《关于培育发展工程总承包和项目管理的指导意见》，第一次提出鼓励民营企业以BOT等模式开展工程总承包业务。进入新世纪后，从中央到地方在政策层面逐渐明确了鼓励民营资本投资公用事业的相关规定。随着国家政策的逐渐明朗和鼓励力度的不断加强，民营企业在公用事业领域一些行业取得了一定规模和水平的发展。城市水务行业是市政公用事业的一个典型行业，具有非常强的公益性特征。1998年，四川民营企业瑞云集团取得了邛崃市自来水三厂项目的建设权和45年经营权，被认为是国内民营资本以BOT模式参与城市水务行业的第一次试点。在该项目和其后的邛崃市天然气公司TOT项目成功运营的基础上，瑞云集团于2002年1月与邛崃市政府签订了"邛崃新城"整体开发合作协议，由该集团出资建设一座"邛崃新城"并享有新城包括水、电、气等在内的公用事业50年特许经营权，成为由民营企业整体建设和经营城市的第一次尝试。2002年6月，由上海民营企业友联企业发展有限公司占股85%的友联联合体在上海竹园第一污水处理厂国内投资人招商中一举中标，成为国内民营资本进军特大型城市水务行业的一大试点。

随着鼓励和引导民间投资的"非公经济36条""新36条"和42项实施细则出台实施，民间投资在石油、航空、电信、铁路、道路、教育、卫生等重点垄断性行业和公共事业领域的比重和增速都有了显著提升，投资的行业和领域分布日趋均衡。截至2012年，民间资本在电、热、燃气及水的生产和供应业方面，2012年民间投资规模达4637亿元，占比28%，同比增长22.5%；在交通运输、仓储业和邮政业的投资规模达5802亿元，占比为19%，同比增长28.9%；在水利、环境和公共设施管理业，达6201亿元，占比21%，增长21.2%。全国工商联发布的中国民营500强企业中，有398家企业投入节能环保、新材料和新能源等产业，占入选企业的79.6%，有187家企业进入信息技术、生物科学、高端装备等产业，占入选企业37.4%。

至此，民间资本在垄断性行业和公共事业领域的投资得到明显改善。

## 2.对外贸易和"走出去"的生力军

随着改革的不断深入和对外开放力度的加大，我国实施了利用两个市场两种资源"走出去"的发展战略。许多民营企业随着自身实力的发展，具备了"走出去"的基础、条件和实力，开始走出国门，在更大的国际市场上去寻找生存和发展的机会，逐步成为我国对外贸易和实施"走出去"战略的重要力量。

1997年，党的十五大提出："鼓励能够发挥我国比较优势的对外投资，更好地利用两个市场、两种资源。"同年12月，江泽民同志在接见全国外资工作会议代表时，首次把"走出去"作为一个重要战略提出来，并把它置于国家发展战略的重要位置。

2000年10月，党的十五届五中全会通过的关于"十五"计划的《建议》，明确指出"实施'走出去'战略，努力在利用国内外两种资源、两个市场方面有新的突破。鼓励能够发挥我国比较优势的对外投资，扩大经济技术合作的领域、途径和方式，支持有竞争力的企业跨国经营，到境外开展加工贸易或开发资源，并在信贷、保险等方面给予帮助。"《建议》从全局和战略的高度，深刻阐明了尽快"走出去"，大力发展跨国经营的必要性、重要性，为我国加快对外开放步伐，实现更高层次的开放，指明了前进方向和重点。

2002年2月，江泽民同志在中央举办的省部级主要领导干部国际形势与世界贸易组织专题研究班上发表讲话，提出抓紧实施"走出去"战略的重要性。

2002年11月，党的十六大报告指出：实施"走出去"战略是对外开放新阶段的重大举措，鼓励和支持有比较优势的各种所有制企业对外投资，带动商品和劳务输出，形成一批有实力的跨国企业和著名品牌，在更大范围、更广领域和更高层次上参与国际经济技术合作和竞争。

在1998年之前，民营企业没有自营出口权，只能通过国有外贸企业间接进入国际市场。1999年1月1日，国家出台《关于赋予私营生产企业和科研院所自营进出口权的暂行规定》，对私营企业外贸进出口权作了明确规定，提出摒弃所有制观念，大力扶持私营企业发展，采取多种措施帮助私营企业开拓国际市场。

1999年1月4日，国家首批20家私营生产企业获得自营进口权，这是民营企业在全国范围内首次获得直接从事对外贸易的权利，开启了民营企业作为市场主体直接进入国际市场的新阶段，当年实现出口创汇6.3亿美元。

从这年开始，民营企业在开拓国际市场方面进入了一个快速发展的阶段。一些有实力的企业开始着手开展海外直接投资，主要是通过在海外投资建厂，开展就地生产，就地销售，或者与国际著名公司组合成战略联盟，利用对方的销售渠道，扩大本企业产品的国际市场占有率。

2000年以后，我国外贸体制进一步放开，民营企业"走出去"的数量逐年增加。2001年7月，《关于进出口经营资格管理的有关规定》颁布。

2001年年末，中国正式加入世界贸易组织，成为世贸组织成员，开始全面融入全球化，这极大地促进了中国产品和中国企业走向世界，也使民营经济在分享全球化红利的同时，面临越来越多的国际化竞争。

为履行加入世界贸易组织承诺，促进对外贸易发展，从2003年9月1日起，国家颁发《关于调整进出口经营资格标准和核准程序的通知》，大幅放宽企业进出口资格的条件和申请程序。2004年7月1日，外贸经营权彻底放开，根据2005年新修订的《对外贸易法》，允许一切企业法人和个人从事进出口贸易。

在这些政策的调整过程中，我国拥有外贸经营权的企业数从改革开放初期1979年的14家，增加到1994年的5000多家，到2007年具有外贸经营资格和进出口实绩的民营企业有30多万家。

这期间，民营企业出口发展迅速。这一高速增长态势一直保持到2008年国际金融危机爆发。2008年，我国民营企业出口贸易额达到3807亿美元，是1999年的604倍；占全国货物贸易出口总额的比重由1999年的0.32%提高到26.6%；2003年以前一直保持年均120%以上的增速，受非典影响，2004年下滑到99.3%，2005—2008年也一直保持45%以上的快速增长。金融危机之后，世界主要经济体经济增长缓慢，国际市场需求萎缩，各国贸易保护主义抬头，我国外贸增速下滑，但民营企业出口增长速度仍然高于国有企业和外商投资企业。

在一些地区特别是东部沿海一些省份，民营企业的外贸出口总量甚至占据全省外贸出口总量的一半甚至2/3。无论是出口数量、出口品种还是出口地区、出口交易额都有突破性的发展。以福建为例，福州海关统计数据表明，2004年，福建省民营企业出口继续保持高速增长的势头，出口额首次超过50亿美元，达到53.5亿美元，比上年同期增长90.58%，民营企业已经成为外贸出口的中坚力量。2004年，福建省出口额超过1亿美元的民营企业有4家，超过1000万美元的有98家。同时，民企出口不再瞄准发展中国家和地区，欧盟、中国香港、美国和日本依次为福建省民企前四大贸易出口地。

在大规模的外贸出口中，中国的民营企业创造了一个又一个奇迹，在国际市场上的地位不容忽视，浙商就是一个明显的例子。在浙江省，海宁毛皮购销量占世界毛皮购销总量的1/4。中国是全球最大的羽绒生产出口国，出口量占世界羽绒贸易量的80%，而萧山羽绒出口量又占全国羽绒出口总量的40%以上。温州已成为世界上最大的打火机生产基地，金属打火机占国际市场份额的70%以上。嵊州领带年产量占全球总产量的1/3。永康的气筒产量占世界气筒产量的60%。诸暨的淡水珍珠产量占全球总产量的30%。袜子、拉链、牙签、纽扣、文具，只要是在生活中人们所能用到的、所能想到的再小、再不起眼的东西，浙商都能把它造得很有声势、很有规模。

进入21世纪的前10多年里，我国民营企业的外贸出口，创造了前所未有的骄人业绩。

2012年，我国外贸进出口总额达3.87万亿美元，增长6.2%。民营外贸企业积极调整产品结构，努力拓展营销渠道，深度开发国际市场，取得良好效果，进出口总额1.15亿美元，同比增长18.7%。其中，出口7686.4亿美元，同比增长21.0%；进口3820.5亿美元，同比增长14.2%。民营企业对外贸易增速遥遥领先于外资、国有等其他企业类型，其中出口增速高出全国平均水平13.1个百分点，进口增速高出全国平均水平9.9个百分点。民营企业进出口在全国中的比重进一步提高，达到29.8%，比上一年度提高了3.1个百分点，其中民营企业出口和进口在全国中的比率分别达到37.5%和21.0%。

在参与实施"走出去"的过程中，我国民营企业不仅成为对外贸易的生力军，而且在对外投资方面也逐步成为一支不可忽视的力量。越来越多的民营企业认识到，加入世界贸易组织后的中国，对外开放不断向纵深方向发展，已经形成了国内市场国际化、国际竞争国内化的新的竞争格局，走国际化发展道路，既是经济全球化的必然趋势，也是民营企业今后发展壮大的必然选择。

根据中国社会科学院民营经济研究中心2008年对浙江、江苏、山东和湖北等十个省市705家民营企业的调查，2004—2007年的四年时间里，民营企业"走出去"正呈现不断发展的态势：一是"走出去"的数量在不断增加，投资数量和企业规模也在不断扩大；二是在海外建立研发机构的数量继续增加；三是"走出去"在海外建立生产基地的情况也在稳步发展；四是"走出去"的形式主要以在海外建立销售机构为主。

民营企业"走出去"带有浓厚的民间色彩，其以市场为导向的发展理念、行为方式较易为国际社会和海外合作方所接受，有利于在国际企业间建立平等、互利、共赢基础上的合作关系。国内规模较大的民营企业如华为、海尔、联想、吉利、信发、广汇、华立、华坚、泛海、波司登、万向、三胞、安踏、好孩子等一大批企业，都不同程度走向国际市场，其境外投资的盈利状况普遍较好，大项目不断增多。

　　作为中国企业"走出去"和"国际化"代表之一的联想集团，2004年以总价12.5亿美元收购IBM的全球PC业务。截至2007财年第二季度，联想连续四个季度实现收入增长，而且在全球范围内连续三个季度实现了各区域、各业务的全面赢利，进入赢利性增长阶段，说明联想并购IBM全球PC业务取得初步成功，证明当初的选择是正确的。

　　2012年7月，发展改革委、外交部、工信部、商务部、央行等13个部门联合发布《关于鼓励和引导民营企业积极开展境外投资的实施意见》，提出大力支持民营企业在全球范围内开展资源和价值链整合，在研发、生产、销售等方面开展国际化经营，培育一批世界水平的跨国公司。创新对外投资管理方式，充分发挥地方积极性，在外汇、金融服务、人员出境等方面给予民营企业走出去更大支持。创新境外经贸合作区发展模式，支持各类有条件的企业对外投资，推进个人境外直接投资试点。鼓励企业积极承包国外基础设施建设，带动大型机电设备和成套设备出口，推动对外承包工程业务重点向带资承包、基础设施特许经营、项目管理及多元化转移。

　　多年来，我国民营企业紧紧抓住国际金融危机后的历史性机遇，审时度势、主动出击，有重点、有步骤地开展境外投资，对外投资合作取得新进展。民营企业逐渐成为"走出去"的重要力量，呈现集群式、多元化、规模型发展的特征，在技术、管理、人力、资金等方面的能力和水平有了一定提升，涌现出一批投资规模大、利润效益好的企业。截至2012年，我国非金融类对外直接投资存量中，民营企业投资额约占40%；在江苏、浙江、辽宁等地，民营企业的相关占比已超过50%。呈现出以下几个特点：

　　一是主体数量不断扩大。民营企业"走出去"步伐加快，积极参与国际产业链分工调整。截至2011年年底，在对外直接投资者构成中，民营企业占整个境内投资者数量的88.9%。

　　二是境外并购发展迅速。这段时间，尽管有全球经济形势不明朗和中国经济放缓的双重因素影响，但民营企业的海外并购交易逆势上升，成为难得的亮点。2012年，民营企业海外并购交易金额达255亿美元，较上年劲升171%。华为在英国投资近20亿美元设立研发中心，比亚迪在荷兰设立欧洲总部。这些大型并购项目，成为民营企业获得国际品牌、核心技术、国际营销渠道、上下游产业链整合的重要平台。

三是对外投资融资渠道多元化。除了传统的现金要约、银行间接融资等手段外，越来越多的民营企业借助私募基金获得境外融资渠道，进行海外并购。2012年年初，中信产业基金和三一重工联手斥资3.6亿欧元，收购德国工程机械企业普次迈斯特100%的股权。这样的并购使得实体企业拥有的实业经验和私募基金的投资经验结合起来，对标的企业进行充分的调查，了解标的企业地区的法律条款和财税制度，有利于提高并购和整合重组的成功率。

四是对外投资重点向新兴市场延伸。以浙江越美集团为例，在尼日利亚Galabar自由贸易区设立越美纺织工业园之后，又收购了非洲马里共和国的国有棉花公司。越美集团从中国进口优质棉花种子，引进先进种植技术，雇佣科技人员，进口设备、化肥农药等，指导棉农种植，承担棉花销售任务，并在当地建设棉纺厂，形成了从原料、纺织到印染的完整产业链，国际化程度日益深化。走出去的民营企业，通过在境外设立贸易公司或者加工工厂，规避了贸易壁垒，转移了国内的多余产能，扩大了市场份额。

## 3. 我国公益慈善事业的主体

2005年6月14日，由香江集团刘志强、翟美卿夫妇出资设立的"香江社会救助基金会"正式诞生，这是我国首个国家级非公募慈善基金会，民政部批号为"001"，标志着我国民营企业走上公益慈善事业主动化、规范化和长期化的道路。

10多年来，"香江社会救助基金会"始终聚焦"教育、扶贫、救助、赈灾"四大领域，在贫困地区的乡村学校建立了超过1550家香江爱心图书室，为超过200万名学生送去图书，为8万多名残疾儿童和老人送去温暖，为1000多名孤儿提供成长照顾，为2000多名贫困白内障患者免费做复明手术，为近700名优秀大学生发放奖学金，为300名单身母亲建设安居房，为超过100名聋儿提供帮助，义工队伍扩充至近2万人，参与公益活动达10万多人次，通过香江社会救助基金会直接受益人群已经达300多万人，爱心足迹踏遍全国18个省市。基金会主席翟美卿被国家民政部授予"中华慈善奖"，并荣获"中国儿童慈善家""全国十大女性公益人物"、第九届中国慈善排行榜"年度十大慈善家"等荣誉称号。2017年，翟美卿荣获全球慈善界至高荣誉——卡内基慈善奖，为中国慈善事业赢得了巨大的国际声誉。

回顾我国民营企业家的公益慈善捐助历程，我们把镜头拉到1998年由中华慈善总会、中央电视台等举办的中国第一个电视募捐专场晚会。这一年，长江、嫩江、松花江遭遇了改革开放以来最严重的洪水灾害。电视募捐晚会设想筹集2000万元，没想到一下子就筹到3亿多元的捐赠资金和物资。其中，最引人注目的是成功集团李玉玲女士带头捐赠了3000万元的物资，成为当时个人捐赠最多、到位最早的女企业家。接着，李玉玲为帮助改善下岗职工和孤寡老人生活，向北京市慈善总会捐赠了价值1200万元的物资，设立扶贫济困基金。从那以后，李玉玲在新疆南疆荒漠种植欧李、在甘肃甘南州建立牦牛围巾厂、在广西阳朔开展智慧旅游等进行扶贫开发，为公益慈善事业捐资3亿多元，捐赠项目涵盖"希望工程"、下岗再就业工程、"幸福工程"、扶贫助困、抗洪救灾以及优秀传统文化遗产抢救工作。

从1998年捐赠那场洪涝灾害为起点，我国民营企业在国家抗击重大自然灾害和重大疫情中，表现出了强烈的社会责任感和极大的热情。

在2003年的抗击非典斗争中，各级工商联组织动员广大民营企业家为抗击非典斗争积极作贡献，共捐款捐物合计达8.4亿元，占全国内地企业、个人捐款捐物总数的30.61%，捐款捐物的企业达9600多家。而在非典疫情最为严重的北京，共有496家民私营企业捐款捐物9300万元。

2008年5月12日，四川汶川发生特大地震。面对天灾，广大民营企业毫不犹豫地站了出来捐款捐物。根据全国工商联6月5日的统计显示，8000多家企业捐赠款物折合人民币62.4亿多元，数量之大、范围之广、行动之快，前所未有。泛海控股集团及董事长卢志强和企业员工捐款累计达2.28亿元（其中卢志强本人交纳特殊党费1000万元），是国内企业捐赠最多的；世茂集团捐款1.1亿元。江苏黄埔再生资源利用有限公司在地震发生两小时后，出动120人和60台大型工程机械，组成民间抗震救灾队伍最早奔赴重灾区实施救援。在全国工商联与四川省政府举办的"民营企业灾后重建与发展论坛"上，100多家民营企业正式签订16个灾后重建项目，金额达270亿元。民营企业家用自己的义举和善举，弘扬了中华民族的传统美德和崇高精神，表达了对灾区人民的一片真情，履行了所承担的一份社会责任。

2010年4月14日，青海省玉树发生强烈地震。20日，在中央电视台举办的《情系玉树大爱无疆——抗震救灾大型募捐晚会》上，全国工商联组织163个民营企业家参加晚会，在现场捐款捐物折合人民币10.1亿元，占晚会捐款总额的50%。其中，泛海控股集团捐款1亿元，大连万达集团捐款1亿元，加多宝集团捐款1.1亿元，福耀玻璃集团捐款1亿元。这次大型募捐活动再一次向全国人民展现了大灾面前广大民营企业家高度的爱国热情、社会责任感和人道主义精神。8月19日，中共中央、国务院和中央军委在西宁举行全国抗震救灾总结表彰大会，卢志强等企业家荣获"全国抗震救灾模范"荣誉称号，江苏黄埔再生资源利用有限公司荣获"全国抗震救灾英雄集体"荣誉称号。

民营企业不仅在重大自然灾害和疫情面前伸援手、献爱心、作贡献，在平时，更多的企业家积极主动地投身到公益慈善事业中来。在各种公益慈善捐助活动中，他们正在当仁不让地成为主角，彰显着这个群体身上的慈善精神，涌现了无数的感人事例……

一向热心公益慈善的恒安集团CEO许连捷，2002年牵头成立福建晋江市慈善总会并出任会长，这是全国首家县级民间慈善机构。在许连捷带动下，当年海内外晋江人捐款就达7600多万元。2007年，许连捷为父亲许书典庆祝80大寿，向晋江慈善总会捐出99 999 999元。2010年5月，恒安集团向晋江慈善总会捐赠1亿元，设立"恒安慈善基金"。创业25年来，恒安集团及其主要股东在捐资助学、抗洪救灾、扶贫济困等慈善义举中，已累计捐款捐物近5亿元，许连捷个人的各类捐款达2亿元以上。

江苏亨通集团董事局主席崔根良在做好企业的同时，热心扶贫济困、公益慈善事业。他坚持"从身边做起，从当地做起，辐射全省，心系全国"，在全国各地累计捐赠超过5.4亿元。2011年，崔根良捐资5000万元成立了江苏首家非公募慈善基金会。在他的帮助下，江西老区改造了25所敬老院，配备了26辆多功能救护服务车，受益老人达3000多人。

深圳百合控股集团有限公司董事长凌国强，把捐资助学作为自己参与公益慈善事业的重点，20年来捐资15亿多元创办了"深圳市春蕾小学""深圳市百合外国语学校""百合教育中心""深圳市春蕾百合幼儿园"等，为社会提供了5000多个入学学位，每年学校中考总均分一直稳居深圳市前列。凌国强还捐资创办、兴建梅州长沙镇中心小学、清远市黎埠镇希望小学、云南少数民族地区苗族希望小学、延安南泥湾中心小学等12所学校，并每年遣派支教老师支持帮扶山区教育。凌国强热心公益慈善事业，在抗震救灾、扶贫开发、扶老助残等活动中，多次捐款捐物，回报社会，弘扬中华民族传统美德，公益业绩共计捐款超过3.3亿元人民币，先后被评为深圳十大杰出青年、广东省优秀青年企业家。

曹德旺这位中国的"玻璃大王"，现已是业界公认的霸主，不仅成功地将企业做到了巅峰，在慈善界也是声名远扬。2011年5月5日，由曹德旺发起的"河仁慈善基金会"在北京成立。他将曹氏家族持有的3亿股福耀集团的股份捐赠给该基金会，过户当天，股票价值人民币35.49亿元。这是中国第一家以捐赠股票形式支持社会公益慈善事业的基金会，为中国目前资产规模最大的公益慈善基金会，并开创了中国基金会资金注入方式、运作模式和管理规则等多个创新。他还与中国扶贫基金会签署了"史上最严苛"的协议，开创了公益问责的先河。他于2010年、2011年，两度居于"中国慈善榜"榜首，获"中国首善"称号。截至2016年，曹德旺公益捐赠总额已达70亿元人民币。

江苏中南集团创始人陈锦石，从小深受"状元实业家"张謇先生"爱国先爱吾家乡"的情怀影响。他说："我小时候穷过，现在条件允许了，要让一些像我当年一样穷的人度过人生的难关。"30多年来，他致富不忘回报社会，利用中南集团的产业、资金和人才等优势，在家乡投资达6亿元，先后创办了近10个工业项目，年创产值8亿元；引入国家农业综合开发现代化示范项目落户家乡，发展高效农业，使7500户农户受益；采取村企联建新农村的办法，由个人和企业资助3800多万元，高标准推进新村新居建设工程。通过几年的建设，中南村被确定为国家级15个新农村建设代表之一，是南通市唯一的省级康居示范村和全国绿色小康村。多年来，中南集团还在云贵川、新疆等地援建了30多所希望小学，连续五年向中国关心下一代教育基金定向捐款。截至目前，作为"中国企业500强""中国民营企业100强"的大型集团化企业，中南集团在捐资助学、抗震救灾、扶贫帮困、公益事业等方面，已累计投入逾7亿元。2011年5月，中南集团专门划拨5000万元专项资金，成立"中南慈善基金会"，集团多次荣获"中国十大慈善企业"称号，陈锦石多次入围胡润慈善排行榜，荣膺"年度十大慈善家"。

以上这些只是民营企业参与慈善公益事业的几个片段，他们的善举赢得了社会的普遍承认和赞扬。

我国民营经济随着改革开放而发展壮大，已经成为民富国强、实现中华民族伟大复兴"中国梦"的重要力量。广大民营企业家作为先富起来的一群人，在公益慈善事业中表现突出，已成为我国公益慈善事业的主力，贡献越来越大，呈现常态化、规范化、多元化、品牌化等特点。

——民营企业投身公益慈善的意识越来越强。随着改革开放我国慈善事业的日益发展，民营企业对公益慈善事业的认识逐渐深化，在追求企业利益的同时，关心公益，热心慈善，回报社会，参与公益慈善的连续性、长期性逐渐增强，越来越多的民企积极投身到慈善公益事业中。根据最近几届中国慈善榜数据显示：民营企业成为国内大额捐款的主力军，上榜的民营企业占榜单所有企业总数的60%以上，其捐款总额占榜单总捐款额的80%以上。从2014年以后的企业捐赠比例中，民营企业始终排在第一。在企业的大幅捐赠中，捐赠最多的100家企业平均捐赠超过亿元，上榜企业多为中国民营企业500强，民营企业贡献了大额捐赠中的四成。

——民营企业参与公益慈善已经由零星、偶发转变为普遍、常态。

2014年1月，民政部、全国工商联联合出台了《关于鼓励支持民营企业积极投身公益慈善事业的意见》，为民营企业参与公益慈善事业提供了7个方面的指引；2014年12月，国务院颁布了《关于促进慈善事业健康发展的指导意见》，倡导各类企业将慈善精神融入企业文化建设，把参与慈善作为履行社会责任的重要方面，通过捐赠、支持志愿服务、设立基金会等方式开展形式多样的慈善活动，在更广泛的领域为社会作出贡献；2016年9月，《中华人民共和国慈善法》正式实施，开启中国依法治"善"时代，为公民个人、企业、其他社会组织参与慈善事业提供了相对比较开放的空间和平台。这些法律和政策，推动着我国慈善事业的不断规范和兴起，民营企业参与公益慈善的企业数量日益增大，呈现普遍化的趋势，逐渐从个别、偶然的大额应急捐赠转向辐射面广、灵活性强、便于常态化实施的小额捐赠，更加关注于某一个或若干个领域的捐赠工作。根据全国工商联对1.2万家企业的调查，2014年，有公益慈善捐赠行为的企业为8191家，占被调研企业的比例为66%，持续参与公益慈善活动的企业也已超过60%。民营企业家从事公益慈善的指导思想由狭隘的义利观慈善向战略性慈善转变，使企业从社会环境的"受制者"和"被监督者"转变成为行业竞争环境和整个社会环境的"倡导者"与"推动者"。

　　——民营企业基金会蓬勃发展，呈现强大的活力。他们从以往的单纯捐赠，发展到组织化、深度化的公益慈善行为，通过成立基金会和慈善信托，将企业家精神、运作管理方式注入公益组织和公益活动中，从最初的"被迫捐"发展到后来的"我要捐"，从最初的被动承担社会责任转变为主动承担社会责任。从广东香江集团成立的我国第一家非公募基金会——香江社会救助基金会，蒙牛集团创始人牛根生创立的非公募家族基金会——老牛基金会，民营企业家王振滔、陈章辉、李新炎以个人名字命名的慈善基金会，再到阿里巴巴的阿里巴巴公益基金会、中天集团的中天爱心慈善基金会以及泛海公益基金会、正泰公益基金会、新华都慈善基金会、中南慈善基金会……目前，由民营企业发起成立的非公募基金会得到了迅速发展，在我国企业基金会中占到总数的80%左右，成为企业基金会的绝对主力。这些基金会独立性越来越强、商业化运作越来越成熟，以其独特的创新性、前瞻性，在项目运作和社会问题解决方面展现出蓬勃生机。据中央统战部经济局、清华大学公益慈善研究院开展民营企业家公益慈善实践与思想认识调研报告，在791家民营企业基金会中，资金优势明显，有12家基金会的原始基金高于1亿元，96家基金会原始基金介于1000万至1亿元之间。2016年，791家民营企业基金会净资产总值近165亿元，平均净资产2647万元，公益支出共计48亿元，平均公益支出773万元。

——民营企业参与公益慈善捐赠途径呈现多元化趋势。他们以丰厚资产和创新模式从事慈善，捐赠方式包括了资金、股票、技术等，组织形态包括基金会和公益信托，基金会参与公益慈善的方式多样，如直接运作项目、资助专业机构和产品公益等。包括通过企业自己成立基金会实施捐赠项目、通过政府部门实施捐助项目、通过公益慈善组织实施捐赠项目，等等，企业越来越倾向于直接面对受资助者，自主实施公益慈善捐赠。据调查，民营企业捐赠关注领域多元化，教育、扶贫、医疗和救灾是主要的投入领域，其中参与捐助教育领域占84%、扶贫占75%、医疗领域占51%、救灾占33%，文化、志愿服务、科学研究、艺术、三农、环保、体育等新兴领域也日益得到关注。

——捐赠方式日益多元化。在信息化时代，民营企业以其灵活的运作、敏锐的触角，借助互联网，在公益慈善领域做了很多有益的尝试，通过开设微博、微信公众号，传播企业公益理念；通过网络平台，发起"微公益"活动、慈善捐助等，以企业品牌效应引导正确舆论风向；"互联网+公益"模式，进一步激发了公益慈善的活力。如2007年腾讯公司捐赠2000万元，倡导并发起了"腾讯基金会"，致力于推动互联网与公益慈善事业的融合与发展，成为"人人可公益"的"连接器"，通过互联网尤其是移动互联网的技术和服务推动公益行业的长远发展。"99公益日"是由腾讯公益联合数百家公益组织、知名企业、明星名人、顶级创意传播机构共同发起的一年一度全民公益活动。2015年9月9日是中国首个互联网公益日，通过腾讯公益平台，共有205万人次参与捐款1.279亿元，发起人次高达861 671人，见证了移动互联+公益形成的"指尖上的公益"所迸发出来的强大力量。

　　——民营企业注重打造公益品牌，探索慈善项目市场化运作。如今，公益慈善项目已进入品牌化时代，出现了许多民企或民间的公益品牌，实施品牌战略，不仅是公益慈善市场化运作的客观需求，而且是企业运用市场化手段配置资源、实现慈善捐款项目化和项目救助品牌化的重要措施。特别是随着扶贫工作的深入，越来越多的民营企业加入到脱贫攻坚工作中。一方面，民营企业参与扶贫的方式有别于政府和社会组织的模式，另一方面民营企业往往会将扶贫视为过往公益慈善、企业社会责任行为的延续。

　　当前，民营企业家对待慈善和公益事业的重视达到了前所未有的高度，慈善事业做得风生水起，社会送给他们的各种荣誉也越来越多。作为改革开放的最大受益者之一，作为拥有较多财富的新兴社会阶层，他们所履行的，不仅仅是一个富人的责任，更多的是作为一个人、一个公民的责任。事实上，将参与社会公益事业与追求企业利润都置于重要位置，正是企业家走向成熟和理性的标志。公益不问动机，为善不问大小。企业有大有小、实力有强有弱，不论拿出多少财富来用于社会慈善公益事业，都是在为社会作贡献，都是值得人们敬佩的。

　　曾经在2008年汶川特大地震中捐款2.28亿元名列第一和"第十五届中国慈善榜"以年度捐赠7.3亿元荣列中国慈善家榜第一名的卢志强这样说："民营企业履行社会责任，一要不断将企业经营好发展好，二要向社会提供更多就业机会，三要尽企业的纳税责任，四要积极参与公益慈善事业，五要在国家和社会需要的关键时刻能够挺身而出。"

　　"慈善大王"曹德旺认为，慈善远远不是大把地捐款，慈善更是一种人生的态度，是一种修行。真正的慈善，应该是让自己活得更好，让家人活得更好，让员工活得更好，让社会获得更多的回报，让需要救助的人得到救助。

## 4.亿利集团：生态文明建设的先锋

　　库布其沙漠，位于内蒙古自治区鄂尔多斯市境内，是中国第七大沙漠，总面积1.86万平方千米，也是离北京最近的沙漠。几十年前，库布其沙漠黄沙漫漫，资源匮乏，缺水、无电、无路，农牧民艰辛游牧，生活极端贫困。

如今，人们来到库布其，看到了一个被重新定义的"沙漠"：牛羊在太阳能电池板下悠闲地吃着草，光伏发电源源不断地输入国家电网，浩瀚的星空吸引着慕名而来的游客，有机种植的蔬果源源不断地运往全国……游人在这里体验着人与自然的和谐之美……

人们在为库布其治沙与绿色发展成就点赞同时，也在不断追问：库布其治沙成功的秘诀是什么？亿利集团为何在治沙这条"冷板凳"一坐30年，把库布其从千年大漠变成无垠绿洲？

2017年7月的库布其沙漠，草木葱翠，万物生长。地处七星湖畔的库布其国际会议中心，宛如一颗宝石镶嵌在大漠绿洲之中。第六届库布其国际沙漠论坛正在此间举行。中国国家主席习近平向论坛发来贺信。习近平主席在贺信中指出，"中国历来高度重视荒漠化防治工作，取得了显著成就，为推进美丽中国建设做出了积极贡献，为国际社会治理生态环境提供了中国经验。库布其治沙就是其中的成功实践。"此刻，世界防治荒漠化事业进入了"库布其时间"，这也是库布其治沙企业亿利集团的高光时刻。

亿利集团董事长王文彪是库布其沙漠的"儿子"。他出生在鄂尔多斯市杭锦旗杭锦淖尔村，他的家离沙漠不到1千米。在他儿时的记忆中，库布其一年到头几乎天天刮风，沙尘弥漫。与沙漠相伴的是贫困：破旧的小屋，面黄肌瘦的村民，光着脚丫的孩子……

风沙成为横亘在王文彪心底的一道阴影，他幼小的心灵萌生了两个梦想：一个是把门前的沙漠搬走，另一个是不再挨饿。

正如王文彪所说，他生在沙漠，命中注定要和沙漠打交道。1988年新春伊始，改革的春风也吹到了库布其。那年5月，在一片不解声中，王文彪从政府部门下海担任杭锦旗盐厂的厂长。

盐厂距旗政府所在地直线距离40千米，普通公路开车用不了一个小时，那天他们走走停停，用了3个多小时。终于开到厂部院外，吉普车却被沙子捂住，抛锚了。走进盐厂，一排简易办公室，十室九空，没有机器的轰鸣，没有鼎沸的人声，只有随风飞扬的沙尘和枯草。两个盐池已经部分塌陷，盐湖蒙着厚厚的沙子，生锈的设备也快被沙子埋掉了。

对于王文彪的到来，职工们各怀心事。把一个奄奄一息的企业交给这个年轻的后生，能行吗？都说新官上任三把火，王文彪的第一把火怎么烧，员工们都在看着。

"种树！"王文彪的第一个决定让大家炸了锅。"种树？从来没人想过在沙漠里种树，沙漠这么大，怎么种？钱从哪里来？""只有种树，才能保住盐厂的命！"王文彪斩钉截铁，决定从盐厂每卖一吨盐的收入里拿出5元钱专门用来种树，还精选出27名工人组成林工队。

从此，林工队与沙子较上了劲。风呜呜地刮起沙子，打在脸上针扎一样。睁不开眼，连张嘴呼吸都是一件困难的事。他们肩扛手拖，开始用刀耕火种的法子播种绿色。

绿色星星点点地出现，渐渐把盐海子拱卫起来，盐场的命算是保住了。可是，下一个问题又出来了：盐厂距火车站直线距离65千米，由于沙漠阻隔，不得不绕道330千米，一吨盐的成本因此增加六七十元钱，产品的一点利润，几乎全耗在了路上。

王文彪急得天天在盐海子周围转悠，有个想法逐渐在他脑海里清晰起来——修一条穿越沙漠的公路！质疑声再次汹涌而来。"在沙漠里修路？没有先例，没有技术，怎么修？钱从哪里来？"更有一位老职工指着王文彪的鼻子说："千百年来没人敢干的事，你王文彪能干成？我看你不是得意忘形，就是脑子有病！"

王文彪苦口婆心地做大家的工作。"被沙漠吃掉是死，与沙漠抗争还有活的希望。不如放手一搏，干他一场！"与此同时，他跑政府要支持，跑银行要贷款，最后再加上企业自己出一部分钱，东挪西凑，终于凑足了修路款。

1997年初春，穿沙公路终于动工了，这在当时的杭锦旗乃至鄂尔多斯都是一件轰动的事。政府和社会各界纷纷出动，搞大会战，人人为修路献一份力。王文彪和亿利员工也揣着干粮，顶着风沙，拖着帐篷，走进大漠腹地，与施工队一起奋战。

修路要先打路基。在沙漠里打路基，比平常难得多。没有好机械，几乎全是靠人、推土机完成。职工们只能带些简单的生产生活用品，每天啃着干巴巴的干粮，带的水喝完了，就在沙漠的湿地挖井取水。更残酷的是，第二天赶到现场，发现修好的路基不见了。原来一夜之间，黄沙就把路基盖住了。只好推了埋，埋了推。汗，一滴一滴落进干涸的沙里；路，一寸一寸在脚下延伸。

1999年10月，瓜果飘香的季节。经过1000多个日夜的艰苦奋战，一条被誉为"大漠奇迹"的穿沙公路终于修成通车。通车前夕，王文彪到工地查看，一位蒙古族老大娘领着两个孙子跑到他身边。老太太满眼泪水，紧紧攥着王文彪的手对孙子说："来，给这位修路的叔叔磕个头，要不是这位叔叔，你们可能一辈子都出不了沙漠。"王文彪说，这是他做企业多少年来最想掉眼泪的时候。

这一年，亿利集团还在黄河上建了一座浮箱桥。这座桥与穿沙公路相连，使黄河和沙漠"天堑变通途"。至此，"隔河千里远"成为历史，一条连接黄河两岸和鄂尔多斯、包头、巴彦淖尔三地的人流、物流和信息流的"生命大通道"，打通了库布其沙漠走向世界的最后瓶颈。

一脚踏上治沙路的王文彪，再也没有回头。库布其治沙工程经历了五个阶段：被动治沙造林阶段（1988—1995），主动治沙造林阶段（1995—2001），理想化治沙造林阶段（2001—2005），理性化、合理化治沙造林阶段（2006—2011），科学化、规模化治沙造林阶段（2012—）。

截至目前，已经治理库布其沙漠969万亩，相当于整个天津市的面积；穿沙公路已修建5条，共343千米。库布其沙漠成为全球唯一一座被整体成功治理的沙漠。

库布其上演沧海桑田的这些年，也是我国生态文明建设跨越发展的时间。我国先后实施三北防护林、京津风沙源治理等重点工程，成为世界上为数不多的荒漠化逆增长国家之一。"十二五"期间，内蒙古减少荒漠化土地1100多万亩，成为中国治沙领跑者。王文彪说："回头看库布其治沙30年，这些成绩是中国各级政府正确主导的结果，是企业、社会各界共同努力的结果。"

　　甘草，是一种耐干旱、免耕无灌的名贵中药材，也是一种适合在沙漠生长的植物。同时，甘草根瘤大量的共生固氮菌能够增加土壤氮肥含量，培育土壤肥力，对沙地和盐碱地有明显的改良作用。

　　自20世纪90年代末始，亿利集团在库布其治沙中研发了"甘草半野生化平移栽培法"。一颗甘草就是一个"固氮工厂"。亿利自创的让甘草躺着长的技术，可以让1棵甘草的治沙面积由0.1平方米扩大到1平方米。

　　甘草成为亿利治沙扶贫工作的"秘密武器"。他们采取"公司＋基地＋农户"的合作模式，企业负责种苗供应、技术服务、订单收购"三到户"，农牧民负责提供沙漠土地和种植管护。甘草3年后长成，由企业加工成甘草片、甘草良咽、甘草新苷等高科技、高附加值产品。"甘草治沙改土扶贫"模式实现了一举四得：绿化了沙漠，促进了甘草产业，修复了土地，带动了贫困户脱贫。

　　依托"甘草治沙改土扶贫"模式，库布其沙漠目前已经形成了以生态修复、现代牧业、生态健康、生态旅游为主的生态产业链，建成了甘草产业化基地、绿色农牧业园区、生态光伏基地、生态旅游区等示范园区。目前，亿利甘草种植面积达200多万亩。

　　"我现在负责200亩左右的甘草种植，一个月就收入6000多块钱呢。"库布其贫困户吴直花做梦也没想到，只是在甘草种植示范园里拔拔草、浇浇水就能有这么多的收入，而来这里之前，她靠种玉米，一年的收入才2000多元。

　　多年来，亿利集团依靠"治沙手段产业化"战略，创新发展起"生态修复、生态农牧、生态健康、生态工业、生态旅游、生态光伏"六位一体的千亿级的循环经济产业。依靠这些产业，当地百姓以"沙地业主、产业股东、旅游小老板、民工联队长、产业工人、生态工人、新式农牧民"的7种新身份脱贫致富。尝到甜头的他们成为库布其治沙事业最广泛的参与者和最大的受益者。

　　库布其治沙形成了一套成熟先进的治理模式，创造了一系列可持续、可复制的经验。过去防治荒漠化主要是由政府"唱独角戏"，但是库布其模式的最大不同就是与市场化力量紧密相关，形成"政府企业社会共治"

的局面。库布其模式的核心要义，是政府政策性支持、企业产业化投资、农牧民市场化参与、技术持续化创新的"四轮驱动"，促使生态持续性改善。这正是库布其治沙成功的秘诀。

荒漠化是地球的"癌症"。从国内来看，荒漠化、沙化土地占到国土面积的1/4，而且荒漠化地区与集中连片特困地区高度重合，给脱贫攻坚带来巨大困难。从国际来看，"一带一路"沿线国家2/3地处荒漠化地区，很多国家都面临着荒漠化防治的问题。

以市场化方式推动生态文明建设的库布其模式，其最突出的特点就是可复制、可推广、可持续。联合国环境署执行主任埃里克·索尔海姆说："在库布其，沙漠不是一个问题，而是被当作一个机遇，当地将人民脱贫和发展经济相结合。我们需要这样的案例为世界提供更多治沙经验。"

这几年，亿利集团先后在新疆塔克拉玛干沙漠、甘肃腾格里沙漠、内蒙古乌兰布和沙漠等西部沙区输出库布其的种子、技术以及甘草治沙改土扶贫模式，在河北张北县推进村级光伏复合生态扶贫，在西藏高寒高海拔地区开展生态产业扶贫，以及在实施大型生态修复项目过程中带动贫困户就业脱贫。目前，亿利集团正在云南、贵州、河北、内蒙古、新疆、西藏、河南等20多个省区输出库布其模式，实施大型国家生态修复工程。

库布其的生态文明建设不仅是中国防治荒漠化的成功实践，而且在国际上声誉日隆。联合国授予库布其治沙人"全球治沙领导者奖"及"地球卫士终身成就奖"。库布其模式正在走向"一带一路"，已经成为"中国经验""中国方案"在构建人类命运共同体进程中一张闪亮的绿色名片。

自2007年以来，库布其国际沙漠论坛已成功召开了6届，先后有1000多位国内外政要、专家学者和公益环保代表来到库布其，学习中国防沙治沙经验。论坛被作为全球防治荒漠化的重要平台写入了联合国决议。

2014年，库布其沙漠生态治理区被联合国确立为全球沙漠"生态经济示范区"。

在多个国际场合，许多国家的领导人和政要都迫切希望尽快把库布其治沙经验、模式和技术推广到"一带一路"沿线。加纳环境科学与技术创新部副部长帕特里夏·安佩安格表示："库布其治沙模式独一无二，中国政府的创造力十分强大。库布其经验很特别，可以推广分享到全球来解决荒漠化问题。我们迫切希望习近平主席能够尽快在'一带一路'框架下，把库布其模式带到加纳。"瑞士驻华大使戴尚贤说："中国治沙技术水平的快速发展离不开国家的政策支持，在中国国家主席习近平'绿水青山就是金山银山'理念的号召下，充足的人力资源和雄厚的资本优势得以发挥，从而将库布其沙漠变成了创造奇迹的地方。应该将库布其模式在全球范围内进行推广，把中国成功的治沙经验分享给全世界。"

2017年12月5日，在第三届联合国环境大会期间，库布其治沙领头人、亿利集团董事长王文彪获得了全球生态环保领域的最高奖项——"地球卫士终身成就奖"，成为第一位获此殊荣的中国人。王文彪在领奖时说："沙漠治理是我终生的事业，只要世界上还有沙漠，我治沙的脚步就不会停止，我将'绿水青山就是金山银山'作为永远的价值追求，从库布其出发到'一带一路'和全世界，让人类的沙漠越来越少，绿洲越来越多，幸福越来越多。"

· 第四章 ·

# 直挂云帆济沧海

进入21世纪，民营经济逐步由小到大，生产经营逐步走向规范，不少企业开始探索建立现代企业制度，做好家族企业代际传承，开展企业文化建设，积极构建和谐劳动关系。伴随着民营经济的发展和我国社团组织改革的深入，以民营企业和民营企业家为主体的各类商会组织蓬勃发展起来，成为党和政府联系广大民营企业家的桥梁纽带，发挥着不可替代的独特作用。

## 1.家族企业逐步探索和建立现代企业制度

我国的民营企业，一方面来自于个体工商户和家庭企业，另一方面来自于原有国有或集体企业转制后被家族资本所掌握。也就是说，改革开放以来形成的民营企业，大部分采取了家族企业形式。

家族企业是由婚姻、血缘或收养关系产生的亲属之间共同投资或共同拥有，从事生产经营活动的企业组织形式。它从家庭经济演变而来，是人类社会最早产生的社会经济组织形式。家族式管理就是由家族成员们共同对生产经营活动实施管理的方法和模式。

家族企业也是世界上最早的商业企业形态，涵盖了商业企业的全部特征。其实，无论是在西方资本主义经济条件下，还是在中国特色社会主义市场经济条件下，家族企业都呈现着其特有的优势和魅力。家族企业在全世界延续时间之长、范围之广、数量之多、绩效之优，与家族式管理模式有着极大的关联。例如，美国的摩根家族、洛克菲勒家族，日本的三井、三菱、住友等家族，中国台湾的王永庆家族、中国香港的李嘉诚、霍英东家族等。同样，中国当代家族式企业成功的典范也不少，万向集团的鲁冠球家族、福耀集团的曹德旺家族、娃哈哈集团的宗庆后家族、沙钢集团的沈文荣家族、方太集团的茅理翔家族、匹克集团的许景南家族等，就是其中的优秀代表。

改革开放以来，我国民营企业已经发展到一个很大的规模和很高的水平，但家族制仍然是私营企业制度的基础，家族式管理仍然广泛存在于各类企业之中，普遍呈现出以下特点：

——从经营形式上看，大多数家族企业经历了由小到大，由单业经营到多元化经营的过程。民营企业往往是从小作坊、小手工、小企业起家的。随着经济的快速发展，民营企业迅速成长，为了分散投资风险，创造更多发展机会，企业家开始寻求经营领域的多元化。民营企业涉及的行业也扩大到包括制造业、房地产、生物制药、医疗教育、金融、旅游及娱乐业等多个领域。进入21世纪以来，民营企业进一步向高新技术产业拓展。与此同时，不少民营企业非常重视开拓国际市场，进行跨国投资，建立企业间的国际合作和战略联盟等。

——从企业组织理念上看，民营家族企业通常实行所有权与经营权紧密结合的管理模式。一家民营企业往往由一个家族绝对或相对控股，企业的董事长、总裁（总经理）大多由创业者担任，家庭核心成员也位居要职，构成企业的核心决策层，远亲和朋友组成的经理层则负责企业的日常管理事务，再往外则是一般成员，而且企业内部分工不太明确和细致，"家长"往往事无巨细都要过问。

——从经营理念上看，我国的家族企业比较重视东方的文化传统，对内强调忠孝、仁爱、勤俭、奋斗、服从家长权威，表现出很强的家族凝聚力，对外则强调和为贵、讲信用、讲信义，重视建立关系网，包括与政府建立良好关系。

从30多年无数民营企业走过的发展历程看，家族式管理模式，具有许多方面的优势：

第一，家族企业具有很强的凝聚力。"打虎亲兄弟，上阵父子兵"。组成企业的同一家族成员，尤其在创业初期彼此具有高度的认同感和一体感，容易产生高信任度和高忠诚度，形成稳定的心理契约，能够相互信任、同舟共济、患难与共。一些家族企业不仅把中华民族优秀传统文化思想用于家族成员的团结上，而且还推广应用于对员工的管理上，在企业中培育一种家庭式的氛围，使员工产生一种归属感和成就感。这不仅增强了员工对企业的忠诚度，提高了企业经营管理者和员工之间的凝聚力，而且还减少和削弱了员工与企业间的摩擦和矛盾，保证了企业的顺利发展。

第二，家族企业能够较快完成资本的原始积累。利用血缘、亲缘和地缘关系，家族企业不仅容易获得创办企业所需的人力资本和物质资本，而且凭借家族成员之间特有的血缘关系、亲缘关系和相关的社会网络资源，家族企业能够以较低的成本迅速集聚人才，促使参与企业经营生产的家族成员全身心地投入，甚至可以不计报酬地艰苦创业，因而能够在短时间内获得竞争优势，较快地完成资本的原始积累。特别是在我国市场经济发展初期，市场秩序不够正常、产权和契约法规尚不完善、契约的履行得不到可靠保证的环境下，家族制度作为一种有效的替代制度，减少了企业创立的风险。

第三，家族企业决策运营效率高。家族企业是在家族伦理道德规范的制约下进行运作和管理，管理的集权性决定了决策的快速性，企业主可以依靠商业经验指挥家族企业，对家族企业的重大事务迅速做出决策，为应对市场变化赢得宝贵时间。而且，由于家族式的权力控制非常集中，权力的运用减少了许多中间环节，在对外界的变化方面反应迅速，因而运行效率比较高。

第四，家族企业能够节省大量管理成本。企业在初创阶段的所有权与控制权合二为一，企业管理的特点是创业者或家族成员在企业中占统治地位。这种治理模式几乎没有代理问题，因此避免了监督成本和管理费用。

而且在中国职业经理人市场不完善的情况下，由于使用"外人"而给企业造成巨大损失的例子数不胜数。据调查，有2/3以上的投资者认为，是由于找不到可靠的管理者的原因使得自己直接掌握管理权。

第五，家族企业能够避免短期行为。由于家族的血脉亲缘关系使其在观念、利益和对问题的认识上具有一致性，比如成员行为的目标都是一致的，希望自己家族企业的利益最大化，并能够永续经营发展下去。特别是许多家族企业非常注重家族的延续性，期望家业长青，企业的经营方针都会要求子女继承并予以发扬光大，所以家族企业往往更具长远观点。

但是，民营企业家族式治理结构也存在不少问题和明显弊端，主要有以下几方面：

一是家族企业造成封闭性产权。家族企业多为创业者或家族持有，很少接受外界的参股，即使有些企业进行了股份制改造，企业的大股东仍是创业者及其直系亲属。所有权高度集中，家族成员不愿让投资者来参股分享利益，也不愿向多元化产权结构转变。这种产权的单一性、集中性，使企业难以获得外部的资金，阻碍了企业的规模扩张，企业的发展不能得到资源的有效流动和配置，因而不能有效发挥企业资本效率。

二是家族企业决策有时缺乏科学性。家族式的企业管理，必然导致决策方式的独断专横。老板拥有绝对权威，往往说一不二，雷厉风行。这种主要依靠经验的独断决策，在企业规模不断扩大、经营不断拓展、市场竞争日趋激烈的情况下，经营者受自身知识、掌握的信息等多方面的局限，难以做出正确的决策，在激烈的市场竞争中充满风险。同时，家族制管理导致民营企业中的集权制现象，部分家族成员凌驾于企业制度之上，经常以"亲情代替制度"管理企业，缺少必要的权力监督，不利于企业的权力制衡，容易形成不合理的权力运作机制。这也是造成民营企业频频出现大起大落现象的一个重要原因。

三是家族企业难以引进优秀人才。家企不分的产权闭塞，必然造成业主管理具有很强的垄断性，外部各种优秀人才难以进入企业管理岗位，企业中高层管理人员往往是以自己的亲属为主，大多是用人唯亲而非用人唯贤，关键岗位只用"自己人"，从而限制了外来优秀的技术、管理人才的输入。由于管理需要服从血缘关系，科学管理常受亲情羁绊，因此以经济利益为纽带的管理规则时常失效，导致企业内部缺乏科学的管理体制，甚至根本难以存在。由于家族成员在企业中掌握了重要职权，许多人才往往难以得到提升，产生了"卖身打工"的自卑感，这就必然挫伤其积极性和创造性，导致工作效率降低。

四是共有式产权造成家庭成员之间产权不清晰。家族企业也不是都有凝聚力的，如果家族成员之间关系处理不当，容易导致家族血缘关系的内聚功能转变为内耗功能。不少家族企业是由几个兄弟姐妹或父子、夫妻共同创立，其内部产权往往不明晰，特别是遇到企业继承或分立的状况时，问题就更为突出，有可能出现内部纷争，兄弟反目、夫妻反目，导致企业走向没落。

五是家族企业缺少健康良好的企业文化。企业文化是企业的基本价值观和行为规范，是企业充满活力、永续发展的内在动力和源泉。当前，我国许多家族企业内部存在的严重的裙带关系以及家族成员矛盾等严重制约着企业文化建设，进而企业难以形成和促进可持续发展的文化氛围。比如，浓厚的家族式经营色彩，个人独断专行，企业文化就是老板文化；打擦边球、钻政策空子、违反游戏规则以至恶性竞争严重；诚信危机、伪造假账、偷漏税款，信用状况较差，存在不规范行为不合法行为；忽视激励，管理层与员工关系疏远，少有感情沟通，缺乏团队凝聚力。这些成为影响企业发展的重大障碍，难以适应现代市场经济发展的要求，不利于企业做大做强，甚至在市场形势变化和经营风险加大时，直接给企业带来灾难。

据第七次全国私营企业抽样调查，在我国私营企业所有者权益结构中，企业主的所有者权益占主体，中位数占了70%，其治理结构，还是以企业主为中心，90%的企业主兼任企业总裁（总经理），他们集投资者、决策者、管理者于一身。即使在上市的私营企业中，这种集三权于一身的仍占80%以上。在企业的人才结构中，家族成员比例很大。在已上市的企业中，高层管理人员中的亲属占54.2%；在准备上市的企业中，高层管理人员中的亲属占55%。

任何一种制度的产生和存在都有其历史和社会背景，都有其存在的合理性。分析我国民营企业家族式的治理结构，主要是由历史和现实两个方面的原因造成的。

从历史的角度来看，家族制与中国传统文化背景相适应。我国传统文化的主流是儒家文化，儒家文化的核心是儒家家族主义。因此，家族在中国传统文化背景中无疑是效用最大化的组织。同时，中国传统社会结构也是以家族为社会的细胞，按家族伦理扩展而组织的，其他社会组织在一定意义下是家族的放大。所以，我国民营企业选择家族式管理模式，从文化、伦理道德层面上看，是儒家家族主义在经营模式上的体现。

从现实的角度来看，由于我国社会主义市场经济体制建立时间不长，一些法律规范尚未完全确立和有效实施，同时存在缺乏职业经理人队伍、缺乏社会信用体系等。在这种情况下，交易中的风险和不确定性是相当大的。家族化管理以血缘为背景，人际交往模式建立在亲情基础之上，具有强烈而全面的信任关系，可以减少群体成员由于信息不对称而导致的道德风险，从而大大减少监督成本。因此，基于家族化管理的凝聚力、灵活性、有效性，以及在代理问题上的优势，民营企业较难以摆脱家族化倾向，并且在相当长一段时期内会继续存在。

从以上分析可以看出，家族式管理在民营企业特别是中小微企业发展的一定时期和一定条件下，有其必然性、必要性和合理性。家族式管理具有权责统一、自主管理、运作灵活、效率较高的优点，是民营企业创业初期的最佳模式。面对激烈的市场竞争和不确定因素，家族亲情容易产生凝聚作用，使大家意志坚定、相互信任，为了企业的利益而乐于奉献，所以能够成功抵御外部干扰，有利于企业的发展。

实践证明，当民营企业处于初期发展阶段时，由于企业规模小，管理层次少，企业良好的经营管理可以通过血缘关系来实现，因而家族制管理是有效的，在民营企业发展的初期产生过极大的效率，为我国民营企业的快速成长作出了巨大贡献。

正如吴敬琏所指出的："私营企业做大以后虽然要搞产权社会化和管理社会化，但也要做具体分析，不宜在一切企业中简单否定家族式管理。对有些小企业来说，家族制并没有什么不好，而是一种有效的选择，因为家族制以血缘关系为纽带，不需要搞复杂的规章制度来防止个人的权力与责任、利益与风险的不对称。"

经济学家厉以宁也指出，尽管家族经营制有局限性，并不是说家族经营制对于小作坊、小摊店、小本经营没有适用性，因为在那种场合只可能采取家族经营制。这也不否认家族经营制在民营企业初创阶段内一定的积极作用。

但是，家族制管理并不总是成功的。更突出的是，当民营企业发展到一定程度，其生存的制度环境发生改变的条件下，这种管理模式的弊端将严重束缚企业的发展。实际上，在资产达到一定规模，市场活动更加频繁时，家族制管理固有的排他性和集权性的缺陷就会充分暴露出来，成为制约民营企业做大做强的绊脚石。

多年来，许多优秀民营企业发展起来后，面对复杂多变的市场形势，能够比较清醒地对待企业管理面临的各种问题，努力摆脱家族经营制的束缚，走所有权、经营权分离的道路，从家族式向现代企业制度转变。

浙江正泰集团公司是一个通过产权变革向现代企业制度转变的典型案例。

1984年，南存辉与胡成中每人出资1.5万元加破旧的厂房设备共5万元，投资兴办求精开关厂。1991年，求精开关厂一分为二，南存辉分得资产100万元。同年9月，南存辉与自己的在美国的妻兄黄李益合资，后者融资15万美元，成立了中美合资温州正泰电器有限公司。

此后，南存辉又把自己的弟弟南存飞、外甥朱信敏和妹夫吴炳池以及另一位关系稍远的亲戚林黎明揽入正泰公司成为股东，从而完成了正泰公司至为关键的基础构建。此时，南存辉个人股份一下子从100%稀释为60%，其他几位家族成员占40%。

1994年，正泰集团正式成立，先后有38家企业以各种形式加盟正泰，而南存辉的个人股权也被稀释到了不足30%。集团公司组建后，正泰在规模上达到了一个空前的高度，但整个企业的核心权力仍然集中在南氏家族手中。加之由于公司迅速扩张也导致管理上出现了混乱局面。为了留住人才，实现正泰的可持续发展，南存辉对正泰作进一步的改组。

1998年，南存辉突破阻力，毅然决定弱化南氏家族的股权绝对数，对家族控制的集团的核心企业正泰电器股份公司逐渐推行股权配送制度，即"要素入股"：管理入股、技术入股、经营入股，这样吸收了几十名"知本"型股东。正泰的核心股东也由此扩充到118位。此时，南存辉个人的股份下降到20%多一点，其他几位包括南存飞、朱信敏等创业元老分别持7%到10%不等的股份。在正泰最高决策层中，南氏家族成员所占比例已不到1/3。

家族色彩逐步在淡化，企业却在不断壮大。南存辉通过对自我股权的不断稀释，使正泰的总资产得以快速增值，市场份额不断扩大，企业竞争力不断提升。正泰由家族企业变成真正的现代企业集团。

四川希望集团刘氏四兄弟，也是目前由家族企业转变为现代企业的另一个典型例子。他们企业的治理结构的成功转型，最主要的是家族成员内部股权的明晰。

1982年，刘氏兄弟四人从养鹌鹑开始，用了五年时间完成原始积累。后来他们选择了前景非常广阔的饲料生产业，成为中国饲料市场上的龙头老大。随着企业成长，刘氏兄弟开始以"分家"的形式明晰产权。从1992年开始，希望集团进行了两次调整，从单一企业分成为四个企业集团为主的企业群，形成了一种新型的家族企业模式。这种联网企业，相互之间有分有合，各自独立运作，又有资本、品牌、企业无形资产的联系。

接着，按照兄弟四个人的特长，刘氏产业被划分为3个领域：老大刘永言向高科技领域进军，老三陈育新（刘永美）负责现有产业的运转和房地产开发，老二刘永行和老四刘永好到各地发展分公司。刘氏兄弟的明确分工，带来产权上的一次根本性变化。

后来，在占领全国饲料市场的过程中，他们意识到兄弟之间在经营理念、投资方向等方面的分歧和差异越来越大，同时交叉运作也难免出现一些利益冲突，双重决策造成手下人的困惑等，这对于企业的进步和发展非常不利。为此，刘永行建议，根据每个人的兴趣和特长发展再次明晰产权。1995年3月的董事会上，根据董事会的决议，冻结总部所有下属分公司的资产和资金，根据"资产基本平分"的原则，将27家公司一分为二，刘永行和刘永好均分得资本约2亿元。至此,希望集团基本达到产权优化和清晰:刘永言投资创立大陆希望,刘永行以东北片区为基础成立东方希望,陈育新建立华西希望,刘永好以南方片区为基础建立南方希望。对于共同拥有的一部分财产,大家各占1/4。

他们还明确规定:两个片区禁止跨区域开拓,干部在片区间流动必须经双方共同认可,董事会成员今后的一切开支均不在集团报销等。

之后,兄弟四个拥有的公司都在不同程度上进行企业内部的制度改革和优化资源配置,采用现代企业管理模式维持企业的正常运作,企业在走向规范管理的过程中不断做强做大。

20多年来,刘氏四兄弟成功的实践证明,能不能突破家族式管理模式,成为民营企业初具规模之后能不能继续发展的一个关键性因素。

## 2.以先进文化引领企业发展

改革开放以来,我国民营企业在创造社会财富的同时,也形成了丰富多样、体现创业创新创富精神、具有鲜明特色的企业文化。先进的企业文化造就了一大批具有强大实力的民营企业和企业家,对于企业实现科学管理、促进转型升级、提高市场竞争力、构建和谐劳动关系起到了积极作用。

美国著名的《财富》杂志曾在21世纪之初的杂志扉页上写道:没有强大的企业文化,没有卓越的企业价值观、企业精神和企业哲学信仰,再高明的企业经营战略也无法成功。可见企业文化在企业发展中的重要作用。

企业文化是一个企业所特有的一种价值观、一种发展思路、一种特殊的服务于社会的方式和方法。当前,企业文化已成为企业核心竞争力的重要组成部分。

但是,在过去的相当长的一段时间里,由于大多数民营企业采用家族式、小规模的发展模式,很多企业开始并不注重文化建设。但是,随着国有企业的改制和外资企业的不断进入,在不断升级的竞争与发展过程中,许多民营企业越来越意识到企业文化建设的重要性，看到企业文化建设对于实现科学管理、增强员工素质、塑造品牌形象、增强企业竞争力的重要意义。开始从企业自身的实际出发，将企业发展理念全面融入企业文化与管理当中，塑造企业核心价值观，引导激励员工，培养企业竞争力，构建具有自身特色的企业文化。

价值观是企业文化的核心内容，是企业成员的思想观念，即要形成企业内部员工共同的价值观。这个共同的价值观决定着企业成员的思维方式和行为方式，能够把员工的精神凝聚在一起，使企业员工为了一个共同的目标而团结合作、努力工作。

当前，许多民营企业在塑造企业文化过程中，以社会主义价值观为引领，弘扬爱国、诚信、守法、创新、友善、责任等理念，打造出了以服务社会为核心的价值观念，以互利共赢为核心的经营哲学，以诚信为善为核心的企业道德，并将推动社会发展作为企业发展的历史使命。

上海复星集团将"修身、齐家、立业、助天下"作为企业的价值观。其中，"修身"即坚持规范透明运作，在不断的学习中实现自我价值的持续提升；"齐家"强调铸造一个志同道合的团队是企业发展的前提；"立业"意味着发展成为在不断变化的商业环境中充满活力并有持续创造价值能力的企业；"助天下"则强调发展起来的企业应当是既有能力更有社会责任感的企业，应与利益相关方分享发展成果并营造和谐的社会氛围。"修身、齐家、立业、助天下"，代表了复星的社会责任理念，更成为复星履行社会责任和开展社会责任管理的行动纲领。

浙江正泰集团将"争创世界名牌，实现产业报国"作为企业的历史使命，将"诚信守法，注重绩效，不断变革"作为核心价值观，将"创新、和谐、谦学、务实"作为企业精神，将"为顾客创造价值，为员工谋求发展，为社会承担责任"作为经营理念，将"打造世界一流电气制造企业"作为发展目标。正泰的精神文化充分体现出了"诚信""服务""和谐""共赢"的社会责任理念，使企业在发展过程中，逐步形成了全体员工共同遵守的企业文化，为企业长久发展提供了强有力的保障。

许多民营企业为将企业文化内化到企业员工的意识当中，切实引导激励员工行为，一方面积极打造企业内部的视觉识别系统，并通过内部报纸杂志、企业网站、广播、橱窗等渠道及征文比赛、文艺演出、教育培训等活动进行大力宣传，使抽象的社会责任理念具体化、形象化，让员工始终处于责任文化理念的氛围之中，感知感受，逐步树立企业的核心价值观，从内心深处认同并自觉遵守企业的道德规范、行为准则，从而有效地提高员工的道德素质；另一方面，通过产品、广告、媒体宣传等途径，发挥企业文化的辐射、带动作用，使企业在树立良好社会形象的同时，扩大社会影响。

安泰（德清）时装有限公司是一家专门生产各类针织、梭织服装的企业，公司从2003年成立起，就确立并大力实施"把企业打造成劳动者乐园"的战略目标，坚持"先进开放的文化价值、深入普及的文娱措施、体贴入微的文明管理"，通过加强企业文化建设促进企业健康发展。他们把塑造企业精神，形成企业的价值理念，作为抓好企业各项工作的决定性措施。从企业实际出发，提炼归纳出"礼敬天地、报效国家、福惠民生、和谐企业"的企业价值导向和"诚信是立业之本、质量是企业生命"的办企理念，倡导"客户的利益就是公司的利益，公司的利益也是客户的利益"。从这些价值理念中，他们进一步归纳出和谐、诚信、质量等核心要素，不仅在公司管理层逢会必讲，而且在公司显眼的地方张贴宣传，以潜移默化的形式把这些元素注入员工心中，使大家都认同和践行这些理念，从而增强了公司的向心力、凝聚力。公司的业务员经常碰到一些客户要求他们的产品贴牌出货，但他们坚持没有合法授权就不予接单，宁可舍弃利润丰厚的业务也必须讲求诚信。在公司的影响下，员工人人讲诚信，处处讲质量，不仅吸引住老客户，大量新客户也纷至沓来。

在文化建设中，许多民营企业认为员工是最大的财富，坚持"发展依靠员工，发展为了员工"的人本理念。福信集团在"共创、共担、共享"的理念指导下，形成"利益共同体、事业共同体、命运共同体"的企业文化，将员工视为企业最重要的资源，为员工打造了一个幸福、安稳的爱心家园，在凝聚力量使企业发展壮大的同时，带动国家经济及区域发展，促进就业，并开展节能环保及公益慈善活动，回报国家和社会。

均瑶集团始终坚持以人为本的理念，视人才为企业发展的宝贵财富。为了使企业文化成为凝聚员工、激励员工的重要力量，提出以人为本的思想，把"家文化"作为均瑶集团的核心理念加以宣传推广，倡导当家做主的"主人翁"精神。"家文化"内涵是敬业守责、爱企如家的主人翁文化；创先争优不甘平庸的绩效文化；言传身教以老带新的互助文化；公平公正、风清气正的激励文化；有创造力、执行力的团队文化；人文、凝聚的和谐文化。集团还大力倡导"良心、诚心、孝心、进取心、将心比心"等传统美德与时代精神相结合，使之成为均瑶员工的道德规范。在此基础上，集团提出要做百年老店之路的探索者。在这一使命的驱使下，集团上下一致形成共同价值观，在企业内形成心往一处想、劲往一处使的好风气。

苏州固锝电子有限公司是全国最大的二极管龙头企业。公司非本地籍外来务工者占到公司员工的60%以上，不少员工来自贫困地区。企业摸索出一套"幸福企业"的管理方式，在公司内部倡导"家"的气氛，从新员工入职第一天起，即有专人对其进行爱的呵护，不仅在工作、学习、生活给予最大的帮助，更通过陪伴职工的言传身教，在思想、行动、情感上帮助他们尽早融入公司的大家庭。针对困难员工以及有特别需要照顾的员工家庭进行特别照顾。公司的关怀举措不仅关爱员工本人，而且包括员工的父母子女家庭等，都是公司关注的对象。苏州固锝倡导和实践"家文化"，充分尊重、关爱和信任员工，家人般温暖的关怀使员工的心态发生了改变，产生了对企业的归属感和责任感，员工之间因信任而提高了作业的效率。实行"幸福企业"管理方式后，企业负责人可以做到一年最多看两次财务报表，员工上班不用打卡，报销时由自己签字，部门交接原材料不用清点，信任和尊重大大降低了企业的管理成本，也提高了管理效率。

在企业文化建设中，许多企业把传统道德文化与现代管理有机融合为一体，形成符合企业实际的现代经营管理理念和方式方法。北京同仁堂是一家拥有350年历史的中医药老字号企业，多年来，他们始终坚持创立者的"仁德"理念，以"同修仁德，济世养生"为企业最高追求，努力打造"善待"文化，推动百年老店健康快速发展。

同仁堂把善待顾客和患者，当作义不容辞的责任和永续经营的广阔市场。在生产过程中，他们始终坚持"配方独特、选料上乘、工艺精湛、疗效显著"的制药特色，恪守"炮制虽繁必不敢省人工、品味虽贵必不敢减物力"的古训。在原材料控制上，他们严格按国家标准建立原材料种植基地；在生产管理上，他们严格按国家标准新建和改造六大现代化的生产基地；在经营管理上，他们推行国家GSP标准建立计算机管理系统和质量服务网络。同仁堂有上千家药店，但服务标准只有一个，就是让顾客满意最大化。如今在同仁堂药店，他们始终保持着代客煎药、登记短缺药品等10多项便民服务。"上万元大单要做好，1分钱的买卖也一视同仁"。每年同仁堂都收到大量求医问药的来信，许多门店都派专人阅读回复，并给患者寄去需要的药品。虽然不赚钱，却能赢得顾客的心。

甘肃奇正集团是一家以弘扬藏医药文化、致力于人类健康事业的民营企业。他们针对员工民族成分多、地域文化差异大、企业跨地域经营等特点，注重在民族、文化的融合，使企业发展的人文环境不断改善。集团积极引导员工相互尊重民族文化、风俗习惯，不断促进员工取长补短、团结共进。

集团在藏区的4家企业，少数民族员工占到75%以上。为加强不同民族员工之间的交流和沟通，促使他们在相互理解与尊重的基础上和谐相处，集团制定并实施了少数民族员工到内地工作、汉族员工到藏区工作的轮岗制度。多年来，集团注重少数民族人才队伍建设，不断从少数民族员工中培养和选拔不同专业、不同文化背景的管理人才。通过促进民族融合，营造了来自不同文化背景和地域的员工之间沟通融洽的良好氛围，使企业得以在民族地区扎根并迅速成长。他们认为，不同民族和地域都有自己的优秀文化，使这些优秀文化得到共同开掘和充分利用，对于形成进取向上的企业文化很有帮助。为此，集团一方面积极引导员工保持本地域、本民族、本专业所形成的文化特质和良好素养，另一方面努力促进员工学习其他民族的优秀文化，从而使各民族的文明成果在企业中交融和升华。集团出巨资支持当代藏医泰斗强巴赤烈历时4年完成《藏医四部医典八十幅曼唐释难·蓝琉璃之光》，使藏医药经典得以传承。集团积极创新藏药营销理念，注重通过文化融合拓展企业发展空间、提升企业发展软实力，使藏医药瑰宝从西藏不断走向全国、走向世界，成为全国最大的藏药企业。

品牌代表着企业规范的管理、良好的信誉、质量上乘的产品及贴心周到的服务等，是企业竞争力的集中体现和企业文化的重要视觉识别标志。改革开放初期，民营企业的规模一般比较小，在产业与产品选择上大多以拾遗补阙为主，许多企业选择劳动密集型行业从事加工制造，或为大企业打工，做些加工服务项目。因此，对于自身的品牌塑造重视不足。

经过了多年的发展后，越来越多的民营企业已经意识到创建品牌的重要性，而且努力打造自身品牌，逐步将品牌发展战略融入文化建设之中。通过媒体报道宣传、产品包装、专题活动等形式，植入到品牌的营销战略和商业活动中，将企业的核心价值观与品牌紧密结合起来，赋予品牌以独特的文化内涵，形成品牌竞争力，有效提升企业形象，提高品牌影响力和品牌忠诚度，从而推动企业的可持续发展。

浙江太子龙集团是一家以锻造自主品牌"太子龙"时尚商务男装的专业化企业，建立了独特的"三位一体国际品牌文化框架新体系"。该体系将集团"文化立企，品牌立国"的理念作为品牌文化创建的方向指引，将内部管理框架作为品牌文化战略的内在驱动力，以"新龙精神"为基础，将太子龙的文化精髓根植于集团内部管理的各个职能里，分别从研发、生产、人资行政、信息、财务等方面入手，充分融入和体现太子龙理念精神中的责任担当，在企业内部形成了科学的发展路径和强有力的执行力，最终形成民族品牌国际化战略的强大驱动力，使太子龙集团走上了一条"文化驱动品牌力，品牌拉动投资力，实力提升价值力"的中国品牌运营商新模式之路。

"方太"是一家专注厨房电器研发和制造的著名企业，集团将"人品、企品、产品，三品合一"，作为企业的核心价值观，赋予品牌丰富而深刻的文化内涵，努力打造高端厨电品牌。方太集团坚信作为一家追求卓越的企业，不仅要为顾客提供世界一流的产品和服务，还要积极承担社会责任，做一个优秀的企业公民，致力于使方太"成为受人尊敬的世界一流企业"。因此，方太品牌始终坚持"专业、高端、负责"的战略定位，推崇

"烹小鲜如治大国"的工匠精神和态度，专注细节、全力以赴，凭借这种独特的品牌战略，使消费者对"方太"品牌产生高度的认同感，形成强烈的品牌忠诚度，方太集团在同行中得以脱颖而出，成为中国高端厨电的领导者。

企业文化，是企业一茬又一茬员工在长期的生产经营实践活动中形成的精神品质、生活习惯、行为方式等。可以说，企业的精神文化，比物质更管用，比金钱更重要。企业一旦形成奋进向上、自强不息的精神文化，就会面对困境，敢于迎接挑战；面对成功，能够居安思危；面对未来，继续开拓奋进。企业的精神文化往往会让人在为崇高的目标而努力工作的同时，自己也变得更为高雅、更具有品位；常常会让人在为多数人带来快乐与幸福的同时，自己也变得更快乐、更具有幸福感。

总之，经过改革开放的洗礼，企业文化在引领我国民营企业实现科学管理、增强员工素质、塑造品牌形象、提高企业市场竞争力、增强企业社会责任等方面发挥了越来越重要的作用。

## 3.传化集团——构建和谐劳动关系的样板

传化集团成立于1986年，如今已发展成为一家集化工、物流、农业、科技城、投资等事业领域于一体的多元化民营企业，产品覆盖全球80多个国家和地区，多年来一直位居中国民营企业500强之列。

传化从家庭作坊起步，之所以能有今天的局面，主要得益于有一支负责任、有激情、高素质的员工队伍。自创业以来，传化一直把员工作为企业的第一资源，把人的发展作为企业优先发展的目标。

多年来，传化坚持"事业以人为本、发展以人为先"的理念，推进"利益共同体、事业共同体、命运共同体"——"三个共同体"建设，努力构建和谐劳动关系，努力把员工的健康成长同企业的健康发展相结合，把员工的个人责任同企业的社会责任相结合，从而把"员工—企业—社会"作为整体联结了起来。

　　传化创办之初，员工主要来自邻居、亲戚和朋友，公司充满了家的氛围，善待员工自然在情理之中。尽管随着企业的发展，社会人才不断增加，但对员工的尊重和关怀一直在传承。

　　董事长徐冠巨说："和谐的劳动关系，是企业持续健康发展之源。企业家的职责是要精心培育高素质的员工队伍。在企业，质量是生命，这个生命要靠员工去呵护；技术是关键，这个关键要靠员工去突破；品牌是通行证，这个通行证要靠员工去打造。企业的各种竞争要素都离不开员工，员工直接面向顾客，企业家直接面向员工，企业家的着力点应该是激发员工的创造活力。"

　　1996年，传化全面向社会化企业发展，徐冠巨对企业和员工的关系进行了一次全面系统的思考。他认为，传化从无到有、从小到大，企业发展靠的是改革开放政策，靠的是全体员工的共同奋斗。

　　"做有社会责任的企业，把企业打造成为成就共同事业、实现共同梦想的平台"，成为徐冠巨的追求目标。他主张企业要办成一个"成就客户、幸福员工、引领产业"的企业，办成一个党和政府希望的、社会支持的、员工积极进取的企业，一个有社会责任感的企业！他坚信，员工有好的舞台、好的心情、好的环境，一定能激发出智慧、热情和活力。企业和员工是伙伴关系，是一个事业共同体、利益共同体、命运共同体！

　　正是出于这样的思考，他产生了一个强烈的信念，要打造中国特色的企业和谐生态，勇于为构建和谐劳动关系进行探索。

　　传化经过5年时间的探索，在企业树立了共同的价值观念，奠定了传化的企业文化基础。从此，传化逐步建立起一整套体系和规章制度。

　　他们坚持以依法管理为前提，积极维护员工的合理合法权益。公司严格按照《劳动法》《劳动合同法》等国家有关劳动保障的法律法规，与所有员工签订正式劳动合同，详细明确约定双方的权利和义务，劳动合同签订率一直保持100%，履约率100%。

　　同时，十分注重日常劳动关系管理，努力把工作做到细微之处，注重企业的民主管理，以充分保障员工的知情权、话语权、协商权和表决权。积极维护好企业与员工的关系，为此建立了内部劳动争议调解委员会，以做好员工的权益维护工作。

以福利待遇为基础，不断改善员工的生产生活条件，让员工共享企业发展成果是传化坚持的一贯原则。为了持续改善员工的收入和保障，徐冠巨给企业管理层提出了"三个确保、一个改善"的工作要求，就是要通过把企业经营业绩做上去，来确保员工的基本收入稳定，确保员工工资稳步增长，确保分配公开透明，同时要持续改善员工的福利待遇。

在收入分配上，传化建立了员工收入与企业效益增长同步的机制，形成了制度保证。在员工福利保障上，从1996年起，传化实行了内部储蓄式养老保险。2000年，浙江省进行民营企业社会养老保险的试点，传化成为首批三个试点企业之一，职工不仅有"五险一金"，还有"企业年金"。公司建立了一整套职工福利保障体系，不仅涵盖国家法定的保险福利，还根据自身经营业务特点、员工实际情况以及支付能力设计了多层次补充福利保障项目，让员工又多了一道保障线。

长期办企业使徐冠巨认识到，对员工技能和知识的培训是员工的最大福利，同时也是企业健康发展的基础。传化以员工发展为动力，帮助员工创建平台以成就事业。他们十分重视员工学习机制建设，建立起分层分类的人才培养体系，大力实施员工素质提升工程，鼓励员工"在工作中学习、在学习中工作"。实施主管指导人计划，广泛建立了"师带徒"关系。同时，开展大量有针对性的培训，建立了化工技能鉴定站，举办了工商管理研修班、销售经理特训营、骨干学习班，让员工实现专业化，能够履职称职。为了帮助员工学习成长，他们先后开展各类专业培训5300多项，年人均培训达38课时，给员工提供了最有力的发展支持和最有价值的福利。

在职业发展上，传化坚持不断做大产业发展平台，为员工创造更多的职业发展机会。在这基础上，构建任职资格体系，建立员工职业发展的多重通道，并在内部形成"赛马机制"，让所有员工通过公平竞争实现发展，让各种专业方向的人都有非常清晰的职业发展路径。刘成良是一个高中学历的农村青年，没什么专业技能，但他渴望在城市闯出一番事业来。依托公司为年轻员工设计好的职业发展路径，他先后参加了公司安排的150多项培训，拿下了初级、中级职业资格证书。他在传化经历了从普通操作工到车间主管，到生产部副经理再到中层管理人员的快速成长。类似刘成良这样的年轻人，在传化还有很多。就这样，传化把企业发展与员工发展紧密结合了起来，让员工充分感受到工作有平台、作为有机会、发展有空间。

徐冠巨认为，员工始终是企业最宝贵的资源和财富，是企业最基本的依靠力量。传化努力创造条件，加强对员工的人文关怀。在硬件环境建设上，传化不断强化车间与厂区环境的建设和劳动保护工作，为员工营造健康、舒适、安全的生产环境。在生活环境上，为了保障员工的吃、住、行、文娱体育活动和学习需要，在所有厂区建立了员工餐厅，实行福利性用餐，建设了设施齐全的员工社区和文化活动场所，解决了员工住宿的过渡性住房。

多年来，传化坚持以人为本，给予员工以无微不至的关怀。他们发动企业内部各方面力量，尤其是发挥党群工会组织的作用，把细致入微的关怀纳入工作机制。员工有困惑、有困难、有要求，就有企业的帮助；员工生病、过生日家里有红白喜事、天灾人祸，就有企业的问候；新人入职、工作调动、表彰处罚、年度总结，企业都一一相谈。

传化还特别重视软环境建设，营造同事之间既和谐共处、又你追我赶，既相互关心、又相互竞争的生动活泼的局面。集团开展了"好上司、好同事、好下属"大讨论，举行了"打造优秀管理者、打造优秀管理团队"大交流，极大地改善了工作氛围。传化每年组织召开总结表彰大会，对重大战略成果、攻坚克难项目、合理化建议、先进个人等进行隆重表彰，员工的成就感和荣誉感都得到了极大的激发。传化还每两年开展一届职工运动会和职工技能大比武，既强健了体魄、提升了技能，又营造了"比学赶帮超"的氛围。

徐冠巨说："构建和谐劳动关系，必须以制度创新为保障，才能长久坚持下去。"传化在建立一整套科学有效的利益协调机制、诉求表达机制、矛盾调处机制、权益保障机制的基础上，不断将各种行之有效的做法以制度的形式固定化。

在劳动管理机制方面，严格控制加班，确保职工的正常休息。坚持"员工生命高于一切""生产服从安全、效益服务安全"的基本原则，坚决不上高污染项目，为员工营造安全的生产环境。

在员工培训机制方面，企业提供时间保障和资金支持，鼓励员工参加各类学历教育、职业进阶培训、发表研究论文和实用发明，并探索出一条具有传化特色的"选、培、习、考、用"五位一体的技工队伍培养与管理的创新之路。

在收入分配机制方面，为确保员工的基本收入稳定和收入稳步增长，传化集团设计了工资动态浮动机制，推行工资总额管理，建立工效挂钩机制，并鼓励各下属企业不断做大分配蛋糕。

心中有大爱，事业才有大为。企业把员工放在心上，员工就会把企业发展的责任扛在肩上。和谐的劳动关系、真诚的关爱，换来员工真诚的回报，极大地激发了员工的创造力，成就了企业的发展。

2010年，习近平同志就传化和谐劳动关系建设做出重要批示。在全国构建和谐劳动关系先进表彰暨经验交流会上，传化的经验做法得到了中央领导同志的高度评价和与会代表的充分肯定。

这几年来，传化集团在全面推进企业转型升级中，持续深化和谐劳动关系建设，为实现高质量发展、成就时代企业奠定坚实基础。

进一步将"奋斗"作为"幸福员工"的核心内涵。不断提升自我，持续奋斗，在共同的事业平台上创造更大价值，实现人生价值，由此带来的成就感和荣誉感，是员工幸福感的进一步升华。

全面打造学习型组织，拥抱变革。徐冠巨认为，要打造学习型组织，主要在于让企业家自身和员工不能落后，永远与时代一起进步。当今时代最显著的趋势是共享、连接、平台化，同时科学技术在突飞猛进地发展，特别是互联网、大数据、人工智能等，正在改变和颠覆这个世界。化时代元素为企业发展要素，进而促进企业创新发展，这是成就时代企业的关键。

他们更加注重对基层、一线以及青年员工创造活力的调动与激发。着力加强基层和一线作战单元、项目单元，形成自组织，让一线组织有活力、执行力和资源整合能力。注重了解青年员工想什么、要什么，激发员工的创新智慧，把民主管理体现在各项制度和机制当中，让员工共同参与到企业发展谋划中来，共同设计行动纲领，实现员工主动创造而不是被动服从，形成有前景、有干劲、高效率、高待遇的良性循环。

以"共创共赢共享"的理念，不断推进机制创新。根据下属各企业发展阶段和特点，出台多层次、全方位、个性化的激励机制。超过10%的员工参与股权、期权及合伙人机制，同时推进创客机制，让有条件的客户和员工成为平台上的"创客联盟"，员工推动企业转型发展的热情得到了极大的焕发。

在全体员工的共同奋斗下，传化应用平台模式、共享理念、数字技术，推进机制创新，以传化物流为引领，带动化工、农业、科技城、金融投资全面向时代企业转型，形成了生产制造与生产性服务协同发展的局面。近五年来，传化营收、纳税、资产均保持了年均20%以上的复合增长，利润更是保持了40%以上的复合增长，员工发展到14 000多人，一个30多年的企业焕发出了全新的生机和活力。

## 4.各类商会雨后春笋般蓬勃发展

2018年7月25日，中央统战部、全国工商联召开电视电话会议，部署推进工商联所属商会改革发展工作。中共中央书记处书记、中央统战部部长尤权强调，要认真贯彻落实中央关于工商联所属商会改革的决策部署，推动统战工作向商会有效覆盖，充分发挥工商联的指导、引导、服务职能，探索创新商会治理和运行模式，加强制度化规范化建设，培育发展中国特色商会组织。

全国政协副主席、全国工商联主席高云龙表示，要准确把握工商联所属商会改革发展各项任务，完善商会职能作用，规范商会自身建设，提高工商联指导引导服务能力，切实推动商会改革发展。他要求各级工商联组织坚持问题导向和基层导向，不折不扣地落实各项改革举措。浙江省委统战部、江西省工商联、国家发展改革委、民政部等4个单位在会上发言。

商会是以工商界人士和工商企业法人为主体自愿成立的社会团体。

中国近代商会是在19世纪末20世纪初，伴随着民族资本主义的早期发展和清末新政的推行产生的。中国的商会起源于行会。行会是商人、手工业者为了互相帮助，维护同行业的利益而建立的同业性组织。随着商品生产的发展，行会逐步发展为商会，这使行会组织超越了同业、同乡的界限，不再以行帮出现，而是以新式社团组织的姿态从事经济社会活动。

1840年鸦片战争以后，随着国门被打开，通商口岸逐渐增多，沿海地区的近代工商业活动逐渐兴盛，一些有识之士开始认识到仿效外国商人组建商会的重要性。在这种情况下，早期传统的商人组织如行会和善堂等，根据实际状况开始转化为商务会、商务分会等近代意义上的商会。

1902年2月，上海商业会议公所成立。这是中国历史上的第一个商会组织。1904年年初，清政府颁行《商会简明章程》，规定所有的"商业公所"一律改名为"商会"。1911年，上海商务公所与上海商务总会合并改组，成立上海总商会。1914年，上海召开了中华全国商会第一次代表大会，成立了中国历史上第一次全国性的商会总机构——中华全国商会联合会。这一年中，全国各地建立的商会、总商会计1099个。1915年，国民党政府工商部设立"工商法规讨论委员会"，重新制定了《商会法》。到了1930年，全国各地商会、商会联合会已建立2046个。

从1902年第一个商会组织出现到1949年新中国成立前，中国的旧商会存在了近半个世纪，为促进民族资本主义工商业的发展作出了一定的历史贡献。

在新中国成立前，我们党就考虑在改造旧中国工业会和商会的基础上，组建新中国的工商联。1949年2月，毛泽东同苏共中央政治局委员阿·伊·米高扬在中共中央驻地西柏坡谈到成立新中国的问题时提出："我们准备成立一个工商联组织，这可以把工商业方面的活跃人物组织起来。"按照政务院1952年颁发的《工商业联合会组织通则》，全国工商联于1953年10月正式成立。

按照党中央部署，工商联大力引导推动私营工商企业进行社会主义改造，参与社会主义革命和建设，为国民经济的恢复和逐步发展作出了积极贡献。改革开放以来，工商联围绕经济建设中心工作，一方面为推进改革开放和社会主义现代化建设而引导支持非公有制经济不断发展，一方面为巩固壮大新时期爱国统一战线而广泛团结凝聚广大非公有制经济人士有序参与国家政治生活和社会事务。工商联成了党和政府联系工商界代表人士的一个社团组织，发挥着独特的桥梁和纽带作用。

1978年12月，党的十一届三中全会拉开了改革开放的大幕。我国实施计划经济向市场经济的深刻转型，陆续推进了以经济管理部门为重点的政府机构改革，大部分具有行政和行业管理职能的公司、政府行业性管理机构被撤销、改组或合并，相继转化为行业协会。截至1987年，全国性的行业协会达到71家。同时，我国还制定了《国民经济行业分类和代码》，为行业组织规范发展奠定了基础。

1993年11月，党的十四届三中全会提出"发挥行业协会、商会等组织的作用"。行业协会在市场经济中的作用受到重视，行业协会改革发展被提上了日程。到20世纪90年代中后期，行政体制改革与行业协会商会发展同时向纵深推进。政府改革催生了各行各业商协会的发展：我国金融领域成立的银行业协会、保险业协会，农业领域成立的各级各类商协会等。行业协会商会成长发展后，又以社会组织的身份为市场主体提供服务，激发了国有、民营、外资等各类市场主体的活力，弥补政府计划经济体制下的管理越位、缺位和不到位。

在政府机构改革生成行业协会商会的同时，全国工商联引导培育的民间商会雨后春笋般地蓬勃发展起来。1991年7月，中共中央转批中央统战部《关于工商联若干问题的请示》的通知明确工商联是以统战性为主，兼有经济性和民间性的人民团体。1993年，中央明确"中华全国工商业联合会"又称"中国民间商会"。同年，全国工商联增加中国民间商会牌名，地方各级工商联陆续增挂地方总商会或者地方商会牌子。职能调整充实后，工商联作为人民团体和民间商会的双重作用得到了积极发挥，中国民间商会、各省区市总商会、工商联所属商会蓬勃发展，形成了以行政区为基本单位、深入到基层、覆盖各行业的庞大组织网络。

商会源于市场经济，良好的环境是商协会的成长土壤。改革开放以来，党中央、国务院对商会发展作出了一系列重大的制度设计和政策措施。1992年，我国冲破长期"左"倾错误的束缚，确立了建立社会主义市场经济体制改革的目标，浓厚的改革氛围为商会发展营造了宽松的发展环境；1993年，十四届三中全会《关于建立社会主义市场经济体制若干问题的决定》，首次明确提出"发挥行业协会、商会等组织的作用"；2007年，国务院办公厅发布《关于加快推进行业协会商会改革和发展的若干意见》；2009年6月，民政部发出《关于国务院授权全国工商联作为全国性社会团体业务主管单位有关问题的通知》，同意授权全国工商联作为全国性社会团体业务主管单位；2010年，中共中央、国务院颁发《关于加强和改进工商联工作的意见》，指出工商联是中国共产党领导的以非公有制企业和非公有制经济人士为主体的人民团体和商会组织，是党和政府联系非公有制经济人士的桥梁纽带，是政府管理和服务非公有制经济的助手。强调要加强商会建设，积极培育和发展中国特色商会组织，基层商会组织是工商联工作的组织基础和重要依托。

在党中央有关精神的指引下，许多地方特别是沿海发达地区，先行突破行业协会商会寄生于行政部门的制度性约束，开始自主探索社会组织登记管理体制改革，在基层积极发展商会组织。1999年，温州市政府颁布《温州市行业协会管理办法》；2002年，福建省政府发布《关于促进行业协会改革与发展的指导意见》，上海市政府颁布《上海市促进行业协会发展规定》，江苏省无锡市人大通过《无锡市促进行业协会发展条例》；2005年，深圳市政府颁布的《深圳市行业协会管理暂行办法》，在登记管理等方面体现许多创新亮点；2011年，广东省出台《关于进一步培育发展和规范管理社会组织的方案》，规定从2012年7月1日起，除特别规定、特殊领域外，将社会组织的业务主管单位改为业务指导单位，社会组织直接向民政部门申请成立，无须业务主管单位前置审批后再向登记管理机关申请登记。这些政策规定的出台和贯彻落实，推动各类商会快速发展起来。

2011年11月，全国工商联召开了全国商会建设工作会议，把探索中国特色商会组织建设作为新形势下加强和改进工商联工作的长期任务和重要举措，提出培育和发展中国特色商会组织必须坚持正确的方向，强调把"统战性、经济性、民间性"有机统一作为商会建设之基，把促进"两个健康"作为商会建设之本，正确处理好工商联与商会的关系、指导与服务的关系、借鉴与创新的关系，为建设中国特色商会组织积累经验、探索路子，努力提高各级各地商会的凝聚力和影响力。

截至2012年年底，仅全国工商联就有所属各类商会组织46 268个。其中，乡镇商会17 735个，街道商会4575个，异地商会3983个，市场商会762个，开发区商会301个，行业商会17 036个（其中，全国工商联直属行业商会27个，省级工商联所属行业商会650个，地市级工商联所属行业商会3335个，县级工商联所属行业商会8992个，乡镇街道所属行业商会4032个），其他形式商会组织1876个（联谊会264个，其他1612个）。总体看，商会组织发展态势良好，特别是行业商会和异地商会增长较快，分别占新增商会组织总数的44.4%和26.4%。截至2012年年底，工商联所属行业商会已经具社团法人资格的共8742个，登记率为51.3%。其中，全国工商联直属行业商会11个，省级工商联所属行业商会393个，地市级工商联所属行业商会2200个，县级工商联所属行业商会4664个，乡镇街道所属行业商会1484个。

从形态上看，全国工商联商会组织已经由改革初期的行业商会、同业公会发展到包含乡镇商会、异地商会、市场商会、园区商会、社区商会、楼宇商会、村商会、街道商会等类型的商会组织。

从覆盖面上看，县级、乡镇、街道乃至村商会呈现加快发展态势，全国范围内乡镇商会和街道商会覆盖率分别超过50%和60%，有的县（市、区）已实现了乡镇、街道商会的全覆盖。有的地方支持商协会资源横向之间的互联互通，广东省成立的全国首家省级行业协会联合会，不到两年时间，凝聚了2100多家企业会员、450多家商会、23个专业和地区委员会、延伸会员12万多家，成为广东省规模大、资源广、企业会员和商协会数量最多的商协会平台，涵盖了广东省各个行业。

我国各级各类商会伴随改革开放不断发展壮大，在宣传政策、提供服务、反应诉求、维护权益、行业自律和构建新型政商关系等方面发挥了重要的作用，作出了积极贡献。

——深入开展思想政治工作，引领会员健康成长。一是加强思想教育引导工作。许多商会认真研究会员的思想素质特点，摸清他们的兴趣点、掌握他们的关注点，找准开展思想政治工作的切入点，将思想政治工作与商会建设、各项活动融会贯通，增强思想政治工作的针对性、实效性，最大限度地凝聚改革共识，汇集改革正能量，积极引领民营企业投身改革实践。北京江西企业商会以创建学习型商会为目标，以"赣商大讲堂""互访互学"活动、"北京最美江西人"评选、每月会员集体生日会和"会长日"等活动为平台，营造良好的学习氛围，引领学习型商会建设。二是开展守法诚信教育。针对一些民营企业不同程度存在诚信缺失和有法不依的问题，在广大会员中开展守法诚信教育，帮助他们树立"法律红线不能触碰、法律底线不能逾越"的意识，学会运用法治思维和法治方式从事生产经营活动，养成自觉守法、遇事找法、解决问题靠法的法治意识和良好习惯，做到依法经营、依法治企、依法维权。三是加强商会党建工作。许多商会按照中央关于加强和改进非公有制企业和商会组织党建工作的要求，抓好党组织覆盖和党的工作覆盖，发挥好党组织在职工群众中发挥政治核心作用和在企业发展中发挥政治引领作用，把贯彻党的路线方针政策、维护职工群众合法权益、引领建设先进企业文化、创先争优推动企业发展贯穿党组织活动始终，增强商会组织党建工作的创造力、凝聚力和战斗力，增强党员的责任感、荣誉感和使命感。温州是我国民营经济最为发达的地区之一，该市在全国有260多家异地商会。近年来，温州在全国率先成立商会组织党工委——温州市温商党工委，架构了"1＋31＋X"党建工作网络，将温商党建工作从温州延伸向31个省区市，为广大会员企业构建在外温商与家乡联系的红色纽带，激发了温商回报社会反哺乡梓的情怀。温商党工委成立五年来，会员企业累计回乡投资达4000多亿元。

——积极搭建各种平台，助力地方经济社会发展。一是帮助政府招商引资，建经贸合作平台。商会由微观市场主体组成，是支持政府经济工作的立交桥和大平台。近年来，各地召开的全球、全国范围内的经贸洽谈大会，商会成为各地党委政府招商引资的座上宾。如浙江的浙商大会、江苏的苏商大会、福建的闽商大会、山西的晋商大会、无锡的锡商大会、东莞的莞商大会等，商会都组团参加区域性或跨区域的投资和商贸洽谈，有效整合优质商务资源，深受政府和市场主体的欢迎。宁波余姚裘皮商会，一个街道商会打造了一个中国裘皮城，办起了一年一度的中国裘皮服装节，推进了会员企业和产业的大发展，其影响力波及国内外。二是延伸政府服务，建政策落地平台。许多商会针对民营企业反映的政策信息不对称、政策落实不平等的情况，通过举办政策解读讲座、政情通报会、主题报告论坛等形式，引导会员企业了解国内外经济形势，解读国家产业政策。有的商会建立与相关政府职能部门的常态性政策落实反馈机制，帮助解读扶持政策，推动政府加大对成长性好、科技含量高、自主创新能力强的中小民营企业的扶持力度。三是助力发展方式转变，建教育培训平台。常州是苏南模式的发源地之一，中小企业星罗棋布，商会组织蓬勃发展应运而生，有近400家各级各类商会组织，凝聚了数万家会员企业。为引导广大民营企业积极投身转型升级，党委政府授权常州市总商会组织实施民营企业家队伍建设"百千万工程"，牵手国内一流高校、地方党校、政府经济管理部门，有序组织全市"百名领军型企业家、千名成长型企业家、万名小微企业以及大中型企业的中高管"走进高校课堂，走进成功企业，为广大会员企业搭建了一个集"工商管理课程学习、政府政策解读、产业研融服务、企业交流分享"于一体的多元化、公益化、社会化服务平台，深受会员企业的信赖和好评。

　　——发挥娘家组织优势，为会员企业提供"一站式"服务。一是建立交流机制，为非公企业发展业务提供便利。不少商会建立企业之间和政企之间经贸信息交流的常态机制，定期举行信息交流沙龙，通过企业间相互交流、政府建设项目信息通报等形式，为会员企业参与经济社会建设提供相关信息，促进信息对称、业务对接、发展对口。北京江西企业商会坚持"服务立会，活动兴会"的工作机制，努力为会员搭建好乡情交流平台、学习互助平台、投资创业平台、回报家乡平台。近年来，重点围绕帮助会员纾解"融资难、维权难、转型难、招聘难、就医难、上学难"等六大难题而精准施策、创新服务，取得显著成效。据不完全统计，共帮助会员企业融资超过110亿元，为会员提供法律援助超过600例，为300多家会员企业提供人才招聘服务，为200多位会员及乡友提供就医协调服务，并于

2012年扶持创办了北京昌平临川育人学校，将江西临川优质教育资源整合进京，目前已帮助1300多位会员及乡友解决孩子在京读书难题。二是拓宽融资渠道，积极化解非公企业融资难融资贵。针对广大会员企业遭遇的融资难融资贵问题，安徽省各类商会探索与政府各级金融办、银监局、各国有商业银行、地方金融机构深度合作，在解决中小企业融资难问题通过商会授信、成立担保基金等取得了很多成功经验，对推动安徽金融业改革发挥作用。上海闸北区商会经常邀请专家讲授主板、中小板、创业板及新三板等证券专业知识，帮助企业了解各类资本市场融资的新途径，协调区金融办与有关银行合作，启动小微企业信用贷款项目，与民生银行等合作组建了13家小微企业融资服务合作社，与招商银行合作推出"生意一卡通"融资服务项目，破解了小微企业抵押物不足的瓶颈。三是开展法律服务，优化非公企业发展环境。许多商会邀请司法系统专业人士深入非公企业，开展企业法务体检，指导企业化解法律纠纷，维护了企业合法权益和社会各方稳定。探索民营企业劳动争议诉讼前调解机制，帮助企业化解矛盾促进和谐，有效地提高了非公企业学法懂法、依法经营、依法维权的意识，获得了企业的赞誉。

——充分利用"两个市场、两种资源"，组织会员企业"走出去"发展。许多商会组织会员企业有序抱团出海，讲述中国商会好故事，在国际合作的大舞台上，发出了中国商会好声音。2011年11月成立的中国民营经济国际合作商会是专门服务民营企业走出去、开展国际经济合作与交流的全国性大型商会组织，共有核心会员企业近500家，为各级工商联直属商会所属民营企业达400余万户提供国际经济合作服务。先后建立了金融支持、技术转移、法律维权、人才服务、国际安保、产能合作、国际联络、军民融合、健康保障、会议会展等平台。在服务"一带一路"建设上，建立了沿线国家商协会合作组织和中外经济合作国别工作委员会，努力推动投资、商贸、科技、文化、媒体等合作。近几年，江苏省工商联加快了海外江苏商会的建设进程，先后成立柬埔寨江苏商会、澳大利亚江苏商会、美国江苏商会、加拿大江苏总商会、德国江苏商会，吸收企业会员2300余家，部分商会设立专门行业委员会、地区分会，成为国际化的政企服务平台，帮助企业顺利"走出去"，更快"走进去"，成功"融进去"，有力促进双边经济交流合作。

　　——正确定位勇担当促进政商关系"亲上加清"。商会连着政商"两端"，是党和政府的助手，是企业的娘家，构建新型政商关系迫切需要商会发挥作用。多年来，为推动民营经济政策措施的贯彻落实，从国务院到各个部委、地方政府，大规模地引入第三方评估。各级工商联作为第三方，承担"鼓励民间投资、大众创新万众创业、政府简政放权"等重大政策落实情况的第三方评估。上海市明确提出了"建立市工商联第三方评估机制"的工作要求，制定了《上海市工商联第三方评估工作机制》，对企业反映的问题和建议，及时汇总信息，通过《社情民意信息》等多种载体渠道，向各级党委、政府领导和相关部门反映，使企业的心声和呼声通达决策层和政策制定部门。云南昆明工商联承担"昆明政商直通车"线上线下平台建设，市委市政府专门发文给予保障支持，通过建立问题反应解决机制、平台运行定期通报制度、基层商会执行反馈机制等一系列举措，使企业与党委、政府以及各职能部门之间的联系沟通透明化、扁平化、规则化，促进沟通面对面，服务一张网，办事一键通，成为推动建立新型政商关系的平台抓手，努力营造"亲商、兴商、安商、富商"的服务环境。

· 第五章 ·

# 沉舟侧畔千帆过

我国民营经济是伴随改革开放的风风雨雨发展起来的。在这一过程中，一方面由于体制机制的羁绊和传统思想观念的束缚，民营经济经常遭遇各种非议和歧视；另一方面，由于党的路线方针政策的变化调整，民营经济在与政策和制度的接缝中成长，不可避免地发生一些矛盾和冲突，使一些民营企业遭遇“滑铁卢”，有的甚至在风浪中倾覆沉没。

## 1.历时四年的所谓“原罪”大讨论

“原罪”，本来是基督教一个教义。根据《圣经》“创世纪”的记载，亚当夏娃受到蛇的诱惑，违背了上帝的禁令，偷吃了伊甸园里的智慧果，因而犯了罪。根据基督教神学论证，亚当和夏娃是人类始祖，因而这一罪过便传给亚当夏娃的后代，成为人类一切罪恶和灾难的根源，故称“原罪”。因此，引伸出人生而有罪，人性本恶，人生就是赎罪的过程。

不幸的是，进入21世纪以后，“原罪”被引来比喻民营企业在资本原始积累过程中存在违规或违法问题，进而引发了民营企业财产来源合法性的大讨论，一度给民营企业家的思想造成了极大的困惑和迷茫。

所谓民营企业家的“原罪”，是指2000年以后，民营企业经营中一些问题的暴露和极少数不法分子的落马，引发了社会的讨论。

改革开放以后，"让一部分人先富起来"的政策，给中国的经济增长带来了激励和动力，一大批民营企业家通过拼搏和奋斗取得成功，并积累了巨额财富，在不长的时间里形成了一个"新富阶层"。特别是从1994年，《福布斯》每年发表中国内地富豪榜，许多亿万富豪逐步进入人们的视野，也引起了全社会的关注。

不可否认，在创业和发展过程中，特别是在原始积累阶段，有些人曾经采取过非法手段经营。21世纪初，一些"富豪"和知名企业家包括仰融、杨斌、周正毅等先后落马。

"问题富豪"的陆续发生，引起了人们对民营企业家"第一桶金"的合法性质疑。这些大老板、大富豪为什么能在短时期内发家致富？一些人开始了对民营企业家"原始积累"来路的追踪。

万通控股董事长冯仑，因为在企业家群体中最早使用"原罪"一词，他被认为是提出企业家"原罪"说的人。

对"原罪"问题作最形象表述的，要数北京大学教授张维迎了。他在"2003年中国企业家领袖年会"上，扮演神甫问台下一些企业家：你们都有原罪吗？大家承认，有。那好，大家赎罪吧。

当然，"原罪讨论"不可能是由几个企业家或学者随便说说就能引发的，其背后有着深层的社会原因。一些"问题富豪"的纷纷落马、相关事件背后真相的披露、河北省委2004年一号文件的出台，都成为这场讨论的直接原因，而真正引发社会对这个问题关注的根本原因，还是体制转轨过程中隐藏的经济社会矛盾的激化。

关于"原罪"的各种争议，主要有三个方面的观点：

一是认为"原罪"问题可赦。有的专家认为，民营经济与任何新生事物一样，创业初期的不规范是其与生俱来的"胎记"。在当时只有"违规才能发展"的历史条件下，这是"敢为天下先"的企业家的唯一选择，这是其生机勃勃的活力所在，要放在特定的历史背景下客观看待、正确对待，给予最大程度的宽容和理解。有的企业家提出，民企有没有"原罪"值得研究。很多曾走过曲线道路的民营企业现在已经走上了合法经营的道路，如果要用现在的法律追溯的话，容易引起资本外逃，导致国内资本失血。

二是认为"原罪"问题必须坚决追究。有的专家认为，无论什么时候，法律都会存在制度上的漏洞和缺陷，除制度等历史原因外，更多的是企业家本人的品质。只要有诱人的利润，就会有人甘冒风险，对企业家既往的宽容，就是对以后违规的纵容。市场经济、法治社会要求的是平等竞争、平等保护。宪法规定保护的是合法的私有财产，而违法的财产不但不受保护，还要追究相应的法律责任。

三是对"原罪"问题采取折中态度。认为对民营企业家的"原罪"不能"一律宽大"，也不能彻底清算追究，要"在有原则配套措施的前提下大赦"。所谓原则就是该追究的要追究，大赦要有条件。对民营企业家的"原罪"既不能一网打尽，也不能一笔勾销。

2004年3月9日，著名经济学家厉以宁在全国政协十届二次会议记者招待会回答记者问时表示：民营企业家不是旧社会资本家的延续，而是在改革开放时期成长起来的，他们是社会主义事业的建设者。从总体上看，大多数民营企业是守法的，不能以偏概全。对于民营经济中的问题，如果不加区分、不做分析，用"原罪"这种说法，这既不符合实际，又挫伤民营经济进一步发展的积极性。"原罪"的说法，容易引起人们的误解，实际上就是心理上的误导。

全国工商联原副主席保育钧说："现在的民营企业，当时的原始积累说是原罪，我看是原功。第一批企业家当初就是这么起来的，都是所谓的'投机倒把'，也就是长途贩运起来的。"

这时，河北省委一号文件的出台，又成了扩大这次讨论的转折点。

2004年1月2日，河北省委、省政府以省委冀字〔2004〕1号文件批转了省政法委《关于政法机关为完善社会主义市场经济体制创造良好环境的决定》，因文件有30条措施，被人们简称为"30条"。

文件规定：对民营企业经营者创业初期的犯罪行为，已超过追诉时效的，不得启动刑事追诉程式；在追诉期内的，要综合考虑犯罪性质、情节、后果、悔罪表现、所在企业在当前的经营状况及发展趋势，依法减轻、免除处罚或判处缓刑。有关人员解释说，民营企业需要良好的法制环境，决不能认为民营企业都是靠偷税漏税、生产假冒伪劣致富的，而把管理和打击矛头指向民营企业；绝不能认为民营企业在经济纠纷中胜诉就会造成国有资产的流失，而在执法中放弃对民营企业合法权益的保护。

一时间，国内有许多媒体以《红头文件规定不追究民企"原罪"》《河北30条实现五大突破》《过时不诉》等标题，纷纷报道了河北省出台的这个文件，引起各界高度关注和争论。这次争论的主题，主要围绕民企"有没有'原罪'"和"'原罪'到底该不该清算"的问题进行。

在争论的过程中，又有一些民营企业家的违规违法行为以及他们的"出事"，再次成为媒体关注的焦点：

2004年，普马集团创办人刘五一因涉嫌抽逃出资，外逃国外；

同年12月，创维集团董事局主席黄宏生因涉嫌透过贪污手法进行诈骗及挪用公司资金，在香港被廉政公署拘捕；

同年年底，德隆集团的老板唐万新因涉嫌非法吸收公众存款、操纵证券交易价格、挪用资金，被警方拘捕；

2005年7月，格林柯尔、科龙董事长顾雏军因涉嫌虚假出资、提供虚假财会报告、挪用资产、职务侵占等，被警方拘捕；

2006年10月，名列2005年《福布斯》中国富豪榜第16位的福禧投资控股有限公司董事长张荣坤被捕。

……

特别是2004—2007年，媒体报道多期山西"黑砖窑"事件，更是成为新闻风暴点。黑砖窑不法商人非法拘禁并强迫农民工从事危重劳动、非法收买和使用被拐骗儿童、恶意拖欠工资和侵占他人财产，窑厂豢养帮凶剥夺他们人身权利并强制劳动每天长达14小时到16小时不给任何劳动报酬。这些严重违法犯罪案件，一经披露，立即引起强烈的社会震动，形成"全国共讨之"的舆论旋风。

这一系列事件的发生，使已经有所冷却的民企"原罪"大讨论，于2006年岁末和2007年年初再度升温。这次讨论的重点主要是围绕应该怎样看待民企"原罪"、"原罪"是什么罪、民企的"罪源"有哪些，以及应该如何解决民企的"原罪"问题等，一时闹得沸沸扬扬。

民企"原罪"问题的讨论，也引起了党和政府的高度重视，一些领导同志先后发表看法。2004年2月，时任全国政协副主席、全国工商联主席黄孟复说，所谓民营企业家有"原罪"的说法，根本站不住脚，这是一个伪命题、假命题。民营经济是中国改革开放之后在政策支持下发展起来的，民营企业家中绝大多数是响应党和国家的号召走上创业之路的，他们是遵纪守法的，是在政府的鼓励、支持和引导下，靠自己的勤劳和智慧，取得今天的成绩的。当然，也不能排除在民营经济发展过程中，有极少数人做过违法乱纪的事，对这些害群之马要坚决予以惩处。

黄孟复说，最近，有些人认为中国民营企业家是一个暴富阶层，从一起家便是违法乱纪，他们创业初期的财富都是靠违法犯罪取得的，如此等等，把个别人的问题扩大到全体，把过程中的某些问题，扩大到全过程，这是非常错误的。

2006年12月27日，时任全国政协副主席、中共中央统战部部长刘延东在中国光彩事业促进会三届二次理事会议上明确表示，目前社会上对"原罪"问题和"第一桶金"讨论得很多，我在这里给大家吃一颗定心丸——中央发展非公有制经济的政策是绝对不会变化的，这个决心是坚定的。刘延东还表示，由于明年要召开十七大，会议之前肯定有各种各样的议论。她希望广大民营企业家不要以为因此政策会有所转向，我们还是主张不争论，还是用实践和历史来回答。会场上600多人立即报以热烈的掌声。

刘延东表态之后，这场持续了四年时间的所谓"原罪"的激烈争论才慢慢消停下来。

"原罪"问题，实质上是20世纪80年代"雇工是不是剥削"和20世纪90年代初"姓社姓资"争论的延续，邓小平同志南方谈话平息了这些争论。但是，由于长期受"左"的思想影响和习惯思维的束缚，传统观念根深蒂固，一旦遇到风吹草动又死灰复燃。

改革开放后，经过一段时间的发展，一部分人通过艰苦打拼而成为富豪，而一部分人仍是"白丁"一个。巨大的反差，必然会引发人们的思考：昨天，大家还是普通的"无产者"；今天，他们怎么就成了富豪？为什么能在短时期内积累巨额财富？进而对民营企业家"第一桶金"的来路也就是民营资本的早期"资本原始积累"进行追踪和考证，引发出诸多争议。

对于犯有"原罪"的都是些什么人？据一份对广东、浙江、吉林等省的调查报告：九成以上的私企业主来源于普通的劳动者，大多数原始资本的积累是合法的。

全国工商联等单位开展的第四次全国私营企业抽样调查数据显示，内地的私营企业资本原始积累的环境、起点和方式都有自身的特点。其中77.4%的私营企业主来源于工人、农民、供销员、军人、干部和专业技术人员，17.4%的私营企业主从个体工商户脱胎而来，两项加起来超过94.8%，说明中国富豪绝大多数来自普通劳动者。

当时，中国民营经济研究会开展的抽样调查活动，得出的结论是：中国民营企业家的"第一桶金"和"原始积累"绝大多数是合法经营劳动得来的，我国个体、私营企业的早期积累和资本主义的原始积累有着截然不同的历史背景，因此也就有了完全不同的含义。

一是我国民营企业在起步阶段的政治地位和社会地位都非常低下，经常遭受社会大众的歧视和各种各样的"侵害"。他们的经营状况也常常随着政策的限制而起伏，根本不可能像17、18世纪欧洲的资本家那样用强制手段实施剥削和掠夺而暴富。

二是民营企业发展的初期，是我国商品供给不足、市场存在较大空白的年代，这一历史背景为民营企业的发展提供了巨大的盈利机会。那时，私营企业中的确存在着较低的工资成本，但这是中国在工业化、城市化过程中资本相对稀缺和劳动力相对丰富的结果。

三是我国在经济体制转型过程中，确实出现过少数人利用强势聚敛财富的现象。但这些行为不是正常经济活动，也不是发生在通常所讲的"个体、私营"的平民之中，而是掌握在一些特权阶层手中，比如"以权谋私"和"权钱交易"等，属于非正常的收入一类。

所以，只要我们以客观和科学的态度，分析和看待民营经济发展的历史，就会发现所谓的"原罪"，纯粹是一个伪命题和假命题。

## 2.陕北油田事件

陕北油田事件是指2003年春，陕北一些地方政府采取"先收井，后清算"的办法，突然将原由民营资本经营的陕北几千口油井资产"收归国有"。投资者一度与回收油井的人员发生冲突，并引发诉讼。"陕北油田事件"被称为全国保护私有财产第一案。

1994年4月，国家为了进一步支持革命老区建设，由中国石油天然气总公司和陕西省政府签订了《关于开发陕北地区石油资源的协议》，决定从中石油长庆石油勘探局和陕西延长油矿管理局已登记的探矿权、采矿权的区块范围内，从长庆局依法登记的矿区内划出约500平方千米，从延长局划出约580平方千米，以委托、联合等方式，由延安、榆林有关县区组织开发，将靖边以南的3500平方千米归长庆油田和地方联合开发。

根据这份协议精神，陕北一些县采用招商引资、出让井位的方式，引进联营单位参与石油开发，一些私人资本和当地的农民开始投资油井。

实际上，早在20世纪80年代中期，延安地区就开始对一些边远地区的旧井和部分低产井，采取县区承包经营的办法进行开采。1994年后，以那份协议为依据，陕北地区各县成立了15家钻采公司，成立时的资金大部分来自银行贷款。但不久，县属国有钻采公司就大部分陷入亏损，有的面临破产。眼看这些拥有长庆油田和延长油田采油授权的公司举步维艰，一些县政府开始出台招商引资的优惠政策，吸引外地投资商以与钻采公司联营的方式进入陕北开采石油，这其中主要是外地私人投资者。

根据《矿产资源法》及相关配套法规，陕北部分县给相当一部分投资商办理了可直接从事钻采活动的证照，并作为联营企业给予开采油区。到1996年，引进外来投资开发石油在陕北达到一个高峰，有1500多家公司涌入陕北地区开采。

1997年之后，石油产业成为陕北各产油县地方政府的经济支柱。据统计，到1998年年底，陕北地区各县石油开发总投入已达50.5亿元，其中联营企业32.9亿元，共钻井5561口，年产油量达到168万吨。石油开发收入占到地方财政收入的80%，6年增长了50倍。

此后，随着石油价格的上升，国家开始清理整顿小炼油厂和原油流通秩序。

1999年夏天，国家经贸委等5部委和陕西省政府，就陕北地区石油开采秩序等情况进行了调查并写成报告，指出陕北地区形成了具有油气开采资质条件的长庆石油勘探局和延长油矿管理局、各县成立的钻采公司、通过招商引资进入陕北从事石油开采的联营公司等三类不同的石油开采公司。报告认为，地方各级政府要坚决停止和纠正允许投资商参与石油开采，严禁未经批准的任何企业和个人从事石油和天然气勘探开发业务，要坚决停止和杜绝越权审批油田及井位的行为。

1999年10月，根据领导同志的批示，有关部门下发《关于陕北地区石油开采秩序情况调查的报告》，要求抓紧落实规范陕北地区石油开采秩序的意见。所有正在非法进行勘查和开采活动的钻井、测井、试井、压裂、修井等作业必须立即停止，各有关部门和单位要认真清理自己的施工队伍，在12月31日前无条件撤出。

文件下发之后，陕北一些地方政府不但没有进行治理整顿，反而加大了招商引资的力度和优惠政策，又将大量民营企业吸引过来，采取由县政府和投资者联营开采的方式。但是，县政府基本上不出资，几乎由投资人出资并承担风险。有的县要求，投资商每占用一平方千米打油，要向政府交8万元。有的县则规定，一口井打出油后要交11万元。投资者们一般都和县政府签订一个《关于合作开采石油资源协议书》，合同多为5年、8年。签约后，即开始申请井位，投资打井，在这个过程中，油井的所有权、经营管理权和收益权归投资人所有。陕北当地大部分投资人的油井及"三权"是在1999年和2000年获得的。

据有关统计，到2000年年底共引进私人投资者1039家，打出油井4473口，形成原油生产能力100万吨，有效投入资金55.5亿元，上交税收11亿多元。石油给这些地方带来的财政收入十分可观。

2002年9月11日，中央电视台《焦点访谈》对陕北油区干部参与石油开采、浪费资源、破坏环境等问题进行了曝光报道，引起有关领导的高度重视。2002年9月11日，有关部门到陕西，要求立即收回原招商引资联合开发油井的所有权、经营管理权和收益权。

2003年春，陕北一些地方政府开始了收回油井所有权、经营权、收益权的"收权"工作。

2003年3月13日，有关县政府下发《关于收回原联合单位个人投资油井收益权的通知》，规定回收油井的工作8天内结束，收回油井权采取先收井，后算账，再解决遗留问题的办法进行，各投资人不得以任何理由拒绝交井。

2003年5月，有关县政府从人大、政协、检察院、法院等其他部门抽调的1600名工作人员进驻民营投资人油井，将民营油井投资人及井场工人赶出井场，强行接管了民营油井。

2003年6月14日，陕北某市政府发布文件，要求采取有力措施对油井实施接管，先接管后清算，一次清算，一步到位，原投资者彻底退出。

地方政府采取"先收井，后清算"的办法，突然强行收回油田。投资者的油井顷刻间挂上县钻采公司的牌子，几十亿元民营资产变成了"国有"。投资者们称，此后的清算过程，也是以政府单方面定价为准，远远低于各大小投资者的计算价格。在有关地区，政府推出以日产量按吨计算的赔偿标准为：从38万元到41万元不等。但不少投资者对地方政府单方面公布一个赔偿标准表示不愿接受。投资者们称，这些地方政府支付的回购款，只是他们实际投资的20%。

陕北一些地方政府采取"先收井，后清算"的办法，引起了投资人的不满，投资者一度与政府派来回收油井的人员发生冲突。投资者们声称在收回油井、进行结算的过程中以及针对投资者上访时，一些地方政府采取简单粗暴的做法，让他们难以接受。

这起事件涉及陕北地区15个县的上千名投资者和数万农民，他们曾经拥有几千口油井，经过接管后，民营石油开发企业只好退出。

自2003年7月开始，当地出现了较长时间的大规模群众上访活动。一些不甘心的投资者采取了一系列维护个人权益行动，包括司法诉讼、上访、发动舆论声援、组织座谈会、开办网站等。

陕北收权事件在社会上引起较大的反应，北京众多法学界、经济学界的学者对陕北油井收权事件表示了高度关注，有人把陕北油田案定义为"保护私有财产第一案"。


## 3. "郎顾之争"及影响

"郎顾之争"是指发生在2004年下半年围绕"国有企业改制与产权交易的操作"引发的一场大争论，在经济理论界乃至全国造成了重大的影响。

郎咸平是香港中文大学教授。顾雏军是格林柯尔集团董事长，曾是一个拥有专利技术的制冷工程师，发明了格林柯尔无氟制冷剂，后来下海经商，在海外挣得了"第一桶金"后，携带1.7亿美元的资产回到国内发展。他在广东省顺德市政府的邀请下收购了负债累累的科龙公司，而后又收购了其他国有企业。

进入21世纪以后，在我国民营经济快速发展的同时，国有企业改革也在逐步推进。但是，由于一些地方作为所有者没有对受委托行使权力的人进行有效的监督，造成了一定的国有资产流失。同时，在改制中一些企业职工的利益受损，国家也还没有建立完善的社会保障体系，于是民怨开始积累起来，并向参与国企改制的企业家身上集中。

就在这样的历史时点上，爆发了"郎顾之争"。

2004年8月9日，上海市复旦大学逸夫楼。香港中文大学教授郎咸平为中美财经媒体高级研修班作了题为《格林柯尔：在"国退民进"的盛宴中狂欢》的演讲。郎咸平表示，他和他的学生经过3个月的研究发现，顾雏军先后收购了科龙、美菱、亚星客车以及ST襄轴等4家公司，号称投资41亿元，但实际只投入3亿多元。顾雏军通过"七大板斧"——安营扎寨、乘虚而入、反客为主、投桃报李、洗个大澡、相貌迎人以及借鸡生蛋手法成功将巨额国家资产纳入囊中。

郎咸平称,顾雏军的运作手段往往是通过介入被收购公司管理层后,大幅提高企业运营费用,提高公司亏损幅度进而压低收购价格来实现的。

"难道顾雏军模式就是我们经济改革10余年来所期望的'民营企业家'吗?如果顾雏军就是中国民营企业家的典范,那我真要为中国的未来而哭泣了。"

在这之前的6月17日,郎咸平曾公开质疑TCL,认定其股改方案实际是国有股权被稀释的过程——"以股权激励为招牌,以证券市场为渠道,使国有资产逐步流向个人的过程"。

8月2日,郎咸平发表《海尔变形记——一次曲折而巧妙的MBO》,直指中国知名家电企业海尔。郎咸平认为,海尔商标不归海尔集团,反而归海尔投资所有,这是典型的"股东、保姆、职工"角色不分⋯⋯

8月10日,香港《东方早报》和《香港商报》刊登了前一天郎咸平关于格林柯尔问题的采访摘要,这篇报道立刻受到内地媒体关注。

8月11日,新浪等网站对文章进行了转载。

一时间,顾雏军成为网络点击率最高的词汇,甚至超过了他获得中央电视台中国年度经济人物时的风头。各种评论也随之而来,当然也有质疑的声音。

8月13日,郎咸平接到由顾雏军委托的香港齐伯礼律师行的律师函,指出经媒体刊出的郎咸平演讲摘要文章对顾雏军造成了诽谤。该律师函表示,如果郎咸平不在8月16日前按照要求行事,将采取一切必要的手段来维护名誉。

8月16日下午,郎咸平在北京长江商学院的办公室里召开媒体见面会,公布了顾雏军的律师函,声明"决不会更改或道歉",并控诉"强权不能践踏学术"。

8月17日,顾雏军正式向香港高等法院递交了起诉状,以涉嫌诽谤罪起诉郎咸平。

随后,郎顾之争公开化。在企业界和学术界以及民间和网络,数以万计的人加入论战。焦点集中在顾雏军其人和产权改革过程中是否有人掠夺国家财富上。

　　郎咸平在接受媒体记者采访时说，"这次的产权改革有两大特点：第一是法律缺位下的合法性；第二是买卖双方私下自定价格的交易。"即一些人在法律缺位的情况下，抛开了主体（老百姓）而由买卖双方私下定价，这是不公平的，因为国有资产既不是国资委的，也不是国有企业的，国有企业属于全国老百姓的。如果这些私下产权交易继续下去，国有资产被堂而皇之地掠夺和侵占，将会引起社会的不安。

　　郎咸平还指出，整个产权改革存在两大误区：第一，产权是不是能够解决所有问题。虽然当前的产权是有问题，国企是有问题，但是如果把所有问题都归结到产权上来，这是非常危险的。第二，我们不存在国有企业所有人缺位的问题，我们存在的是职业经理人的信托责任问题。在国企目前产权不变的情况下，行政命令退出，实行职业经理人制度，资源性垄断行业收归国有，在竞争领域让国有企业和民营企业同台竞争，国有企业的效率未必会比民营企业差。

　　郎咸平还打了一个比喻："我的家又脏又乱又差，找来一个保姆，帮我把家收拾干净了，她算是有功劳，可是这个家突然就变成保姆的了。这是一件很荒谬的事情。"据此，郎咸平提出三个观点：必须暂停产权交易、必须禁止MBO、民营企业与国有企业争利问题不是当前经济改革的重点。他说："我不反对国企改革，但是目前有些国企通过'国退民进'，将国有资产以贱卖的方式（包括MBO）转成私人资产以提高效率的做法是我所反对的。当前这种利用法制不健全的空当，合法地侵吞国有财产的现象，和当初俄罗斯私有化运动极为类似。"

　　在这场大论战中，经济学术界几乎所有重量级的学者都发表了自己的观点，论战者大致分成两派。

　　一方主要是中国社科院研究员左大培、杨帆等人为代表。左大培在《北京晨报》刊登3000字的书面声明："我坚决站在郎咸平一边，坚决支持他反击顾雏军的一切行动。一切有良知的人都应当行动起来，支持郎咸平先生。"

　　另一方是批评郎咸平的学者，主要有吴敬琏、张维迎及周其仁等。

　　8月28日，北大教授张维迎表示，"最近兴起了一股妖魔化、丑化整个中国企业家队伍的舆论。我们不能低估这种舆论对中国企业生存发展的危害性""知名学者的社会责任还包括说话应该非常慎重，因为你的言论会带来相当的社会效应，对社会的舆论方向产生一定的影响"。

张维迎认为，"现在很多人还是抱着这样的推理：任何交易，只要买的人赚钱了，卖的人一定吃亏了。国有企业卖给私人，如果私人赚钱了，那么国家一定吃亏。实际上，交易是双赢的过程，如果不是这样的话交易肯定不会发生，但是这样的理论常常被人忘记了。我们的国家、社会应该感谢民营企业，我们的政府也应该感谢民营企业家，如果没有民营企业家创造的就业机会，如果没有民营企业家创造的税收和其他财富，社会不会这么稳定……我不否认在国有企业改制的过程中，可能存在着国有资产流失，但是我强调的是，这个总体过程中是创造财富的过程而不是瓜分财富的过程。"

几小时后，郎咸平对张维迎的讲话做出回应。"郎顾之争"由此引爆成经济学界和企业界共同关注的关于国企改制的争论。

著名经济学家吴敬琏认为，不应该因为国有企业改革过程中出现的问题而停止国企改革，产权改革是大势所趋，要避免产权改革中出现大的风险，当前我国最需要的是进行法治建设。

北京大学教授周其仁在一篇《我为什么要回应郎咸平》的文章中说，"我是想破脑袋也想不出来，到底怎样郎咸平才觉得对。"

周其仁说，"传统的国有经济不承认任何私人产权，主人是抽象的全民，而不是任何一个活生生的自然人；这样的体制不改，国家没有前途。""对于目前存在的国有企业改制过程中出现的国有资产不规范现象，是改革所要付出的成本。这个体制是过去选择的结果。过去我们走进全盘规划，现在走出去一定有损失，一定要各方面分担这个损失。"

清华大学教授秦晖指出，国有资产流失等现象确实存在，但是不该将其归结为民营经济的发展，而应该在国有企业改制过程中建立公正公开的产权制度安排。

2004年9月17日，郎咸平向媒体发了一通感慨。他说，"我只是一个学者，只是从一个学者的角度提出这个问题。"这一表态，被解读为郎咸平单方主动挂"停战牌"的信号。

为了证明"清白"，在郎咸平单方高挂"停战牌"后，顾雏军邀请国务院发展研究中心企业经济研究所协办，举办了"科龙20年发展与中国企业改革路径"的研讨会。会上，企业经济研究所为科龙出具了一份验明正身、全面肯定改革经验的报告书。

就在研讨会召开的同时，有关部门进驻科龙电器，对相关问题展开调查。2004年11月，深交所与香港联交所一起进驻科龙总部，对其财务情况进行集中核查。

2005年1月，香港联交所以关联交易为名对顾雏军进行谴责。科龙股价应声下挫。

2005年7月，顾雏军因涉嫌"编制虚假财务报表罪、虚假出资罪、挪用资产罪"等罪名被拘捕。

2009年5月9日，顾雏军被判决执行有期徒刑10年，并处罚金680万元。

……

2012年9月6日，顾雏军提前获释出狱。当月，顾雏军向最高人民法院提出申诉。

2017年12月28日，最高人民法院公布依法再审张文忠、顾雏军等三起重大涉产权案件。对于顾雏军案，将由最高人民法院第一巡回法庭提审。

2018年5月18日，原审被告人顾雏军等虚报注册资本，违规披露、不披露重要信息，挪用资金再审一案，合议庭组织检辩双方在最高人民法院第一巡回法庭召开庭前会议，就与审判相关的问题了解情况、听取意见。6月13日，最高人民法院第一巡回法庭在深圳公开开庭再审顾雏军一案，合议庭由五名法官组成，成员均是最高法院资深法官，最高法院二级大法官裴显鼎担任审判长。

顾雏军案的重审，是我国保护产权和保障企业家合法权益的一个典型案例，引起全社会高度关注。

# 链接：历程回顾（2002—2012）

2002年以后，思想解放的进程又取得了重大突破。党的十六大明确提出"两个毫不动摇"，把民营经济从社会主义市场经济"重要组成部分"，提高到平等享受国民待遇的市场主体，国家连续出台了一系列利好政策，使我国民营经济发展进入了快速发展和转型升级新的历史时期。

2002年11月，党的十六大提出了"两个毫不动摇"和"一个统一"："必须毫不动摇地巩固和发展公有制经济""必须毫不动摇地鼓励、支持和引导非公有制经济发展"和"坚持公有制为主体，促进非公有制经济发展，统一于社会主义现代化建设的进程中，不能把两者对立起来。各种所有制经济完全可以在市场竞争中发挥各自优势，相互促进，共同发展。"

同时，提出完善保护私人财产的法律制度；提出确立劳动、资本、技术和管理等生产要素，按贡献参与分配的原则，完善按劳分配为主体、多种分配方式并存的分配制度；提出在更大程度上发挥市场在配置资源中的基础性作用，健全统一、开放、竞争、有序的现代市场体系。

十六大还特别强调，要在全党努力"形成与社会主义初级阶段基本经济制度相适应的思想观念和创业机制，营造鼓励人民干事业、支持人民干成事业的社会氛围，放手让一切劳动、知识、技术、管理和资本的活力竞相迸发，让一切创造社会财富的源泉充分涌流，以造福人民"。

党的十六大从根本上破除了长期以来束缚人们思想的"姓资姓社"等问题，民营经济从经济层面和政治层面上都获得了与其贡献相适应的认同，从基本制度层面上为民营经济的发展铺平了道路。

2003年10月，十六届三中全会进一步明确指出："放宽市场准入，允许非公有资本进入法律法规未禁入的基础设施、公用事业及其他行业和领域。非公有制企业在投融资、税收、土地使用和对外贸易等方面，与其他企业享受同等待遇。"这就进一步拓展了民营经济的发展空间。

2004年3月，全国人大十届二次会议通过宪法修正案，规定："国家保护个体经济、私营经济等非公有制经济的合法权利和利益。国家鼓励、支持和引导非公有制经济的发展，并对非公有制经济依法实行监督和管理。"宪法同时规定，"公民的合法的私有财产不受侵犯。"私有财产入宪是我国民营经济发展的必然结果，同时，也进一步促进了民营经济的发展。

2005年2月，国务院下发了《关于鼓励支持和引导个体私营等非公有制经济发展的若干意见》（"非公经济36条"），从放宽市场准入、加大财税金融支持、完善社会服务、维护企业和职工合法权益、引导企业提高自身素质、改进政府监管、加强指导和政策协调等7个方面共36条，提出了促进民营经济发展的意见，特别是强调只要是政府没有禁止的领域，民营资本就可以进入。这是新中国成立以来第一部全面促进民营经济发展的重要的政策性文件，对于推动民营经济跨入历史发展的新阶段，实现更快更好发展，具有重要意义和影响。

2007年3月，十届全国人大三次会议通过的《中华人民共和国物权法》，明确规定了私有财产和公有财产一样受到法律保护，提出"国家实行社会主义市场经济制度，保障一切市场主体的平等法律地位和发展权利"；"国家、集体、私人的物权和其他权利人的物权受到法律保护，任何单位和个人不得侵犯。"这对于鼓励人们创造社会财富、明确产权关系、保护权利人的财产权益，维护经济社会秩序，具有重要作用。

2007年10月，党的十七大坚持"两个毫不动摇"的基础上，提出"坚持平等保护物权，形成各种所有制经济平等竞争、互相促进新格局。""推进公平准入改善融资条件，破除体制障碍，促进个体、私营经济和中小企业发展。"

2009年9月，国务院颁发《关于进一步促进中小企业发展的若干意见》("中小企业29条");2012年4月，国务院又颁发《关于进一步支持小型微型企业健康发展的意见》("新29条")，对支持中小微企业提出了一系列扶持政策。

2010年5月，国务院颁发《国务院关于鼓励和引导民间投资健康发展的若干意见》("非公经济新36条")，明确提出民营资本可以进入能源、军工、电信、航空等传统垄断行业，进一步拓宽了民营经济的投资空间。此后，各相关部门陆续发布了各领域的42项具体实施细则，推动民营经济投资的内容进一步具体化。

可以说，从党的十六大提出"两个毫不动摇"到两个"非公经济36条"的出台，党和国家关于促进民营经济发展的方针政策和法律法规体系已基本形成并不断完善。法律上的"平等"保护和经济上的"平等"竞争，赋予了民营经济与国有经济同等的发展机遇，进一步拓宽了民营经济发展的道路，提供了更为广阔的发展平台。

为了表彰我国民营企业家为改革开放和社会主义现代化建设作出的贡献，经党中央批准，中央统战部、国家发改委、人事部、国家工商总局、全国工商联5部门，联合开展了全国"优秀中国特色社会主义事业建设者"评选表彰活动，先后于2004年12月、2006年12月、2009年11月和2014年11月，召开了四届全国非公有制经济人士优秀中国特色社会主义事业建设者表彰大会，表彰了一批政治上有觉悟、经济上有实力、社会上有影响、对人民有贡献的代表人士。2012年12月2日，中央统战部、全国工商联举行全国非公有制经济先进典型事迹报告会，陈志列、茅永红、王文彪、张近东、励行根、尹明善、郭广昌、李河君、徐冠巨、李书福等10位民营企业家先后介绍了事迹和经验。报告会以电视电话会议形式召开，全国参会人员超过12万人，是历史上规格最高、规模最大的一次民营企业家先进事迹报告会。

随着政策红利和加入世贸红利的释放，民营经济进入一个快速成长、转型升级、科学发展的新阶段，成为社会主义市场经济的重要组成部分，在我国国民经济中占据举足轻重的地位。

——民营经济数量规模继续扩大。截至2012年年底，我国登记注册的私营企业达到1 085.7万户，注册资金31.1万亿元，户均注册资金达到286.5万元。个体工商户达到4 059.3万户，注册资金近2万亿元，户均注册资金达到4.9万元。民营经济在国际金融危机后严峻挑战面前，继续展现出蓬勃的生机和活力，保持了较快的发展速度和较高的发展质量，不仅成为我国数量最大的企业群体，而且以个体、私营为主的非公有制经济占国内生产总值的比重，已由1979年的不足1%增长到2012年国民生产总值的60%左右。

——民营经济成为我国吸纳社会就业的主要渠道。民营经济大多属于劳动密集型产业，产业主体为第三产业，就业弹性和就业空间大，具有很强的吸纳就业的能力。截至2012年12月，个体、私营企业从业人员数量达到1.6029亿人，其中个体工商业从业人员从2002年年底的4 742.9万人增长到8595万人，私营企业从业人员从2002年年底的3 247.5万人增长到1.13亿人。民营经济每年平均以1000万的就业岗位，吸纳农村富余劳动力、高校毕业生、国企分流人员和城市无业人员等群体，从业人员和提供新增就业岗位分别占全国总量的80%和90%以上，成为吸纳社会就业最主要的渠道。

——民营经济成为我国规模最大的投资主体。民营经济作为国民经济发展中最具生命力和活力的重要组成部分，是支撑我国经济持续快速发展的重要引擎。2002年以后，民间投资总量稳步增长，特别是国务院颁发两个"非公经济36条"，极大激发了民间投资的活力。民间投资所占比重持续增长。截至2012年年底，内资民营经济城镇固定资产投资共完成22万亿元，同比增长25.4%，占全国城镇固定资产投资的比重达到60.4%；其中，私营企业累计完成9.3万亿元，同比增长30.3%，其增速明显高于全国、国有及国有控股以及外商和港澳台商投资企业，其投资比重首次突破全部城镇固定资产投资总额的60%，充分显示了民间投资的活跃程度，预示着民间资本将在"民间投资36条"实施细则进一步贯彻落实的大背景下，迸发出更大的投资活力。

——民营经济为产业结构调整和区域经济发展作出了重大贡献。民营经济按照国家战略规划总体部署和要求，积极参与西部大开发、东北地区等老工业基地振兴、中部崛起等发展战略，参与国家一系列大型建设项目。从产业结构看，民营经济多集中在第二产业中的工业和建筑业以及第三产业中的绝大多数行业，其中在交通运输业、批发零售业、文体娱乐业、住宿餐饮业、居民服务和其他服务业中，民营企业所占比重已经超过90%。从区域结构看，民营经济在沿海地区发展日趋成熟，东部地区私营企业所占比重接近75%；中西部地区民营经济发展不断加快，对当地经济的贡献不断增加，一些产业主要通过民营经济实现了从东南沿海向西部地区的转移。民营经济作为地市县经济发展的主体，有力推动了县域经济的发展，提高了农村工业化和城镇化水平，在乡镇、区县形成了相当数量的特色产业集群。民营企业在城乡经济联合、互补和协调发展方面起着不可替代作用，特别是在把农村小城镇建设作为实现现代化战略提出后，大力发展农村民营企业，已成为解决"三农"问题和提高农民生活水平的重要措施。

——民营经济成为我国参与国际竞争的重要力量。加入WTO以后，我国民营企业对外贸易发展更加迅速，进出口总额占全国进出口总额比重迅速上升。2012年，民营企业进出口总额为1.15亿美元，占我国进出口总额的31.6%，其中出口增速高出全国平均水平13.1个百分点，进口增速高出全国平均水平9.9个百分点，增速遥遥领先于外资、国有等其他企业类型。从出口情况来看，2012年民营企业出口额为7 686.4亿美元，占全国出口总额比重的37.5%，成为第二大类出口企业。同时，在国家鼓励企业"走出去"战略支持下，民营企业紧紧抓住国际金融危机后的历史性机遇，审时度势、主动出击，有重点、有步骤地开展境外投资，利用"两种资源、两个市场"，涌现出一批投资规模大、利润效益好的企业。截至2012年，我国非金融类对外直接投资存量中，民营企业投资额约占40%，在江苏、浙江、辽宁等地，民营企业的相关占比已超过50%。

我国民营经济在经历了20世纪八九十年代的积累和蓄势待发后，21世纪的前10年，从过去不成熟的较为初级的发展阶段，逐步走上科学发展的道路，无论是从发展战略、投资方向、经营规模，还是发展的专业程度、治理结构、现代管理方面都取得了巨大的进步，表现出鲜明的特点和趋势：

——投资方向日趋多元化。民营经济发展初期，由于投资能力、抗风险能力以及国家准入方面的限制，其发展主要集中在第三产业中的日用消费品生产和餐饮、零售等服务业，随着民营经济发展的不断成熟和完善，在政策推动和市场需求的拉动下，民营资本的投资能力和抗风险能力迅速提高，民营经济的投资方向已经呈现出多元化趋势。民营经济不仅大量投资于房地产开发、基础设施建设、文化教育、机械电子、环保化工、生物制药、仪器仪表等产业，也大量投资于第三产业中的会计、律师、评估、咨询、计算机应用等以社会中介服务为主的社会服务业。

——企业经营逐步规模化。随着民营经济的发展，规模实力不断壮大，从过去的小门面发展到置地办厂，从小作坊发展到规模经营，从小企业发展到集团公司，显现出较强的市场影响力和规模效益，提高了自身在市场竞争中抗击风险的能力和水平。全国工商联《2012年上规模民营企业的调查报告》显示，2011年民营500强企业中，营业收入总额超100亿元的有311家企业，超过500亿元有27家；资产总额超过100亿元的企业有204家。中小型企业则通过产业集群的集聚效应的带动，在整个产业链中充分发挥自己的优势，形成了区域块状经济的明显的结构特征。他们在一乡一品、一县一业的基础上，建成了一块块企业集群、一个个工业小区和特色园区。这种小企业、大群体，小产品、大市场的区域布局，造就了规模经济的强大竞争力。

——产业升级态势明显。21世纪前，民营经济主要集聚在传统的制造业，为居民生活提供服务的批发零售业、贸易业、餐饮业、社会服务业、公路运输业等一般性竞争领域，以及以家庭为主的养殖业以及农产品加工业等。党的十六大以后，随着市场准入的放宽，民营经济进入的领域和行业迅速拓展，产业升级态势明显，开始向重化工业、基础设施、公用事业等领域发展。长期以来，民间资本在铁路、道路、航空、电信、教育、卫生等重点垄断性行业和公共事业领域的投资比重一直较低，但随着鼓励和引导民间投资政策的实施，民间资本在占比较低的重点行业上投资比重和增速都有了显著提升，民间投资的行业分布更趋均衡。比如，2012年，民间资本在交通运输、仓储和邮政业的投资规模达5802亿元，占比为19%，同比增长28.9%；在电、热、燃气及水的生产和供应业方面，投资规模达4637亿元，占比28%，同比增长22.5%；在水利、环境和公共设施管理业，投资6201亿元，占比21%，增长21.2%。有的民营企业还开始进入节能环保、新一代信息技术、生物、高端装备制造、新能源、新材料、新能源汽车等战略性新兴产业领域。

——技术创新力度加大。随着劳动力成本上升、资源环境约束日益加剧，低要素成本的比较优势正在逐步丧失，高能耗、高排放、低附加值的粗放式发展方式难以为继，民营企业坚持以市场需求为导向、以技术创新为切入点，将"专精特新"作为企业转型升级的重要途径，通过技术创新消化要素成本上升压力，采用新技术、新工艺、新材料，加快传统产业技术改造，改进生产方式和经营管理模式，增强产品和服务的市场竞争力。全国工商联《2012中国民营企业500强调研分析报告》显示，2011年，民营企业500强研发费用户均3.54亿元，平均研发强度为1.97%，高于全国大中型企业的0.93%，也高于科技部2012年8月发布的542家创新型企业平均研发强度的1.76%（2010年）；有效专利拥有量达到74 631项，比2010年增长58.38%，其中国内有效专利68 350项，国外有效专利6281项；2011年拥有自有商标的企业达到354家，比2010年增加22家，占民营企业500强的70.8%；以自有品牌形成的收入比重为100%的企业为242家。2011年，民营企业500强中有369家企业的关键技术来源于自主开发和研制，占比达73.8%；采用产学研合作方式的有291家，占比达58.2%；引进技术的有258家，引进人才的有253家。

——普遍重视企业党建工作和企业文化建设。随着在民营企业就业党员的增多，加强企业党建工作成为新时期党建工作的一项重要任务。按照中央的要求，许多企业建立党组织。据全国工商联统计，截至2009年12月，民营企业（不含个体户）中基层党组织42.78万个，占全国基层党组织的10.9%；全国民营企业中党员448.33万名，占我国党员总数5.58%。符合组建条件的民营企业99.6%建立了党组织，规模以上民营企业96%建立了党组织。民营企业党组织充分发挥在职工群众中的政治核心作用和在企业发展中的政治引领作用，有力地促进民营企业的健康发展。许多企业结合生产经营实际，加强企业文化建设，以精神文化凝聚人，提炼企业精神，让员工感悟企业精神；以制度文化建设约束人，健全各种规章制度，最大限度地调动广大员工工作积极性；以抓好知识文化建设提高人，大力倡导学习型企业的文化氛围，激发广大职工学文化、学知识、学技术的热情，变"要我学"为"我要学"；以搞好活动文化建设，营造生动活泼的企业氛围，满足员工的精神生活需求，融洽企业内部各种关系，激发职工强烈的主人翁责任感和工作热情，促进企业的全面发展。

——履行社会责任自觉性日益提高。作为先富起来的社会阶层，民营企业家投身公益慈善的意识越来越强，贡献越来越大，成为我国公益慈善事业的主力。根据中国慈善榜数据显示：民营企业成为国内大额捐款的主力军，上榜的民营企业占榜单所有企业总数的60%以上，其捐款总额占榜单总捐款额的80%以上，由民营企业发起成立的非公募基金会占全国企业基金会中总数的80%左右。在信息化时代，民营企业捐赠方式日益多元化，通过网络平台发起"微公益"活动、慈善捐助等，以"互联网+公益"模式，激发公益慈善的活力。据统计，截至2012年，民营企业家参与光彩事业项目37 727个，到位资金5 035.75亿元，培训人员784.39万人，安置就业993.18万人，帮助带动1 880.48万人脱贫。2008年，汶川大地震发生后，民营企业涌现出大量感人事迹。据全国工商联对上报的8000多家会员企业不完全统计，这些企业累计捐赠款物达62.4亿元。在自身经营困难的情况下，不少民营企业与员工共患难，做到不裁员、不减薪、不欠薪。以实际行动缓解了受金融危机影响产生的严峻就业压力。

我国民营经济发展虽然取得了巨大成就，在整个国民经济发展中的地位和作用日益突出，但这期间，特别是国际金融危机以后，民营经济发展中也面临着诸多困难和挑战。

一是各种生产要素成本上升。那几年，国际大宗商品价格持续上涨、高位震荡，能源和原材料等生产要素的购进价格持续攀升。与此同时，国内流通环节生产资料价格同比上涨，劳动力成本急剧上升。2010年，全国有30个省份上调最低工资标准，平均上调幅度28%；2011年，有24个省份调整了最低工资标准，平均增幅22%；2012年，有25个省份调整最低工资标准，平均增幅20.2%。此外，土地征用、物流、资金、配件、商铺租赁等价格上涨，进一步加重了企业负担。社会保险负担较重，有的省区市"五险一金"占工资比例超过40%，其中单位缴费部分就超过30%。

二是普遍面临融资难融资贵。据银监会测算，我国银行贷款主要投放给大中型企业，大企业贷款覆盖率为100%，中型企业为90%，小企业仅为20%，微型企业几乎没有。各大国有银行设立的中小企业专营机构，只能满足极少数小型企业的需求，面向小型微型企业的村镇银行、小额贷款公司等新型金融机构，无论在发展数量还是资金实力方面都远远无法承担小型微型企业融资重任。此外，小型微型企业在贷款时基本无法享受基准利率，而且要支付更多的浮动利息，年实际利率远远高于基准利率。有的商业银行实行存贷款挂钩、提前扣除利息、搭售相关理财产品等，小型微型企业的实际贷款成本接近或超过银行基准利率的四倍，处于"融不到、用不起"的两难之中。

三是企业税费负担较重。尽管国家十分重视企业税费负担问题，也陆续出台了一系列政策用以缓解，但总体改善状况不明显。民营企业家普遍反映企业税费负担较重。在一项调查中，对于当前民营企业的税收负担情况，有超过80.5%的企业家认为"很重"或"较重"，15.6%认为"一般"。据统计，向企业征收行政事业性收费的部门就有18个，收费项目达69个大类。企业缴纳的各种行政事业性收费主要包括：城市建设维护费附加、教育费附加、地方教育费附加、水利建设专项基金化事业建设费、工商管理费、工会经费、残疾人就业保障金、消防费、个体劳动者协会会费、私营企业协会会费等11大项。还有各种摊派、赞助、罚款、部门下达的报纸杂志费等，繁多的收费项目使企业成本不断上升，利润空间减少。

四是市场准入政策没有落实到位。经过30多年的改革和发展，我国民营经济发展空间得到了极大的拓展，在国家政策层面上已经实现了"非禁即入"。然而，在实践中相关政策并没有真正落实到位，民营经济与其他经济成分在政策待遇方面仍然存在着不公平。尽管有些产业领域国家没有明文规定不准民营投资经营，但由于存在各种显性和隐形壁垒，"玻璃门、弹簧门、旋转门"现象十分普遍，民营资本往往难以进入或者难以充分进入。这种行业垄断或地区垄断使得民营企业不能平等地参与市场竞争，极大地制约了民营经济的发展空间。

五是制度性交易成本高。多年来，政府对微观经济运行干预过多，管得过死，重审批轻监管，导致审批环节过长、审批材料过多，审批时间过长；不少部门职能交叉，导致多头审批、重复审批、分割审批甚至刁难审批，跑不完的项目审批。"东跑西跑重复跑、你批我批多头批"，是企业对政府审批的真实写照。"办事难""办证难"、审批慢成为企业最头疼的事。有些部门不合法、不合规、不合理审批收费项目繁多，且收费标准高，随意性大，加大了企业的生产经营成本。

这一时期，我国民营企业在快速发展的同时，也存在着一些突出的问题和不健康现象，值得认真关注。

一是民营企业产业层次较低。经过改革开放30多年来的发展，民营经济整体发展质量和水平不断提升，已覆盖了国民经济绝大部分行业，但是由于资金、技术、管理等方面的原因，主要集聚在传统的行业和一般性竞争领域。总的看来，产业层次依然不高，特别是在高新技术产业、装备制造业、电子信息工业等战略性新兴产业方面发展不够。以广东省为例，2012年广东私营企业主要分布在批发和零售业（46.63万户）和制造业（29.54万户），两大行业总户数为76.17万个，占全部私营企业的60.6%。与此形成鲜明对照的是，在金融业、信息传输、计算机服务和软件业、教育、卫生、文化、体育和娱乐业等现代服务业领域，民营企业则涉足较少。

二是有些民营企业劳资关系紧张。随着企业规模的扩大、管理的科学化，一些民营企业已建立起比较融洽的劳资关系，企业劳动关系不断改善，但也存在严重的隐患。据2006年全国私营企业抽样调查，劳动合同签订率只有到72.8%，有近28%的企业仍处于"非法用工"状态。职工保险覆盖率低，建立医疗保险的企业仅占36.9%，建立养老保险的仅占43.9%，建立失业保险的仅占22.2%，建立工伤保险的仅占24.4%，生育保险只有13.9%。一些企业内部组织机构不健全，对劳动法规缺乏了解，合同契约意识较差，不及时办理用工手续；有的甚至以试工的名义逃避合同，随意加班，不按法律规定支付劳动报酬；有的随意压低、克扣和拖欠工人工资，侵犯雇员合法利益；有的企业工人劳动时间长、劳动条件差，安全事故、工伤事故屡有发生。这些问题，导致民营企业劳动争议现象时常发生。据国家有关部门统计，在各类劳动争议案件中，民营企业居各类企业之首。

三是有些民营企业环境保护意识淡漠。环保投入普遍不足，造成环境污染比较严重，特别是制造业中的钢铁、水泥、电解铝、造纸、皮革和建筑业的污染十分严重。2006年，全国私营企业抽样调查中，在问及企业为污染治理投入了多少经费时，3363个调查样本中，仅有27.9%的企业回答有此项支出，中位数是3万元，最高投入是8000万元，由于主动投入不足，常常被动地缴纳治污费和被处罚款。

四是有些民营企业质量诚信意识淡薄。由于我国法律法规的不完善，政策方针的原则性过强，从而使一些企业有机可乘，钻法律的空子，打政策的擦边球，严重损害了国家、集体和消费者的利益。有些民营企业为获取最大利润，不是靠管理、靠质量来提高自己的竞争力，而是采用种种不正当竞争的手段来获取高额利润。如假冒他人的名称、商标、专利技术，或者采用不正当的手段采购、生产、销售自己的产品。有的生产假冒伪劣产品，给人民群众的生命财产带来了严重危害，如在社会上引起巨大震动的苏丹红、地沟油、瘦肉精、染色馒头、毒豆芽事件等，给民营企业带来了极大的负面影响。国家工商总局通报的2008年上半年《全国公平交易执法基本情况》的违法记录中，违犯不正当竞争法、消费者权益保护法、商标法、广告法、企业登记管理法、合同法等法律法规，发生走私贩私、制售非法出版物、假冒伪劣虚假宣传、虚报注册资本、虚假出资及抽逃资金的，个体、私营企业的违法违规案件数量最多。这种种行为，严重违背了市场经济公平合理的正当竞争原则，扰乱了社会主义市场经济秩序。

五是有些极少数企业官商勾结、权钱交易。由于一些行业和领域市场化改革不到位，政府掌握大量的行政资源和稀缺资源，特别是在土地出让、工程建设、产权交易、医药购销、政府采购、资源开发、金融证券、项目审批等方面，市场在资源配置中未能充分发挥作用，有些企业为了进入这些领域，获得高额利润，想尽各种办法从政府部门或国有垄断部门手里寻求"稀缺资源"，采取行贿手段，拉拢腐蚀公职人员，进而引发官商勾结、权钱交易、权色交易、利益输送等腐败现象。

　　六是家族式管理成为影响民营企业发展的重大障碍。随着我国市场经济体制的建立和完善，很多民营企业逐步建立了较为完善的现代企业制度。但总的看来，家族式管理仍然是我国民营企业最显著的特征之一。家族式经营管理虽然具有很强的凝聚力、决策运营效率高、节省管理成本、避免短期行为、能够较快完成资本的原始积累，但家族式治理结构也存在企业产权封闭、决策缺乏科学性、管理制度缺失、任人唯亲现象严重、难以引进优秀人才、缺少健康良好的企业文化等问题和弊端。据第七次全国私营企业抽样调查，在我国私营企业所有者权益结构中，90%的企业主兼任企业总裁（总经理），他们集投资者、决策者、管理者于一身。即使在上市的私营企业中，这种集三权于一身的仍占80%以上。在企业的人才结构中，家族成员比例很大。在已上市的企业中，高层管理人员中的亲属占54.2%；在准备上市的企业中，高层管理人员中的亲属占55%。另据统计，2012年，广东民营企业有140.25万户，其中具有规范公司治理模式的仅有8.83万户，比重仅为6.3%。总之，家族式管理模式在民营企业发展初期，能够在很大程度上避免或减少代理风险和代理成本，有利于提高企业的经营效率。但随着企业发展到一定阶段后，家族式管理所产生的专制和集权化倾向，成为企业进一步发展的重大障碍，不利于企业做大做强，直接影响了现代企业制度的建立和企业的可持续发展。

# 第四篇

# 潮涌百舸飞：民营经济全面提升发展阶段

## （2012—2018）

国际金融危机爆发后，全球经济进入新一轮的调整期。随着国内外环境的发展变化，我国经济发展进入新常态，民营经济也由粗放发展方式进入高质量发展阶段。以习近平同志为核心的党中央从统筹推进"五位一体"总体布局和协调推进"四个全面"战略布局、夺取中国特色社会主义事业新胜利的战略高度，对全面深化改革作出一系列战略部署，对民营经济发展作出许多新的重大论述，推动我国民营经济适应新常态，既重视量的增长更重视解决质的问题，在质的大幅提升中实现量的有效增长。

· 第一章 ·

# 春风又绿江南岸

党的十八大以来，习近平同志站在历史和时代的高度，鲜明提出新时代中国特色社会主义思想和基本方略，深刻回答了新时代坚持和发展中国特色社会主义的一系列重大理论和实践问题，就鼓励支持民营经济发展提出许多新思想、新论断和新举措，为我国民营经济实现转型升级、持续健康发展指明了方向，标志着我国民营经济迎来新的历史机遇和进入一个新的发展阶段。

## 1. "两个都是""三个平等"的提出

关于民营经济在我国经济社会发展中的地位和作用，党的十五大在确定"公有制为主体、多种所有制经济共同发展"为我国的基本经济制度的同时，明确非公有制经济是我国社会主义市场经济的重要组成部分。党的十六大提出，毫不动摇地巩固和发展公有制经济，毫不动摇地鼓励、支持和引导非公有制经济发展。

2012年11月，党的十八大提出："毫不动摇地鼓励、支持、引导非公有制经济发展，保证各种所有制经济依法平等使用生产要素、公平参与市场竞争、同等受到法律保护。"

2013年11月，十八届三中全会进一步强调："公有制经济和非公有制经济都是社会主义市场经济的重要组成部分，都是我国经济社会发展的重要基础。"

"两个都是"的重要论述，第一次将非公有制经济与公有制经济置于同等重要的地位，表明我们党对非公有制经济达到了一个新的认识高度。

"两个都是"的精辟表述，概括了非公有制经济在我国经济和社会发展中的不可替代性和不可或缺性，是中国特色社会主义道路自信、理论自信、制度自信和文化自信的重要体现。我国民营经济，是改革开放以来在中国共产党的方针政策指引下发展起来的，是在中国共产党领导下开辟出来的一条正确道路。把公有制经济巩固好、发展好，同鼓励、支持、引导非公有制经济发展不是对立的，而是有机统一的。公有制经济和非公有制经济应该相辅相成、相得益彰，而不是相互排斥、相互抵消。任何想把公有制经济否定掉或者想把非公有制经济否定掉的观点，都是不符合最广大人民根本利益的，都是不符合中国改革发展要求的。

国际金融危机以来，世界经济深度调整、复苏乏力，民营企业发展普遍面临市场需求不旺、生产要素成本上升较快、融资难融资贵、税费负担重等问题，民营企业家发展预期和信心受到影响。在这一背景下，强调"两个都是"，就是希望广大民营企业家认清形势、坚定信心、提升素质、发挥才能，推动企业取得更好更大发展。这一重要论述，既表明了党的一贯立场，及时回应了社会重大关切，更为我国民营经济发展指出了光明前景，让广大民营企业家坚定一心一意发展企业的信心。

为了进一步优化非公有制经济的发展环境，激发非公有制经济的发展活力和创造力，十八届三中全会还强调，"要坚持权利平等、机会平等、规则平等，废除对非公有制经济各种形式的不合理规定，消除各种隐性壁垒，制定非公有制企业进入特许经营领域具体办法。"

"三个平等"的提出，体现了党和国家下决心破除垄断，建设统一开放、竞争有序市场体系和公平开放透明市场规则的信心和魄力，为我国民营经济在新常态下更好更快地发展提供了有力保障，对促进民间投资和振兴实体经济具有重大意义。2016年7月，国务院办公厅下发《关于进一步做好民间投资有关工作的通知》，指出在基础设施和公用事业等重点领域去除各类显性或隐性门槛，在医疗、养老、教育等民生领域出台有效举措，促进公平竞争。同年10月，国家发展和改革委发布《促进民间投资健康发展若干政策措施》，部署进一步开放民用机场、基础电信运营、油气勘探开发、配售电、国防科技等领域，在市场准入方面对各类投资主体一视同仁，鼓励民间资本进入。2017年《政府工作报告》明确提出：凡是法律法规未明确禁入的行业和领域，都要允许各类市场主体平等进入；凡是向外资开放的行业和领域，都要向民间资本开放；凡是影响市场公平竞争的不合理行为，都要坚决制止。

强调坚持"三个平等"，表明我们党将坚持社会主义市场经济改革方向，把发挥市场在资源配置中的决定性作用与更好发挥政府作用辩证统一起来，把转变政府职能与创新管理方式有机结合起来，把激发市场活力与加强市场监管科学统筹起来，坚定不移加快构建市场开放公平、规范有序，企业自主决策、平等竞争，政府权责清晰、监管有力的市场准入管理新体制，切实保障经济的市场主体地位，充分激发民营经济发展的生机与活力。

十八届三中全会明确提出，公有制经济财产权不可侵犯，非公有制经济财产权同样不可侵犯。国家保护各种所有制经济产权和合法利益，保证各种所有制经济依法平等使用生产要素、公开公平公正参与市场竞争、同等受到法律保护，依法监管各种所有制经济。此后，党和国家不断推进平等保护各类所有制经济产权的法治化进程。2014年10月，党的十八届四中全会提出："健全以公平为核心原则的产权保护制度，加强对各种所有制经济组织和自然人财产权的保护，清理有违公平的法律法规条款。"2016年11月，中共中央、国务院颁发《关于完善产权保护制度依法保护产权的意见》，指出产权制度是社会主义市场经济的基石，保护产权是坚持社会主义基本经济制度的必然要求。《意见》明确了平等保护、全面保护、依法保护、共同参与、标本兼治五项原则，提出了一系列加强各种所有制经济产权保护的政策举措。2016年年底，中央经济工作会议就进一步贯彻落实《意见》精神作出具体部署，明确要求加强产权保护制度建设，抓紧编纂民法典，加强对各种所有制组织和自然人财产权的保护；坚持有错必纠，甄别纠正一批侵害企业产权的错案冤案。

党中央关于"两个不可侵犯"的提出和加强产权保护文件的出台，使我国坚持和完善产权保护制度的伟大实践进入一个新的发展阶段，为广大民营企业安心、专心、用心谋发展创造了更加有利的制度环境。

十八届三中全会还强调，要鼓励非公有制企业参与国有企业改革，鼓励发展非公有资本控股的混合所有制企业，鼓励有条件的私营企业建立现代企业制度。

混合所有制改革，是20世纪90年代以来在股份制基础上提出并逐步推行的重要改革方案。1997年，党的十五大报告提出："要努力寻找能够极大促进生产力发展的公有制实现形式。股份制是现代企业的一种资本组织形式，有利于所有权和经营权的分离，有利于提高企业和资本的运作效率。"1999年，党的十五届四中全会决定指出，"国有大中型企业尤其是优势企业，宜于实行股份制的，要通过规范上市、中外合资和企业相互参股等形式，改为股份制企业，发展混合所有制经济。"2002年，党的十六大报告提出，"除极少数必须由国家独资经营的企业外，积极推行股份制，发展混合所有制经济。"2003年，十六届三中全会提出，"要大力发展国有资本、集体资本和非公有资本等参股的混合所有制经济，实现投资主体多元化，使股份制成为公有制的主要实现形式。"改革的实践证明，允许国内民间资本和外资参与国有企业改组改革，发展混合所有制经济，能够有效地促进社会生产力发展。

十八届三中全会对积极发展混合所有制经济作出了系统阐述，首次提出国有资本、集体资本、非公有资本等交叉持股、相互融合的混合所有制经济，是基本经济制度的重要实现形式，有利于国有资本放大功能、保值增值、提高竞争力，有利于各种所有制资本取长补短、相互促进、共同发展。同时强调，允许更多国有经济和其他所有制经济发展成为混合所有制经济；国有资本投资项目允许非国有资本参股；允许混合所有制经济实行企业员工持股，形成资本所有者和劳动者利益共同体。

实践证明，国有资本在体现国家意图、实现公共目标等方面具有优势，民营资本在适应市场竞争、激发企业活力等方面更有优势。混合所有制经济兼有国有资本与民营资本的功能和优点,通过国有资本与民营资本交叉持股、相互融合,可以实现国有资本与民营资本优势互补,更好地适应现代市场经济的发展要求。发展混合所有制经济作为全面深化改革的一个重点领域,混合所有制企业作为公有资本与非公有资本交叉持股、相互融合的一种企业组织形式,可以是公有资本控股,也可以是非公有资本控股,混合所有制企业的性质取决于控股资本的所有制属性。基本的原则和要求是,有利于巩固和发展公有制经济,增强国有经济活力、控制力和影响力,有利于鼓励、支持和引导非公有制经济发展,激发非公有制经济活力和创造力。

2015年10月,十八届五中全会又强调要"鼓励民营企业依法进入更多领域,引入非国有资本参与国有企业改革,更好激发非公有制经济活力和创造力"。

2015年5月,习近平总书记在中央统战工作会议上,明确提出,促进非公有制经济健康发展和非公有制经济人士健康成长,既是重大经济问题也是重大政治问题。促进"两个健康",要坚持团结、服务、引导、教育的方针,一手抓鼓励支持,一手抓教育引导,关注他们的思想,关注他们的困难,有针对性地进行帮助引导,引导非公有制经济人士特别是年轻一代致富思源、富而思进,做到爱国、敬业、创新、守法、诚信、贡献。

习近平总书记关于"两个健康"的新论断,重要内涵之一是要注重对年轻一代非公有制经济人士的教育培养,引导他们继承发扬老一代企业家的创业精神和听党话、跟党走的光荣传统。这就要求必须深入了解年轻一代非公有制经济人士的群体特点和成长规律,以增进政治认同和价值观认同为重点,加强对年轻一代的思想引领,帮助他们解决发展中的困难和成长中的烦恼,努力造就一支有信念、有梦想、有本事、有贡献的年轻一代民营企业家队伍。习近平总书记充分肯定全国工商联"万企帮万村"精准扶贫行动,要求抓好落实,抓出成效。参与扶贫攻坚是非公有制经济人士先富带后富、促进共同富裕的时代责任。组织民营企业参加"万企帮万村",是深化理想信念教育实践活动、促进思想教育与实践教育相结合的重要载体,是实现"两个健康"的重要途径。

在中央统战工作会议上，习近平总书记还指出，工商联是党和政府联系非公有制经济人士的桥梁和纽带，统战工作要向商会组织有效覆盖，发挥工商联对商会组织的指导、引导、服务职能，确保商会发展的正确方向。

同年5月，中共中央颁发的《中国共产党统一战线工作条例（试行）》明确规定，工商联所属商会是工商联的基层组织和工作依托，工商联对所属商会进行指导、引导和服务，对所属商会会员开展思想政治工作、教育培训，对主要负责人进行考核。这是工商联所属商会改革发展的总方向，要求必须把牢商会是工商联基层组织这个定位，把牢商会统战性、经济性、民间性有机统一基本特征，把牢商会促进"两个健康"工作主题，用改革创新的思路和办法加强商会建设。要按照符合非公有制经济代表人士"思想政治强、行业代表性强、参政议政能力强、社会信誉好"的标准，选拔热心商会工作、公道正派的商会领导。加强商会思想政治工作和企业服务，善于在政治引导、企业服务、社会治理等工作中给商会交任务，指导商会在宣传政策、提供服务、反映诉求、维护权益、加强自律等方面发挥作用，探索承接政府转移职能，打造形成一批服务品牌。推动商会党建工作，探索成立行业性或者区域性党组织，指导商会党组织开展工作，更好发挥党组织战斗堡垒作用和党员先锋模范作用，努力扩大党的组织覆盖和工作覆盖。

2015年7月，中共中央办公厅、国务院办公厅印发的《行业协会商会与行政机关脱钩总体方案》明确规定，承担特殊职能的行业协会商会另行制定改革办法。工商联所属商会作为非公有制经济领域的基层统战组织，承担统战工作的特殊职能。要求工商联继续强化所属商会的基层组织地位，密切与所属商会的组织联系，确保统战工作渠道畅通，为推动统战工作向商会组织有效覆盖提供组织保障。

## 2.习近平致信福建民营企业家

1984年，中国的经济体制改革正艰难地进入第5个年头，城市经济体制改革刚刚起步。作为国民经济重要支柱的国有企业由于长期受计划经济的束缚，生产经营没有自主权，既无活力也无动力，只有压力，被人们形容为"五花大绑"，步履蹒跚。

就在这个时候，福建省国有企业厂长经理研究会于1984年3月23日在福州举行成立大会。前来参加成立大会的全省各地国有骨干企业的55位厂长经理一致认为，福建虽是全国率先对外开放的省份之一，但传统的计划经济体制对企业统得过多，管得太死，要把企业搞好，旧的体制非改不可！于是，他们共同起草了一封表达自己心声的呼吁信——《给我们松绑》，直接呈交给时任省委书记的项南同志。项南同志看到呼吁信后，当即作了批示。

当时，有经济学家评价这封呼吁信：这是我国企业改革史上企业经营者第一次"吃螃蟹"，第一次向政府要权，是我国解放思想的一大成果。

1984年3月24日，福建日报以《五十五名厂长、经理呼吁——请给我们"松绑"》为题，在一版头条全文公布呼吁。1984年3月30日，《人民日报》在二版头条位置全文转载了这封呼吁信，并配发了编者按语。紧接着，《经济日报》、新华社等全国主要新闻媒体都进行了刊播。在那个对改革有着极大渴求的年代，"松绑"放权的影响，很快从八闽遍及全国，成为具有里程碑意义的标志性事件。

2001年3月24日，在福建省企业家活动日暨表彰大会上，时任福建省省长习近平说："福建企业家素来有'敢为天下先''爱拼才会赢'的开拓创新精神。当年55家厂长经理提出给企业'松绑'放权的呼吁，就是这种精神的体现。"

2014年是福建55位厂长经理呼吁为企业"松绑"放权30周年。5月18日，福建30位企业家以《敢于担当勇于作为》为题致信习近平总书记，习近平收到后随即回信。

据《福建日报》报道，在闽工作长达17年之久的习近平，不论是在闽工作期间，还是到京任中央领导后，都多次对"松绑"放权行动给予高度评价。

习近平总书记收到30位企业家的信后不久，就亲自给他们回信。信的全文如下：

企业家同志们：

你们好！来信收悉。30年前，福建55位企业负责人大胆发出给企业"松绑"放权的呼吁，很快在全国上下形成共识，成就了经济体制改革的一段佳话，我对此印象犹深。如今你们作为多种所有制、多种类型的企业负责人，就贯彻党的十八届三中全会决定、加快企业改革发展提出建言倡议，很有意义。

当前，各级政府正在加快转变职能、大力简政放权，目的之一就是让市场更好发力，让企业创新创造源泉更加充分涌流，这是又一次重要的"松绑"放权，也是企业家更好发挥智慧力量的历史新机遇。希望你们和广大企业家一道，深刻领会、深入贯彻党的十八届三中全会精神，继续发扬"敢为天下先、爱拼才会赢"的闯劲，进一步解放思想，改革创新，敢于担当，勇于作为，不断做大做强，促进联合发展，实现互利共赢，为国家经济社会持续健康发展发挥更大作用。

祝大家事业有成！

习近平

2014年7月8日

习近平总书记的信一经公开后，马上在全国企业家中引起强烈反响。福建盛辉物流集团董事长刘用辉说，"习总书记的回信字里行间透露出对民营企业家的理解、尊重、爱护与支持，极大地提升了民营企业家改革创新的激情。今后要弘扬'敢为天下先，爱拼才会赢'的闯劲，敢于担当，敢于作为，把企业做得更大更强，积极履行社会责任，助推经济发展。"

龙岩紫金集团有限公司董事局主席郑振欣将两次写信的历史意义进行了对比："同样是企业家联名写信，30年前唤起的是政府对企业家的关注，30年后唤起的是社会对企业家的重视。"郑振欣说："众多社会资源堆积在手上，如何发挥出最大的优势，需要企业家的努力。因此，企业家在推动社会发展中扮演着重要角色。"

作为参与联名致信总书记的企业家之一，盼盼食品集团董事长蔡金垵感到振奋人心，企业家责任重大，使命光荣。蔡金垵说："只有创新之火永不熄灭，企业才能努力发展；只有创新精神永不停歇，企业才能实现稳步提升。只要企业界积极行动起来，就能建立起有质量、有效率的发展，就能真正实现结构调整。"福建盼盼食品集团有限公司始创于1996年，是以农产品精深加工为主的国家级农业产业化重点龙头企业。蔡金垵表示，盼盼食品集团要按照总书记信中的要求，始终坚持从源头上把好食品材料第一关，致力于打造市场特色化产品，提供绿色、健康、休闲、时尚的产品，提供与众不同的产品价格和消费体验，抢占市场先机，全力构建食品安全体系，铸就国际级产品品质。

## 3.给企业家放"定心丸"

2016年3月4日下午，中共中央总书记、国家主席、中央军委主席习近平来到北京铁道大厦，看望出席全国政协十二届四次会议民建、工商联界委员并参加联组讨论。

在听取陈志列、徐冠巨、南存辉、王文彪、李彦宏等委员的发言后，总书记就推动民营经济发展问题等发表重要讲话。

这个讲话，是十八大以来党中央作出的关于民营经济发展最全面、最系统、最深刻的论述，也是我们党历史上领导人对民营经济发展发表最长的一次讲话。讲话高屋建瓴、内容丰富、思想深刻，对于促进我国民营经济健康发展和构建健康新型政商关系具有重要现实意义和深远历史意义。

总书记在讲话中，站在党和国家事业全局的战略高度，从坚持完善社会主义基本经济制度、让民营企业真正从政策中增强获得感、正确认识中国经济短期困难和长期看好的关系、推动广大非公有制经济人士做合格中国特色社会主义事业建设者、构建"亲""清"新型政商关系等许多方面，提出了一系列新思想新观点。讲话的主要内容有：

——坚持和完善社会主义基本经济制度。

实行公有制为主体、多种所有制经济共同发展的基本经济制度，是中国共产党确立的一项大政方针，是中国特色社会主义制度的重要组成部分，也是完善社会主义市场经济体制的必然要求。

我国非公有制经济，是改革开放以来在中国共产党的方针政策指引下发展起来的，是在中国共产党领导下开辟出来的一条道路。

我们党在坚持基本经济制度上的观点是明确的、一贯的，而且是不断深化的，从来没有动摇。中国共产党党章都写明了这一点，这是不会变的，也是不能变的。非公有制经济在我国经济社会发展中的地位和作用没有变，我们毫不动摇鼓励、支持、引导非公有制经济发展的方针政策没有变，我们致力于为非公有制经济发展营造良好环境和提供更多机会的方针政策没有变。

我国是中国共产党领导的社会主义国家，公有制经济是长期以来在国家发展历程中形成的，为国家建设、国防安全、人民生活改善作出了突出贡献，是全体人民的宝贵财富，当然要让它发展好，继续为改革开放和现代化建设作出贡献。我们强调把公有制经济巩固好、发展好，同鼓励、支持、引导非公有制经济发展不是对立的，而是有机统一的。我们国家这么大、人口这么多，又处于并将长期处于社会主义初级阶段，要把经济社会发展搞上去，就要各方面齐心协力来干，众人拾柴火焰高。公有制经济、非公有制经济应该相辅相成、相得益彰，而不是相互排斥、相互抵消。

我国非公有制经济从小到大、由弱变强，是在我们党和国家方针政策指引下实现的。长期以来，我国非公有制经济快速发展，在稳定增长、促进创新、增加就业、改善民生等方面发挥了重要作用。非公有制经济是稳定经济的重要基础，是国家税收的重要来源，是技术创新的重要主体，是金融发展的重要依托，是经济持续健康发展的重要力量。

当然，公有制经济也好，非公有制经济也好，在发展过程中都有一些矛盾和问题，也面临着一些困难和挑战，需要我们一起来想办法解决。但是，不能一叶障目、不见泰山，攻其一点、不及其余。任何想把公有制经济否定掉或者想把非公有制经济否定掉的观点，都是不符合最广大人民根本利益的，都是不符合我国改革发展要求的，因此也都是错误的。

——让民营企业真正从政策中增强获得感。

改革开放以来，党和国家出台了一系列关于非公有制经济发展的政策措施。特别是中共十八大以来，随着全面深化改革不断推进，关于非公有制经济发展的政策措施更加完善。这方面的改革举措主要有，鼓励非公有制企业参与国有企业改革，鼓励发展非公有资本控股的混合所有制企业，各类市场主体可依法平等进入负面清单之外领域，允许更多国有经济和其他所有制经济发展成为混合所有制经济，国有资本投资项目允许非国有资本参股，允许具备条件的民间资本依法发起设立中小型银行等金融机构，允许社会资本通过特许经营等方式参与城市基础设施投资和运营，鼓励社会资本投向农村建设，允许企业和社会组织在农村兴办各类事业，等等。

由于一些原因，政策的配套措施还不是很实，政策落地效果还不是很好，主要问题是：市场准入限制仍然较多；政策执行中"玻璃门""弹簧门""旋转门"现象大量存在；一些政府部门为民营企业办事效率仍然不高；民营企业特别是中小企业、小微企业融资渠道狭窄，民营企业资金链紧张；等等。对遇到的困难，有的民营企业家形容为遇到了"三座大山"：市场的冰山、融资的高山、转型的火山。

尽管这些问题大多处在政策执行层面，是政策执行落实不到位形成的，但影响了政策的有效性，必须下决心解决。一方面要完善政策，增强政策含金量和可操作性；另一方面要加大政策落地力度，确保各项政策百分之百落到实处。政策不落实或落实不到位、落实走样等问题，主要是"最后一公里"问题。一分部署，九分落实。各地区各部门要从实际出发，细化、量化政策措施，制定相关配套举措，推动各项政策落地、落细、落实，让民营企业真正从政策中增强获得感。

当前，重点要解决好以下问题。一是要着力解决中小企业融资难问题，健全完善金融体系，为中小企业融资提供可靠、高效、便捷的服务。二是要着力放开市场准入，凡是法律法规未明确禁入的行业和领域都应该鼓励民间资本进入，凡是我国政府已向外资开放或承诺开放的领域都应该向国内民间资本开放。三是要着力加快公共服务体系建设，支持建立面向民营企业的共性技术服务平台，积极发展技术市场，为民营企业自主创新提供技术支持和专业化服务。四是要着力引导民营企业利用产权市场组合民间资本，开展跨地区、跨行业兼并重组，培育一批特色突出、市场竞争力强的大企业集团。五是要进一步清理、精简涉及民间投资管理的行政审批事项和涉企收费，规范中间环节、中介组织行为，减轻企业负担，降低企业成本。

——正确认识中国经济短期困难和长期看好的关系。

我国经济发展的显著特征就是进入新常态。新常态既是挑战，也是机遇，关键看怎样认识和把握，认识到位、把握得好、工作得力，就能把挑战变成机遇。民营企业应该发挥主观能动性和创新创造精神，正确认识、积极适应新常态，争取新常态下的新作为、新提升、新发展。比如，实施"一带一路"建设、京津冀协同发展、长江经济带发展三大战略，带来了许多难得的重大机遇，民营企业完全可以深度参与其中，推动装备、技术、标准、服务的联合重组，实现产业优化升级。还比如，"十三五"规划建议提出了50项重大举措和300多项具体措施，这些也都为非公有制经济发展提供了重大机遇。

我国经济发展韧性强、潜力足、回旋余地大的优势凸显，我国仍然是全球投资机会最好的国家，非公有制经济发展、非公有制经济人士施展才华面临的空间更加广阔、机遇更加充分、前景更加美好，完全可以有更大作为。信心很重要。我国发展一时一事会有波动，但长远看还是东风浩荡。广大非公有制经济人士要准确把握我国经济发展大势，提振发展信心，提升自身综合素质，完善企业经营管理制度，激发企业家精神，发挥企业家才能，增强企业内在活力和创造力，推动企业不断取得更新更好发展。

——推动广大非公有制经济人士做合格的中国特色社会主义事业建设者。

非公有制经济要健康发展，前提是非公有制经济人士要健康成长。广大非公有制经济人士也要认识到这一点，加强自我学习、自我教育、自我提升。许多民营企业家都是创业成功人士，是社会公众人物。用一句土话讲，大家都是有头有脸的人物。你们的举手投足、一言一行，对社会有很强的示范效应，要十分珍视和维护好自身社会形象。要深入开展以"守法诚信、坚定信心"为重点的理想信念教育实践活动，始终热爱祖国、热爱人民、热爱中国共产党，积极践行社会主义核心价值观，做爱国敬业、守法经营、创业创新、回报社会的典范，在推动实现中华民族伟大复兴中国梦的实践中谱写人生事业的华彩篇章。要注重对年轻一代非公有制经济人士的教育培养，引导他们继承发扬老一代企业家的创业精神和听党话、跟党走的光荣传统。广大民营企业要积极投身光彩事业和公益慈善事业，致富思源，义利兼顾，自觉履行社会责任。工商联开展的"万企帮万村"精准扶贫行动很好，要抓好落实、抓出成效。

——构建"亲""清"新型政商关系。

领导干部同民营企业家打交道要守住底线、把好分寸，并不意味着领导干部可以对民营企业家不理不睬，对他们的正当要求置若罔闻，对他们的合法权益不予保护。为了推动经济社会发展，领导干部同非公有制经济人士的交往是经常的、必然的，也是必需的。这种交往应该为君子之交，要亲商、安商、富商，但不能搞成封建官僚和"红顶商人"之间的那种关系，也不能搞成西方国家大财团和政界之间的那种关系，更不能搞成吃吃喝喝、酒肉朋友的那种关系。

对领导干部而言，所谓"亲"，就是要坦荡真诚同民营企业接触交往，特别是在民营企业遇到困难和问题情况下更要积极作为、靠前服务，对非公有制经济人士多关注、多谈心、多引导，帮助解决实际困难，真心实意支持民营经济发展。所谓"清"，就是同民营企业家的关系要清白、纯洁，不能有贪心私心，不能以权谋私，不能搞权钱交易。

对民营企业家而言，所谓"亲"，就是积极主动同各级党委和政府及部门多沟通多交流，讲真话，说实情，建净言，满腔热情支持地方发展。所谓"清"，就是要洁身自好、走正道，做到遵纪守法办企业、光明正大搞经营。企业经营遇到困难和问题时，要通过正常渠道反映和解决，如果遇到政府工作人员故意刁难和不作为，可以向有关部门举报，运用法律武器维护自身合法权益。靠旁门左道、歪门邪道搞企业是不可能成功的，不仅败坏了社会风气，做这种事心里也不踏实。

守法经营，这是任何企业都必须遵守的一个大原则。公有制企业也好，非公有制企业也好，各类企业都要把守法诚信作为安身立命之本，依法经营、依法治企、依法维权。法律底线不能破，偷税漏税、走私贩私、制假贩假等违法的事情坚决不做，偷工减料、缺斤短两、质次价高的亏心事坚决不做。

习近平总书记重要讲话在广大民营企业家和社会各界中引来了强烈反响。许多企业家欢欣鼓舞、奔走相告。大家纷纷表示，总书记的重要讲话说出了民营企业家的心里话，打消了顾虑，解除了迷茫困惑，给大家吃了"定心丸"、打了"强心剂"，民营经济发展迎来又一个春天。

新华联集团董事局主席傅军说："总书记的讲话很有针对性，蕴含深意，指导性极强，释放出了支持非公有制经济发展的重要信号，令民营企业家们备受鼓舞，极大增强了发展信心。"

三胞集团有限公司董事长袁亚非说："习总书记的重要讲话给我们民营企业吃了'安心丸'，注入发展'强心剂'，更对我们民营企业提出了殷切的期盼和要求。要正确认识公有制和非公有制的关系。无论是公有制经济还是非公有制经济，都是推动中国社会经济发展的重要力量。"

习近平总书记在讲话中用"亲""清"两字定位和阐明新型政商关系，在全社会引起强烈反响和共鸣。

新奥集团股份有限公司董事局主席王玉锁说，这是他首次听到这样的表述和定位，印象十分深刻。政府对企业的"亲"，就应该是普惠的"亲"，而不是特惠的"亲"。政府要主动和民营企业家亲近，要主动帮助解决企业的困难，打交道的时候政府官员和民营企业家要保持清白。对领导干部和民营企业家都提出比较高的要求，需要形成正向的激励。

汉能控股集团董事局主席李河君说，习近平总书记很了解民营经济，讲话十分接地气。讲话深刻地剖析什么是健康的政商关系，强调了"亲"与"清"，也就是企业与政府要相互来往，相互亲近，帮助解决民企实际困难，但政企来往要讲"清"，要君子之交淡如水，民营企业有正当的诉求，应当走正道找政府，不能搞权钱交易。

毅德控股集团创始主席王再兴说："习总书记的讲话给民营企业家鼓舞了斗志、提振了信心。民营企业家应正确理解习总书记讲话精神，进一步坚定发展信念，努力贯彻新发展理念，全力践行供给侧结构性改革，切实承担社会责任，为实现中华民族的伟大复兴中国梦贡献力量。"

## 4.中央再送"大礼包"

2017年10月，举世瞩目的中国共产党第十九次全国代表大会在北京隆重召开，习近平代表中共中央作政治报告。

习近平在报告中，站在历史和时代的高度，鲜明提出新时代中国特色社会主义思想和基本方略，深刻回答了新时代坚持和发展中国特色社会主义的一系列重大理论和实践问题。报告中还就鼓励支持民营经济发展做出许多新的重大论述，为我国民营经济持续健康发展指明了方向，标志着我国民营经济将迎来新的历史机遇和进入一个新的发展阶段。

习近平在报告中再次重申："必须坚持和完善我国社会主义基本经济制度和分配制度，毫不动摇巩固和发展公有制经济，毫不动摇鼓励、支持、引导非公有制经济发展。"国际金融危机以来，世界经济深度调整、复苏乏力，我国经济发展进入新常态，民营经济发展普遍面临市场需求不旺、生产要素成本上升较快、融资难融资贵、税费负担较重、制度性交易成本高等问题，民营企业家发展预期和信心受到影响。特别是2015年下半年以来，民间投资呈现下降趋势，出现投资方向不明、投资意愿不强、投资动力不足的问题。习近平曾形容民营企业遇到了三座大山：市场的冰山、融资的高山、转型的火山。在这一情况下，习近平再次重申"两个毫不动摇"，既表明了党的一贯立场，及时回应了社会重大关切，又为我国非公有制经济发展指出了光明前景，对于坚定非公有制经济人士一心一意发展企业的信心，具有重大的意义。

习近平在报告中第一次提出，要支持民营企业发展。激发各类市场主体活力，要努力实现更高质量、更有效率、更加公平、更可持续的发展。我国民营经济是改革开放以来在党的方针政策指引下从无到有、从小到大、由弱到强发展起来的。凡是民营经济发展较好的地区，那里的就业就比较充分，那里的市场发育程度就比较成熟，那里的经济就充满生机活力，人民生活就比较富裕，社会就和谐稳定。过去，在党的历次重要会议和文件中，都用"非公有制经济"和"民营经济"来表述，这次习近平同志直接使用"民营企业"的概念，既表明我们党对民营企业认识的逐步深化，又对民营企业为改革开放和经济社会建设作出的贡献给予充分肯定，必将激励我国广大民营企业为决胜全面建成小康社会作出新贡献。

习近平强调："必须把发展经济的着力点放在实体经济上。"前些年，许多金融资本"脱实向虚"，没有投入实体经济，只在体外自我循环，以钱生钱，加上房地产市场虚火旺盛，严重影响了企业家专心致志干实体和转型升级的积极性，有的甚至放弃主业去做投资、炒房地产，导致实体经济发展每况愈下。影响我国实体经济发展的原因很多，既有虚拟经济对实体经济的挤压加大，以互联网为代表的新经济、新业态、新模式对传统产业形成巨大冲击，也有随着我国经济结构转型升级，支撑我国实体经济30多年快速发展的传统要素优势正逐步减弱，要素价格持续上升，实体经济运营成本刚性上涨，进一步挤压了利润空间。这次习近平强调必须把发展经济的着力点放在实体经济上，这对引导广大民营企业保持定力，坚守实体经济，做到不焦躁、不灰心、不动摇，加快技术、产品、管理、商业模式等创新，培育以创新驱动为核心的竞争新优势，安心、专心、用心创业创新，将产生积极的推动作用。

习近平提出，要打破行政性垄断，清理废除妨碍统一市场和公平竞争的各种规定和做法，要使市场在资源配置中起决定性作用，更好地发挥政府作用。十八大以来，随着全面深化改革的不断推进，影响民营经济发展的各种体制机制障碍不断打破，民营经济发展环境不断得到改善。但由于受所有制的歧视和偏见，民营企业发展特别是在各种生产要素获取和进入垄断领域等方面，不能得到一视同仁和平等对待。随着十九大精神的贯彻落实和全面深化改革的推进，一切妨碍市场公平竞争的各种规定和做法必将不断被清除，民营经济的市场主体地位将会得到尊重，民营经济发展的活力和创造力一定会被充分激发出来。

习近平在报告中第一次提出，要加强对中小企业创新支持。我国民营企业90%以上是中小微企业。近年来，我国制造业低成本优势逐渐递减，处于价值链低端的产品竞争日趋激烈、产能过剩问题日益突出，依靠技术创新实现提质增效升级成为中小企业发展的必由之路。实践证明，无论大中型企业还是小微型企业，谁能在技术创新方面取得突破，谁就能率先赢得市场、赢得先机。要按照十九大精神，引导中小企业加大研发投入力度，努力掌握关键核心技术和自主知识产权，特别是要通过技术创新带动产品创新和生产经营模式创新，努力将价值链向研发、标准制定、销售服务等方面拓展，发挥科技创新在全面创新中的引领作用，不断开发新技术、涉足新领域、推出新产品，通过产品创新引领消费创新。

习近平提出，要支持传统产业优化升级。我国的民营企业，基本处于产业链低端，不少属于劳动密集型、资源依赖型和能源消耗型企业。前些年，许多企业凭借着人口红利、廉价的土地、能源原材料把企业发展起来。但是，随着我国劳动力、土地、资源、原材料等生产要素成本的上升，环境承载能力已经达到或接近上限，低成本制造的传统优势逐步丧失。在这种情况下，传统企业要实现持续健康发展，必须把握顺应发展大势，结合自身所处的行业发展和企业自身实际，走转型优化升级之路。

习近平指出："经济体制改革必须以完善产权制度和要素市场化配置为重点，实现产权有效激励、要素自由流动、价格反应灵活、竞争公平有序、企业优胜劣汰。"产权是公民、法人最为重要的一项权利。强调完善产权制度，标志着我国坚持和完善产权保护制度的伟大实践将进入一个新的发展阶段，为广大民营企业安心、专心、用心谋发展创造更加有利的制度环境。

习近平指出："激发和保护企业家精神，鼓励更多社会主体投身创新创业。建设知识型、技能型、创新型劳动者大军，弘扬劳模精神和工匠精神，营造劳动光荣的社会风尚和精益求精的敬业风气。"这对于全社会正确认识和弘扬优秀企业家精神，营造尊重企业家、尊重纳税人、尊重创新创业者的良好环境，有效激发市场主体活力，促进经济社会平稳健康发展具有重要的意义。

习近平在报告中再次强调："构建'亲''清'新型政商关系，促进非公有制经济健康发展和非公有制经济人士健康成长。"构建新型的政商关系，对于营造良好的政治生态、经济生态和社会生态，对于促进非公有制经济健康发展和非公有制经济人士健康成长，具有重大和深远的意义。十九大报告再一次要求要构建"亲""清"新型政商关系，必将激励广大党政干部勇于担当、积极作为，既帮助民营企业解决发展中遇到的各种困难和问题，又守住底线不以权谋私；同时，也必将激励广大民营企业家做到洁身自好，遵纪守法办企业、光明正大搞经营。

## 5."晋江经验"放异彩

福建省晋江市，是我国民营经济起步最早、发展最快、实力最强和最具经济活力的地方之一。改革开放之初，爱拼敢闯的晋江人解放思想，大胆实践，从搞作坊、办工厂起步，实现了从"高产穷县"到"福建第一""全国十强"的惊人跨越，闯出一条以加工制造为特色优势的发展路子。

在晋江，民营企业形成的"一镇一品"产业集群，如同璀璨的星群闪烁着光芒：陈埭的鞋子、英林的服装、安海的玩具、磁灶的陶瓷、内坑的拖鞋、罗山的食品、永和的石材、东石的雨伞……

在晋江，著名的品牌随处可见，安尔乐、心相印、七匹狼、九牧王、安踏、鸿星尔克、361°、贵人鸟、特步、乔丹、浩沙、劲霸、柒牌、利郎、晋工机械、碧圣、SBS、盼盼、亲亲、福马、珠穆朗玛、金冠、蜡笔小新、雅客……

在晋江，每年大年初一，市委书记、市长要到十几家民营企业给企业家拜年；大年初三，市委、市人大、市政府、市政协四套班子领导，召开一百多家异地商会和海外同乡会的会长联谊会，请海内外晋江籍企业家共商发展大计；年后，召开千人企业家大会，让纳税前十名企业家上主席台就座，请上一年做得好的企业家介绍经验……

在晋江，政府把当好企业发展的"引路人""推车手"和"服务员"作为自己的职责，对企业坚持"不叫不到、随叫随到、说到做到、服务周到"的服务理念，做到多服务、少干预，多帮忙、少添乱……

晋江——一座因改革开放迎来新生和巨变的闽南县城。2001年，晋江全市生产总值突破300亿元，改革开放以来经济总量翻了七番之多，平均三年翻一番，等于每三年就在已有的基础上再造一个晋江，实现了从"高产穷县"到"福建第一"的惊人跨越。一时间，"晋江速度""晋江奇迹"在福建省乃至全国范围内备受瞩目。

但是，先行者总会先碰到新问题。世纪之交，初战告捷的晋江遭遇前行的瓶颈。"家家点火、户户冒烟"，然而却是"只见星星，不见月亮"，"低端竞争，富而不强"。面对新世纪、新形势，晋江经济发展下一步该怎么办？

问题是时代的声音。在福建工作期间，习近平同志始终高度关注晋江发展，6年中7次深入晋江。2002年，时任福建省省长的习近平同志第7次到晋江。他下乡村、走社区、进企业、访农户、看市场，从市长书记到普通群众，从企业高管到一线员工，无不是他的访谈对象。

通过广泛深入的调查研究，习近平同志对晋江市改革开放以来经济持续快速发展的经验进行深入思考和概括，总结出符合晋江发展实际又富有前瞻性指导意义的"晋江经验"。

2002年8月20日和10月5日，习近平同志分别在《人民日报》《福建日报》发表《研究借鉴晋江经验，加快县域经济发展》和《研究借鉴晋江经验，加快构建三条战略通道》的署名文章，向全国、全省宣传推广"晋江经验"。

晋江市是全国最早探索市场经济发展道路的地方之一。改革开放以来，晋江人民充分发挥侨乡的优势，发扬爱拼敢赢的拼搏精神，大胆探索和实践，走出了一条独具特色的经济发展道路，曾被理论界和学术界称为"晋江模式"。习近平同志把晋江取得的成就概括为几个方面：

——经济持续、高速增长，平均三年再造一个新晋江。改革开放以来，晋江经济一直保持了高速增长的发展态势，年均增长率达到26.16%。1978年，晋江的国内生产总值仅为1.45亿元，到2001年已达到303.5亿元，22年中经济总量翻了七番之多，平均三年翻一番，等于每三年就在已有基础上再造一个晋江。

——经济综合竞争力显著增强，跃入全国十强县（市）行列，而且位次不断前移。1991年，在全国首次公布的百强县（市）名单中，晋江市排名第55位，1994年上升到第15位，2001年又跃入百强县（市）前10名行列。1994年以后，晋江市一直名列福建经济实力"十强"县（市）之首。2001年，晋江市的国内生产总值占全省的1/14。

——工业化进程加快，在全省率先进入工业化后期发展阶段。改革开放前，晋江的工业化水平很低，1978年第二产业增加值只有0.51亿元。改革开放后，晋江大力发展工业，工业化水平不断提高；产值超千万元的规模企业达537家，超亿元的55家；形成了制鞋、纺织服装、建材陶瓷、纸制品、食品和玩具等支柱产业，成为全国重要的制造业基地之一，许多产品在全国占有较大市场份额，并出口到世界各地。

——产业结构不断优化，经济素质显著提高。改革开放前，晋江的经济结构以农业为主，1978年三次产业的比例结构为38.6∶35.1∶26.3。改革开放后，晋江大力发展第二产业和第三产业，2001年调整为3.5∶55∶40.5。

——对外开放不断扩大，外向型经济健康发展。改革开放以来，晋江充分利用侨乡和沿海对外开放的优势，不断加大对外招商引资力度。截至2001年年底，全市实际利用外资累计达到43.3亿美元，累计批准"三资"企业2850家，"三资"企业总产值达到264.8亿元，全社会商品出口总值完成17.85亿美元。

——人民群众生活水平显著提高，社会生产和生活的环境不断改善。2001年，全市农民人均纯收入达到6140元，比1978年的107元增加了56.4倍，城市居民人均生活费收入也有显著增加；全市累计有12个镇和317个村基本实现宽裕型小康目标，分别占镇、村总数的80%和82.6%。

通过总结，习近平同志指出：晋江经济改革开放以来之所以能够持续、快速、健康发展，除了改革开放的时代环境和党中央的正确领导等重要因素外，关键在于晋江的广大干部群众勇于探索，走出了一条"以市场经济为主、外向型经济为主、股份合作制为主，多种经济成分共同发展"的经济发展道路。有关专家称之为"晋江模式"。

习近平同志认真分析了"晋江模式"发生和发展的过程，概括了从改革开放到2002年经历过的四个阶段：

第一阶段：侨乡"三闲"起步，乡镇企业开路。"晋江模式"发端于晋江市的陈埭镇。改革开放初期，晋江陈埭镇的群众从"高产穷镇""高产穷村"的现实中，深刻感受到"无农不稳，无工不富，无商不活"的道理，奋起突破"左"的思想对经济发展的束缚，立足侨乡"闲房、闲资、闲散劳动力"多的特点，联户集资兴办乡镇企业，将潜在的生产力要素有效组合起来变成现实生产力，促进了商品经济的快速发展。陈埭镇在1984年就成为福建省的第一个亿元镇，被誉为"乡镇企业一枝花"。其他乡镇纷纷学习、仿效陈埭镇的做法，在晋江大地上形成了一股兴办乡镇企业的热潮，到1985年，全县参加联户集资办企业的群众达3.46万户，占全县总户数的16%以上。

第二阶段：引进利用外资，成片开发迈大步。晋江早在1981年就引进外资创办了第一家"三资"企业——侨乡彩照冲印公司。1984年后，县委、县政府把发挥侨乡优势作为发展晋江经济的一个战略重点，积极落实侨务政策，介绍投资环境，吸引外商投资晋江。1984年至1992年，累计批准"三资"企业903家，合同外资7.19亿美元，实际利用外资3.93亿美元；1992年，"三资"企业总产值达到18.11亿元，出口值2.15亿美元，上缴税收3696万元，外向型经济格局基本形成。

第三阶段：构建市场基础，经济发展加速。十四大确立社会主义经济改革的目标是建立社会主义市场经济体制后，晋江着力构建市场体系和运行机制，打牢经济发展的市场基础，经济发展由此进入了高速发展的"快车道"。"八五"期间，全市国民生产总值以年均59.2%的速度高速增长，比"七五"期间高出35个百分点。"晋江模式"也在这一阶段被外界普遍认可。

第四阶段：提高、创新、突破，拓展发展道路。面对亚洲金融危机和国内市场需求不旺的严峻经济形势，晋江市委市政府及时采取引导条件成熟的企业转变家族式的经营方式、建立现代企业制度，创名牌、拓市场，做大做强企业，深化行政体制改革，大力发展科学教育事业、全面提高人才和全民素质等一系列措施，有力地促进了经济和社会发展。

习近平同志指出，"晋江模式"是晋江人民探索中国特色社会主义发展道路实践成果的高度概括。"晋江经验"总结起来，主要是以下六条：

——始终坚持以发展社会生产力为改革和发展的根本方向。改革开放初期，为突破计划经济僵化体制的束缚，晋江选择了股份合作制的形式联户集资兴办乡镇企业，促进了商品经济的快速发展。随着对外开放的不断扩大，晋江又充分利用侨乡华侨多的优势，及时引进外资改造提高乡镇企业，使经济转入迅速扩张发展阶段。面对我国加入WTO和经济全球化发展趋势加剧的新形势，晋江积极用高新技术改造传统产业，促进企业上规模、上档次、上水平，使企业和产品的竞争力得到了显著增强。所以，学习借鉴晋江经验，最根本是要始终坚持以发展社会生产力为改革和发展的根本方向，充分发挥自身优势，从继续突破影响市场经济发展的体制性障碍和不断提高生产力要素水平两个方面，促进社会生产力的全面发展。

——始终坚持以市场为导向发展经济。早在改革开放初期，晋江的干部群众就积极走"市场—原材料—技术"和"原材料—市场—技术"的经营路子，把几万名农民引入市场，形成遍布全国的销售网络，抢先开辟了国内市场。20世纪90年代初期，当国家对经济进行治理整顿时，晋江又大力发展外向型经济，不断拓展晋江产品的国际市场。"九五"期间，针对买方市场的形成和市场竞争的日趋激烈，晋江市通过培育一批辐射面较广的专业市场和综合市场，先后在全国70多个大中型城市建立6000多个常设专柜和销售点，成功举办一系列鞋业、糖酒食品和陶瓷石材博览会等，有力地拓展了国内外市场。晋江的经验告诉我们，只有坚持以市场为导向，深入把握市场经济的运行规律，大力加强市场体系和机制建设，不断提高拓展国内外市场的能力，才能在新世纪中推动国民经济实现跨越式发展。

——始终坚持在顽强拼搏中取胜。改革开放以来，晋江人民凭着"爱拼才会赢"的顽强拼搏精神，硬是把纺织服装、陶瓷建材、制鞋、食品等传统产业发展成为晋江的支柱产业，集"中国鞋都""全国食品工业强市"、全国陶瓷建材和玩具生产基地等称号于一身，并有多种产品的市场占有率居全国第一。由此可见，要在激烈的市场竞争中占据优势地位，就必须像晋江人民那样，坚持振奋精神勇于拼搏，百折不挠顽强拼搏，发挥优势善于拼搏，在拼搏中取胜、在拼搏中发展。

——始终坚持以诚信促进市场经济的健康发展。改革开放初期，晋江曾发生过闻名全国的"假药案"，使自身形象受到了极大损害。晋江认真汲取教训，以诚信为本，事事处处讲诚信，重新赢得了客户和合作伙伴的信任，在全国树立了讲诚信的良好形象。晋江经验昭示了一条真理，即市场经济既是法治经济，又是信用经济，只有坚持事事处处讲诚信，大力倡导信用文化，塑造信用社会，才能促进经济健康发展。

——始终坚持立足本地优势和选择符合自身条件的最佳方式加快经济发展。改革开放初期，晋江选择股份合作制的形式联户集资兴办乡镇企业，找到一条在计划经济体制下发展商品经济的路子。随着对外开放的扩大，晋江又发挥侨乡海外华侨多的优势发展外向型经济，积极吸引外资创办三资企业，引进国外先进技术和设备提高企业技术、生产和管理水平。后来，晋江人民积极探索走"提高经济质量、提高全民素质、提高城市品位"和"制度创新、技术创新、管理创新、市场创新"的发展路子。晋江的经验告诉我们，只有立足本地优势，不断选择符合自身条件的最佳方式，才能走出一条正确的发展道路。

——始终坚持加强政府对市场经济发展的引导和服务。改革开放初期，当陈埭镇群众开始联户集资创办股份合作制企业时，晋江县委县政府及时推广他们的经验，在晋江形成了一股兴办乡镇企业的热潮。当企业发展面临更趋激烈的市场竞争时，晋江市委市政府又及时引导企业转变经营方式，建立现代企业制度，加快企业技术创新，实施名牌战略，做大做强企业，提高企业市场竞争力。在为市场主体服务方面，及时转变机关作风，减少审批环节，提高工作效能，为市场主体发展经济提供了有效服务。晋江的经验充分说明，在发展市场经济中，各级政府只有通过及时引导、优质服务和辅以有效管理，做到既不"越位"，又不"缺位""错位"或"不到位"，才能履行好领导经济工作的历史责任。

习近平同志总结的"晋江经验"中，还包括要处理好"五个方面"的关系：处理好有形通道和无形通道的关系；处理好发展中小企业和大企业之间的关系；处理好发展高新技术产业和传统产业的关系；处理好工业化和城市化的关系；处理好发展市场经济与建设新型服务型政府之间的关系。

习近平同志总结的"晋江经验"，放眼国内外改革发展大势，探究独特的闽南地理人文环境，把握政府、市场与企业多方关系，深刻总结了改革开放以来县域样本晋江发展的时代性、规律性和典型性，深刻指出突破发展瓶颈、摆脱路径依赖、实现转型升级的正确方向、科学路径和有效方法，为晋江再创改革发展新辉煌奠定了坚实理论基础，提供了重要行动指南。

福建泉州市委书记康涛说，"晋江经验"充分体现了辩证法的精髓，"六个始终坚持"的重要启示，体现了对当年改革开放大时代与泉州、福建率先发展意志相结合的战略把握，"正确处理好五个关系"的重要论断，指明了后发赶超地区从"富起来"到"强起来"战略转型的阳关大道。

晋江市委书记刘文儒说，一路走来我们深深感到，"晋江经验"是推动晋江持续发展的行动指南和致胜法宝，指引着晋江沿着正确的道路不断取得新的胜利。

实践是检验真理的唯一标准。习近平同志总结的"晋江经验"，发出的"发展之问"，切中问题要害、把准发展方向，富于战略眼光和前瞻性。

在"晋江经验"提出以后，晋江人不忘初心，继续发扬"爱拼才会赢"精神，一如既往地对实业、本业、主业有着执着的坚持和追求。始终专注于一双鞋、一片纸、一颗糖、一把伞、一片瓷砖……这些年，面对外部市场变化、劳动力成本上升等考验，面对脱实向虚的"热钱""快钱"等诱惑，晋江企业家们心无旁骛，精益求精，不断加快转型升级步伐。

如今，晋江已形成纺织服装、制鞋2个超千亿元和食品饮料等5个超百亿元产业集群，全市拥有中国驰名商标42件、中国名牌产品13项，拥有46家上市公司，数量居全国县域前列。

在数字经济时代到来的今天，为了实现高质量的发展，一向敢闯敢试的晋江人这一次把目光瞄向了信息工业的"粮食"——集成电路。前不久，福建晋华存储器集成电路生产线项目在晋江开工。该项目总规划占地594亩，一期投资370亿元，已纳入国家"十三五"集成电路重大生产力布局规划重大项目清单。

晋江市长张文贤说:"对于晋江人来说,不论是过去的鞋片、布片、纸片、薯片,还是今天的芯片,只要专心去做片片皆可出彩。"

以"芯"为媒,晋江市更进一步,在晋华项目所在地新塘街道打造特色"芯"小镇,致力于建立集成电路产业全链条,带动上下游产业发展,并配套建设田园风光项目,带动集中连片的闽南传统古村落改造提升。既要"国际范",也要"闽南味"。在晋江人看来,这是充满创意和建设性的"混搭":实现传统一产、二产、三产转型升级、互融互通和功能互补,达到"1+1+1>3"的效果。

2018年5月9日,非洲摩洛哥马拉喀什体育馆内,晋江接过世界中学生运动会的旗帜,《爱拼才会赢》的旋律在千里之外的国际赛场上响起。

在2020年第18届世界中学生运动会申办过程中,晋江以"爱拼敢赢"的精神一路闯关,成为共和国历史上首个举办国际综合性运动会的县级市。他们将以更大力度推进改革开放,以更强自信逐梦国际舞台,实现从"闽南晋江"到"世界晋江"的目标。

据统计,2017年,晋江用仅占全省1/200的土地,创造了福建1/16的GDP,达到了1 981.5亿元,是改革开放之初的1366倍,经济总量连续24年位居福建县域首位。从百亿元级企业到千亿元级产业集群;从制造基地走向品牌之都、体育之城……"晋江经验"提出以来的16年里,晋江"始终坚持以发展社会生产力为改革和发展的根本方向",县域经济实力持续位居"全省第一"和"全国十强",成为全国县域经济发展的典范、中小城市建设的样板。

实践充分证明,"晋江经验"是创造"晋江奇迹"的金钥匙,是实现转型升级的助推器,更是引领改革发展的导航仪。以实体经济为根本,做实做强实业链条各个环节,提升产业配套效率,着力打造知名品牌;以改革创新为动力,坚持试点开路、创意引路、简政放权、招贤引才,搭建更加开放公平的发展平台,激发企业创新创造的竞争实力和市场活力;以全面发展为目标,推动城乡一体、待遇均等,建设以人为本、生态优美的宜居城市……"晋江经验"所蕴含的改革理念、发展思路,科学把握发展规律、改革规律,为新时代全面深化改革、推动高质量发展提供了强大思想动力。

## ·第二章·

# 莫畏浮云遮望眼

经过40年的快速发展，我国经济已由高速增长阶段转向高质量发展阶段，正处在转变发展方式、优化经济结构、转换增长动力的攻关期。今天，新常态下的中国经济正面临着一系列不可忽视的新挑战，民营经济发展也遇到许多困难、问题和挑战。不少企业反映生产经营越来越困难，竞争越来越激烈，利润越来越单薄，发展空间越来越狭小。企业家们为什么会产生这样那样的焦虑、困惑和迷茫？主要是我国经济进入新常态，民营经济发展的外部环境发生了八个方面的变化。

## 1.年代变了

如今的年代，由过去的短缺经济年代变成现在过剩经济年代。

改革开放是在贫困落后的基础上开始的。那时候物资条件极其匮乏，吃饭凭粮票，穿衣要布票，连买一包香烟也要烟票，整个社会都要凭证购物，完全是一个供不应求的卖方市场。

实行改革开放后，国家鼓励百姓经商办企业。那时，市场空间巨大，投资机会很多，做企业相对容易，产品销路不愁。在珠三角、长三角、温州、台州和闽南等民营经济较发达的地区，几乎村村都在办企业，家家都有小作坊，有的村子多达一百家企业。特别是邓小平同志南方谈话后，从大江南北到长城内外，掀起了一个全民创业的高潮。经过40年的快速发展，我国民营经济从小到大、由弱到强，发展成为社会主义市场经济的重要组成部分和我国经济发展的重要基础。

我国经济连续保持30多年的高速发展，很快成为"世界工厂"和全球制造业大国，GDP从1978年的3645亿元增长到2017年的82.7万亿元，增长227倍，占全球比重的15%左右，对世界经济增长贡献率在30%左右，稳居全球第二大经济体。据中国社科院相关资料，现在全球500种工业品中，我国有221种产品产量位居第一，其中粗钢、电解铝、水泥、精炼铜、船舶、计算机、空调、冰箱等产品产量都超过世界总产量的一半。

多年来，我国制造业产值占全球份额的25%左右，连续多年居世界第一。据联合国工业发展组织资料，目前中国工业竞争力指数在136个国家中排名第7位，制造业净出口居世界第一位。从2013年起，我国出口总量超过美国，成为世界第一贸易大国，2015年贸易总量占全球的13.2%。2016年，我国货物贸易进出口总值24.33万亿元人民币，与2015年基本持平。2017年，我国进出口总额27.79万亿元，比上一年同期增长14.2%。

今天，我国各类商品琳琅满目、品种齐全、丰富多样，很多产业和领域出现了严重的产能过剩和库存过大，和改革开放初期形成了鲜明的对比，从过去短缺经济年代走到了过剩经济年代，完全变成了买方市场。处于产业链低端的企业就会感到发展空间越来越窄，竞争力越来越小，甚至有的企业感到"几乎支撑不下去了"。

## 2.消费观念变了

今天人们的消费观念，由共同需求的消费观念变成多层次、多样化、个性化、高端化的消费观念。

前些年，很多行业市场十分红火，做什么产品都能卖得掉，卖什么东西都能挣到钱。特别是房地产和汽车两个支柱产业带动了一大批产业的发展，仅房地产就可以拉动钢铁、水泥、玻璃、木材、陶瓷、家装、家电等几十个相关行业，汽车也能带动许多行业发展。那些年，这些行业几乎都是一路"高歌猛进"，挣得盆满钵满。但是，到2013年，我国城镇常住人口户均达到1套房；2017年，我国人均住房面积达40平方米，其中城市居民35平方米，农民45平方米。2014年，我国每千人汽车拥有量超过100辆；北京市2017年6月共有汽车577万辆，平均3人就有1辆汽车。

根据国际经验，这个阶段"住""行"的市场需求会发生明显变化。2013年后，我国新开工房屋面积、住房销售面积先后出现负增长，汽车销售进入低增长阶段。那些年大家都在"奔小康"，都有共同的需求，你需要房子我也需要房子，你需要汽车我也需要汽车，消费呈现出"排浪式"的态势，一浪高过一浪，同时还具有高度同质化的特征。消费过程从"老三件"（手表、缝纫机、自行车）到"新三件"（彩电、冰箱、洗衣机），再从"新三件"到"大三件"（汽车、房子、移动电脑），现在又变成了旅游、保健、养生等新的消费方式。过去的消费观念是"新三年、旧三年，缝缝补补又三年"，变成现在"一天换一件、春夏秋冬不重样"。人们的需求变得越来越多样化、个性化和高端化。2016年，国民的旅游消费总计达到4.66万亿元。其中，国内旅游总收入3.9万亿元，同比增长14%；出境旅游花费1098亿美元（约7600亿元人民币）。2017年，国内旅游市场超过50亿人次（人均3.6次），比2016年增加3.6亿人次（有人一年内旅游次数达到27次，平均每半个月一次），花费4.57亿元，按全国13.6亿人计算，人均消费3300元。

现在，全世界45%的奢侈品被中国人买了，而且75%的消费在境外。许多人跑到日本背马桶盖，去韩国买化妆品，到澳洲买奶粉。中国游客去日本背马桶盖，是消费升级的典型案例。过去，农村如厕解手要蹲茅坑。20世纪90年代以后，开始有了楼房，家庭厕所用的是蹲便器。进入21世纪，人们搬进了套房，基本上都用坐便器。现在为什么要买日本马桶盖？因为它是智能化、舒适化的坐盆。你上卫生间时，可以打开音乐听歌，天气冷可以给坐垫加热，还有按摩、冲洗、吹干、抽气防臭等功能，有的甚至可以测"三高"。这种智能马桶盖，把过去上茅坑这件又脏又臭的事，变成一个享受的过程。这就是发生在每个人身边消费升级的事儿。

这些说明，我国经济发展进入新常态后，一方面部分行业产能严重过剩，一方面却要大量进口高端技术、高端产品；一方面消费者对质量高、有信誉保障的消费品需求越来越大，一方面却是国内供给无法满足，导致境外购物热度不减、"需求外溢"。民营企业要看到今天消费者消费观念已经发生了巨大变化，需要及时调整企业发展思路，积极创造需求、创造市场，通过产品升级满足人们的消费升级需求。

## 3. 企业发展途径变了

今天民营企业的发展，由靠吃苦和魄力变成靠知识和资本。

我国许多民营企业都是从家庭小作坊和"提篮小卖"发展起来的。他们的经验是，过去发展主要靠吃苦、靠魄力。比如，广东人称自己"白天当老板、晚上睡地板"，温州人说"只有鸟飞不到的地方、没有温州人到不了的地方"，闽南人更是唱着《爱拼才会赢》去闯天下。那年头，你只要有魄力扛起一杆旗，成立一个公司，从西部招两百个农民工，企业只要办起来，不论做鞋做服装，还是做糖果烤面包，都能卖出去、都能挣到钱。比如，贵州的神奇制药就是用5000元钱支起一个锅做起来的，河南三全集团从做汤圆、卖饺子发展成为中国最大的速冻食品制造商，广州白云电器是从一个打铁铺发展成为全国知名大企业的。类似的例子举不胜举。他们的发展，一靠吃苦，二靠打拼。今天发展企业仍然需要这种精神，但更重要的是要靠智慧和资本。否则，拼得越猛就会产生更多的产能过剩，甚至死得更快。

在科学技术高速发展的今天，必须积极发展新产品、新技术、新服务、新模式、新业态，用知识、智慧和资本来寻求企业新的发展之路。比如，2008年的国际金融危机使全球经济特别是传统制造业和金融业遭受重创，但苹果、脸谱、谷歌、微软、亚马逊等高科技企业基本上毫发无损，我国的阿里、腾讯、百度、京东、小米、蚂蚁金服等企业更是获得了爆炸式发展。这其中最重要的原因，就是这些企业运用了代表时代潮流的先进科学技术。作为中国民营企业500强首位的华为集团，30年来始终坚持走创新驱动发展的道路。十年来，先后投入研发费用超过3940亿元，仅2017年研发费用就达897亿元。截至2017年，华为累计获得专利授权74 307件，累计申请国内专利64 091件，累计申请国外专利48 758件，企业专利申请总量居全球第一，成为全球领先的电讯设备制造商。用任正非的话说，"华为成立25年来，就瞄着一个城墙口冲锋"。今天，科学技术的发展远远超过了人们的预想。过去，我们常说，"李杜诗篇万口传，各领风骚五百年"。有人编了个下联："苹果三星很抢眼，各领风骚就半年"。有的创业者说，过去是"一招鲜，吃遍天"，现在是"一招鲜，吃三天"。

当前，基于互联网创业的企业发展，更是具有明显的科技和资本的鲜明特色，尤其是那些独角兽企业（在创业较短时间内市值达到10亿美元）更是典型的代表。2017年，全球有252家独角兽企业，中国有98家，占比39%，居第二位。全球最大独角兽企业前十名中我国有5家。独角兽的成长，主要靠技术、人才、资本、市场和商业模式等几驾马车，其中使之爆炸式成长的是资本。特别是当前，继机械化、电气化、自动化等产业技术革命浪潮之后，以信息网络技术加速创新与渗透融合为突出特征的新一轮工业革命正在全球范围内孕育兴起，数字经济正成为全球经济增长的重要驱动力，依靠高科技的企业的趋势更加明显和突出。

现在，市场上流行一个术语——"烧钱"，就是说明资本在企业发展中的重要作用。比如，滴滴出行还处于亏损阶段，但他们的融资却获得了资本的青睐，几轮融资都是几个亿、十几个亿的规模。据统计，滴滴出行的融资规模达到150亿美元，相当于当年美国打海湾战争所花费的资金量。"蔚来汽车"的融资规模，也已超过了140亿元人民币。这两三年迅猛发展的摩拜单车和OFO单车，每轮融资都是几亿美元，OFO的一轮融资将近10亿美元。那些天使基金和风险基金投的是预期，投的是未来。当前，以物联网、大数据、云计算、新能源、新材料、基因技术、智能机器人等为主要内容的新一轮技术革命正在孕育发展，建立在这些新技术基础上的新产业、新业态、新服务、新模式不断兴起，基于这些高新技术发展起来的新兴产业，许多投资基金都是抢着买、追着投。这些说明，今天发展企业仍然需要吃苦和魄力，但更要靠高科技、大资本，才能做得更大更强。

## 4.要素成本变了

今天的生产要素，由过去的廉价获取发展到了现在的高企不下。

过去多数民营企业大多从事传统产业，基本处于产业链低端，属于劳动密集型、资源依赖型和能源消耗型企业。在改革开放初期，许多企业凭借着人口红利、廉价的土地、能源原材料等，很快把企业发展起来。那时，从中西部劳务大省招来的农民工一个月只要几百元钱，你投资几百万元办企业，当地政府就能给你几亩地。有些地方政府为了招商引资，甚至可以零地价给企业。可以说，在改革开放以来很长一段时期里，低成本优势一直是中国制造在全球竞争中获胜的关键因素之一。

但是，随着我国劳动力、土地、资源、原材料等生产要素成本的上升，环境承载能力已经达到或接近上限，低成本制造的传统优势明显弱化，这种优势今天已经逐步丧失。目前中国很多地区尤其是东部地区，工人工资水平已远超东南亚国家。即使与发达国家相比，我国制造业的成本优势也不明显。目前与美国相比，中国制造在人工成本上还具有一定优势，但土地成本、物流成本、资金成本、能源成本、配件成本等都比较高。成本优势逐步丧失的同时，以高附加值为基础的新优势却尚未形成，导致了竞争优势下降。比如，企业人力成本持续上升，加上员工各项保险费用的增加，用工成本呈叠加式攀升。2016年，我国劳动力成本较2005年上升了5倍，企业"五险一金"占到了职工工资的40%左右。根据数据显示，近几年来，各地连续大幅提高最低工资标准，2011年，全国有24个省份调整了最低工资标准，平均增幅22%；2012年，有25个省份调整最低工资标准，平均增幅为20.2%；2013年，全国有27个省份调整了最低工资标准，平均调增幅度为17%；2014年，全国共有19个地区调整了最低工资标准，平均增幅为14.1%；2015年，全国28个地区上调了最低工资标准，平均增幅为14%；2016年，全国共有9个地区调整最低工资标准，平均调增幅度为9.8%；2017年，全国有20个省调整最低工资标准，平均增幅为11%，其中，月最低工资标准最高的是上海的2420元；2018年上半年，已有8个省调整最低工资标准，平均调增幅度为9.95%（广西高达20%）。人力成本的上涨使许多企业很难承受。

我国企业在物流、电价、天然气等方面也承担着较高的成本。物流成本是发达国家的近2倍，多数地区每度电价均在0.6元以上，和有的国家相差近50%。融资成本高也是各种生产要素中的重要方面。由于我国金融体制改革不到位，再加上我国实行的是抵押贷款而不是信用贷款，民营企业即使从商业银行获得银行贷款的利率，一般都在基准利率基础上上浮30%，加上担保费、审计费、工商查询费等，利率都在12%～15%左右，有的甚至超过银行基准利率的四倍。据国家统计局调查，目前，小微工业企业发生民间借款的平均月利率为1.55%，年化利率约为18.55%。

企业税费负担较为沉重，除了需要正常缴纳的各种税款外，还有各种行政事业性收费。据有关单位统计，向企业征收行政事业性收费的部门就有十多个，收费项目达60多个大类。企业缴纳的各种行政事业性收费，主要包括城市建设维护费附加、教育费附加、地方教育费附加、水利建设专项基金、工商管理费、工会经费、残疾人就业保障金、消防费、个体劳动者协会会费、私营企业协会会费，等等。另外，企业制度性交易成本依然较高，企业反映涉企执法和检查事项较多，行政审批前置中介费用、涉企的评估费、咨询费、保证金仍然较高。这些导致我国实体经济企业成本不断攀升，盈利水平大幅下滑。据工信部公布的数字，2016年，我国规模以上工业企业每百元主营业务收入中的成本高达85.85元。比如，上海商业企业的租金、人工、水电、物流等经营成本持续上涨，目前租金成本和人工成本分别是20年前的5倍和10倍，但商品销售毛利几乎没有增加。这是导致一些企业关闭门店的原因之一。

这种情况下，民营企业必须积极推进技术创新和商业模式创新，实现质量增进和成本优势的双重提升。政府也要尽力为企业降成本，特别是降低人工成本、税负成本、社会保险性成本、物流成本、融资成本、排污成本、制度性交易成本等生产要素成本，增强企业活力和竞争力。

## 5.法治环境变了

今天的法治环境，由过去的"胆子经济"变为现在的信用经济。

我国绝大多数民营企业都是在过去法治不健全和低制度化水平下发展起来的。许多企业家在总结他们的创业经历时，都有"胆大、敢拼、不怕风险"的体会。一些人干过偷工减料、缺斤短两、质次价高的亏心事，有的甚至钻法律的空子、踩政策的红线、打制度的擦边球，做过偷税漏税、走私贩私、制假贩假等违法的事。那时，流行一句"见了绿灯加速走，见到黄灯抢着走，见到红灯绕着走"的话，这就是这些人的真实写照。还有的人信奉"大胆就能赚钱、关系就是资源"，他们"信钱不信法、信权不信法、信访不信法"，常常通过拉关系、找门路发展企业，有的甚至不惜用重金贿赂权力来获得非法利益。为什么有个别企业家总感到头上悬着一把达摩克利斯之剑，就是因为在以前的发展过程中做过不合规、不合法的事。

现在，随着全面依法治国的不断推进，许多法律法规越来越健全，政策越来越完善，政务越来越规范。特别是党的十八大以来，党中央加大反腐败力度，坚持无禁区、全覆盖、零容忍，"老虎苍蝇"一起打，对官商勾结问题发现一起查处一起，产生了极大的震慑作用，绝大多数党政干部与企业家交往能够守规矩、讲分寸。随着全面深化改革的不断推进，特别是"放管服"力度的加大，各级政府的政务活动越来越公开透明，公平竞争的市场氛围越来越浓厚，权力寻租的机会越来越小，企业钻空子的机会越来越少。

但是，目前仍然有少数企业家，留恋过去的潜规则和靠拉关系办事情，没有跟上时代发展的步伐。民营企业要认识到社会主义市场经济是法治经济，是信用经济，必须把守法诚信作为安身立命之本，坚持契约精神，做到讲诚信、守信用、重信誉。习近平总书记在阐述政商关系时指出，守法经营，这是任何企业都必须遵守的一个大原则。公有制企业也好，非公有制企业也好，各类企业都要把守法诚信作为安身立命之本。法律底线不能破，偷税漏税、走私贩私、制假贩假等违法的事情坚决不做，偷工减料、缺斤短两、质次价高的亏心事坚决不做。许多民营企业家都是创业成功人士，是社会公众人物，是有头有脸的人物，要十分珍视和维护好自身社会形象。

民营企业一定要按照习近平总书记的要求，努力摈弃靠关系、靠门路和"法外施恩"的旧观念，充分认识守法最安全、守法是对企业和企业家最有效的保护，坚持走正门、干正事，不搞歪门邪道，自觉抵制官商勾结、权钱交易。要坚持依法经营、依法治企、依法维权，加快技术、产品、管理、制度和商业模式等创新，实现转型升级，培育以创新驱动为核心的竞争新优势，由靠关系转为靠实力发展，摆脱对不正当政商关系的依赖，积极构建健康新型的政商关系。

## 6.市场空间变了

今天的市场空间，由单一的国内市场变为开放的全球市场。

以前，很多民营企业从小商小贩做起，在家门口摆地摊，走街串巷、沿街叫卖，经过原始积累一步一步做大；不少企业从家庭小作坊开始发展，逐渐把生意从一个县做到一个省，再做到全国范围，甚至做成了行业的龙头老大。如刘永好四兄弟起初从养鹌鹑到做饲料，再到搞现代农业，逐渐发展出中国最大的民营农业企业，其企业现已是一个集多行业为一体的多元化集团公司。

这些年，随着经济全球化的快速发展，信息、商品、技术、资本、管理、服务、人才等生产要素在全球广泛流动，特别是中国加入世贸组织以来，我国对外开放不断推进，现在又建立了一大批经济自由贸易区。2018

年4月，中央宣布将把海南建设成自由贸易港。可以看出，我国对外开放程度越来越高，日益融入经济全球化和区域经济一体化的进程，为我国各类企业发展提供了更加广阔的发展空间。许多民营企业不再满足在国内发展，而是积极"走出去"，利用国内国外两个市场、两种资源，发展成为国际化、全球化的跨国大公司。如福耀集团是全球的汽车玻璃供应商，在9个国家设立16个分厂，其中美国就有5个分厂，可以在美国本土就直接给通用、福特公司供货。新疆特变电工在全球70多个国家承接了电网、水电站、太阳能发电站等工程项目，把节能化、智能化、自动化电力建设的技术、标准和经验送到世界各地，成为世界输变电行业的龙头企业。

2013年下半年，习近平总书记提出建设"丝绸之路经济带"和"21世纪海上丝绸之路经济带"的倡议。"一带一路"沿线涉及65个国家，人口约占全球63%，年生产总值约占全球经济总量的29%。这些国家资源禀赋各异，经济发展后发优势强劲，与我国经济具有良好的互补性，彼此合作潜力和空间很大，为我国企业"走出去"发展提供了重大机遇和巨大发展空间。目前，我国在"一带一路"沿线国家投资的各类企业近2万家，主要是进行产能转移与合作、建设工业园区、并购先进品牌技术、购买重要战略资源、承包重大建设工程和项目等。在"一带一路"沿线国家投资并取得明显成效的，主要有华为、三一重工、吉利、联想、比亚迪、复星、大疆、泛海、长城、福耀、广信、红豆、华凌、华坚、汉能、TCL、华立、特变电工、宝鹰等一大批民营企业。民营企业一定要充分认识经济全球化带来的深刻变化，摒弃小农意识，拓展国际视野，树立跨国思维，培育国际经营人才，了解国际市场规则，实施国际化战略和资本运营，使企业不仅成为国内的知名企业，而且成为全球化的跨国公司。

## 7. 商业模式变了

今天的商业模式，由过去"羊毛出在羊身上"变为"羊毛出在猪身上狗买单"。

自从人类有了商业活动以来，都是上游产业挣中游产业的钱，中游产业挣下游产业的钱，通过一手交钱一手交货来获取中间差价以赚得利润，人们形象地把这种商业模式称为"羊毛出在羊身上"。但是，随着现代科学技术的不断发展，特别是所有互联网的产业化和所有产业的互联化，完全改变了人类的生产方式、生活方式、思维方式和商业模式。随着信息技术的广泛应用，第三方支付、网上购物、网络约车、网上订餐、在线医疗等新兴业态不断兴起。仅就企业的生产经营活动而言，从生产、经营、销售到盈利模式等，都发生了颠覆性的变化。

——生产环节方面。过去的手机制造商要生产手机，必须先做半年到一年的市场调研论证，然后召开董事会讨论研究，做出决定后再购买设备和材料进行生产，产品出来后又要找形象代言人做广告、铺市场，这个过程至少要一两年时间。而小米改变了这种传统的做法，利用发烧友商业模式，通过互联网联系一群发烧友，跟他们保持互动，了解他们需要什么样的手机，然后根据用户的诉求设定手机的配置、外观和价格。产品还没面世，小米就已经很清楚自己要做什么样的手机。然后，小米把需求交给代工企业进行生产，最后把产品配送到每一个消费者的手里，既不用自己开工厂又省去了中间商。

——经营手段方面。随着共享经济时代的到来，许多企业采取用户体验的方式重构产业链，打破产业边界、组织边界和区域边界，形成新的经营模式。他们运用互联网、大数据、云计算构建新的经营生态，不用再亲力亲为办工厂、做产品、建房子，又往往成为某一个行业规模最大的企业。比如，滴滴出行最初没有一辆出租车，但却是全球最大的出租车公司；携程没有一架飞机、没有一列火车、没有一家酒店，但却是国内最大的旅游服务商；美团没有一家餐馆、没有一个厨师、自己不做一道菜，却能给您提供全世界任何一道美食。2017年，我国共享经济规模达4.9万亿元，比上年增长47.2%，共享经济领域融资规模达2160亿元，比上年增长25.7%。目前，全国有7亿人分享着共享经济带来的便利。可以预计，共享经济的快速发展，将会创造出更多更新的商业模式来。

——销售手段方面。过去人们通过赶集、逛商场、逛超市去购物，商品紧缺或人多时，常常要排着长队等着买、抢着买，而商家又都是等着客户上门来买货。现在有了互联网，"赶集"变成了"O2O"，只要在手机上安装一个商家的APP，你需要的三斤酱油两斤醋，都能准时给你送到家。你要在家吃麻辣火锅、要美容美甲、要做脚底按摩，商家都能派人准时上门给你服务。这几年快递业红红火火，每年就业增加几百万人，就是这种商业模式的产物。据统计，2016年，中国每秒钟发出一件快递，全年人均23件快递。2017年，全国快递达到401亿件，同比增长28%，全年人均30件。现在，全国每100人就有一个快递员，"快递小哥"走街串巷满地跑，成为一道风景线。统计显示，10年前，中国电商交易不到全球总额的1%，如今占比超过40%，超过美国、英国、日本、德国、法国的总和。2016年，中国个人消费相关移动支付额高达7900亿美元，相当于美国的11倍。曾几何时，因为中国游客出国游时喜欢随身携带大量现金而频频成为被抢劫的对象，以至我驻外使领馆不断提醒中国游客"出国要少带现金"，到今天，这种提醒变成了"出国要记得带点现金"，这其中的转变，正是中国移动支付飞速发展的结果。过去五年，中国互联网消费的复合增长率达到32%，居世界第一，而美国只有8%，仅是我国的1/4。

——盈利模式方面。以往你买东西付了钱，商家就能从中获得利润，这种"羊毛出在羊身上"的模式，已经延续了几千年。而现在，很多企业给你提供服务或产品，你不用花一分钱，他们的企业却做得很大很有影响。这里面的奥妙，就是他们采用了"羊毛出在猪身上狗买单"的盈利模式。比如，你在百度搜索信息，在今日头条阅读新闻，在360使用杀毒软件，还有开车使用高德导航等都是免费的。他们不是福利部门，不是慈善机构，而是有几千人甚至几万人的大企业。他们靠什么方式生存发展？过去是羊毛出在羊身上，现在这块儿免费了，没"羊毛"了，就用新的业务创造收入。互联网企业的特点就是拥有海量的用户。如何获得海量用户呢？一靠免费，二靠产品。一个产品用免费获得海量用户之后，它的边际成本几乎趋于零，然后再通过广告或者增值服务的方式赚钱，也就是创造了新的价值链。这就是PC互联网上升为移动互联网后出现的全新商业模式，人们把它称为"羊毛出在猪身上狗买单"。

中国目前是全球最大的移动互联网市场，超过50%的人口都已接入移动网络。巨大的用户需求带来了广泛的创新，推动中国在新经济和新商业模式领域由追随者变成引领者。未来，所有传统产业都将拥有互联网基因，数字经济和实体经济的边界终将消失。上面这些商业模式的产生，都是互联网特别是移动互联网出现后才发展起来的。随着数字化、网络化、信息化的加速发展，随着人工智能、虚拟现实、区块链等技术的兴起，各种新的商业模式还会发生巨大变化。目前，凡是能够成为独角兽的企业，无一不是商业模式上具有独创性。独角兽不仅仅是估值比较高，更重要的是企业的商业模式具有独创性，在所在行业具有独特优势和竞争力。也就是说，创业公司要成为独角兽，就必须创造一个全新的品类，并且要在这个品类中成为王者。

## 8.发展理念变了

今天的发展理念，由过去的粗放型发展理念变为新的发展理念。

鸦片战争以后的100多年，由于闭关锁国，我国错失工业革命的宝贵机遇，在时代潮流中长期掉队。新中国成立后，我们党带领全国人民开展了大规模的社会主义建设，并取得了巨大的成就。但同发达国家相比，我国经济社会发展仍比较落后，人民群众生活水平普遍较低。

实行改革开放后，邓小平同志根据我国社会主义初级阶段的实际，先后提出了许多推动改革开放和经济社会发展的重大论述。比如，要以经济建设为中心，改革是解放和发展生产力，发展是硬道理，要让一部分人先富起来，要摸着石头过河，大胆地试、大胆地闯，黑猫白猫抓到老鼠就是好猫。那时候，人们的思想僵化、观念落后。邓小平同志提出的这些重大理论，对于解放思想、冲破禁锢、实行改革开放、大力发展社会生产力，都产生了巨大而深刻的影响。

20世纪90年代至21世纪初，针对社会主义初级阶段我国经济社会发展还比较落后的现实，以江泽民同志为核心的党中央领导集体强调，发展是党执政兴国的第一要务，发展是解决中国所有问题的关键，中国共产党必须始终代表中国先进生产力的发展要求、代表中国先进文化的前进方向、代表中国最广大人民的根本利益，要加快全面建设小康社会和推进中国特色社会主义事业，形成了全国上下聚精会神搞建设、一心一意谋发展的局面。

党的十六大以后，以胡锦涛同志为总书记的党中央明确提出了科学发展观，提出坚持以人为本，促进经济社会全面、协调、可持续发展，推进各项事业的改革和发展，强调不能以破坏环境和牺牲人民群众健康为代价来换取经济发展，要用科学发展观统领经济社会发展全局，克服片面追求数量和速度的倾向，把经济工作的重点转移到提高经济增长的质量和效益上来。

在改革开放以后相当长的一段时间里，我国经济保持高速发展态势。全国许多地方都提出，"时间就是金钱，效益就是生命""一年一个样、三年大变样"。在粗放型的高速增长过程中，难免出现了一些高能耗、高污染、高排放的项目，给资源和环境造成严重破坏，给人民群众的健康带来危害。

党的十八大以来，习近平总书记顺应时代和实践发展的新要求，坚持以人民为中心的发展思想，鲜明提出要坚定不移贯彻创新、协调、绿色、开放、共享的新发展理念，引领我国发展全局发生历史性变革。

新发展理念集中体现了我们党对新的发展阶段基本特征的深刻洞察和科学把握。创新发展，就是在"后发优势""比较优势"等红利渐趋用尽情况下，必须从过去要素驱动、投资规模驱动发展为主转到以创新驱动发展为主上来；协调发展，注重的就是解决城乡发展不平衡、区域发展不平衡、经济社会发展不平衡，增强发展的平衡性，不让今天的"短板"变成明天的"陷阱"；绿色发展，就是要适应人们从盼温饱到盼环保、从求生存到求生态的呼声，解决人与自然和谐问题，实现绿色发展、永续发展；开放发展，就是在我国劳动力、土地、能源等传统竞争优势减弱的情况下，通过进一步提升开放型经济水平，培育国际经济合作和竞争新优势，解决发展内外联动问题；共享发展，就是要调动所有人谋发展的积极性、主动性、创造性，应对下行压力，保持中高速，迈向中高端，让民众共享改革发展成果，解决社会公平正义问题。创新是引领发展的第一动力，协调是持续健康发展的内在要求，绿色是永续发展的必然条件，开放是国家繁荣发展的必由之路，共享是中国特色社会主义的本质要求。创新发展才能避免动力衰退，协调发展才能避免失衡失重，绿色发展才能避免环境透支，开放发展才能避免画地为牢，共享发展才能避免社会动荡。

在党的十九大上，习近平同志把"坚持新的发展理念"作为新时代坚持和发展中国特色社会主义的基本方略之一。发展理念的变化，反映了我们党对发展思路的不断认识和深化，标志着我们党对经济社会发展规律的认识达到了新的高度，是我国经济社会发展必须长期坚持的重要遵循、引领我国发展全局深刻变革的科学指引，也是进入新常态化解当前我国发展风险、跨越发展陷阱的一把金钥匙。

"浩荡东风长远看，一时一事须从容。莫畏浮云遮望眼，大道无违且直行。"民营经济发展环境发生的各种变化，说明世界上只有变化是永远不变的。今天，中国特色社会主义进入新时代，经济建设由高速增长阶段转为高质量发展阶段。时代变了、环境变了、条件变了，民营企业家的思想观念、价值取向、生产方式、商业模式也要紧跟时代发展变化的趋势。

习近平总书记指出，我国经济长期向好的基本面没有变，韧性强、潜力足、回旋余地大的基本特征没有变，保持经济持续增长的条件和基础没有变，经济结构调整优化前行的态势没有变。我国经济发展会有一时一事的波动，但长远看东风浩荡，仍然是全球投资机会最好的国家，民营经济发展面临的空间更加广阔、机遇更加充分、前景更加美好。民营企业家一定要认识新常态、把握新理念，抓住新机遇，勇于迎接挑战，坚持走创新驱动的发展之路，努力实现高质量发展。

## · 第三章 ·
# 疏淤清泥通航道

党的十八大以来，党中央以前所未有的决心和力度推进全面深化改革，大力推动简政放权，加大"放管服"力度，实施大规模减税降费，降低实体经济企业成本，充分释放改革红利，激发各类市场主体活力。积极构建新型政商关系，弘扬企业家精神、发挥企业家才能，加强产权制度建设，加大产权保护力度，营造民营经济发展的良好营商环境，掀起"大众创业、万众创新"浪潮。

## 1. 用政府"减法"换市场"乘法"

2015年5月6日上午，北京中南海，国务院常务会议正在召开。

当讨论进一步简政放权、取消非行政许可审批类别的议题时，李克强总理一连讲了三个故事，批评个别政府办事机构为群众办事设多道障碍。

李克强总理说："我看到有家媒体报道，一个公民要出国旅游，需要填写'紧急联系人'，他写了他母亲的名字，结果有关部门要求他提供材料，证明'你妈是你妈'！"

李克强总理的话音刚落，会场顿时笑声一片。

"这怎么证明呢？简直是天大的笑话！人家本来是想出去旅游，放松放松，结果呢？"李克强总理说，"这些办事机构到底是出于对老百姓负责的态度，还是在故意给老百姓设置障碍？"

开证明"你妈是你妈"是天大笑话。实际上，在企业和群众办事过程中，常常会遇到要出具一些奇葩证明、循环证明、重复证明等各类无谓证明。

据《新京报》报道，2014年9月，兰州90后青年小李辞职创业，由于手头资金有限，就在自家的一套房子里开公司。小李去工商局办理注册手续时，被工作人员告知缺少了"不扰民证明"。追问原因后得知在家开公司，房子的性质就由住宅转变为了经营性场所，需要出具"不扰民证明"。

据《大河报》报道，郑州汝河路办事处金京花苑社区副主任张女士说，有一次，一名男子来到社区要开一个不喝酒证明，让张女士哭笑不得。原来，这名男子应聘了幼儿园校车司机的工作，幼儿园要求校车司机必须平时没有喝酒的习惯，并要求他到所在的社区开具这样的证明。

……

党的十八大以来，以习近平同志为核心的党中央从全局出发，把转变政府职能作为深化经济体制改革和行政体制改革的关键，作出了一系列重大部署。

2013年3月18日，上一届国务院第一次常务会议，就把议题集中在《国务院机构改革和职能转变方案》上。

截至2015年7月28日，国务院先后召开了100次常务会议。这100次会议中，有40多项议题与简政放权直接相关。

说简政放权是十八大以来中央政府的"先手棋""当头炮"，一点也不为过。

李克强在就任国务院总理后首次中外记者会上说："不是说政府有错位的问题吗？那就把错装在政府身上的手换成市场的手。这是削权，是自我革命，会很痛，甚至有割腕的感觉，但这是发展的需要，是人民的愿望。我们要有壮士断腕的决心。"

在2013年、2014年、2015年的国务院首次常务会上，都安排了简政放权的议题。

简政放权，实质上是把政府权力关进"制度笼子"，把错装在政府身上的"有形之手"换成"市场之手"。这是一场从理念到体制的深刻变革，是一场刀刃向内的自我革命：削手中的权、去部门的利、割自己的肉。

2014年9月11日，李克强总理在天津滨海新区，现场见证了1枚公章取代109枚公章的过程。废弃的109枚公章"被贴上封条永久封存"。这里成立了全国首个"行政审批局"，将分散在18个不同单位的216项审批职责归并到一个部门。

当时李克强总理拿起一枚作废的铜质公章感慨："这章做得多结实啊，不知曾经束缚了多少人！"

在之后不久的一次国务院常务会议上，李克强总理重提这件事。"大家想一想，在这项改革之前，老百姓要办一个企业，需要跑多少门槛，盖多少个'戳子'！这样创业者怎么能有创业热情？"

李克强总理多次在国务院有关会上这样讲，老百姓办企业，就像一个人在跨栏赛跑一样，如果戴着手铐脚镣，他肯定跨越不过去，政府要多为企业做松绑解套的事。他深情地说："我们要把民之所望作为施政所向，要以百姓之心为心。中国人是想干事的，又有聪明才智，但束缚手脚的条条框框实在太多了！"

李克强总理的话切头说到了企业家的心坎上。在2015年国家行政学院的相关调查中显示，部分受访企业希望能在"放、管、服"上继续加大力度，以期更大成效。例如，75.8%的受访企业期望进一步大力优化政府服务；71.6%的受访企业期望进一步规范审批流程；70.1%的受访企业期望进一步压缩审批时限；71.4%的受访企业期望进一步加大取消和下放行政审批事项的力度；66.6%的受访企业期望进一步加强事中事后监管；62.1%的受访企业期望进一步清理不合法不合规不合理收费；51.9%的受访企业期望进一步减少资质资格认定；37.6%的受访企业认为工作生活中要求提供的资质资格证件仅是"少数有必要"；48.3%的受访企业期望进一步深入推进商事制度改革。

想民之所想，解民之所难，是我们党执政为民的内在要求，是人民政府一切工作的出发点和落脚点。为了推进各级政府加快转变职能和简政放权工作，十八大以来国务院出台了几十份有关方面的文件，这里摘录部分有关推进简政放权、放管结合、优化服务改革的文件，以证明中央政府的决心：

2013年5月15日，国务院下发《关于取消和下放一批行政审批项目等事项的决定》；

2014年4月14日，国务院下发《关于清理国务院部门非行政许可审批事项的通知》；

2014年6月4日，国务院常务会议确定进一步简政放权措施促进创业就业；

2015年11月27日，国务院办公厅下发《关于简化优化公共服务流程方便基层群众办事创业的通知》；

2015年12月28日，国务院办公厅下发《关于印发国务院部门权力和责任清单编制试点方案的通知》；

2016年4月14日，国务院办公厅下发《关于转发国家发展改革委等部门推进"互联网+政务服务"开展信息惠民试点实施方案的通知》；

2017年5月5日，国务院办公厅下发《关于加快推进"多证合一"改革的指导意见》；

2017年5月7日，国务院下发《关于进一步削减工商登记前置审批事项的决定》；

2017年9月28日，国务院下发《关于在更大范围推进"证照分离"改革试点工作的意见》。

这些年，简政放权的脚步不仅没有停歇，而且更加蹄疾步稳。在党的十九大召开不久，2018年3月28日，中共中央办公厅、国务院办公厅印发《关于深入推进审批服务便民化的指导意见》，指出党的十八大以来，地方各级党委和政府聚焦企业和群众反映突出的办事难、办事慢，多头跑、来回跑等问题，探索了"最多跑一次""不见面审批""马上办、网上办、一次办""一枚印章管审批""一门式一网式"等行之有效的措施办法。但与全面深化改革要求和人民群众期盼相比还有差距，要求各级政府以更快更好方便企业和群众办事创业为导向，着力打造"宽进、快办、严管、便民、公开"的审批服务模式,最大限度减少企业和群众跑政府的次数,有效降低制度性交易成本,不断优化办事创业和营商环境。

2018年7月19日,为了深入推进简政放权、放管结合,加快政府职能转变,国务院决定将推进职能转变协调小组的名称改为推进政府职能转变和"放管服"改革协调小组,由国务院领导同志亲自挂帅。

"简政放权",也是十八大以来每年政府工作报告的重头戏。通过回顾2013年1月至2018年3月期间关于"简政放权"的网络舆论热度分析发现,不仅热度呈现稳步上升的状态,几次峰值的形成也与每年两会有关。

2014年政府工作报告指出,要再取消和下放行政审批事项200项以上;2015年政府工作报告指出,全部取消非行政许可审批,建立规范行政审批的管理制度;2016年政府工作报告指出,推动简政放权、放管结合、优化服务改革向纵深发展;2017年政府工作报告提出,深入推进简政放权、放管结合、优化服务和财税金融、国有企业等重要领域和关键环节改革;2018年政府工作报告提出,要深入推进政府职能转变,破障碍、去烦苛、筑坦途,为人民提供优质高效服务。

十八大以来,按照中央提出的关于全面深化改革工作的路线图、时间表和任务书,简政放权改革在中国全面推开。各级政府加快行政体制改革步伐,一再强调要用三份清单来约束公权力:一是"权力清单",政府法无授权不可为;二是"负面清单",企业法无禁止皆可为;三是"责任清单",法定责任必须为。截至2017年年底,简政放权取得显著成效:

国务院部门取消和下放行政审批事项的比例超过40%,不少地方超过70%;非行政许可审批彻底终结;

国务院各部门设置的职业资格削减70%以上;

全国减少各类"循环证明""奇葩证明"800余项;

中央层面核准的投资项目数量累计减少90%;

外商投资项目95%以上已由核准改为备案管理;

工商登记由"先证后照"改为"先照后证",前置审批事项压减87%以上,注册资本由"实缴制"改为"认缴制","多证合一、一照一码"改革深化,企业注册登记所需时间大幅缩短。

政府"权力减法"和"责任加法"，换来的是"市场乘法"。简政放权这场政府的自我革命，放真权，动真格，让企业和群众有了切切实实的获得感，极大地激发了市场活力和社会创造力：

创业创新热潮持续高涨，我国平均每天新设企业从2013年的6900家增加到2017年1.66万家，市场主体每天诞生6.6万个，成为经济发展的强劲动力；

新产业、新业态、新模式蓬勃发展，战略性新兴产业持续保持10%左右的快速增长；

企业税费负担显著降低。全面推开营改增，出台中小微企业税收优惠政策，中央和省级政府取消、停征和减免收费千余项。2013年至2017年累计为企业减负3万多亿元。

世界银行发布的全球2017年营商环境报告，肯定了我国改革成效，指出近三年我国营商便利度在全球排名跃升了18位，其中开办企业便利度大幅上升31位。

十八大以来，许多地方和部门把企业和群众的痛点、难点作为改进政府服务的重点，大力推行涉企涉民的事项尽可能网上办，让信息多跑路、群众少跑腿。

2016年9月，国务院印发《关于加快推进"互联网+政务服务"工作的指导意见》，要求建成一体化网上政务服务平台，全面公开政务服务事项，让企业和群众办事更方便、更快捷、更有效率。

目前，许多地方和部门实现互联网与政务服务的深度融合，建成覆盖全国的一网办理的"互联网+政务服务"体系。"互联网+"成为政府部门提高服务水平的利器，通过优化服务流程、创新服务模式、推进数据共享，最大程度利企便民：有些地方的税务大厅不再人满为患，取而代之的是"刷脸办税"、3D远程登录、微信预约等；全国大多数海关通关一体化，企业只需要通过"单一窗口"就可完成向口岸多个部门申报。

2018年6月10日，国务院办公厅下发《关于印发进一步深化"互联网+政务服务"推进政务服务"一网、一门、一次"改革实施方案的通知》，要求推动企业和群众办事线上"一网通办"（一网），线下"只进一扇门"（一门），现场办理"最多跑一次"（一次），让企业和群众到政府办事像网购一样方便。

以往，群众和企业反映比较多的一个问题是，一些监管部门和执法人员，采取选择性执法和钓鱼性执法，滥用自由裁量权。

为了规范市场执法行为，解决一些领域存在的检查任性、执法扰民、执法不公等问题，2015年7月29日，国务院办公厅下发《关于推广随机抽查规范事中事后监管的通知》，要求建立随机抽取检查对象、随机选派执法检查人员的"双随机"抽查机制，克服"任性"检查，实行阳光、文明执法，严格限制监管部门自由裁量权。

"双随机"监管制度实行三年来，深受民营企业的欢迎。不少企业家反映，"双随机"检查制度有效地降低监管中的人为因素影响，将行政执法公开化、透明化、制度化，为市场主体营造了一个更加公平竞争的发展环境。

2018年6月6日，国务院常务会议决定，全面推行市场监管日常检查"双随机、一公开"市场监管方式全覆盖，检查结果全部公开，统一"双随机"制度和流程，整合各类市场监管平台，推进跨部门综合执法、联合监管，减少多头多层重复执法。

在"放管服"过程中，有些地方将下放的行政审批事项转为中介服务，搞"变相审批"或"有偿服务"，结果造成审批环节多、耗时长、收费乱、垄断性强等问题，人们把它称之为非行政许可审批的"灰色地带"。

李克强总理痛斥"红顶中介"的这种行为：戴着市场的帽子，坐着行业的轿子，拿着政府的鞭子，收着企业的票子！

"对非行政许可审批事项，该取消的就要取消，该转化就要合理转化。政府做事一定要光明正大，决不能再搞'模糊边界'、再玩'模糊权力'！"李克强总理在一次常务会上郑重宣告。

2015年4月27日，国务院办公厅下发《关于清理规范国务院部门行政审批中介服务的通知》，要求包括各类技术审查、论证、评估、检测、咨询等审批权限的中介组织进行清理整顿，除国家规定的资质资格许可外，其他各类中介服务机构资质资格审批一律取消。

从清理规范与行政审批相关的中介服务，到取消非行政许可审批类别，这意味简政放权正一步步走向"深水区"……

在中央政府的带动和示范下，各地政府的简政放权、放管结合、优化服务，也取得了明显成效。

北京市自2018年工商等多部门共同推出"9+N"系列政策优化营商环境以后，每个月平均有1.5万户企业注册成立，其中近八成企业实现了"零见面"拿照；企业取名过去要经过网上申请、系统核准等多个程序，整个过程需数个工作日，现在只需要20分钟就能完成名称登记；符合条件的连锁便利店，在同一行政区内只需办理一张营业执照。

目前，北京市实现"一窗受理"的"实体店"模式，全市各区依托区级政务服务中心单独设立了企业开办大厅，工商、税务等部门全部进驻，共开辟专项服务窗口122个，让企业"只进一门，只对一窗"。

福州市曾经是习近平同志工作过的地方。习近平同志在福州倡导践行"马上就办"精神，并推出"首问责任制""限时办结制""全程代办制"等诸多着眼于"马上就办"的办事机制。20多年来，福州市"马上就办"的机制一直坚持至今。

2018年"两会"期间，福州市市长尤猛军向媒体介绍，在深化改革方面，福州的"放管服"改革已经走在全省前列。目前，全市70%的公共服务事项60分钟内办结，30%的行政审批事项5个小时内办结，市级"最多跑一趟""一趟不用跑"事项占全市行政审批和公共服务事项的93%。

尤猛军市长表示，福州要在这基础上，继续以推进全国"互联网+政务服务"综合试点工作为契机，健全"多规合一""多评一表""多图一审"和套餐式服务等创新机制，让信息数据"多跑路"，让办事群众"少跑腿"，全力打造"审批手续最简、办事效率最高、服务质量最佳"的营商环境。

事实证明，凡是简政放权做得好的地方，经济内生动力都更强劲、活力更足、经济表现也更为突出。

针对群众反映"跑断腿、磨破嘴、交了钱、受了罪；办事跑十几个部门，盖几十个公章"的问题，2017年1月16日，浙江省政府向社会表态："最多跑一次！"以政府权力的"减法"换取市场活力的"乘法"。

"最多跑一次"，是指群众和企业到政府办理"一件事情"在申请材料齐全、符合法定受理条件时，从受理申请到做出办理决定、形成办理结果的全过程一次上门或零上门。于是，浙江在全国率先提出实施"最多跑一次"改革。

截至2017年年底，省级"最多跑一次"事项达到665项，设区市本级平均达到755项，县市区平均达到656项，全省"最多跑一次"实现率达到87.9%，办事群众满意率达到94.7%。

从块状经济到特色小镇，从低小散到高精尖，从传统产业到互联网经济……浙江经济的快速发展离不开政府和市场关系的厘清。

可以说，在国内外经济形势严峻复杂、国内传统动能减弱的背景下，我国经济运行之所以保持在合理区间，居民收入不断增长，"放管服"改革发挥了关键性作用。

2018年6月28日，在国务院小礼堂，新一届政府首次召开转变政府职能等电视电话会议，这已是6年内第6次召开相关内容的电视电话会议了。李克强总理在分析本届政府为何继续扭住这件事不放的原因后，要求各地区各部门一定要从战略和全局高度，充分认识深化"放管服"改革的重要性和紧迫性，以更大决心、更大力度、更实举措推进这项改革，为经济社会持续健康发展提供强大动力。

在上届政府收官之年的"放管服"改革电视电话会议上，李克强总理明确提出"五个为"：为促进就业创业降门槛；为各类市场主体减负担；为激发有效投资拓空间；为公平营商创条件；为群众办事生活增便利。

与这"五个为"思路相生相伴的，是2018年的"两会"上，李克强总理突出强调的"六个一"改革举措：企业开办时间再减一半；项目审批时间再砍一半；政务服务一网通办；企业和群众办事力争只进一扇门；最多跑一次；凡是没有法律法规依据的证明一律取消。

而在这次电视电话会议上，李克强总理进一步明确了今后5年"放管服"改革的"时间表"和"任务书"，即5年内要实现如下目标：企业开办时间从目前平均20个工作日压缩到5个工作日以内；商标注册审查时间从目前8个月压缩到4个月以内，发明专利审查周期压减1/3，其中高价值专利审查周期压减一半；工程建设项目从立项到竣工验收全流程审批时间压减一半；进出口通关时间再压减一半；不动产登记时间和电力用户办电时间均压缩2/3以上。

从"五个为"到"六个一"，再到明确提出未来5年的"任务书"，不难发现，随着"放管服"改革一步一步步入攻坚区和深水区，这项改革的路线图越来越明晰，可操作性也越来越强。

正如李克强总理多次强调的那样，"放管服"改革没有完成时，只有进行时。要持续深入推进"放管服"改革，最大限度减少政府对市场资源的直接配置和市场活动的直接干预，打造国际一流、公平竞争的营商环境，放手让企业和群众创业创新，更大激发市场活力、增强内生动力、释放内需潜力。

## 2.减税降费激发市场活力

2016年12月底，曾多次被评为中国首富而名扬天下的娃哈哈集团董事长宗庆后，再次"火"了一把。

是时，他在接受浙江卫视专访时说："我们企业要交500多种费，2016年交了4500万元。"

对此，财政部经过全面核查，剔除各种重复计算的以外，最后认定娃哈哈的缴费项目为212项！

212项收费共4500万元，难怪宗庆后接受采访抱怨说："税费负担确实太高了""乱七八糟的费太多了"。

我国经济进入新常态以后，全国工商联和中国民营经济研究会连续几年的调研显示："税费负担重""劳动力成本上涨快""融资难融资贵"，几乎都是排在企业反映问题的前三项。

每年"两会"期间，"企业税费负担太重"都成了人大代表和政协委员议论和反映的热点问题。

无论是在党外人士座谈会上，还是在全国政协、统战部召开的各种协商会上，全国工商联都将这个问题作为重点进行呼吁。

企业的呼声，社会的关注，引起了党中央和国务院的高度重视。从十八大以来，我国大刀阔斧进行了大规模的减税降费。据统计，2016年和2017年都是1万亿元的降税减费规模。如果加上2018年，将连续3年达到万亿元级的减税降费。

李克强总理在2018年政府工作报告中明确指出，要进一步减轻企业税负，全年再为企业和个人减税8000多亿元；大幅降低企业非税负担，全年要为市场主体减轻非税负担3000多亿元。

3月28日，召开的国务院常务会议，确定深化增值税改革的措施，提出进一步减轻市场主体税负，通过降低制造业等行业增值税税率、统一增值税小规模纳税人标准、部分行业企业在一定时期内未抵扣完的进项税额予以一次性退还等措施，全年将减轻市场主体税负超过4000亿元。

4月4日，召开的国务院常务会议，决定进一步减少涉企收费，降低实体经济成本。按照会议部署的措施，全年可减轻企业负担3000多亿元。

4月25日，国务院常务会议再推7项减税措施：

将享受减半征收企业所得税优惠政策的小型微利企业年应纳税所得额上限，从50万元提高到100万元；

将享受当年一次性税前扣除优惠的企业新购进设备、器具单位价值上限，从100万元提高到500万元；

将创业投资企业和天使投资个人税收优惠试点政策，推广至全国；

将取消委托境外研发费用不得加计扣除限制；

将企业职工教育经费税前扣除限额统一至8%；

将高新技术企业和科技型中小企业亏损结转年限由5年延长至10年；

对营业账簿减免印花税。

据了解，与以往相比，此次减税有几个较为明显的特点：一方面通过直接降低小微企业成本，鼓励创业积极性；另一方面通过鼓励企业更新设备、加强职工培训，提高创新潜力。既鼓励企业自主研发，也支持开展境外研发、吸收国外的先进技术成果。此次减税受益面更广，可以让更多的小微企业享受到政策红利。

国家税务总局所得税司司长邓勇表示，7项减税政策聚焦支持创业创新和小微企业发展，内容多、优惠足，预计全年将再为企业减轻税负600多亿元。税务部门等正全力落实，确保将减税"大礼包"及时足额送到每一名纳税人手中。

实行营改增，是我国这几年为企业进行结构性减税的一大举措，已经收到了明显的成效。我国全面推开营改增试点始自2016年5月1日。从2017年起，建筑业、房地产业、金融业和生活服务业四大行业全部纳入营改增试点范围。2016年减税4889亿元，2017年减税9186亿元。至2017年年底，全面营改增试点20个月，累计减税达到14 075亿元。

国务院领导同志强调，要让每一个行业的税负做到只减不增。应该说在营改增的过程中，我国分步骤全面推开的营改增效果明显，大多数企业和行业都从中受益。

2017年，降费减税的重点主要是在降费方面着力，税主要放在了营改增；2018年，把税收作为重点，减税的力度明显加大，出台了增值税税率减并等措施。

过去5年，我国分步骤全面推开营改增，加上采取小微企业税收优惠、清理各种收费等措施，共减轻市场主体负担3万多亿元。

近年来，我国实施的降费政策力度空前。据财政部副部长程丽华介绍，2013年以来，中央设立的行政事业性收费由185项减少至49项，共减少136项，减少幅度超过73%，其中涉企收费由106项减少至31项，共减少75项，减少幅度超过70%；政府性基金由30项减少至21项，减少幅度为30%。

目前，保留的收费项目，主要涉及生态补偿、耕地保护、资源类收费、政府还贷公路收费、考试收费和教育收费等。据不完全统计，各省区市自主清理本地区行政事业性收费超过770项，其设立的行政事业性收费项目平均减少至12项左右，其中涉企收费平均减少至3项左右。

而在增值税税率减并方面，财政部、国家税务总局2018年4月4日发布《关于调整增值税税率的通知》，自5月1日起，我国将制造业等行业增值税税率从17%降至16%，将交通运输、建筑、基础电信服务等行业及农产品等货物的增值税税率从11%降至10%。同时，统一增值税小规模纳税人标准，实施部分行业企业期末留抵退税，将进一步降低纳税人负担，以上举措预计全年减税4000亿元。

增值税率看似仅降低了1个百分点，但是对企业来说，是重大利好。

北京天远方信科技有限公司负责人王强，在接到了调整增值税税率的通知后，高兴地说："我们属于医疗器械行业，公司2016年的收入约4500万元，进项成本在2000万元左右，最后缴了363万元的税。那么收入和成本同样的情况下，增值税税率从17%调整到16%以后，别看只降低了1个百分点，公司每年可以减少约18万元的税负。这对我们公司，可是一笔不小的开支。"

这几年，随着我国经济进入新常态，发展动力从主要依靠资源和低成本劳动力等要素投入转向创新驱动。为了支持企业科技创新，更好地鼓励企业开展研究开发活动，进一步降低企业税负，促进产业转型升级，2015年11月，财政部、国家税务总局、科技部联合发布《关于完善研究开发费用税前加计扣除政策的通知》，提出从2016年1月1日起，科技型中小企业开展研发活动中实际发生的研发费用，实行税前加计扣除政策。研发费用包括人员人工费用、直接投入费用、折旧费用、无形资产摊销、新产品设计费、新工艺规程制定费、新药研制的临床试验费、勘探开发技术的现场试验费以及其他相关费用。

与过去相比，这项政策在三个方面有利于减少科技型中小企业的税负：一是未形成无形资产计入当期损益的，在按规定据实扣除的基础上，按照本年度实际发生额的50%，从本年度应纳税所得额中扣除；形成无形资产的，按照无形资产成本的150%在税前摊销（从2017年1月1日又分别提高到75%和175%）。二是与研发活动直接相关的其他费用，如技术图书资料费、资料翻译费、专家咨询费差旅费、会议费等，可以列入加计扣除范围。三是企业符合条件而在以后未及时享受该项税收优惠的，可以往前追溯享受3年。

据专家介绍，科技型中小企业享受研发费用加计扣除税收优惠政策，能够大大减轻企业的税收负担，得到的是真金白银，对于扩大企业规模，提高自身竞争力和自主创新能力有很大推动作用。

小型微利企业是数量最多的市场主体，超过我国全部企业的98%以上。2017年，我国每天平均增加1.6万个企业，几乎都是小微企业。它们在吸纳就业方面具有天然优势，是就业的"蓄水池"，但也有"体量小"、抗风险能力弱的天然劣势，通过直接降低小微企业成本，鼓励创业积极性，让处于起步阶段的小微企业，有更多的资金用于投资和发展。

长期以来，党中央国务院高度重视小微企业的税收减免问题。2008年，国际金融危机发生后，国家很快下发通知，对年应纳税所得额不超过3万元的小型微利企业，其所得减按50%计入应纳税所得额。

之后，国家不断扩大减半征税的范围，多次提高年应纳税所得额的上限，从最初"不超过3万元"逐步到6万元、10万元、20万元、30万元，2017年6月提高到50万元。自2018年1月1日起，又将上限大幅提高到100万元，按20%的税率缴纳企业所得税。

这次调整，使得大部分中小型企业都可以享受该政策。而且为了保证企业可以应享尽享本优惠，税务机关在网上申报系统专门设置了校验功能，企业在不知晓政策的情况下，只要数据符合条件，都能优惠享受减免税额。这也意味着，税务机关的网上申报系统"强制"企业享受该优惠，企业不会错过此项优惠。

一位税务稽查员举例说，按照该优惠政策，如果以前企业的应纳税所得税额是100万元，现在可少缴15万元的税款。

在免征行政事业性收费方面，国家将小微企业行政事业收费的免费范围自2015年1月起扩展到42项，对月销售额或营业额不超过3万元的小微企业，自登记注册之日起3年内免征教育费附加、文化事业建设费等5项政府性基金。

上海市在减税降费方面，一直走在全国的前列。据上海市政府副秘书长、市发改委主任马春雷介绍，2017年，上海根据国家深化供给侧结构性改革、实施"三去一降一补"的总体要求，出台6方面15项政策举措，全年减负超过530亿元，2016年和2017年两轮措施合计减负超过1530亿元。

2018年，上海将实施9方面18项政策，预计再减轻企业负担500亿元左右，主要是降低税收负担、降低政府性基金征收水平、降低收费负担、降低人工成本、降低物流成本、降低能源成本、降低融资及资金周转成本、降低制度性交易成本等。

比如，在降低人工成本方面，上海将工伤保险基准费率下调至50%，期限为1年，下调后本市平均费率为0.22%左右。同时，将阶段性下调失业保险费率0.5个百分点的政策执行期限，延长至2019年4月30日，并且扩大失业保险援企稳岗政策覆盖面，对符合条件的用人单位按该单位及其职工上年度实际缴纳失业保险费总额的50%给予稳岗补贴，暂停征收企业欠薪保障金。在降低融资及资金周转成本方面，上海将完善融资担保政策，推进新型"政银担"合作机制，进一步优化中小微企业融资信贷风险补偿机制，完善融资担保基金风险补偿机制。同时，自2018年1月1日起停止收取住宅物业保修金，原则上在6月底前完成清退。

清费减负，让企业轻装上阵，杭州娃哈哈集团感受颇深。他们算了一笔账：2017年娃哈哈在浙江省范围内全年实际缴纳各种规费约1301万元，与2016年的3666万元相比，缴纳总额减少2365万元，降幅达64%；与2015年的4500万元相比，缴纳总额减少3199万元，降幅达71%。"近两年，清费减负使实体经济尤其是中小企业发展活力更足。我们把节省下来的开支给员工加工资，调动他们的积极性帮助企业转型升级。"宗庆后这样说。

## 3.让"有恒产者有恒心"

2018年5月31日，长期以来备受关注的张文中案，在最高人民法院第一法庭进行公开再审。

"原审被告人张文中，无罪。原判已执行的罚金及追缴的财产，依法予以返还。"

随着本案审判长、最高人民法院党组成员、二级大法官孙华璞的宣判，争论了十多年的张文中案终于尘埃落定。

张文中案是党中央保护产权和保障企业家合法权益的一个"标杆"案件！

案件一经宣布，立刻在社会各界引起强烈震动。

最高人民法院史无前例地公开审理一个涉产权的民营企业家冤案，这不仅还了当事人和当事企业一个公道，而且彰显了以习近平同志为核心的党中央全面依法治国、依法保护产权、保障企业家合法权益、平等保护非公有制经济的坚定决心，为企业家创新创业营造了公平正义的法治环境和社会环境。

正义可能迟到，但绝不会缺席……

2008年10月9日，河北省衡水市中级人民法院做出一审判决，对张文中以诈骗罪判处有期徒刑15年，并处罚金人民币50万元，以单位行贿罪判处有期徒刑3年，以挪用资金罪判处有期徒刑1年，决定执行有期徒刑18年，并处罚金人民币50万元；对张伟春以诈骗罪判处有期徒刑5年，并处罚金人民币20万元；对物美集团以单位行贿罪判处罚金人民币530万元；张文中、张伟春违法所得予以追缴，上缴国库。

宣判后，张文中、张伟春、物美集团均提出上诉。

河北省高级人民法院于2009年3月30日做出终审判决，维持一审判决对张文中单位行贿罪、挪用资金罪定罪量刑和诈骗罪定罪部分，对物美集团、张伟春定罪量刑及对张文中、张伟春违法所得追缴部分；撤销一审判决对张文中诈骗罪量刑以及决定执行刑罚部分；认定张文中犯诈骗罪，判处有期徒刑10年，并处罚金人民币50万元，与其所犯单位行贿罪、挪用资金罪并罚，决定执行有期徒刑12年，并处罚金人民币50万元。

服刑期间经两次减刑，张文中于2013年2月6日刑满释放。

2016年10月，张文中向最高人民法院提出申诉。

最高人民法院于2017年12月27日做出再审决定，提审本案，并依法组成五人合议庭，于2018年2月12日公开开庭进行了审理。

再审中，张文中、张伟春及其辩护人、物美集团均认为各自行为不构成犯罪，要求依法改判无罪。最高人民检察院出庭检察员认为，原判适用法律错误，导致定罪量刑错误，建议依法改判张文中、张伟春、物美集团无罪。

庭审后，审判长宣布休庭，择期宣判。

2018年5月31日，最高人民法院宣布：张文中、张伟春、物美集团无罪意见给予采纳。

从再审到改判张文中无罪，是广大企业家期盼已久的愿望。这让企业家们感受到十九大报告提出的"激发和保护企业家精神，鼓励更多社会主体投身创新创业"真正落到了实处。

张文中案为什么会一石激起千层浪？

我们知道，产权是以所有权为核心的一组权利，包括物权、债权、股权和知识产权等各类财产权，也是公民、法人等主体最为重要的一项权利。

前些年，不少民营企业家对人身财产安全十分忧虑，弥漫着一种"小富即安、大富难安"情绪。他们反映："不挣钱心慌，挣钱也心慌，钱挣得越多心越慌"。

之所以造成民营企业家这种"心慌"和"难安"，主要是他们生存与发展的环境存在许多不尽人意的问题。

——在法治环境方面，缺乏人身财产安全保障。据全国工商联2011年和2012年的调研报告显示，"人身财产安全得不到有效保护"是中国民营企业家们的"一大担忧"。社会科学文献出版社出版的《中国国际移民报告（2012）》显示，中国正在经历第三次大规模的"海外移民潮"。其中，个人资产超过1亿元的超高净值企业主中，有27%已移民，47%正在考虑移民；个人资产超过1000万元的高净值人群中，近60%已完成投资移民或有相关考虑。民营企业家们为什么"发家致富"之后不想在国内安心地创业守富，而选择移民呢？理性分析，不能否认企业家移民有其合理的一面：随着中国经济的发展，中国的民企有着走向全球、融入世界经济的发展需求。报告显示，寻求更高的生活品质、方便子女教育、可多生子女、税率低、出入境自由等是企业家们选择移民的诸多原因。但他们担心个人的财产会被"秋后算账"，保障财富安全是他们投资移民考虑的重要因素。

——在营商环境方面，有些地方政府在招商过程中，采取"恶婆婆娶媳妇"的做法，先是开门迎客，后是关门打狗。在客商来了以后，政府频频以各种名义向其乱收费或个人索拿卡要等，不给好处不办事，甚至制造种种障碍。结果导致一些地方和部门招不到商，或客商来了不久就走，到那些环境好的地方去投资发展。有的地方政府新官不理旧账，上一届政府签好的协议和项目，换一届领导就不认了，不讲信用、不守法规，对此前所做承诺出尔反尔"翻脸比翻书还快"，严重影响政府的公信力。企业家反映，"不怕天不怕地，就怕今年换市长明天换书记"。一旦企业家感受到其生存空间变小，对企业生存发展环境失去信心，民间投资下降也就不足为奇了。

——在市场环境方面，由于所有制的歧视，民营企业享受不到公平待遇。为了企业生存，一些投资人不得不把很多时间和精力耗费在与各种政府人员建立关系上，而这也为企业发展埋下了隐患。政府之手伸得过长、政府和市场的边界不清、公权力的制约体系不够完善的背景下，民营企业家不得不考虑在当下的环境里，企业未来是否得以顺畅发展以及个人私有财产如何才能放心地守住。

——在社会环境方面，改革开放以来，民营经济在发展的过程中，关于民营企业"第一桶金"的争论、反腐过程中的民企负面内容、社会中的"仇富"现象等引发的各种声音，始终不绝于耳，这些对民营企业家很容易造成困惑、迷茫和疑虑。由于长期"左"的思想和传统观念的影响，所有制歧视根深蒂固，一些人总是戴着有色眼镜看待民营经济，认为民营企业家都有"原罪"，有的地方还对所谓有"原罪"的企业家进行清算，甚至打着"唱红打黑"的幌子对企业进行强取豪夺。

——在舆论环境方面，一些新闻媒体对民营企业经常做不实的报道，在文艺作品和影视作品中，也有许多故意抹黑民营企业家和随意放大民营企业中少数违法乱纪问题的现象，几乎把民营企业家都写成要么偷工减料、制假售假，要么偷税漏税、走私贩私，要么拉拢行贿、官商勾结，看不到民营企业家遵纪守法、创业创新、劳动致富的正面形象。民营企业家反映说："现在打开电视，只要有涉黄、涉黑、涉毒内容的，里面的主角全是民营企业家，搞得企业家一个个灰头土脸。"长期的负面渲染，导致社会上一些人对民营企业家形成一种偏见：民营企业家不是在监狱里，就是在去监狱的路上。

没有公平公正的市场发展环境，没有强有力的法治保障，民营企业就是"易碎品"。我国民营企业绝大多数规模小、抗风险能力弱，发展起来艰难，很容易受到各种侵害。有一段时间，媒体上、网络里常常会报道一些官员声称,"分分钟可以搞垮一间厂"。一些出资人叹息,"老板再大,一个科长就能灭你"。能够轻易"灭掉"企业的,正是某些官员手中没有受到法治约束的行政审批、监督、管理等权力以及不公正的司法权力。因而,许多民营企业家纷纷表达他们的意愿:我们要的不是照顾,而是公平;要的不是特权,而是安全。说到底,民营企业家们期盼的是法治、是在可预期的良好环境中发展。

那一段时间,全国"两会"代表和委员经常呼吁:"私人财富的充分保障,是一个法治国家的基本标志。只要不是通过违规违法手段所得,财富就必须受到宪法和法律的保护,合法的私有财产就同样神圣不可侵犯,国家就必须强调通过法律来确保个人财产保护制度和产权界定更加清晰。"

实际上,我们党在改革开放以后,随着思想解放的不断深入,对私有财产的保护越来越重视。从2003年党的十六届三中全会提出"要依法保护各类产权""保障所有市场主体的平等法律地位和发展权利",到2004年国家将"公民的合法的私有财产不受侵犯"写入《宪法》,再到2007年国家出台《物权法》,我国产权保护制度逐步形成、逐渐完善。产权是所有制的核心。要保障现代市场经济持续健康发展,就必须建立健全归属清晰、权责明确、保护严格、流转顺畅的现代产权制度。

党的十八届三中全会明确提出,公有制经济财产权不可侵犯,非公有制经济财产权同样不可侵犯。国家保护各种所有制经济产权和合法利益,保证各种所有制经济依法平等使用生产要素、公开公平公正参与市场竞争、同等受到法律保护,依法监管各种所有制经济。

在此基础上,党和国家不断推进平等保护各类所有制经济产权的法治化进程。2014年10月,党的十八届四中全会提出:"健全以公平为核心原则的产权保护制度,加强对各种所有制经济组织和自然人财产权的保护,清理有违公平的法律法规条款。"

2016年11月,中共中央、国务院颁发《关于完善产权保护制度依法保护产权的意见》,指出产权制度是社会主义市场经济的基石,保护产权是坚持社会主义基本经济制度的必然要求。《意见》明确了平等保护、全面保护、依法保护、共同参与、标本兼治五项原则,要求加强各种所有制经济产权保护，完善平等保护产权的法律制度，妥善处理历史形成的产权案件，抓紧甄别纠正一批社会反映强烈的产权纠纷申诉案件，剖析一批侵害产权的案例。

2016年年底，中央经济工作会议就进一步贯彻落实《意见》精神做出具体部署，明确要求加强产权保护制度建设，抓紧编纂民法典，加强对各种所有制组织和自然人财产权的保护；坚持有错必纠，甄别纠正一批侵害企业产权的错案冤案。

2017年9月8日，中共中央国务院颁发《关于营造企业家健康成长环境弘扬优秀企业家精神更好发挥企业家作用的意见》，明确指出企业家是经济活动的重要主体。营造企业家健康成长环境，弘扬优秀企业家精神，更好发挥企业家作用，对深化供给侧结构性改革、激发市场活力、实现经济社会持续健康发展具有重要意义。要着力营造依法保护企业家合法权益的法治环境，营造促进企业家公平竞争诚信经营的市场环境，营造尊重和激励企业家干事创业的社会氛围。

2017年10月，在党的十九大上，习近平再次强调完善产权制度。在年底的中央经济工作会议上，他再次强调"要支持民营企业发展，落实保护产权政策，依法甄别纠正社会反映强烈的产权纠纷案件"。这标志着我国坚持和完善产权保护制度的伟大实践将进入一个新的发展阶段。

按照党中央一系列有关要求和精神，最高人民法院和最高人民检察院在保护民营企业产权方面做了大量卓有成效的工作。

2016年11月28日，最高人民法院发布了《关于充分发挥审判职能作用切实加强产权司法保护的意见》；2017年12月29日，又发布《关于充分发挥审判职能作用为企业家创新创业营造良好法治环境的通知》，对依法保护产权、保护企业家合法权益提出了明确的指导意见。

在意见和通知下发的同时，最高人民法院即着手成立工作小组，制定下发依法甄别纠正涉产权案件的工作方案，搜集遴选相关案例，并于2018年1月30日发布第一批7件保护产权和企业家合法权益典型案例，这些案例包括合同履行、知识产权、行政管理、刑事犯罪、诉讼保全和国家赔偿6种类型，在社会上引起了强烈反响。

2017年12月28日，最高人民法院决定依法再审张文中、顾雏军、李美兰与陈家荣、许荣华股权纠纷案三起重大涉产权案件，并由最高法组成直接提审的两起案件的合议庭，受到社会各界广泛关注和充分肯定。

2018年1月2日，最高人民法院发出的第一号文件，要求充分发挥审判职能作用，为企业家创新创业营造良好法治环境。

这些年来，检察机关也持续发力，依法充分发挥检察职能，维护民营企业和企业家的合法权益。

2016年，最高检出台《关于依法保障和促进非公有制经济健康发展的意见》，严惩侵犯非公有制企业和非公有制经济人士合法权益犯罪，推动构建"亲""清"新型政商关系。

2017年1月6日，最高人民检察院印发《关于充分履行检察职能加强产权司法保护的意见》，明确要求以发展眼光客观看待和依法妥善处理改革开放以来民营企业经营发展过程中存在的不规范问题，严格遵循法不溯及既往、罪刑法定、从旧兼从轻等原则，已过追诉时效的不再追究，罪与非罪不清的按无罪处理。

2017年6月，专门对630件民营企业和企业家控告、申诉来信情况进行梳理分析，针对办理涉及民营企业案件中存在的突出问题提出5条改进意见。

2017年12月，专门发文对依法保护企业家合法权益作出部署，要求依法保护企业家合法权益和正常经济活动，切实增强企业家信心和财富安全感。

这次最高人民法院经过再审张文中案，依法纠正了原判决把企业一些不规范行为当作犯罪来处理的错误，依法保护了民营经济主体的合法权利。

纠正一起错案胜过制定一沓文件。

案件的改判，对于张文中及物美集团来说，洗刷了他们长期背负在身上的罪名，恢复了他们的名誉和财产；对广大企业家来说，看到了党和国家依法保护产权和企业家合法权益的坚定决心和实际行动，进一步营造了企业家健康成长的环境、发挥作用的空间，也将进一步增强企业家的人身和财产财富安全感。

最高人民法院审判监督庭负责人表示，在深刻吸取教训的同时，下一步，最高人民法院将充分发挥审判职能作用，强化产权和企业家权益的司法保护，努力推进产权保护法治化。一是进一步加大涉企业家产权错案的甄别纠正工作力度，依法平等保护各种所有制经济产权。二是深入剖析涉产权错案产生原因，健全体制机制，从源头上预防错案的发生。同时，加快建立健全涉产权错案防范纠正和责任追究机制。三是监督指导下级法院甄别纠正一批社会反映强烈的产权纠纷案件，并通过制定司法解释、发布指导性案例等方式，统一涉产权案件的裁判尺度和标准。

张文中案的改判，为今后营造民营经济良好发展环境和保障民营企业家合法权益，释放出一系列鲜明的信号：

——民营企业产权保护摆上了国家法治建设的重要位置。最高人民法院公开审理一个涉产权的民营企业家冤案，它不仅仅是还企业家以清白，而是党和国家对企业家群体的关注，对企业家精神的弘扬，对企业家创业环境的营造。

——要用历史的眼光处理历史问题。中国的民营企业家是在法律法规不健全和低制度化水平这种特定历史条件下发展起来的，生产经营过程中会存在一些不规范的问题。历史上的不规范要用历史的眼光看，以发展的眼光坚持罪刑法定原则。

——司法是维护社会公平正义的最后一道防线。要坚持罪刑法定、证据裁判、疑罪从无、法不溯及既往等原则，对于罪与非罪界限不清或者定罪证据不足的，应当依法宣告无罪。要审慎适用刑罚措施，避免出现用刑事手段干预经济纠纷。

——必须保障民营经济与其他所有制经济享有同等的法律地位和法律保护。民营企业作为市场主体的重要组成部分，并不天然在道德上就低人一等。在社会主义市场经济条件下，不管什么经济成分，不论企业规模大小，都应当在同一套法律和规则体系下，平等使用生产要素，公平参与市场竞争，同等受到法律保护。

——必须坚持有错必纠、有错必改，让人民群众在每一个司法案件中感受到公平正义。对于社会来说，法治越来越公正，市场越来越友善。有了公平正义的法治环境，有了人身和财产财富安全，企业家就会安心经营、放心投资、专心创业。

——经济发展无止境，优化发展环境同样无止境，产权保护永远在路上。要继续推动营造公平正义的法治环境、安心稳定的创业环境、公平公正的市场交易环境、更加开放的投资环境、平等有序的市场竞争环境、充满活力的创新环境、高效透明的政务环境、安全稳定的社会环境、阳光便民的司法服务环境。

张文中案的告终不是句号，而是我国产权保护事业的全新起点。最高法决定再审的另外两起案件，即顾雏军案和李美兰与陈家荣、许荣华股权纠纷案的再审，也在积极推进之中，人们等待的仍是公正的最终宣判。

有恒产者有恒心。企业家是经济活动的重要主体，是市场经济中的"关键少数"和特殊人才。产权制度是社会主义市场经济的基石，保护产权就是保护劳动，就是保护发明创造，就是保护和发展生产力。从再审到改判，张文中案始终牵动着企业家群体的心。"改判无罪"，充分反映了企业家们的心声和愿望，让他们感受到人身和财产财富安全感，感受到党和国家依法保护产权和企业家合法权益的坚定决心不会变，必将进一步激发他们创业创新的热情和活力，为社会创造更多财富。

我们期待，更多的张文中案得以解决。

我们还期待，以后不再出现张文中案。

我们更期待，民营企业为全面建成小康社会、实现"两个百年"奋斗目标贡献更大的力量！

## 4. 企业家是宝贵的稀缺资源

2017年9月8日，中共中央、国务院印发《关于营造企业家健康成长环境弘扬优秀企业家精神更好发挥企业家作用的意见》，提出了一系列重要理论观点、政策举措和制度安排。

这是我们国家最高规格的红头文件。马云得知这件事，感慨地说，这将会改变中国人两千多年来对商人的看法，今天中国的企业家终于有了出头之日了。

马云的话不无道理。从春秋战国到现在的两千多年，中国历朝历代都是"重农抑商"。士农工商，商人排在最后，社会地位非常低，有时甚至把他们和妓女一样排到社会的最底层。商人给人的印象不是无商不奸，就是为富不仁。所以，马云的这番感叹，可以说道出了企业家们的心声。它也将预示着，在这个伟大的时代，企业家的春天来了！

我们党的历代领导人特别是十一届三中全会以后的领导人，都讲到了鼓励支持民营经济发展，但没有讲过企业家精神问题。从党的十八大以后，习近平总书记第一个给了企业家很高的评价和社会地位。在十八大以来的这几年里，他几乎年年都讲企业家的问题。

2013年，习近平总书记在十八届三中全会上说，要建立职业经理人制度和长效激励约束机制，更好发挥企业家作用。

2014年11月，习近平总书记在亚太经合组织工商领导人峰会上指出，我们全面深化改革，就要激发市场蕴藏的活力。市场活力来自于人，特别是来自于企业家，来自于企业家精神。

2015年12月，习近平总书记在中央经济工作会议上指出，企业家在推动经济发展中发挥着重要作用，要为企业家营造宽松环境，用透明的法治环境稳定预期。

2016年3月，习近平总书记在参加全国政协十二届四次会议民建、工商联委员联组会时指出，广大非公有制经济人士要准确把握我国经济发展大势，提升自身综合素质，完善企业经营管理制度，激发企业家精神，发挥企业家才能，增强企业内在活力和创造力，推动企业不断取得更新更好发展。

2016年7月，习近平总书记在主持召开经济形势专家座谈会时提出，要加快培养造就国际一流的经济学家、具有国际视野的企业家。2016年12月，习近平总书记在中央经济工作会议上强调，要保护企业家精神，支持企业家专心创新创业。

2017年4月，中央深改组第三十四次会议强调，企业家是经济活动的重要主体，要深度挖掘优秀企业家精神特质和典型案例，弘扬企业家精神，发挥企业家示范作用，造就优秀企业家队伍。引导企业家爱国敬业、遵纪守法、创业创新、回报社会，更好调动广大企业家积极性、主动性、创造性。

2017年10月，习近平总书记在十九大报告中再次强调，激发和保护企业家精神，鼓励更多社会主体投身创新创业。

从以上这些重要论述可以看出，党的十八大以来，习近平总书记对"弘扬企业家精神、发挥企业家才能"问题经常讲、年年讲、反复讲，充分体现了总书记对企业家群体、企业家精神、企业家作用的高度重视和充分肯定。许多企业家十分感慨地说："我们企业家托了习总书记的福，习总书记给中国企业家带来了福祉！"

"企业家"一词源于法文，原意带有"冒险家"的意思。一般的企业经理并不能被称为企业家，只有那些有创新思想和创新业绩并具有"企业家精神特质"的企业领导者才能称得上是企业家。

企业家是社会的一种宝贵资源和稀缺资源，是市场经济的活力之源，也是经济发展中的"关键少数"。

我国著名经济学家厉以宁教授说，企业家就是创新者、要素组合者和要素重新组合者。企业家要具备三个条件：一是有市场眼光，能够在纷繁复杂的市场中发现别人不能发现的潜力和利润；二是有胆量，能够冒风险，发现机遇敢作敢为，面对挑战能够迎难而上，积极化解各种风险；三是有组织资源要素能力，把资源配置到最佳效率。

中国社会目前有一种误解，认为企业家就是富人或商人，是企业主或老板，是董事长或总经理。其实，企业家不是一种身家，不是一种身份，也不是一种职务，而是一种永远追求更高效率资源配置和生产要素组合的人。富人或商人、企业主或老板、董事长或总经理未必都是企业家，他们的精神特征和企业家精神也未必一致。

在现实生活中，我们可以看到，企业家按照市场和产业发展方向，配置资源、组织生产、开拓市场、推进技术进步和产业升级，不断提升企业的核心竞争力，进而推动经济社会发展。一个优秀的企业家可以影响一个行业、一个产业、一个地区的创新发展，为社会创造大量财富；一个企业能够安置成百上千、几万甚至十几万人就业，他们的背后是几十万家庭。改革开放以来，我国民营企业家作为市场经济主体和社会财富的创造者，在一大批企业家身上集中体现着敬业、创新、执着、冒险、责任的精神。

中国企业家几乎是最累的一个群体。对很多创业者来说，他们的生活几乎都是工作。在很多人看来，那种生活几乎是不可思议。有人说："企业家，就是只有企业没有家。"

这里且不谈浙商、闽商、粤商"白天当老板、晚上睡地板"的事迹，也不讲温州人"走遍千山万水、吃尽千辛万苦、历经千难万险、想尽千方百计"的创业之旅，就说几个"有头有脸"的企业家的小故事：

马云曾做过一次略显苍凉的后悔演说："我有生以来最大的错误就是创建阿里巴巴，因为工作占据了我的所有时间……如果有来生，不会再做这样的生意……我不想谈论商业，不想工作。"

马云说出了无数个中国企业家的真实状态。他们为企业，为工作，为创新，常年过着近乎"丧家"式生活。

多次被评为中国首富的宗庆后，创业30年来，一年中200多天都奔波在市场一线，每天上班不是朝九晚五，而是朝七晚十一，工作14～16个小时。他从年初一上到年三十，几十年如一日，而且没有什么享受，工作几乎是宗庆后生活的全部。

新希望集团董事长刘永好虽然经常在各式各样的富豪榜中显身，但他说："我从来不太关心这个富豪身家的。实际上我用的、吃的、穿的都很简单。人的资产要是超过1000万元，更多的就是社会责任感了。我们深知创业的艰辛与不易，目标是创建百年希望。从不讲排场、不图虚名，不抽烟，不酗酒、不打牌，每天开销不超过100元，吃穿随便，得体就行。"和他一起出差的人都知道，他吃饭一般就点麻婆豆腐、回锅肉、蚂蚁上树三样菜。

雷军曾说过这样一段话："说实话，我觉得创业真不是人干的事。因为一旦选择创业，就选择了一个无比痛苦的人生，压力、困惑、别人的不理解甚至是看不起，真正能走向成功的只是极少数，绝大部分创业者都成了铺路石。"雷军的话字字锥心，那些越成功的企业家背后往往越承载着常人难以想象的痛苦。

任正非在回忆创业艰难时期的时候这样描述：半年时间都是噩梦，常常哭醒。"我无力控制，有半年时间都是噩梦，半夜常常哭醒""研发失败我就跳楼"，这是任正非在华为创业维艰期说出的话。那时他先后历经爱将背叛、母亲逝世、国内市场被港湾"抢食"、国外市场遭遇思科诉讼、核心骨干流失……他每天工作十几个小时，依旧深感无力。这位从小在农村吃苦长大，在部队锤炼多年，外人眼里坚强如铁的商业硬汉曾经如此艰难。此后，在一封给华为抑郁症员工的公开信中，任正非坦诚，自己"也曾是一个严重的忧郁症、焦虑症的患者"，他的身体还得了多种疾病，因得了癌症动了两次手术……

改革开放后的中国就是这样，有一群坚持奔日子的人，一群愿意做大树的人，企业家们正是这样的人。正是这种可贵的企业家精神，激励他们吃苦耐劳、攻坚克难、创新发展，带领员工用40%的社会资源，创造了我国60%以上的GDP，为社会提供了80%以上的就业岗位，对中国经济社会发展作出了突出贡献。

从某种意义上说，一个国家企业家的综合素质，反映了该国生产力和社会创新创富的水平。我们可以先看看美国的乔布斯、比尔•盖茨、扎克伯格，再看看我国的任正非、马云、马化腾、曹德旺、李书福等企业家，就可以理解企业家是今天中国社会稀缺的资源。

乔布斯1997年回归苹果公司时，市值不过40亿美元，十几年里，市值不断攀升，位居全球首位，巅峰时市值超过许多发达国家的GDP。

马云在中国开创的电子商务模式，公司虽然只有两万五千名员工，但在淘宝开网店的就有几十万家，2017年阿里巴巴合计纳税366亿元，通过自身平台带动生态上下游纳税超过2900亿元，相当于4000家大型商场的销售体量，创造了超过3000万个就业机会。

任正非创立的华为集团，是全球领先的信息和通信解决方案供应商，2017年公司的销售额达6036亿元人民币，给国家纳税1100亿元人民币。

总之，企业家是资本的所有者、资源组织者、企业经营者、创新实践者、财富创造者和社会责任担当者。

改革开放40年来，我国民营经济不断发展壮大，培养造就了一大批不畏艰难、敢于拼搏、勇于创新、坚韧不拔、勇担社会责任的企业家队伍。这个企业家群体是伴随着改革开放以来我国四次创业浪潮而出现的，先后出现了任正非、柳传志、鲁冠球、宗庆后、年广久、张瑞敏、曹德旺、许连捷、尹明善、陶华碧、刘永好、张近东、梁稳根、李书福、许家印、杨国强、卢志强、王传福、徐冠巨、董明珠、茅永红、陈东升、南存辉、王玉锁、周海江、俞敏洪、张一鸣、冯仑、马云、马化腾、李彦宏、雷军、周鸿祎、陈志列、程维、王兴、丁磊等一大批企业家。

改革开放造就了一代又一代的企业家，每一代企业家身上虽然都有鲜明的时代烙印，而不变的是他们那吃苦耐劳、勇于担当和追求创新的企业家精神。我们今天取得举世瞩目的发展成就，很重要的一个原因就是改革开放激活了人民群众的创造力，激活了企业家精神，让企业家真正成为财富创造者、创新活动的实践者。

我们为什么要尊重企业家，企业家作为现代市场经济中的一种特殊要素资源，作为企业"创新者"群体中的领头者，对企业发展具有引领作用。尊重他们，就是因为他们通过创新创造了财富，企业家精神就是不断地追求创造财富的精神。创造财富是推动历史发展、推动社会进步、推动人们幸福生活的前提，经济社会进步需要财富的积累，只有创造了财富才能满足人们对美好生活的追求。当然，财富的创造不完全归功于企业家，劳动者也是财富的创造者，但企业家是生产经营活动的组织者，生产的组织、技术研发的组织、市场的开拓，这些都是要由企业家来完成的事情。他们把劳动力、资本、土地、设备、科技这些生产要素，通过企业的经营管理整合在一起，创造出价值，创造出财富。

但是，我们也要承认，当下中国一些出资人在一定程度上存在着企业家精神缺失的突出问题。而企业家精神的缺失，是企业创新、转型中遭遇的一个瓶颈。当前，企业家精神的缺失主要表现在以下几个方面：

——理想信念缺失。缺乏信念和理想追求，人生价值迷惘，没有超越利益之上的追求，更没有信仰中国特色社会主义信念，而是信鬼神，拜上帝，跪安拉。有的发财致富后，不是感恩于改革开放的历史机遇和党的富民政策，不是感恩各级党政干部的支持和企业员工的辛劳，而是一味吹嘘自己的自我奋斗，什么人都不在他的眼里。

——不讲诚信不守承诺。一些人没有商业契约精神，丧失道德底线，不以客户为中心，对顾客与合作伙伴不信守承诺，商品交易中不讲信用，坑蒙拐骗。有的制造产品不专注品质，不讲求工匠精神和打造品牌，而是经常做偷工减料、缺斤短两、质次价高的事。

——热衷攀附权贵。有些人信奉"关系就是效益"，喜欢构建官商利益关系网络，一门心思挖门路、找靠山、攀关系，不找市场找市长，不靠实力靠关系。有的热衷于"剑走偏锋、行潜规则、走夜路、甩红包"，不惜用重金贿赂权力，通过拉拢腐蚀公职人员获取稀缺资源和非法利益。

——法治意识淡薄。喜欢钻法律的空子，踩政策的红线，打制度的擦边球，干偷税漏税、走私贩私、制假售假的非法勾当。有的为了企业一己私利不惜破坏生态环境，污染空气、水源和土壤，给人民群众生命健康造成严重危害。有的甚至目无法纪，涉黑涉暴，在一些地区和行业称霸一方，为非作歹、草菅人命。

——创业激情衰竭。表现为小富即安，满足于现状，不愿持续艰苦奋斗，不再为企业的发展竭尽全力、勇于奉献，而是享乐至上，追求奢靡生活，比阔斗富，包二奶、泡小姐、养小蜜，追求灯红酒绿纸醉金迷的日子。当年那种拼搏、吃苦的精神早已抛到九霄云外。

——心态浮躁不安。不再专心做实业，热衷于赌机会，捞快钱，不愿为未来发展做长期投入，在人才、技术、管理、品牌等软实力上舍不得投入，不关注提高企业的市场竞争力。

——创新动力与活力不足。自我感觉良好，缺乏危机感，不愿拥抱变化，不鼓励、不支持创新；心胸狭窄，对创新及有能力的人才求全责备，不予宽容；因循守旧，思维保守，缺乏全球视野和战略思维，领导和管理方式方法陈旧。

以上这些问题的存在，一方面，制约了企业家自身素质的提高，影响企业的发展，导致企业生命周期缩短。另一方面，损害了企业家队伍的群体形象，给政治生态、经济生态和社会生态造成破坏。

要按照党的十九大精神和党中央关于弘扬优秀企业家精神、发挥企业家作用的要求，在全社会营造充分尊重企业家、尊重纳税人、尊重创业者的氛围，努力营造鼓励创新、允许试错、宽容失败的社会环境，要像尊重科学家一样尊重企业家，要像尊重老师一样尊重"老总"，让民营企业家在社会上有地位、在政治上有荣誉、在经济上有实惠、在事业上有成就。

企业家的健康成长要靠自身努力奋斗，同时也离不开良好的外部环境。企业家成长的环境既包括市场环境、政策环境和法治环境等硬环境，也包括文化环境和社会舆论等软环境。党的十八大以来，国家各项改革举措稳步推进，市场经济制度日趋完善，各地各有关部门在营商环境建设、培育企业家队伍方面做了不少工作，取得了很大成效。但是，由于计划经济体制的影响在一些地区和领域还没有完全消除，某些政府官员身上还或多或少存在"官本位"、权大于法的思想，社会上对民营企业家地位、作用的认识还存有一些误区，企业家成长的外部环境还有不尽人意之处。

民营企业家反映比较集中的：一是社会对企业家阶层的尊重不够，往往同过去的资本家相提并论，甚至看作"异己力量"；二是产权保护观念不强，措施不到位，侵害企业家财产权和其他权益的问题时有发生；三是所有制歧视依然存在，不同所有制企业家权利不平等、机会不平等、规则不平等；四是政商关系仍未理顺，支持构建"亲""清"新型政商关系的政策体系和制度规则不健全；五是社会上激励企业家干事创业的氛围不浓厚，对企业家先行先试和改革创新中的错误和失败缺乏容错机制。

党中央国务院对于这些现象和问题非常重视，这次出台的中央文件，着眼企业家队伍的呼声诉求，从依法保护企业家合法权益的法治环境、促进企业家公平竞争诚信经营的市场环境、尊重和激励企业家干事创业的社会氛围等3个方面，明确提出了9条措施。这些措施坚持问题导向，回应社会关切，既有带前瞻性、方向性、指导性的原则规定，也有一些针对性、操作性、规范性较强的具体要求。

这次中央文件还就企业家精神作了概括，提出弘扬"爱国敬业、遵纪守法、艰苦奋斗，创新发展、专注品质、追求卓越，履行责任、敢于担当、服务社会"的优秀企业家精神，这为企业家健康成长提供基本遵循和行为指南，具有鲜明的时代特征和现实意义。

当前，我国经济已由高速增长阶段转向高质量发展阶段，正处在转变发展方式、优化经济结构、转换增长动力的攻关期。民营企业普遍面临着市场需求不旺、各种生产要素成本上涨、融资难融资贵、税费负担重、制度性交易成本高等困难和问题，更加依赖人的因素，更加需要发挥企业家才能。

我们要贯彻落实习近平同志重要讲话精神，努力营造鼓励创新、允许试错、宽容失败的社会氛围，要像尊重科学家一样尊重企业家。如江苏南通市把5月23日定为企业家日。设立企业家日，一方面，以法令的形式发起社会对企业家的尊重和关心支持；另一方面，激励企业家创新创优、自觉自力，做守法诚信、承担社会责任、报效国家的优秀建设者。

因此，必须充分尊重企业家，尊重纳税人，尊重创新者，让民营企业家在社会上有地位、在政治上有荣誉、在经济上有实惠、在事业上有成就，让他们切身感受到社会对他们的信任和尊重，充分激发他们的创业创新创富精神。

## 5.构建"亲""清"新型政商关系

2016年3月4日，习近平总书记在全国政协民建、工商联界委员联组会上发表重要讲话，用大道至简的思维方式，把复杂的政商关系精辟而深刻地概括为"亲""清"两个字。

习近平总书记说，领导干部同民营企业家的交往是经常的、必然的，也是必需的。这种交往应该为君子之交，要亲商、安商、富商，但不能搞成封建官僚和"红顶商人"之间的那种关系，也不能搞成西方国家大财团和政界之间的那种关系，更不能搞成吃吃喝喝、酒肉朋友的那种关系。

习近平总书记说，对领导干部而言，所谓"亲"，就是要坦荡真诚同民营企业接触交往，积极作为、靠前服务，帮助解决实际困难。所谓"清"，就是同民营企业家的关系要清白、纯洁，不能有贪心私心，不能以权谋私，不能搞权钱交易。

习近平总书记还说，对民营企业家而言，所谓"亲"，就是要积极主动同各级党委政府多沟通多交流，满腔热情支持地方发展。所谓"清"，就是要洁身自好、走正道，做到遵纪守法办企业、光明正大搞经营。

政商关系是一个十分复杂的社会关系，涉及权力与资本、政府与市场、公职人员与企业家的关系，贯穿一切经济活动的始终，与政治生态、经济生态、社会生态有着直接的联系并相互影响。

改革开放以来，随着各项改革措施的不断推进，特别是政府与市场关系的不断理顺，我国的政商关系总体上处于良性互动的状态。但党的十八大以前，在一些地方、一些部门、一些行业、一些领域不同程度存在着官商勾结、权钱交易、利益输送等不健康不正常的政商关系。

十八大以来，党中央加大反腐败力度，严厉查处了一大批腐败分子和不法商人，官商勾结现象有所收敛，但同时又出现了谈商色变、为官不为的新问题。

在一些党政干部中出现了不敢担当、不愿与企业家联系交往的现象，有些地方从过去的"勾肩搭背"变成了现在的"背对着背"。有的党政干部见到企业家"躲着走"，采取"不接电话、不批文件、不办事情"等"三不"原则。有的党政干部对企业家采取"软拒绝"，见了企业家满脸堆笑、客客气气，但就是不拍板、不办事。有的党政干部办事"踢皮球""打太极拳"，推诿扯皮，为了避责而不作为。

如何处理好政商关系，成为不少党政干部和民营企业家普遍面临的一道难题，也成为社会普遍关注的一个热点问题。

习近平总书记发表政商关系的重要讲话后，在党的十九大上他又强调要进一步构建"亲""清"新型政商关系。各地党委政府认真学习贯彻习近平总书记重要讲话和十九大精神，采取各种措施积极推动构建新型政商关系。目前，"亲"的氛围不断增强，"清"的理念不断深入人心，政商交往的新风尚、新气象正在形成，绝大多数党政干部与企业家打交道能够做到讲分寸、守规矩。广大民营企业家积极响应总书记号召，努力践行"亲""清"要求，自觉增强守法诚信意识，积极参与地方经济社会建设。

可以说，当前的政商关系正在发生积极的变化，朝着健康方向不断发展。但由于受体制机制、发展程度、能力素质、思想观念等因素影响，不少地区政商关系仍存在一些值得重视的问题。主要表现为：

——不作为、不敢为、不会为成为民营企业的一大"痛点"。部分党政干部责任担当不足，存在"为了不出事，宁可不做事"和"多做多错不如不做"的心态。有的怕字当头不敢为。河南工信委中小企业局介绍，省里的先进制造业发展资金，过去各市都是争着为民营企业申请，而这两年有些市为避免担责，索性连一家企业都不推荐。2017年4月，东北某城市一家服装城举行开业20周年庆典。这个服装城为该市提供就业岗位超过3万多个，年销售额超过200亿元，是东北最大的服装市场。对这次活动，香港政商界和全国服装行业界都十分重视，来了很多嘉宾，但从市到区，邀请了多少次，一个干部都不敢露面，理由是"巡视组来了"！很多企业反映，当前不作为、不敢为、不会为现象突出表现有：患上反腐恐惧症、谈商色变不作为；把守规矩和干事创业对立起来，因为行为受限而不作为；考核监督制度不健全，没有硬约束而不作为；以权寻租恶习未改，仍然无利不起早而不作为；怕担责任、怕得罪人而不敢为；对新领域新知识不熟悉、不了解，有心无力不会为。

——办事难、办事繁依然突出。问卷调查显示，企业家认为"办事难、办事繁，企业受束缚仍然突出"的比例高达59.5%，居政商关系主要问题的首位。企业认为，政府"看得见的手"对市场还是干预太多、管得太宽、服务太少。西安市建委副主任高省安反映，建筑行业有12种总包资质，36种专业资质，资质繁多，押金繁多，企业经常要推着一车的资料来报批。郑州市惠济区小微企业商会秘书长田红亮反映，他办理企业农产品食品流通许可证，在材料全都合格的情况下，先后经过11个流程，跑了11趟才办下来。

——政企沟通规则不清、渠道不畅，政商双方不知道该如何正常交往。问卷调查显示，58.7%的党政干部和45.3%的企业家认为政商交往缺乏行为规范。福建晋江市一副市长反映，一个商会举办商务活动邀请他参加，本来是一个招商引资的好机会，但由于参加此类活动没有明确规定，拿不准是参加还是不参加，只好不参加。全联环境服务业商会反映，商会为了加强企业和政府之间的工作交流，每年都举办行业年会，以前年会都能邀请到政府部门领导，就行业发展情况与企业互动，但现在很难请到。

——基层"吃拿卡要报"问题依然存在。这方面，政商关系地区差异性较大，经济发达地区好于经济落后地区，大城市好于小地方，防范和遏制权钱交易依然是当前构建新型政商关系的重点。浙江湖州市监察局副局长金顺明认为，当前官商勾结更加隐蔽，呈现出"三小"和"三化"特点，即"小规模、小活动、小地方""私交化、同好化、亲属化"。权钱交易的主要风险点仍在行政审批、行政执法、公共招投标、财政资金扶持等环节，以及土地资源开发、城市规划、工程项目等审批多、涉及资金量大的领域。越是在基层，越需要依靠关系、熟人办事。河南新乡市检察院副检察长王林海说，调查基层"吃拿卡要报"问题成本高、效果不明显，办案机关不愿意多费心力。以税收专管员为例，每位税收专管员收取企业300元，企业宁愿"破财免灾"，也不愿意举证。

——部分企业家仍然信权、信钱不信法。部分企业家守法诚信意识淡薄，仍把权钱交易当作实现经济和政治利益的捷径，存在留恋和利用潜规则的倾向。河南检察院副检察长王广军结合查处的案件说，现在一些企业家不能适应形势的发展，仍然认为有钱就能摆平一切，继续搞权钱交易。江门市纪委宣传部部长杨慧反映，有个企业家对她说："我还是觉得吃顿饭、给个红包这样办事痛快利落，你们纪委这么搞，我们什么都没法做。"

政商关系由于受经济、政治、文化、社会等因素的影响，是一个十分复杂的社会问题。通过对十八大以前官商勾结现象和当前政商关系存在的主要问题进行综合分析，可以看出，目前政商关系总体上处于良性互动状态、正朝着积极健康方向发展。但是，新型政商关系的基础仍比较脆弱，权力寻租的土壤没有铲除，资本逐利的本性不会改变，构建新型政商关系任重道远，永远在路上，必须综合施策。

——保持反腐败高压态势是构建新型政商关系的基本前提。十八大以来，党中央坚持无禁区、全覆盖、零容忍持续开展反腐败斗争，"老虎苍蝇"一起打，对官商勾结问题发现一起查处一起，使很多党政干部不敢腐，也使不少不法商人有所收敛。事实证明，反腐败斗争对构建新型政商关系具有决定性作用。只有将反腐败斗争进行到底，才能避免官商勾结、权钱交易反弹回潮、故态复发。但是，党政干部不能腐、不想腐的机制尚未完全形成。必须保持反腐败高压态势，消除腐败存量、遏制腐败增量，特别是要坚决惩处那些仍不收手、不收敛的党政干部。同时，也要严厉惩处仍对官员主动行贿、恶意围猎，甚至设局陷害的不法商人。

——正确处理政府和市场关系是构建新型政商关系的重要基础。政府掌握着权力，市场主体拥有资本，权力和资本的关系是政商关系的核心和具体反映。越是政府和市场关系清晰、界限分明、市场化程度高的地区和领域，政商关系就越健康。越是行政干预多、市场化程度低的地区和领域，政商关系就越容易被扭曲。一些党政领导干部存在所有制歧视和偏见，不能平等对待民营企业，使各类市场主体不能平等使用生产要素。由于改革不到位，有些领域政府和市场的关系没有理顺，职能权限界定不清晰，常常发生越位、错位、缺位和不到位等现象，没有形成统一开放、竞争有序的市场环境，为少数党政干部以权谋利和不法商人利用资本获取非法利益提供了可能。必须加大全面深化改革的力度，彻底铲除官商勾结、权钱交易的土壤。

——强化对权力的制约监督是构建新型政商关系的必要条件。大量腐败的案例证明，缺乏对权力的制约和监督，是政商关系异化的重要原因。绝对的权力导致绝对的腐败。构建健康的政商关系必须对权力进行瘦身，实行有效监督，让权力不任性、不妄为。许多落马高官的问题，大都发生在担任一把手期间。究其原因，正是因为一把手权力过大、过于集中，控制太多资源，又缺乏有效监督，才成为被围猎的重点。有企业家说，"前几年，搞定一把手就能搞定一切"。要不断健全权力制约机制，加强对关键部门和重点岗位特别是一把手的权力监督，扎紧制度篱笆，将权力"关进笼子里"，让权力在阳光下运行，避免权力成为寻租谋私的工具。

——加强法治建设是构建新型政商关系的根本保障。过去有些地区和行业政商关系畸形发展，主要原因是官商勾结没有受到法律的惩戒，反而获得巨大利益，法治规则被潜规则替代。没有法治，公平正义在权力、金钱、美色、人情等面前就会荡然无存。一些法律法规部门化倾向明显，自由裁量权过多、过大，为权力寻租提供了可能。在司法审判中，经常出现金钱案、权力案、人情案等问题。以言代法、以权压法、徇私枉法时有发生。有企业家说，前些年经常出现"黑头（法律）不如红头（文件）、红头不如笔头（领导条子）、笔头不如口头（领导打招呼）"，法律的尊严和制度的权威在潜规则面前变得软弱无力。健全的法制能够规范、引导和约束政商关系，必须坚持依法治国与制度治党、依规治党统筹推进，确保政商双方在法治的轨道上运行，朝着"亲""清"方向发展。

——建立健全激励和容错机制是构建新型政商关系的重要举措。在构建新型政商关系过程中，"政"起着主导和决定性作用；"亲"的本质是服务，关键是勇于作为和敢于担当；"清"的本质是廉洁，关键是要把握分寸和知晓进退。构建新型政商关系，必须要建立健全党政干部正向激励机制，使他们积极作为、靠前服务，同时建立完善容错机制，宽容党政干部在工作中特别是改革创新中出现的失误，才能使他们放下包袱，轻装上阵。

推动构建新型政商关系，对于促进民营经济健康发展和民营企业家健康成长，对于净化政治生态、经济生态和社会生态，具有重大而深远的意义。要按照习近平总书记重要讲话和十九大精神，构建起"界限清晰、交往规范、渠道畅通、担当作为、廉洁清白"的新型政商关系。

总结各地的经验和做法，必须在以下几个方面下功夫：

一是深入学习贯彻习近平总书记重要讲话精神，继续营造亲商、安商、富商的良好发展环境。要把构建新型政商关系作为推进国家治理体系和治理能力现代化的重要方面，作为各级党政干部加强党风廉政建设的重要内容，作为勤政为民、清廉为官的行为准则。在全社会树立企业家是社会稀缺资源和推动经济发展"三个关键少数"之一的意识，尊重企业家、尊重纳税人，营造崇尚创业、鼓励创新、宽容失败、允许试错的良好氛围，充分激发企业家精神、发挥企业家才能。大力推广各地区践行"亲""清"要求的成功做法，宣传党政干部积极作为、清正廉洁的典型，讲好"民营企业家诚信守法好故事"，发挥示范带动作用。

二是继续坚持全面深化改革，让市场在资源配置中起决定性作用。在转变政府职能、简政放权方面，要继续为企业"松绑解套"，全面推行行政许可和公共服务标准化，对行政审批的事项名称、受理条件、办理流程、办结时限、收费标准等内容规范统一标准；在投融资体制改革方面，一方面要引导商业银行将更多金融资源向中小微企业倾斜，提高对中小微企业不良贷款容忍度，另一方面要逐步扩大企业直接融资的比例，让更多企业通过发放股票、债券进行直接融资；在财税体制改革方面，继续把降低增值税税率作为结构性减税的重点，逐步减少优惠性的扶持补贴政策，采取普惠性减税降费措施；在社会管理体制方面，要充分发挥商协会作用，把政府"不该管""管不好"的职能逐步转移给社会组织，进一步清理规范中介服务，引入市场竞争，从制度上防止出现隐性审批，避免中介机构发展为红顶中介、"二政府"；在权力监督方面，要坚持以约束原则界定公权力，以公开原则行使公权力，以规范原则问责公权力，特别是规范"一把手"职责权限，使隐性权力显性化、显性权力规范化。通过全面深化改革，不断提高民营企业的政策获得感、投资安全感和办事便捷感。

三是建立制度化、常态化政商沟通机制，促进政商双方"亲""清"交往。多地的实践证明，建立政商联系沟通机制是实现政商关系健康发展的制度保障。如山东聊城市实行"星期六企业家工作日制度"，每周六由书记、市长、副书记、常务副市长轮流带班，分管市领导、市直部门负责同志参加，与民营企业家面对面交流，认真听取企业反映的问题，以现场办公、限期整改、跟踪督办、集中回访等方式予以解决，目前该市各县区也都照此实行。贵州黔东南州建立了企业家座谈会制度，统战部和工商联每月召开一次、政府每季度召开一次、党委每半年召开一次。因此，各级党委政府应当建立覆盖面广、互动经常的政商沟通机制，健全企业诉求的收集、处理、督办、反馈制度，使民营企业特别是中小微企业反映问题、解决困难有途径。这种联系沟通机制在构建新型政商关系中，既能让党政干部通过组织行为与企业家交往，把帮助企业解决问题放到阳光下、台面上去做，起到联系企业的"黏合剂"作用；又能避免企业为了办事私下单独与党政干部交往，起到"隔离带"作用，消除政商正常交往方面的顾虑，做到政商双方有交往不交易，有交集不交换。

四是进一步完善和落实法律法规，用法治保障政商关系健康发展。要深入贯彻落实中共中央、国务院《关于完善产权保护制度依法保护产权的意见》精神，以发展眼光客观看待和依法妥善处理改革开放以来民营企业经营发展过程中存在的不规范问题，严格遵循法不溯及既往、罪刑法定、从旧兼从轻等原则，已过追诉时效的不再追究，罪与非罪不清的按无罪处理。妥善处理历史形成的产权案件，继续甄别纠正类似张文中、顾雏军的案件，剖析一批侵害产权的案例，建立健全涉产权错案防范纠正和责任追究机制。继续规范行政执法和司法等领域公权力，增加执法司法透明度，营造公平正义的法治环境。推进企业质量诚信建设和企业家商务诚信建设，对企业家主动行贿、围猎党政干部记录在案，建立严重违法和失信企业家黑名单制度。

五是建立健全激励和容错机制，让敢担当作为的干部吃"定心丸"。要认真贯彻落实2018年5月中共中央办公厅印发的《关于进一步激励广大干部新时代新担当新作为的意见》精神，大力选拔敢于负责、勇于担当、善于作为、实绩突出的干部，鲜明树立重实干重实绩的用人导向。全面落实习近平总书记关于"三个区分开来"的重要要求，宽容干部在工作中特别是改革创新中的失误、错误，旗帜鲜明为敢于担当的干部撑腰鼓劲。大力宣传改革创新、干事创业的先进典型，激励广大干部见贤思齐、奋发有为，撸起袖子加油干，凝聚形成创新创业的强大合力。通过正向激励机制，让各级党政干部敢于担当作为，同时建立完善容错机制，宽容党政干部在工作中特别是改革创新中出现的失误，解除他们与企业接触的后顾之忧，让他们敢于与企业家接触交往，做到"工作联系等距离、服务帮助零距离、私人交往远距离"。

六是深入开展理想信念教育，引导民营企业诚信守法。在广大民营企业家中持续深入开展政商关系反面案例剖析和警示教育，引导他们充分认识守法最安全，守法是对企业和企业家最有效的保护，自觉抵制官商勾结、权钱交易，做构建新型政商关系的积极推进者和实践者。引导企业坚定发展信心，加快技术、产品、管理、商业模式等创新，实现转型升级，培育以创新驱动为核心的竞争新优势，摆脱对官员不正常的依赖关系，由靠关系转为靠实力发展。

· 第四章 ·

# 千帆竞发斩浪行

潮起海天阔，风正好扬帆。随着全面深化改革的不断推进，各种影响民营经济发展的障碍逐渐被清除，市场主体活力被充分激发。广大民营企业主动认识、把握和适应新常态，坚定不移贯彻新发展理念，在供给侧结构性改革中，坚持走自主创新驱动之路，发展新业态、新服务、新模式，在转型发展中实现提质增效升级。积极响应党中央号召，自觉履行社会责任，参与"万企帮万村"精准扶贫行动，帮助贫困地区群众告别贫穷，过上幸福新生活。

## 1. "双创"掀起第四次创业浪潮

2014年9月，在夏季达沃斯论坛上，李克强总理代表中国政府提出，要在960万平方公里土地上掀起"大众创业""草根创业"的新浪潮，形成"万众创新""人人创新"的新形态。

李克强总理指出，打破一切体制机制的障碍，让每个有创业愿望的人都拥有自主创业的空间，让创新创造的血液在全社会自由流动，让自主发展的精神在全体人民中蔚然成风。借改革创新的"东风"，在960万平方公里土地上掀起一个"大众创业""草根创业"的新浪潮，中国人民勤劳智慧的"自然禀赋"就会充分发挥，中国经济持续发展的"发动机"就会更新换代升级。形成"万众创新""人人创新"的新形态，体力加脑力，制造加创造，甚至可以开发出先进的技术乃至于所谓颠覆性的技术，中国的发展就一定能够创造更多的价值，上新的台阶。

此后，李克强总理在首届世界互联网大会、国务院常务会议和各种场合中频频阐释这一关键词。每到一地考察，他几乎都要与当地年轻的"创客"会面。他希望激发全民族的创业精神和创新基因，掀起"大众创业""草根创业"的新浪潮。

中央政府有关文件指出，推进大众创业、万众创新，是发展的动力之源，也是富民之道、公平之计、强国之策，对于推动经济结构调整、打造发展新引擎、增强发展新动力、走创新驱动发展道路具有重要意义。

人们将这次"大众创业、万众创新"，称为"中国的第四次创业浪潮"。

改革开放以来，我国已经出现过三次创业浪潮：

第一次是改革开放初期，大量回城待业的青年、"洗脚上田"的农民、城市闲散人员等创业者，多数以个体户的形式进行创业，有效缓解了当时沉重的就业压力。

第二次是邓小平南方谈话之后，由于社会主义市场经济体制改革目标的确立，大批国有企业下岗职工、党政机关干部、高校和科研院所科技人员，以"全民下海"为特征掀起新的创业高潮。据人社部数据显示，仅1992年，就有12万名公务员辞职，还有更多的公职人员以"停薪留职"或请长假的方式"下海"。据国家工商局统计，1992年、1994年、1996年全国私营企业户数的增长率分别达到28.8%、81.7%、25.2%。

第三次是20世纪末至21世纪初，人类社会进入到了电子信息和互联网络的时代，互联网浪潮席卷中国。大量在外留学人员回国，和互联网精英一起在互联网领域开展了新一轮创业浪潮。经济体制的改变，让人们解决生存问题；而科技的发展，却改变生活方式。百度、腾讯、阿里巴巴正是在这一时期迅速崛起，成为中国新兴经济的代表。而其所代表的互联网，在短短的几年内，以"颠覆一切"的形象，改变着整个中国的经济结构。

由于受制于传统的粗放型发展方式，改革开放后的三次创业类型大多数属于"生存型创业"。根据全球创业观察（GEM）的相关调查，我国的全部创业活动中，有大约90%是"生存型创业"。这种创业的特点是，创业者大部分文化水平不高，创业项目也主要集中在传统行业，创业目的大多是为了养家糊口或补贴家用。而且，生存型创业的成功率也较低，即使创业成功也大都存续期短，平均在3年左右。

2008年，全球金融危机爆发后，我国出台了一系列保持经济持续稳定发展的政策，实施以创业带动就业战略。特别是党的十八大之后，各项鼓励创新创业政策更是密集出台，促成第四次创业浪潮的形成。

在大众创业、万众创新的浪潮中，以创新促进创业成为本轮创业最典型的一个特征。当前，我国已经成为全球专利大国，根据世界知识产权组织发布的全球专利报告，中国发明专利申请数量已经超过美国，位居世界第一。2013年，我国的知识产权能力指数得分达到63.57分，较2012年提升0.46分，排名紧随美国、日本之后，保持在样本国家的第3位。

创新能力的提高更为创业奠定了良好的基础。据科技部统计，截至2014年年底，全国科技企业孵化器超过1600家，在孵企业8万余家，就业人数超过175万人。批准建立的国家高新区115家，园区注册企业超过50万家，仅中关村2014年新增科技企业达1.3万家。与此同时，越来越多的大学生、海归人员和科技人员投身到创业浪潮之中，创业群体的素质有了明显的提高。

与前三次创业潮相比，这次"双创"以创新带动创业所引发的就业效应要大得多。2014年，全国网络创业就业人数超过1000万人，是"双创"最重要的领域之一。随着国务院"互联网+"行动指导意见的出台，互联网创业呈蓬勃发展之势。而且互联网突破了时间、地域、场所、身体、年龄、性别等方面的限制，在很大程度上降低了创业的门槛，因而受到包括残疾人、老年人在内的各类人群的普遍欢迎。

2015年3月2日，国务院办公厅下发《关于发展众创空间推进大众创新创业的指导意见》，提出到2020年，形成一批有效满足大众创新创业需求、具有较强专业化服务能力的众创空间等新型创业服务平台；培育一批天使投资人和创业投资机构，投融资渠道更加畅通；孵化培育一大批创新型小微企业，并从中成长出能够引领未来经济发展的骨干企业，形成新的产业业态和经济增长点。

2015年6月11日，国务院再次发布《关于大力推进大众创业万众创新若干政策措施的意见》，提出了30条政策措施，特别阐述了大众创业、万众创新的重大意义。强调推进大众创业、万众创新，是培育和催生经济社会发展新动力的必然选择，是扩大就业、实现富民之道的根本举措，是激发全社会创新潜能和创业活力的有效途径。

2015年4月27日，国务院下发关于进一步做好新形势下就业创业工作的意见；2015年6月17日，国务院下发关于进一步支持农民工、大学生和退役士兵等人员返乡创业的意见，都对推进大众创业、万众创新做出部署。

2017年7月21日，国务院下发《关于强化实施创新驱动发展战略，进一步推进大众创业万众创新深入发展的意见》，就进一步系统性优化创新创业生态环境，强化政策供给，充分释放全社会创新创业潜能，在更大范围、更高层次、更深程度上推进大众创业、万众创新，提出了39条政策举措。

各地政府也纷纷出台了支持"双创"的文件。如湖北省政府发布的文件，提出给各类创新创业者贷款额度为个人最高10万元、合伙最高50万元，在贷款期限内给予全额财政贴息。毕业3年内大学生创业，可在创业地申请5000元的一次性创业补贴。毕业5年内和在校大学生，在经认定的创业孵化基地创业，可享受每年最高1.8万元的场租水电费补贴。对高校、科研院所等事业单位专业技术人员离岗创业的，经原单位同意并签订合同，可在5年内保留人事关系。

为激励"大众创业，万众创新"，国务院在创新体制机制、优化财税政策、产权制度、创业环境等方面出台了多项政策措施，同时加大政府职能转变和简政放权力度，取消、下放了一大批审批项目。特别是开启了商事制度改革，出台《注册资本登记制度改革方案》，在全国全面推行注册资本登记制度改革，放松企业准入条件的管制，取消"最低注册资本金"

的限制。接着，实行多证合一、一照一码改革、证照分离、企业注册全程电子化，企业登记门槛大幅降低，企业注册便利化程度大幅提高，为创业潮提供制度保障和政策推力。

据国家工商总局统计，开展"双创"活动以来，我国的市场主体出现了"井喷"现象：2014年，全国平均每天新登记企业1.06万户；2015年，全国平均每天新登记企业1.20万户；2016年，全国平均每天新登记企业1.51万户；2017年，这一数据达到1.66万户。民营企业数量每年以20%以上的增速增长，在新登记的企业中，96%以上属于民营企业。

全球创业报告显示，中国的创业指数79%，远远高于全球（51%）和亚洲（64%）水平。全国平均每天新登记注册企业超万户，81%的企业家创新意愿"明显增强"或"有所增强"。

这轮创业潮，涵盖了社会各个阶层。年龄分布也较广，85—90后创业者居多。以柴火创客空间为例，从成立以后陆续加入的会员中，最小的会员只有7岁，最大的超过60岁，人员分布在各行各业。

调查显示，这轮创业浪潮还有一个突出特点，就是学历高、技能高、创业志向高的新生代创业者主导着创新驱动型创业。创业主体日益多元化，以返乡农民工、企业技术和管理人员、科研人员、大学生等四个群体成为创业的主体，被人们称为这轮创业的"新四军"。新生代创业者中研究生和博士（含博士后）占比为37.55%；创业者经验丰富，工作几年再辞职创业者的比例占到91.8%；决定创业前，创业者对所创行业了解度达到87.97%。对放弃就业、选择创业的选择满意度为85.19%，不满意的不到1.5%，大多数创业者把创业作为人生难得的历练过程。

有关专家从科技角度解释说，这轮创业潮的兴起，很重要的是互联网技术的发展打开创业的空间。智能手机出现后，创业的机会比PC端时代更多了。因为智能手机可以做到实时地把人、服务、位置、产品联系起来，可以提供原来在PC端时没有办法提供的互联网解决方案。例如O2O，现在可以网上点餐送外卖等，由于智能手机能够按客户需求提供各类服务，许多创业公司就这样诞生了……

如今，以创新引领的创业受到了前所未有的重视和关注，大众创业、万众创新活动仍在我国蓬勃发展。

可以预计，未来几年，我国企业特别是民营中小微企业的诞生仍然会持续保持"井喷"态势。

## 2.领潮数字经济发展

李克强总理在2018年政府工作报告中，自豪地宣布，中国的"高铁网络、电子商务、移动支付、共享经济等引领世界潮流。"

你可能没有想到，能够让中国人在世界上引以为自豪的"新四大发明"，除高铁之外，电子商务、移动支付、共享经济这新三大发明都是民营企业干的。

当下的中国，每天有50亿次百度搜索点击，每个微信用户每天平均66分钟的使用时间，每天发送380亿条微信，每天1.75亿次支付宝交易，这些海量数据使我国经济在数据全球化中将扮演更加重要的角色。以阿里巴巴、腾讯、百度、京东、小米、滴滴出行、美团为代表的数据技术企业，正在引领和带动无数企业向数据化、网络化、智能化领域进军，并取得了骄人的业绩。

几年前，不少人对数字经济的理解还停留于"集市上的买卖搬到网上做"；如今，互联网、云计算、大数据等新兴科技已经创造出新的奇迹。统计显示，2017年，中国数字经济规模已达到27.2万亿元，同比增长20.3%，占GDP比重达到32.9%。有机构预测，到2020年我国数字经济规模将超32万亿元。

当前，继机械化、电气化、自动化等产业技术革命浪潮之后，以信息网络技术加速创新与渗透融合为突出特征的新一轮工业革命正在全球范围内孕育兴起，数字经济正成为全球经济增长的重要驱动力。各行各业加速向数据化、网络化、智能化方向延伸拓展，新产业、新产品、新模式、新业态、新服务层出不穷，数据正在成为这个时代最宝贵的资源。

数字经济，给我国带来前所未有的"生产生活大爆炸"。

10年前，中国电商交易不到全球总额的1%，如今占比超过40%，超过美国、英国、日本、德国、法国的总和。2017年，移动支付业务金额202.93万亿元，同比增长28.8%，非银行支付机构发生网络支付业务金额143.26万亿元，同比增长44.32%。2016年，中国个人消费移动支付交易额高达7900亿美元，相当于美国的11倍，2017年拉开距离更大，接近15倍。过去五年，中国互联网消费的复合增长率达到32%，居世界第一，而美国只有8%，仅是我国的1/4。

目前，万物"数据化"浪潮已经向我们奔涌而来。现实生活中，每一个人进商店、每一个访客在网上访问、每一次言行举止，都被数字表达、存储为数据。数字不仅能标识各式各样的物品，甚至能表达行为、变化乃至思想观点。万物"数据化"表达的数据信息，已经成为劳动、资本、土地和企业家才能之外的"新生产要素"。奔腾翻涌的万物"数据化"浪潮，正促使我国加速步入数字化社会，也驱动智能设计、智能制造、智能营销大发展。在当今世界500强中，排名前10位的公司，有8个与数字产业有关。全世界10大互联网公司，我国有4家民营企业跻身其中。

产业数字化是面向未来的发展趋势。传统企业只有在数字经济的坐标下重构发展战略和商业模式，创新企业文化和管理，充分发挥了解用户需求、了解行业规律的优势，乘势而上实现数字化转型，才能推动传统产业的跨越式发展。

我国许多民营企业已经认识到数据技术给经济社会带来的巨大影响，积极促进数字经济、数据技术和实体经济融合发展，通过数据促进传统产业升级，大力发展机器人技术、无人驾驶技术、人工智能，努力释放经济新动能，在数字经济时代潮流中大显身手。

在数字经济发展中，目前最抢眼的要数民营独角兽企业的异军突起，形成了"百兽奔腾"局面。

根据德勤发布的《中美独角兽研究报告》，截至2017年6月，全球有252家独角兽企业，美国106家，占总数的42.1%，全球第一；中国有98家，占38.9%，全球第二。

蚂蚁金服、滴滴出行、小米、阿里云、美团点评、宁德时代、今日头条、菜鸟网络、陆金所、饿了么、拼多多、爱奇艺、土巴兔……

所有这些独角兽企业，可以说都是清一色的民营企业。

独角兽企业是指那些爆发式增长、被投资者所"热捧"的创业企业，其衡量标准是创业10年左右，企业估值超过10亿美元，如果企业估值超过100亿美元，则被称为"超级独角兽"。

民营独角兽企业以突破性的技术产品或新颖的商业模式，颠覆了传统产业模式，成为引领产业变革的先锋和产业的新核心。它们具有传统行业的颠覆者、新兴技术的开拓者、新经济的引领者等特点。

通过对大量民营独角兽企业案例的研究，人们可以看到：

——民营独角兽企业出现的区域，往往是创新创业活跃、经济充满活力、资本竞相聚集的区域，如北京的中关村和深圳、杭州等地。这些地区都是民营经济最发达的地区。

——民营独角兽企业所在的行业，往往是引领科技潮流、打破传统边界、未来充满想象力的行业，如电子商务、文化娱乐、互联网金融、交通出行、大健康领域。这些领域，都是民营企业最先进入并开拓出来的新市场，进而形成新兴业态。

——民营独角兽企业的创始者，往往是充满个人魅力、具有独到眼光的创业领军人物，如马云、马化腾、雷军、程维、王兴、张一鸣等。这些"大咖"，都是在商界叱咤风云的民营企业家。

按照行业领域划分，民营独角兽企业主要集中在两个领域。一个是先进制造业领域的独角兽企业。他们以先进技术产业化为基础，以受众型市场为支撑，快速成长为细分行业的冠军，比如宁德时代、小米科技、威马汽车、大疆、魅族等。另一个是互联网领域的独角兽企业。他们以互联网技术为基础，通过搭建平台使生产生活更加便利，比如滴滴出行、拼多多、今日头条、美团点评、平安好医生等。

今天，我国民营独角兽企业已经成为经济增长的新引擎。

一方面，民营独角兽企业带来新技术、新业态，促进新产业、新模式成长。无论是餐饮、服装、家电等轻工制造，还是汽车、机器人等大型装备，或是传感器、芯片等精密行业，通过技术创新，再造生产流程，提升附加值。

另一方面，民营独角兽企业"互联网+"带来科技与传统行业"化学反应"，培育出平台经济、共享经济、体验经济等新方式，跨越地域局限，创造全球价值，为经济注入动力、打造新引擎。

民营独角兽企业在数据的"加持"下，用互联网连接供需双方，满足了用户某些场景的需求。更重要的是，他们连接的场景不是只有一个，而是有很多，形成"连接+场景"的模式，"治愈"了人们生活中的很多痛点。

比如，滴滴出行已经成为一站式出行平台。滴滴出行，通过连接司机和乘客，解决了人们的出行场景需求。更重要的是，滴滴出行并不只是连接一个场景，而是出租车、专车、顺风车、企业级用车、拼车合乘、代驾、大巴等众多场景。可以说，滴滴几乎涵盖了公共交通之外的所有出行场景。

再比如，小米通过投资形成了一个庞大的小米生态链，从手机公司转型成为一个科技界的无印良品，成为一个零售企业。目前，小米生态链公司已发展至70多家，涉及手游、电商、新媒体、互联网金融、智能家居、医疗、视频网站、影视制作、移动家政、移动教育、智能家电等众多领域。现在的小米，不仅仅是一个手机公司，而是电视厂商、智能硬件公司、零售公司等。正是因为小米用品牌连接了众多的科技企业，满足了用户对于众多科技产品的高性价比需求，才能成为超级独角兽企业。

我国民营企业领潮数字经济，还体现在当下正在兴起的新零售行业和"无人化"消费模式的创新上。

十几年来，以阿里巴巴为代表的民营企业，大力发展电子商务，改变了人们的消费习惯，颠覆了传统商业模式，方便了人民群众生活。据统计，2017年，我国网上零售额突破7万亿元，年复合增速高达42.5%。这也预示着，电子商务的线上流量红利已见顶。

2016年，马云首先提出"新零售"概念以后，新零售一时风生水起，各类电商竞相展开了线下的布局、抢占"地盘"。

目前，在新零售市场格局中，阿里巴巴和腾讯成为两大重要的主导力量。阿里巴巴的盒马鲜生门店和腾讯支持的永辉超市"超级物种"，成为新零售的典型模式。

除了阿里和腾讯，京东的线上线下融合发展逐渐显示出来。以京东的家电销售为例，目前线上市场是其主要销售通道。为解决消费者体验问题，京东拓展了线下覆盖全国各级市场的京东家电专卖店和体验店。据京东统计数据，进入2018年，由专卖店成交的大家电占京东整体销售大家电的40%以上。

在新零售浪潮中，中小微企业积极参与，很多路边小店、小超市、小书摊，都正在通过互联网"赋能"，加速融合线上线下市场，拓宽生意的边界。

时下，随机走进一家路边小食品店，都可以感受到数字化经营的氛围。进入店内，店员一般都会推荐顾客登录他们的微信系统点菜，并称电子点单才有优惠。店家通过顾客微信点单精准掌握其消费需求，从而在经营策略上做到更加有的放矢。

近年来，随着互联网经济高速发展和移动支付的日益普及，多元化消费需求的升级，即时需求推动了许多新的消费模式，阿里巴巴、京东、百度等知名企业的进入，使得"无人经济"发展加速，并涵盖了零售、餐饮、汽车等多个行业，特别是以无人便利店、无人超市、无人自助售货机、无人健身房等为代表的"无人化"消费模式，在众多城市的技术迅速发展。

京东无人超市先后在北京、大连、天津等城市落地后，京东的首家社会化门店在西安大雁塔正式落地。"刷脸——绑定信息——挑选商品——智慧化通道结算"的一系列流程，让消费者实现了"无感支付"。

相对于无人超市来说，缤果盒子、TakeGo、简24、便利蜂等无人便利店的发展更为迅速，技术上也有新的突破，有的不再采用以往的刷脸技术，而是根据消费者手掌上的毛细血管生成一串字符，便可以作为一个用户的身份识别。

邦马特的无人智能售货机，能够利用大数据对周边用户的消费数据进行搜集，可以根据不同的用户，进行不同的商品推荐，从而深度挖掘用户需求，提高潜在客户的成功率。另外，智能售货机不再局限于水和零食，可以容纳面包、零食、鲜奶、饭团等多种食物，在产品上真正做到以消费者需求为中心。

2017年，我国共有138家无人零售企业，其中57家获得融资，总融资额超48亿元人民币。

2018年8月，深圳有为科技集团推出"商量e家"无人零售柜。消费者第一次使用时，可以通过微信或支付宝进行新用户注册，开通免密支付进行扫码，完成身份验证。然后，打开柜门自主购物，用户从柜中取走一根香蕉、两把大米、三颗大枣，该系统"无感称重"技术便自动称重结算，柜门关上后，用户手机马上会收到账单，完成支付。这是目前最方便简易的新零售，它用"无感称重"解决过去只能销售有固定标价的饮料和方便食品的问题，可以无人销售水果、蔬菜、粮食和海鲜等，而且十分简便快捷，给用户以崭新的体验。目前，有为科技集团拟在一年内在全国各地的一些办公场所、地铁、酒店大厅、餐厅等投放10万组柜体。

无人零售模式作为一种全新的商业零售方式，它不受时间、地点的限制，很大程度上节省人力且方便交易。同时，无人零售具有技术含量高、销售方式新、市场潜力大、商品货真价实等优点，能够创造巨大的商机。

我国民营企业领潮数字经济加速发展，不仅丰富、便捷了百姓生活，颠覆了商业和产业逻辑，而且成为中国经济提质增效的新变量和转型升级的新蓝海。

未来，民营企业还将继续引领数字经济，不断地改变着世界……

## 3. 吉利——中国经济升级的缩影

2014年11月20日，李克强总理在浙江考察吉利控股集团时说："吉利汽车不仅是让国人骄傲的民族品牌，更了不起的是，你们走向了世界，还收购了全球知名汽车公司。吉利汽车的发展史，就是中国经济不断升级的缩影。"

李克强总理的评价，精辟地概括了吉利走过的艰难道路，也描述了中国经济升级发展的波澜壮阔历程。

1982年，高中毕业的李书福刚19岁，他用父亲的120元钱买了个小相机，骑个破自行车满街给人照相。半年后赚到1000元，正式开起了照相馆。

1984年，李书福与人合伙开了一家作坊式的小厂，替一些大冰箱厂加工小配件。这个小厂从小配件一直做到一些核心部件，李书福看准了这一商机，请上海专家攻克了冰箱蒸发器的技术难关，逐渐成为浙江省首屈一指的制冷元件供应商，连上海、山东几家冰箱大厂都请他做配件。

1986年，李书福逐渐向下游产业渗透，成立了北极花电冰箱厂，开始制造成品冰箱。当时由于刚经过长期计划经济体制的制约，冰箱市场正呈饥渴状态。北极花冰箱在很多市场纷纷脱销，品牌逐渐得以建立，李书福也完成了最初的原始资本积累。

20世纪90年代，进口装潢材料在中国很受欢迎，国产装潢材料的研究、生产刚刚起步，人民生活水平提高后，装潢已经成为人们生活的组成部分。李书福团队研制的装潢材料完全可以取代进口且价格便宜，很受市场欢迎，又一炮打响，产品供不应求。李书福团队马上扩大生产，把送给乡政府的厂房、土地以市场价格逐步买回。自己设计、制造设备，大规模生产镁铝曲板、铝板幕墙等装潢材料，产品不但满足国内市场需求，而且出口几十个国家和地区。

1993年，李书福去一家大型国有摩托车企业参观考察，看到摩托车产销两旺的势头，大胆提出制造摩托车整车的设想。当时，全国摩托车厂林立，但没有一家生产豪华型踏板式摩托车。李书福抓住这一市场切入点，收购了浙江临海一家有生产权的国有邮政摩托车厂，着手开发豪华型踏板式摩托车。

1994年6月，吉利开发出中国同行一直没有解决的摩托车覆盖件模具，并率先研制成功四冲程踏板式发动机。接着又与行业老大嘉陵强强联合，生产"嘉吉"牌摩托车，不到一年又开发出中国第一辆豪华型踏板式摩托车，很快便替代了日本和中国台湾地区的同类产品，不仅一直占据国内踏板车销量龙头地位，还出口美国、意大利等32个国家和地区。

1996年5月，吉利集团有限公司正式成立。

中国汽车工业承载着许多国人的梦想和期盼，造轿车是李书福最大的梦想。

1997年，在有了装潢材料和摩托车所带来的丰厚利润作为圆梦的坚强后盾之后，李书福决定进入家用轿车领域。但他的想法却遭到包括一起创业的亲兄弟在内的所有人的反对。李书福对他们说："造汽车没有什么神秘的，无非就是四个轮子加一个方向盘再加一个发动机。世界汽车工业已经形成了非常成熟的技术，完全可以为我所用，只要有钱，就可以买到技术、买来零配件请到人，设计出好的产品。我心已决，哪怕倾家荡产，头破血流，我也要干！"

当时，只有拥有汽车目录的厂家才能生产汽车，这个市场上尚无一家民营企业。为了取得进入汽车行业的"准入证"，李书福将目光盯准了四川的一家汽车制造厂，实行先合作后买断的办法。

1997年，吉利在浙江临海市郊征地850亩，建立了"吉利豪情汽车工业园区"，在国内外专家的指导下，自行设计、制造出了4种新车型，顺利通过了国家轿车检测中心鉴定，并进入国家机械局和公安部的汽车产品目录。

1998年8月8日，吉利自主研发的第一台轿车——吉利豪情二厢轿车正式下线。吉利采取低价策略进入汽车市场。当时国内经济型轿车的价格在10万元左右，而吉利轿车以5万元～7万元的价格进入市场，一举打破了轿车市场的已有格局。但是，吉利的"平民车"概念并没有立即得到市场的认可。

2001年，中国加入WTO，消费者消费观念日趋理性使市场的车价一路下滑，吉利车的销售形势开始火起来。在北京车市里，吉利的两款车——"豪情""美日"一个月能卖出200多辆，全年吉利全国销售达3万辆，成功实现盈亏持平。同年11月和12月，吉利的四款车登上国家经贸委发布的中国汽车生产企业产品公告，使吉利集团成为中国首家获得轿车生产资格的民营企业。

2003年下半年，汽车市场大幅度回落，一些企业处于产销低迷状态。

吉利集团抓住这个时机，狠抓产品的内在质量和用户的感知质量改进，使产品的质量水平得到全面提升。这一年，规划年产30万台轿车的台州吉利轿车工业城总装厂竣工，被第二届中国工业设计论坛评为"中国工业设计创新特别奖"的吉利·美人豹跑车在此下线；吉利豪情色彩系列轿车，受到了广大购车族的青睐，形成抢购热潮；而随后诞生的吉利公主、豪情王子情侣车又给汽车这个代步工具赋予了人性化的魅力。

2003年，吉利被评为"中国汽车工业50年发展速度最快、成长性最好"的企业之一，位列"2003年中国机械企业500强"第60位、"2003年度中国企业信息化500强"第171位。

2004年，吉利开始走出国门，走向世界。

2005年9月12日，应德国法兰克福车展的邀请，吉利携旗下五款自主研发的新车代表中国企业参展，引起了各国的关注，并结束了这个车坛"奥运会"百年无中国企业参展的历史。2006年，吉利再次受邀参加美国底特律车展，成为唯一一家半年内两次受邀参加世界级车展的中国汽车企业。车展组委会给吉利颁发了特别奖——银钻奖，表彰吉利成为首个参加这个世界级车展的中国汽车企业。

2005年5月，吉利集团在香港成功上市，从此拥有了一个良好的融资平台，并且对吉利建立与国际接轨的经营模式和管理体系，迈上国际化道路起到重要的推动作用。

李书福在造车的实践中体会到，只有实现与世界汽车高手同台竞技，只有进入世界汽车工业的最核心地带切身感受挑战，"中国制造"才可能转型升级为"中国创造"，中国汽车工业才能赢得人们更多的尊重。

2001年，吉利对世界汽车工业格局的变化进行了战略评估，得出的结论是，未来十年一些传统的世界汽车巨头将面临新一轮洗牌的挑战，但是对中国汽车工业而言，这种挑战可能是一次跨越式发展的机会。

果然，2008年12月3日，美国福特公开挂牌出售沃尔沃汽车集团，标价60亿美元。经过近两年的艰苦谈判，在全球众多竞购对手中吉利成为优选竞购方，最终以18亿美元完成了全部股权交割。

有过"走出去"经历的企业都知道，海外并购最值得人们关注的是劳工权益保障问题，为了更好地适应外国工会制度，吉利多次协助沃尔沃工会代表来中国考察我国的工会制度，消除疑虑和误解。在一次会议上，一位工会领导突然问李书福："李先生，这次参与竞购的企业很多，他们都很有实力，你能不能用3个字说明白，为什么吉利是最合适的竞购方？"会场的气氛一下子紧张起来，所有人都眼神复杂地望着李书福。会议主持人也感到有些尴尬，正打算出来打圆场。这时，李书福急中生智，笑着说："我可以回答，我想说的3个字就是——I love you！我热爱沃尔沃成熟的商业文明和优秀的企业文化，爱惜沃尔沃的创新能力，敬仰沃尔沃'零排放、零伤亡'的伟大计划，尊重沃尔沃领导世界的品牌价值，巩固和加强沃尔沃在安全与环保领域的全球领先地位，爱护高素养的全球沃尔沃员工、保障员工利益。如果并购成功，这就是吉利的责任和义务！"话音刚落，现场就响起一片热烈的掌声。

在吉利的全球化战略中，并购沃尔沃只是他们的成功案例之一。早在2006年10月，吉利成功收购英国锰铜公司部分股权，并在上海生产英伦出租车，产品返销英国及其他欧美市场，并且成为北京奥运会和广州亚运会的指定用车。

另外一个成功的案例就是自动变速器。长期以来，中国始终没有形成自动变速器的研发与生产能力，100%依靠进口。国家曾专门立项攻关，耗时两年多，花费8亿多元人民币，但最终没有成功。为打破这种被动局面，吉利决定投资，展开自主研发，2002年，重新启动了国家已经解散的自动变速器项目。经过近六年的不懈努力，终于推出了我国唯一具有自主知识产权的自动变速器，填补了国家空白，但这一成果与世界先进水平相比还有一些差距，如何缩小或超越这种差距是吉利当时面临的巨大挑战。

2009年，机遇来了。澳大利亚DSI这家有着80多年历史的全球第二大自动变速器公司遭遇破产，这是一家集研发、制造、销售为一体的自动变速器专业公司，拥有雄厚的技术积累和产业化经验及一批世界级的优秀专家。李书福当机立断，决定100%股权收购，这项长期以来没有攻克的国家技术难题，通过这次跨国并购得以解决。

收购一个企业并不难，难的是如何实现合作共赢，如何让每一个员工都能感受到中国企业诚实、守信的魅力，这才是一个非常核心的问题。

沃尔沃在新的所有权框架下已经运营了多年，他们坚持吉利是吉利，沃尔沃是沃尔沃，两者之间是兄弟关系而不是父子关系，成功地把沃尔沃这只猛虎"放虎归山"。

2017年，沃尔沃全球销量57.16万台，在国内销售突破11万辆。

2018年1—7月，沃尔沃汽车全球销量36.86万台，同比增长14.5%，其中中国市场销量同比增长达17%，美国市场销量增长37%。

吉利并购沃尔沃，许多人总喜欢用"蛇吞象"来形容。但是，李书福认为，蛇就是蛇，象就是象，蛇永远也吞不了象。如果能够把象吞下去，那一定不是蛇。吉利能够成功参与国际并购，是因为她背后有一条东方巨龙，是中国改革开放的政策和现代化建设的伟大成就给了吉利这样的历史机遇。

有人问李书福："美国福特都搞不定沃尔沃，凭什么吉利能搞定？"李书福说："不是谁搞定谁，而是相互尊重，共同发展，只有这样世界才能更加美好。"

李书福说："汽车工业是一场没有尽头的马拉松，我们要耐得住寂寞，苦练基本功，从描红、写字、造句，再到写文章。"

如今，全球汽车行业正在经历着划时代的变革，在安全、品质的基础之上，能源多样化、车联网、健康和自动驾驶已是大势所趋。进入汽车行业20年来，吉利正是基于市场需求，不断寻求技术创新和转型升级。2003年，吉利在临海建立汽车研究院，开始自主开发整车、发动机、变速器；2010年，建成杭州临江研究院，与沃尔沃的协同效应为吉利汽车的技术创新注入全球化的视野和标准；2013年，吉利欧洲研发中心成立，与沃尔沃联合开发基础模块化架构，确保吉利汽车在未来10年拥有全球领先的技术优势；2017年5月，杭州湾研发中心正式启用，完成了全球四大研发中心和四大造型中心的布局。

目前，吉利研发人员超过1万人，其中来自全球30多个国家的外籍研发人员达到了3000人，集合了全球顶尖的汽车创新领域众多专家，拥有一大批世界最先进的设计、实验、测试设备，具备世界一流的汽车研发水平。

2017年5月10日，是首个中国品牌日，吉利发布技术品牌 iNTEC。它将以"人性化智驾科技"为核心，用智能驱动、智能安全、智能驾驶、智能互联、智能健康五大技术板块，赋予汽车人性化的智慧性能，构建人、车、出行环境与科技紧密和谐的智慧关系，为出行带来更智能、更高效、更愉悦的人性化驾乘体验。

吉利提出，到2020年实现年产销200万辆目标，进入全球汽车企业前十强，同时成为最具竞争力和受人尊敬的中国汽车品牌。

吉利的发展史是一部创业创新、敢闯敢试、不断转型升级的成长史，是不断为用户带来获得感的奋斗史。

在迎来纪念改革开放40周年之际，李书福无限感慨地说："四十年弹指一挥间，吉利因为这四十年的历史机遇，从无到有，从小到大，从小山村走向全中国、走向全世界。所有这一切都应归功于改革开放的好政策，我们必须倍加珍惜，为中国汽车跑遍全世界，而不是全世界的汽车跑遍全中国而顽强拼搏。"


## 4. 首航节能——"让地球更美丽"

北京首航艾启威节能公司是从事光热利用系统、电站空冷系统、余热利用系统、水资源利用系统及热电冷三联供系统的研发、制造、建设等服务的高新技术型企业，简称"首航节能"。

首航节能，它不是人们想象中首都航空公司下属的企业，"首航"的寓意是，做节能领域首先开辟航道的先锋，代表公司在相关产业敢于担当、敢于创新、敢为天下先。

公司成立17年来，坚持以高科技为引领，走创新驱动发展之路，开创国产化空冷新时代。

电站空冷是电力行业的重要设备之一。

21世纪初期，所有电站空冷核心技术主要被国外少数几个公司所掌握，国内三北电力企业面对富煤少水的国内自然条件状况，只能花高价钱进口国外的产品，并且还要面临付款条件苛刻、服务不到位等条件的限制。

为了解决这种情况，国家把电站空冷列为国家重大装备进行科技攻关。首航节能董事长黄文佳敏锐地抓住了这个信息，开始对电站空冷产品进行了全方位的研发和科技攻关工作。他组织由国内外高科技人员组成的研发团队，对电站空冷的关键技术展开了科技攻关工作。电站空冷的核心技术，包括翅片强化传热技术，大扁管制造技术以及材料、大型钢结构和控制技术等多项国内未曾有过的高新技术，要在短时间内突破如此众多的技术难关，谈何容易？

为此，公司在国内与北京航空航天大学等著名高校和科研院所联合，对传热、结构等课题进行了深入的研究，又在公司组建空冷技术部，对300兆瓦以上的电站空冷机组进行了攻关研发，很快就取得了重要的科技成果。

2006年，国内空冷市场方兴未艾，在黄文佳的带领下，对国内主要市场进行了深入的调研和开发工作，针对用户的特殊需求，大力进行国产空冷的推广工作。

2007年，首航节能已经在国内空冷行业站稳了脚跟，取得了开门红的业绩。之后，又不断拓展产品链，相继开发了600兆瓦、1000兆瓦电站空冷机组，占领了国内电站空冷行业的技术制高点。

2014年，首航节能成为国内电站空冷机组的主要供应商，业务占国内50%以上的市场，取得了骄人的成绩。其中1000兆瓦直接空冷和间接空冷机组均为全球最大空冷电站机组，达到国际领先水平，获得2012年国家科技进步二等奖。目前，首航节能用科技创新引领了国内电站空冷行业的发展，国内几乎所有电力公司都有首航节能的空冷机组运行，成为行业内唯一同时拥有直冷和间冷百万机组的企业。

2015年，国内火力电力建设市场开始出现萎缩，电站空冷市场已经进入产品的成熟期，市场上的产品技术逐步趋同，产业竞争逐步转向价格和服务的竞争。面对残酷的市场环境，首航节能及时调整了在传统业务方面的市场开拓步伐，由求快求量，改为从稳从优，以适应空冷行业发展的要求。同时，面对空冷行业的天花板效应，积极寻找新的发展出路，保证企业快速发展。

从2006年开始，首航节能进入光热发电业务，通过自主创新进行光热技术引领，目前已拥有多项光热相关专利及有效软件著作权，具备从设备及材料研发、工程设计、核心装备制造、电站建设管理到后期运行维护的全产业链提供解决方案的优势，能够通过设计和生产工艺的优化，降低电站建设的成本，提升电站效率。

2010年至2013年，首航节能陆续在西班牙、北京、上海、天津建立光热发电业务研发设计、系统集成、生产制造中心，构建了从研发设计、核心装备制造、电站总包到后期运行维护的全产业链布局。首航节能北京、上海和西班牙的研发团队人员累计已经参与国内外超过1吉瓦的光热发电项目，积累了大量的光热发电项目技术研发和工程建设经验。

首航节能始终走在光热技术发电的前沿，在槽式、熔盐塔式和碟式斯特林三大光热技术领域，经过无数次的相关系统实验，获取了重要的实验数据，是目前国内唯一同时掌握三种光热发电技术的企业。

首航节能还利用公司多年的技术储备，开展聚光系统、熔盐吸热系统、熔盐储热系统、盐水换热系统的研发，开展光热发电系统模拟设计工作。公司抽调骨干组成工程建设运营管理团队，为核心设备制造、安装、调试、运营、维护提供全过程的技术和管理储备，完成了塔式定日镜和吸热器的商业化量产工作，根据定日镜规模大、跟踪精度高的要求，开发出了智能化、自动化、信息化的定日镜数字化系统，100兆瓦年产能仅需要9名辅助人员便可完成。

2014年，首航节能在光热方面的核心技术开始转化为商业化项目和产业规模化建设。

2016年12月，在西北茫茫的戈壁滩上，首航节能建设的敦煌一期10兆瓦塔式熔盐光热发电项目成功并网发电。项目占地120公顷，共1525面定日镜，带15小时熔盐储热，设计年发电5000小时以上，可昼夜发电，各项指标达到设计值。值得一提的是，该项目是全球第三座、亚洲第一座实现24小时连续发电的项目，电站的成功投运为国家光热示范项目积累了设计、制造、建设及调试运行经验。

后来，首航节能又获得我国首个商业化光热发电项目——中广核德令哈50兆瓦槽式光热发电项目光场EPC总包订单，成为国内唯一一家同时拥有塔式和槽式光热发电项目的公司。目前，这一电站已完成太阳岛整体安装作业，顺利进入导热油注油阶段，这将成为我国太阳能热发电示范项目中第一座投运的电站。

2016年9月，国家能源局正式发布了中国首批光热发电示范项目通知，在入选的20个项目名单中，其中有首航节能的3个项目，装机容量占有率22.22%，加上之前的项目，共达26%。首航节能敦煌100兆瓦熔盐塔式太阳能热发电项目，位于甘肃省敦煌市敦煌光电产业园区内，该电站也成功入选国家首批光热示范项目。电站由1万多面定日镜围绕着260米高的吸热塔组成的聚光集热系统、11小时的储热系统，镜场占地总面积约784公顷，将于2018年12月底前建成并投产发电。

首航节能定位于绿色创新发展，致力于光热全产业链布局，依托技术、管理、资本三驾马车驱动，实现快速发展。公司的光热发电技术已经走在了世界前列，正在向高起点、高品质的光热发电领军企业迈进，这与其独特的企业优势密不可分。首航节能在关键核心部件上已经实现自主研发和制造，其丰富的项目建设以及多年的装备和设计改进、调试经验，已经可以满足不同业主、不同类型、不同规模光热电站建设的需要。在服务方面，首航节能拥有完整的质量管理体系、国际先进的生产线和专门的技术及售后服务机构，可以有效保障项目顺利投产，提高生产效率、控制产品质量。

首航节能之所以能在电站空冷和光热发电领域走在世界前列，最根本的一条就是以科技创新为魂，打造高科技的多元化企业。首航节能作为中关村科技园区企业，一直致力于科技发展的科学理念，保证企业的永续发展。目前，首航节能是国家级企业技术中心企业，设有企业博士后工作站，有大批高技术人才在这里发挥聪明才智，为企业的创新发展作贡献。除了电站空冷和光热发电技术，公司在其他核心技术方面也取得了巨大的成绩，4000吨/天低温多效海水淡化装置已经在海外安装调试，2018年年底即将调试出水。

2017年，公司依托于10兆瓦项目推进了一系列理论和试验研究，加强光热发电技术和工程经验的积累，充分发挥这一项目新技术、新模式的试验功能，推进与国内外机构的研发合作，进一步增强了技术储备和运行经验积累。公司积极推进与国内外企业的合作，共同开发光热发电新的技术。他们依托于首航欧洲公司在西班牙的窗口功能，吸收消化国外新的技术和工程经验，引进国外高端技术人才。公司与法国电力签署《超临界二氧化碳布雷顿循环技术与太阳能光热电站技术合作框架协议》，未来该技术获得突破后，将大幅降低光热发电的度电成本并拓宽光热发电应用的地域范围。

首航节能在"让地球更美丽"的企业使命指引下，深耕节能环保和清洁能源领域，用科技创新致力于实现"天蓝、地绿、水清、气净、人和"的美好愿景。

## 5. "万企帮万村"助推精准扶贫

改革开放，使数亿中国人甩掉了贫困的帽子，但我国的扶贫仍然面临艰巨的任务。数据显示，按照中国扶贫标准，到2013年年底中国还有8249万农村贫困人口，贫困地区发展滞后问题没有根本改变。

2013年11月，习近平总书记在湘西考察时首次提出了"精准扶贫"。

2015年10月16日，在减贫与发展高层论坛上，习近平总书记向全世界庄严承诺：未来5年，我们将使中国现有标准下7000多万贫困人口全部脱贫。

实行精准扶贫是全面建成小康社会、实现中华民族伟大"中国梦"的重要保障。习近平总书记多次强调，在扶贫的路上，不能落下一个贫困家庭，丢下一个贫困群众，确保到2020年我国现行标准下农村贫困人口实现脱贫，贫困县全部摘帽，解决区域性整体贫困，做到脱真贫、真脱贫。

2015年10月17日，是国家第二个扶贫日，全国工商联、国务院扶贫办、中国光彩会在这一天联合启动了"万企帮万村"精准扶贫行动。该行动以民营企业为帮扶方，以建档立卡的贫困村、贫困户为帮扶对象，以签约结对、村企共建为主要形式，用3到5年时间，动员全国1万家以上民营企业参与，帮助1万个以上贫困村脱贫。

这是一次我国民营企业与贫困地区百姓携手共进的攻坚之旅，是一首中华民族复兴征程上先富帮后富、共建小康社会的时代赞歌。

集结的号角已经吹响。全国工商联、国务院扶贫办和中国光彩会精心组织、科学决策，民营企业热情参与、积极行动，以产业扶贫为主攻方向，按照市场化的运作模式、企业化的管理模式做好扶贫项目，使当地百姓告别贫穷，过上幸福新生活。

贵州兴伟集团在贵州省普定县秀水村，实施"秀水五股"产业扶贫帮扶模式，堪称"造血式"精准扶贫的样板，走出了一条社会力量对口扶贫、旅游产业精准扶贫的发展新路。

秀水村由七个自然村组成，主要有汉族、苗族、布依族、仡佬族等少数民族，人口3512人，土地贫瘠，人均地少。全村交通十分不便，无产业、无集体经济、无增收来源，是典型的贫困村，大部分村民仍处在十分落后的生活环境和条件下，个别自然村甚至连温饱问题都不能解决。

如何才能让秀水村民彻底脱贫致富同步奔小康呢？兴伟集团董事长王伟带领100多人的帮扶团队进驻秀水村，上百次走进老百姓家中，摸民情、了解老百姓的期望，召开了上百次群众会、院坝会。

经过深入调查研究，构思出了一条"造血式"扶贫模式：由兴伟集团投资，对秀水村实施整体改造，建设以旅游为主、农业为辅的扶贫产业项目，而村民通过土地入股，把土地从农民的手中集中起来，让农民变股民，通过项目盈利实现同步奔小康的途径。

简单来说，就是村民自愿把土地入股，入股土地归集体所有，以村办互助合作社形式统筹管理和经营，依托当地自然优势，发展高效农业和旅游业，村民可优先在相关项目就业，项目完成后的全部收益都是股金，按照"秀水五股"进行分配。

所谓"秀水五股"就是：

人头股，占股10%，秀水村民人人都有；

土地股，占股30%，村民自愿以土地入股的方式参与，每份土地算一股，年终按土地面积分红；

笑（效）益股，占股30%，村民们参与劳动就有股，有效益就能分红，一份劳动一份股，包括参与项目建设的劳务报酬、项目运营管理的工资报酬，年终按劳动积分参与分红；

孝亲股，百善孝为先。专为村里65岁以上老人而设，每年从项目中提取5%的收益，作为老人们的生活保证金、养老保险、医疗保险等经费；

发展股，占股25%，从村集体收入及利润中提取25%，用于秀水村旅游项目的后期管理经营、公共基础设施管护、因病因灾临时救助等社会公益性事业。

2015年4月，兴伟集团无偿投资3.77亿元，开发旅游产业、农业产业、农家旅馆休闲产业，提高老百姓收入；建设各项基础设施，保持村寨原有生态和风貌，改善老百姓的居住环境和生活条件。

几年来，通过开发农旅综合项目，秀水村老百姓人均收入超过18 000元，2017年发放土地股1000万元，笑（效）益股1000多万元，秀水村成为集体年收入3700万元的富裕村，全村贫困人口全部实现稳定脱贫。

"秀水扶贫，我不要国家投资一分钱；秀水建设好了，我不带走一分钱！"这是王伟当年入驻秀水立下的铮铮誓言。王伟说："秀水村的探索实践，是为了让老百姓成为土地的最大受益者，要让秀水的青山绿水为老百姓带来最大收益。"

2015年冬，一个沐浴着党的改革开放政策成长起来的民营企业——中国恒大集团牵手贵州省大方，给大方县人民送来了春天般的温暖。

大方，贵州省毕节市的一个重点贫困县，全县175个贫困村、18万贫困人口，占整个毕节市贫困人口的近1/5。这里土地贫瘠，靠天吃饭，人均耕地少。很多乡亲还住在深山区、石山区，几间茅草屋，不遮风、不挡雨，不通水、不通电。这里山高水长，交通不便，出来一趟要五六个小时，不少孩子上学来回要独自跋涉十几公里。同在一片蓝天下，大山深处却有着那么多心酸的故事。

　　2015年11月28日，中央扶贫开发工作会议结束当天，恒大集团连夜召开高层会议，部署恒大参与精准扶贫工作，决定无偿投入30亿元，帮扶大方到2018年年底实现18万贫困人口全部稳定脱贫。

　　说干就干，恒大集团马上从全集团系统选拔287名干部组成扶贫团队奔赴大方……

　　时隔一年多，2017年5月，恒大集团又一次吹响精准扶贫的冲锋号：再无偿投入80亿元，对毕节市其他六县三区进行对口扶贫，帮助整个毕节的贫困人口在2020年全部脱贫。毕节市地处乌蒙山腹地，是我国集中连片特困地区，目前仍有贫困村1702个，贫困人口92.43万人，是最难啃的一块硬骨头。

　　在增派1800多名扶贫队伍到乌蒙山扶贫前线的出征仪式上，集团主席许家印亲自授扶贫大旗，与扶贫队员握手送别。他说："恒大的一切都是党给的、国家给的、社会给的，我们应该去承担社会责任，要把帮助毕节贫困人口脱贫，作为恒大的历史使命。"

　　精准扶贫要做到扶持对象精准、项目安排精准、资金使用精准、措施到户精准，更要做到用人精准。面对毕节这块"硬骨头"，恒大首先在贫困户信息采集与核查，如何与贫困户对接上下功夫。他们组织2108名扶贫队员与政府干部成立专项工作组，以毕节市各县区建档立卡的贫困人口为基础数据，历时2个月，深入到毕节市28万贫困户家中，全面完成了所有贫困户的入户调查工作。

　　贫困群众的主要生产资料是土地和劳动力，只有依靠发展产业，把贫困群众的土地和劳动力转化为家庭的收入，才能实现脱贫。扶贫需要"输血"更需要"造血"。许家印说，就业扶贫如果没有产业的支撑，就很容易返贫；搬迁扶贫如果没有产业的依托，就很容易搬得出而稳不住。

　　如何把产业扶贫这篇大文章做好？恒大抓住三个关键点，许家印称之为产业扶贫的"三要素"。

　　一是成立合作社。贫困群众许多是因病致贫，有的人基本没有劳动能力，还有的老百姓要么缺资金，要么缺技术，要么就不懂经营，这就需要合作社把他们组织起来，通过土地入股、分红以及力所能及的劳动收入，来实现持续增收，稳定脱贫。

二是因地制宜地发展产业。贫困地区的资源条件各不相同，有的地方适合种粮、种棉，有的地方适合种瓜、种菜，有的地方适合养猪、养牛，有的地方适合乡村旅游，等等，这就需要因地制宜地选好产业，因地制宜地发展产业。

三是引进上下游企业。农产品市场经常波动起伏，很多老百姓不知道种什么，也不知道种多少，甚至有的也不知道怎么种，也不知道卖给谁。需要引进上下游的企业，通过上下游企业在产前根据市场指导生产，在生产中提供生产资料、帮助生产管理、提供技术服务。在产后上门收购，并销往市场，形成供产销一体化的产业经营模式。

恒大集团结合当地实际，发展蔬菜、肉牛、中药材和经果林等特色产业，为每个贫困户配备至少两个产业35个项目，并引进上下游龙头企业市场化运作，形成"龙头企业+合作社+贫困户+基地"的帮扶模式，实现"供、产、销"一体化经营。

这种"产、供、销"一体化的蔬菜产业精准扶贫模式，解决了农户不知道"种什么、种多少、怎么种、卖给谁"等根本性问题，确保贫困户有持续、稳定的收入。

恒大所做的一切，毕节人民看在眼里更记在心里：110亿元是无偿投入，扶贫一结束，不带走"一片云彩"；从大方县到整个毕节市，恒大集团没有一项有投资回报的项目；2108名扶贫队员坚守到2020年，一切生活开销不给毕节添一分钱负担。

这一切，无不在证明着一个企业家和一个中国民营企业的情怀。

恒大创造的"整市整县"精准扶贫模式，是中国乃至世界扶贫史上的一大创举，令国人钦佩，让世界刮目相看。

江西正邦集团是诞生在这片红土地上的农业产业化国家重点龙头企业。董事长林印孙在实践中认识到，贫困地区发展一定要有产业推动，贫困户脱贫一定要有产业支撑。正邦先后投资280亿元，在全国61个贫困县新办了90多个饲料厂、养猪场和油茶、香樟、水稻种植基地。正邦分别与贵州望谟县里穴村、江西新干县炉村村、江西省东乡县北庄村结成帮扶对子，帮助三个村的贫困人口如期脱贫。从2016年开始，又在这三个县分别投资4亿元，建设3个30万头生态养殖产业扶贫项目，带动1.5万建档立卡贫困人口脱贫。他们在全国首创"龙头企业＋贫困户"、正邦"四个免费提供、两个担保"的扶贫养殖模式，简单易行、见效快、收益高、风险低，这项"福猪工程"间接带动上百万农民增收，直接带动了12万贫困人口脱贫。

正邦还从2017年开始到2020年，每年投资100亿元以上产业扶贫基金，发展扶贫产业，力争带动20万建档立卡贫困人口脱贫致富。林印孙用自己的行动，诠释着他的人生信念：自己富为有限之富，以己之富为"三农"富，则是无限之富。

"万企帮万村"精准扶贫行动，是民营企业担当社会责任、先富帮后富的重要体现。三年的实践，讲述了一个又一个扶贫攻坚的中国故事，展示了民营企业家的社会责任：

——陕西荣民集团先后为老少边穷地区和新农村建设等捐款5亿多元，特别是以产业带动了集中连片特困地区的3个乡整体脱贫，使该地被陕西省政府列入现代农业示范基地。下一步，荣民集团还将继续深耕扶贫事业，完成企业的第四个"五年扶贫规划"，计划再捐款1.5亿元，到2020年，让陕西省定边县海则梁乡人均收入达到10万元以上。同时，荣民还将以扶贫的模式，与西安市周至县共同投资一座年产50万吨的猕猴桃深加工工业园。

——泛海控股集团面向10个省市捐助23亿元开展"泛海助学行动"，每省每年资助1万名建档立卡贫困户大学新生每人5000元。

——湖南开源浏阳河农业产业集团在武陵山片区推行"结对一个行政村，组建一个合作社，培植一个产业，帮助一批贫困户，兴旺一块经济"的模式，共投入资金2亿多元，组建专业合作社21个，整村带动14村2万多农户户均增收1800元以上。

——春伦茶叶集团发挥自身品牌优势，建立连接贫困户与市场的组织形式，提高贫困村（户）农产品附加值，公司与罗源县叠石村、中房村、永泰坂埕村结对，采用"公司＋合作社＋农户＋标准"模式，建立茉莉花和茶叶种植基地,由集团直接收购,使贫困户每亩增收8000元以上。

——均瑶集团秉承"授人以鱼,不如授人以渔"的扶贫理念,认为只有当这些贫困大学生掌握了知识技能,才能真正帮助他们的家庭告别贫困,实现可持续发展。均瑶集团除了为建档立卡贫困户家庭学生提供教育资金,还带领上海浙江青年企业家走进贫困地区,捐助成立"产业帮扶基金",倡议青年企业家认捐湖北省长阳土家族自治县当地建档立卡的一批贫困家庭的大学生、高中生,帮助他们顺利完成学业。

——福建省"百企帮百村"精准扶贫行动启动以来,组织引导民企投身精准扶贫行动,发挥资金、技术、管理、市场等优势,通过产业扶持、就业安置、技能培训、公益资助等方式,帮助提升贫困群众内生脱贫能力,促进增产增收,一大批贫困户实现了脱贫致富梦。截至2018年8月底,全省共有879家企业(商会)帮扶896个村,帮扶贫困群众28 563人,产业扶贫投入23 633.77万元、公益帮扶13 858.79万元、就业帮扶投入3 409.36万元、安置就业1457人,技能投入207.61万元、培训2588人。参与行动企业充分发挥自身优势,做到"缺什么补什么、有什么帮什么",武夷星茶业公司、福建省畲家企业商会等进村入户调研,与驻村扶贫工作队、贫困户共商帮扶计划,根据贫困户实际情况和发展意愿"出点子、开方子"。厦门福信集团对口帮扶华安县建美村,在反复调查论证的基础上,经过认真选址、资金筹措和运营模式洽商后,签约建设"福美产业园",助力建美村实现真脱贫。圣农集团帮扶的中坊村现已成为集团产业聚集区,该村约1300人在集团就业,其余村民也依托产业链条,发展服务业、种植业脱贫致富。

近三年来,"万企帮万村"精准扶贫行动的创新结果层见叠出。除了县、乡、村、企等纵向深入帮扶模式,民营企业还充分发挥主观能动性,因地、因企、因户、因人制宜,出新招,出实招。如今,已逐渐形成了产业扶贫、商贸扶贫、就业扶贫、捐赠扶贫、智力扶贫和其他扶贫方式并举的横向精准扶贫模式。模式的创新,既是企业和基层充分发挥主观能动性的成果,更是民营企业真扶贫、扶真贫的生动写照和有力证明。

"万企帮万村"行动取得了很好的效果。截至2018年6月底,进入

"万企帮万村"精准扶贫行动台账管理的民营企业有5.54万家，精准帮扶6.28万个村（其中建档立卡贫困村3.99万个）的755.98万建档立卡贫困人口；产业投入597.52亿元，公益投入115.65亿元，安置就业54.92万人，技能培训58.31万人。

"万企帮万村"精准扶贫行动，备受党中央、国务院的关注，中央领导同志多次对"万企帮万村"精准扶贫行动给予高度评价和充分肯定。2016年3月4日，习近平总书记指出，工商联开展的"万企帮万村"精准扶贫行动很好，要抓好落实、抓出成效。

2018年6月19日，"民营企业参与乡村振兴战略倡议活动"在全国工商联机关举办，叶青、李彦宏、张近东、雷军、李东生、郑跃文等34位知名民营企业家向全国广大民营企业家发起倡议：积极参与乡村振兴战略，巩固脱贫攻坚成效，为乡村振兴打下坚实基础；发挥产业优势，培育乡村发展新动能；践行绿色理念，使乡村望得见山、看得见水，使我们记得住乡愁；弘扬先进文化，使民风更淳朴、乡风更文明。

未来，乡村振兴和扶贫攻坚的故事，将会在我国民营企业家的奋斗中传承永续……

## 6.家族企业进入代际传承阶段

改革开放40年来，中国第一代企业家逐步开拓了事业并完成了资本的原始积累，纷纷迈入"耳顺"之年。如今他们的子女正长大成人，陆续走上"接班人"的前台，越来越多的家族企业开始面临着两代企业家更替的问题。

家族企业是世界上最早的商业企业形态，涵盖了商业企业的全部特征。无论是在西方资本主义经济条件下，还是在中国特色社会主义市场经济条件下，家族企业都呈现着其特有的优势和魅力。时至今日，在全球主要的经济体中，大多数的企业仍然是家族企业。即便是大型的上市公司和跨国企业，其中也有相当大的比例是家族控制的企业。

目前，家族企业数量占全球企业的2/3和1/3的上市公司，他们在美国占2/3、德国占80%、意大利占95%、英国占75%、日本占99%、韩国占80%，拉美国家更高于世界平均值，我国港澳台地区也多是家族企业，500强中半数是以家族命名。

改革开放40年，中国民营经济高速发展的历史，也是家族企业高速发展的历史。家族企业作为民营经济中"关键的多数"，其旺盛的创业精神令人印象深刻。基于家族的敬业、奉献、拼搏和创新精神，使得家族企业在改革开放初期歧视性政策的夹缝中和在后来越来越激烈的国内国际竞争中生存下来，并且有相当一部分已成长为有市场影响力的大企业或行业中的领军企业。

中国民营经济研究会家族企业委员会认为，如果按照60岁退休的界限，在未来5～10年，中国将有近七成、300多万家家族企业面临传承"大考"。无论是从时间的紧迫性还是群体的数量上看，中国这种大规模的代际传承在世界范围内的企业发展史上都绝无仅有。在当前全面深化改革、企业结构转型大背景下，传承问题不仅关系到企业自身能否持续成长，而且对实现我国经济高质量发展，乃至保持社会稳定都具有重要意义。

家族企业如何有效地实现代际传承？该问题一直备受社会的关注。从理论上讲，家族企业的传承由传贤和传子女两种模式。但由于产权保护等制度环境的不完善、经理人市场的不成熟、家族的非经济目标追求等原因，现实中的家族企业基本上采用家族内部继承的方式实现代际传承。

然而，世界各国广泛流传的"富不过三代"的说法，为这种传承方式蒙上了一层悲剧色彩。

据有关专家统计，全世界范围内第一代到第二代传承成功的只有30%，第二代到第三代成功的只有15%，第三代以后成功率只有5%。也就是说有70%的企业，会在5～10年因为交接班问题而被淘汰。

当然，像美国的福特家族、洛克菲勒家族、福布斯家族，日本起于江户时代至今仍兴旺的家族企业，我国130年历史的李锦记家族企业等，都延续了三代以上。目前，全世界超过200年的公司有5586家。其中，日本有3146家，德国有837家，荷兰有222家，法国有196家。

如何打破魔咒，让更多的家族企业基业长青、世代传承，不仅是中国，也是全世界家族企业面临的共同挑战。

家族企业传承顺利与否，影响的不仅是家族企业本身。有学者认为，相对于外部，"如果多家大型企业的接班同时进行，可能会对一个国家或者地区造成系统性风险"。而对于企业自身，则意味着重构既有的股权结构和管理权，塑造出新的家族人际关系。

巴菲特曾对传承难度系数之高，作过有趣的比喻。他说："家族企业的传承，就好像在2000年奥运会金牌选手的后代中，选择2020年奥运会的参赛选手。"

数据表明，中国私营企业平均生存期仅为3～5年，多数的家族企业在传承过程中走向了衰落和消亡。

作为家族企业传承这样一种重要社会现象，已不是简单的企业自家问题。与国外家族企业不同，中国家族企业的传承有其自身特点，悠久的传统文化影响深远，这对于企业的制度安排、组织管理和经营模式具有决定性影响；就其思想根源而言，与儒家学说和传统的家族、宗族观念有关；就其组织架构而言，由辈分及德才决定的领导层，实施着高度集中的决策机制。具体到家族企业内部传什么、传给谁和如何传，在这一过程中，往往会演绎着所有权人、家族成员和企业利益相关方的各种博弈，其中既交织着相连的血脉和共事情感，又潜伏着内在的理念和利益冲突。

中国民营经济研究会家族企业委员会秘书长赵兹经过长期的研究，认为家族企业的传承过程，其实就是一个不断处理各种关系的过程，起码会有四种关系：一是父辈与下一代之间的关系；二是两代人的兄弟姐妹之间的关系；三是家族与职业经理人，尤其是与"老臣"之间的关系；四是家族企业与外部社会大环境之间的关系。从接班这个角度来看，父辈与下一代之间的关系最为突出。

根据《中国家族企业传承报告》数据显示，相比于父辈较高的交班意愿，家族企业二代的接班意愿并不高。明确表示愿意接班的二代仅占样本的40%，有15%的二代明确表示不愿意接班，另有45%的二代对于接班的态度尚不明确。

由此可见，当前家族企业在传承过程中面临老一辈愿意交班而子女不愿意接班的窘境。而且，家族企业"权杖"的交接是一个复杂的系统体系，不仅包括企业股权、管理权、现金、不动产等财富的传承，还包括核心价值观、家风、家规、一代创始人的企业经营管理经验和人脉关系等精神财富的传承。

当下，家族企业新一代和他们的父辈相比，面临着更为复杂的内外部发展环境。因此，两代人之间由于生活阅历、思想观念、知识结构、价值取向、市场把握能力等方面的不同，极易可能出现不同的看法进而产生矛盾甚至发生冲突。这些差异往往是部分家族企业难以为继甚至倒闭的重要原因。

"家族企业的年轻一代做得好不好，不是一个家族的问题，是整个国家的问题。"李锦记健康产品集团有限公司主席兼行政总裁，李锦记家族第4代掌门人之一的李惠森认为。

《中国家族企业年轻一代状况报告》显示，目前，年轻一代"接班人"学历普遍较高，较多人拥有海外学历。比如，年轻一代企业家本科学历比例达到28.1%，比年长一代企业家对应的15.13%比例要高10个百分点。在年轻继承者中，有海外留学经历的比例高达19.24%。他们比老一辈接受过更系统教育，拥有更多彩的经历和更开阔眼界、更多元价值观和更丰富的生活乐趣。

值得令人欣慰的是，这些年来，我国许多家族企业不仅在激烈的市场竞争中发展壮大，而且在代际传承方面摸索出了不少成功的做法。

方太集团茅理翔、茅忠群父子边创业、边传承、边转型，堪称我国家族企业传承的一个典范。

方太集团创始人茅理翔20世纪40年代生人，1985年创办慈溪无线电九厂时，45岁的他才真正顺应改革开放的春风，走上了创业这条路。从1985以后，他在飞翔集团做了10年董事长，在方太集团做了10年董事长，到2006年时又创办了家业长青接班人学院，迄今又做了十几年的院长。

在家族企业的传承方面，茅理翔说自己跟儿子茅忠群的关系，"不是简单的接班，某种意义上是合伙创业。"

　　1994年，从上海交大研究生毕业后，26岁的茅忠群站到了人生首个岔路口：或到美国读博士，或留交大做老师，而父亲则召唤他回乡接班。生长于创业家族的土壤，受到父母言传身教的影响，在父母殚精竭虑之时，茅忠群毅然决定回来。当时，茅理翔的飞翔集团将小小的电子点火枪做到产销世界第一，远销欧美，但因为没有自主技术和自主品牌，整个行业大打价格战，企业生存举步维艰，在多次尝试新产品转型时均遭遇失败。

　　回到家乡的茅忠群冷静思考，经过半年多的观察，茅忠群首先向父亲约法三章：第一，不在点火枪接班，要另起炉灶创业；第二，不在长河乡下办厂，要搬到市里的开发区；第三，不带老厂人，要重新招聘人才。在茅理翔同意之后，父子两代人共同二次创业，成立了方太集团。面对这一张白纸，茅忠群写下了自己的梦想："我们要么不干，要干就要一心一意干出中国家电行业第一个中国人自己的高端品牌。"

　　经过连续八个月的奋战，方太终于开发出第一台由中国人自主设计的适合中国人烹饪习惯的油烟机——大圆弧A型机，当年就卖出3万台。自此，方太迅速走上了发展的快车道，其产品不断引领行业潮流，销售年均增长超过20%，连续12年稳居行业翘楚地位，成为中国厨房电器行业名副其实的领导者。

　　茅忠群回乡，走了一条创业中传承、转型中接班之路，方太亦因此成为中国家族企业领域各界人士研究与关注的焦点。有人问茅忠群，你从父亲那里继承的最大的财富是什么？他回答道："为了梦想而奋斗的创业精神和创新精神。"

　　事实是，茅忠群早已超越传承。茅理翔曾评论这一过程："创办方太之成功与否，是关乎家族命运与企业命运的大事，也是关乎忠群能否成为一个'为梦想而奋斗之人'的关键考验。看到在他带领下方太所取得的巨大成果，我感到无比高兴。"

　　江苏沙钢集团党委书记、董事长沈彬，在传承中创新、在创新中发展，是我国家族传承又一个生动案例。沙钢是一家大型民营钢铁企业，从2009年以来一直至跻身世界500强。沈文荣是沙钢的创始人，是改革开放以来的第一代企业家。沈彬从小在沙钢大院里长大，耳濡目染的是父亲那辈沙钢人踏遍千山万水、吃尽千辛万苦、说尽千言万语、排除千难万险地艰苦创业,最终实现白手起家的故事。沈文荣说:"我是一名党员,应该乐于奉献,率先垂范;自己是企业的掌舵人,应该站在企业发展的最前沿。"

榜样的力量是无穷的。在父亲的言传身教下,沈彬在大学时期便入了党;2006年,从英国留学归来加入沙钢。他从企业的基层岗位做起,先后做过会计主管、财务处长和总会计师。2010年,当选为沙钢集团党委书记,2013年起接替父亲担任董事长。

作为企业的新掌门人,首先要过思想关,就是要不要接班?从个人感情上来讲,沈彬亲眼看见了父辈们将昔日的小作坊发展到世界500强,这种感情割舍不断。作为新一代沙钢人,他觉得有责任挑起这个担子。这个担子该怎么挑呢?面对企业3万多名员工,700多名干部,2400多名党员,能不能把企业传承发展好是对他的考验。沈文荣常说,没有党和政府的好政策,就没有今天的沙钢集团。沈彬领会父亲话中的深意,就是要时刻听党话,跟党走,做致富思源、富而思进的青年企业家。沈彬在沙钢的这十来年,带头将党徽别在胸前,带领广大党员亮出身份,做好表率。

这些年,钢铁市场行情就像过山车,螺纹钢从1万元/吨,到最低谷时的1800元/吨,钢铁卖不出白菜价。在中央推动供给侧结构性改革的进程中,沈彬结合沙钢自身实际,提出"开发高附加值产品、培育高端目标客户,提高销量、提升效益"的"两高两提"战略。在沈文荣的支持下,沈彬逐渐淘汰了二级和三级螺纹钢,重点加大高强钢筋特别是高强度抗震钢筋的研发力度,对客户需求形成快速反应机制,缩短新产品投放市场的时间,产品档次和质量有了质的飞跃。如标号为630E的世界最高强度的抗震钢筋,目前国内只有沙钢能够生产;耐海水腐蚀新型螺纹钢,也是沙钢研发生产的,它的耐腐蚀性是普通螺纹钢的4倍,服役寿命可长达百年。主导产品从热轧到冷轧,这"一热一冷"的变化,使沙钢在国际市场上更具有话语权。

随着互联网、大数据、云计算等信息技术的发展,沈彬带领的沙钢人实施钢铁工业4.0智能制造和"互联网+"行动,通过建立大数据库,实现了信息流、资金流、物流三流同步,使沙钢全面迎来大数据时代。实施

"两高两提"促进了企业的稳健发展。近三年来，沙钢在全国同行业中，钢铁产量居前3位，利润总额排名第2位，2016年，利润同比增长147%。沈彬自豪地说："我是沙钢的传承者，是走在钢铁行业前沿的新一代。作为青年企业家，既要有仰望星空的家国情怀也要有脚踏实地的实干精神，我常常思考自己的历史使命，要打造百年沙钢。"

国内叉装机行业第一强、装载机行业前十强的福建晋工机械有限公司的创始人柯子江，是改革开放后第一批创业者。他勤劳朴实、精明干练、富有胆略的性格，深深地影响着他的儿子柯金镔，也造就了柯金镔特殊的"接班路"。

1997年，柯金镔大学毕业，回到工厂后，他并没有进入管理层，而是从最基层的装配钳工做起，一路成长为总经理助理、营销副总经理。2000年，接任总经理。选择这样的接班历练，源于柯金镔的责任担当。对继承者而言，"守"好业说到底是"创"好业，须永葆创业精神——有锐气、不守旧。这种精神的培养，离不开对父辈艰辛创业的了解，更离不开实践的挫折和磨砺。

父亲的创业历史让柯金镔深受教育，也深感接班担子重、责任大。为"守"好业，柯金镔一方面强化个人学习。通过参加北京大学总裁班、厦门EMBA的学习及参与各类考察团，提高经营决策和市场驾驭能力。另一方面，注重企业提升，推动"技术创新、产业升级、管理优化、品牌跃升"。技术方面，紧跟时代步伐，根据市场特点不断引领企业产品技术创新；产业方面，在安海工业园区征地230亩实施技改项目建设，在江苏建设占地450亩的分公司，智能化制造水平进一步提升，产业布局进一步优化；管理方面，根据企业实际陆续和多家专业顾问公司合作，在营销与客服、精益生产、质量管理、人力资源、信息化管理等方面着力制度化、规范化；品牌方面，投入数千万元开展品牌策划和广告宣传，参与各类大型展销会，连年组织大型商务年会，进一步提升品牌知名度，提升企业形象。

经过一系列持之以恒的不懈努力，如今的晋工机械已发展成为一家拥有员工700人，集生产"晋工"牌JGM轮式装载机、叉装机、履带式及轮式液压挖掘机及其零部件的知名大型专业化工程机械企业，正朝着"打造中国工程机械行业的领军品牌"的目标奋力前行。

回望18年的接班历程，柯金鏻说："在复杂多变的国内外市场经济环境下，作为企业的'掌舵者'，一定要不断学习，既要有战略思维，高瞻远瞩，也要有战术技巧，运筹帷幄。要善于分析市场，了解市场，驾驭市场，并不断创新驱动。要爱才、惜才，视员工为企业最宝贵的财富之一，关心关爱员工，只有如此，才能维护队伍稳定，凝心聚力。"

均瑶集团临危不乱的家族传承，也是具有传奇色彩的一例。

20多年前，温州商人王氏三兄弟"胆大包天"，开通了长沙至温州的包机航线，成为中国民营包机先行者。多年来，三兄弟合力创办的均瑶集团纵横航空、乳业、地产、文化等多个领域，之后面临重大转折：38岁的企业领衔创始人、掌舵者王均瑶因病英年早逝，二弟王均金、三弟王均豪从习惯隐身于大哥光环之后的左臂右膀，渐渐走到前台成为新的掌舵者，带领均瑶集团不断朝着现代化、规模化和国际化发展。

均瑶集团的发展充分体现了传统文化、道德精神在家族企业传承中所起的重要作用和巨大影响力。王均金和王均豪一直认为，家族传承必须提前筹划。如果说，大哥病逝后，均瑶集团顺利完成了首次兄弟间"传承"的话，那么，今后更为重要的是要准备实质性的代际传承。尽管兄弟二人还远未到退休年龄，二代亦未到接班年龄，但他们认为，使用好优秀职业经理人，充分调动其积极性，为企业以及为未来接班人打下良好的业务基础，衔接起两代人之间的时空，也属于变相的家族式传承过程。

与此同时，他们把用正确的价值观和文化教育第二代，作为企业传承的重要因素。可喜的是，王均豪当年曾积极鼓励大哥的儿子出国留学，如今侄子已从英国学成归来，并进入家族企业，和两位叔叔一起完成父亲未竟的事业。

当前，我国经济进入新常态，许多家族企业遭遇市场需求不足、各种生产要素成本上升过快、融资难融资贵等各种困难和问题，正在面临转型升级和传承换代的双重挑战，处于转型升级和领导人更替的时代共振期。

浙江大学对浙江省家族企业年轻一代调研显示，浙江新一代接班人既传承了老一辈企业家艰苦奋斗的优秀品质，又充分释放出互联网背景下成长起来的新思维，成为浙商创新精神和转型力量的主力军。

企业转型是在原有竞争优势不再、运营难以延续的情况下，企业对经营方向、商业模式、运营模式及其相应的组织方式、资源配置方式的整体性转变。调查表明，目前浙江年轻一代接班人并没有在"转型升级"的大环境下盲目进入不熟悉的新领域，而是在既定行业，一方面通过降低成本提升盈利能力，另一方面通过技术创新提升水平转产附加值更高的产品，特别是通过互联网特色助力传统产业的升级。

这几年，浙江大多数年轻一代接班人已经进行"互联网+传统行业"的探索。目前，有超过51.2%的企业利用互联网与客户保持沟通并提供周到的服务，有1/3的企业注重通过互联网投放广告、进行积极的企业宣传，有1/5的企业通过网店进行了产品销售。可以说，新生代企业家发挥接受系统教育、知识面广的优势，充分利用互联网等新技术、新业态、新模式，在转型升级中顺利完成代际传承。

改革开放40年来，中国家族企业不断成长，其发展始终与改革开放进程紧密相连，是改革开放的重要成果。家族企业怀着延续自身的强烈动机和长期发展的愿望，以其旺盛的生命力和进取的身姿，活跃在市场经济的舞台。由于历史原因，相当一段时期以来，家族企业不易摆脱被歧视的色彩，妨碍了人们对它的全面了解和认识。如果我们客观地回顾，家族企业的主流从来都不是冷酷的经济动物，而是中华民族一个有信仰有追求的独特群体，它们含辛茹苦、历经磨难，力图将实业救国、经世济民的基因一代代传承下去。

当前，如何传承创新，进行转型升级，完善治理结构，提升社会责任，是摆在所有家族企业面前的一个重大课题。家族企业代际传承，不仅是家族企业的"家事"，也是事关整个民营经济和民营企业家健康成长、实现我国经济高质量发展的一件大事！

· 第五章 ·

# "红色引擎"助航行

乘着改革开放的春风，我国民营经济成长为社会主义市场经济的生力军，全国80%以上的城镇就业、90%以上的新增就业岗位由民营企业提供，企业职工在我国工人阶级队伍中占据多数，成为工人阶级的主体力量。独特的地位和贡献，决定了民营企业党建工作成为党的建设的重要领域和重点任务。党中央高度重视民营企业党建工作，对加强企业党建工作进行了部署，出台了一系列方针政策。广大民营企业和各类商会，按照中央的统一部署和要求，积极开展党建工作，充分发挥党组织在企业中的政治核心作用和企业发展中的政治引领作用，巩固和扩大了党的执政基础、群众基础和社会基础，有力地促进了非公有制经济的健康发展和非公有制经济人士的健康成长。

## 1.民营经济发展的"红色导航仪"

改革开放以来，在党和国家一系列方针政策指引下，我国民营经济每年以两位数的速度增长，经历了从无到有、从小到大、从弱到强的发展历程，成为社会主义市场经济的重要组成部分和社会主义现代化建设的重要推动力量。

截至2017年年底，我国登记注册的私营企业达到2 726.3万户，个体工商户达到6 579.4万户，民营经济组织成为数量最多、比例最大的企业群体；民营经济占GDP的比重从1979年的不足1‰增长到目前的60%左右，民间投资的比重也迅速上升到60%，民营经济的发展速度成倍地高于全国经济发展速度，已成为国民经济增长的主要推动力量；全国80%以上的城镇就业岗位、90%以上的新增就业岗位在民营企业，民营企业的从业人员总数超过3.4亿人；企业职工在我国工人阶级队伍中已占多数，成为工人阶级的主体力量；新社会阶层人士大量分布在民营企业，大学毕业生等高知识群体到民营企业从业的人员越来越多。

伴随着民营经济发展而成长起来的非公有制经济人士和在民营企业中就业的人员数量日益增多，他们都是党执政的重要群众基础和社会基础。如何在民营经济这个新领域加强党的建设，成为摆在中国共产党面前的新课题。

民营企业在快速发展的同时，也面临着严峻的挑战，存在许多不容忽视的突出问题。比如，有些企业受利益驱动，违规经营、制假售假、偷税漏税、污染环境；有些企业忽视劳动安全保护和职工人文关怀，侵犯职工合法权益，导致劳资关系紧张，甚至酿成群体性事件，影响社会和谐稳定；国际金融危机以后，国际国内经济环境发生深刻复杂变化，受其影响一些企业特别是外向型企业生产经营困难。解决民营企业发展存在的突出矛盾和问题，企业党组织具有独特的优势和作用。加强民营企业党建工作，充分发挥党的政治优势和组织优势，维护职工合法权益，凝聚企业各方力量，引导和促进企业健康发展，成为新形势下党建工作的重要任务。

据调查统计，截至2018年6月，我国非公有制企业党组织有58.7万个，在岗党员480.5万名，还有不少没有接转组织关系亮明身份的流动党员。符合组建条件的民营企业99.6%建立了党组织，规模以上民营企业96%建立了党组织。全国涌现出一大批党建强、发展强、社会形象好的民营企业先进典型。民营企业党建工作取得明显成效。

但从总体上看，民营企业党的建设仍是党建工作的薄弱环节，与民营企业快速发展的形势不相适应，存在不少亟待探索和解决的问题。突出表现在，党组织覆盖面不广，党员数量少，党建工作力量薄弱，相当一部分民营企业党组织不能有效发挥作用，在职工群众中的凝聚力、影响力不够强。

伴随着民营经济的迅猛发展，我们党结合民营经济各阶段的发展实践和党的建设的实际需要，与时俱进地提出了民营企业党建的创新性政策，民营企业党的建设经历了从起步、探索到不断拓展、深化的过程：

1992年，党的十四大提出了在全民所有制以外的其他各种经济组织中抓紧建立健全党的组织和工作制度的要求。1994年，十四届四中全会通过的《中共中央关于加强党的建设几个重大问题的决定》，明确提出在其他各种所有制的企业中，都要加强党的工作，没有党组织的，要积极创造条件建立党的组织，采取适应各自特点的工作方式和活动方式。

2000年5月，江泽民同志在上海召开的江苏、浙江、上海党建工作座谈会上指出："各级党委特别是主要领导同志的思想认识要跟上客观形势的发展，抓紧在非公有制经济组织开展党的工作，加强党的建设。"

2000年9月，中央组织部下发了《关于在个体和私营等民营经济组织中加强党的建设工作的意见（试行）》，提出开展党建工作的指导思想和基本原则，明确了组建党组织的要求和方法，规定了企业党组织的地位作用、职责任务，对工作方法、活动方式和党员发展工作等问题提出了具体要求。

2000年12月，江泽民同志在全国统战工作会议上强调："要加强非公有制经济组织中党、团和工会组织的建设，凡是条件具备的企业，都要建立党、团和工会组织。"

2001年，江泽民同志在纪念建党80周年大会上，就新的社会阶层人士入党问题进行了论述，有力地促进了非公有制经济领域党建工作。

2002年9月，胡锦涛同志在中央党校秋季开学典礼上指出："加强非公有制经济组织党的建设，是增强党的阶级基础、扩大党的群众基础、提高党的社会影响力的需要，也是保护非公有制经济组织中广大职工合法权益和引导非公有制经济健康发展的需要。"

2002年10月，党的十六大首次把民营企业中党组织的职责任务写入了党章，即："非公有制经济组织中党组织要贯彻党的方针政策，引导和监督企业遵守国家的法律法规，领导工会和共青团等群众组织，团结凝聚职工群众，维护各方的合法权益，促进企业健康发展。"

2005年10月，全国人大常委会修订了《中华人民共和国公司法》，明确提出："在公司中，根据中国共产党章程的规定，设立中国共产党的组织，开展党的活动。公司应当为党组织的活动提供必要条件。"这为在非公有制企业开展党建工作提供了法律依据。

2007年，党的十七大强调："民营经济组织中党的基层组织，要团结凝聚职工群众，维护各方的合法权益促进企业健康发展。"十七届四中全会审议通过的《中共中央关于加强和改进新形势下党的建设若干重大问题的决定》，提出要抓紧在民营经济组织建立党组织，积极做好在民营经济组织中发展党员工作，要选好配强民营经济组织党组织负责人。

2012年3月，中央办公厅印发《关于加强和改进非公有制企业党的建设工作的意见（试行）》（中办发〔2012〕1号），对非公有制企业党组织的功能定位、健全党建工作领导体制和工作机制、推进党的组织和工作覆盖、壮大党务工作骨干力量、加强出资人教育引导、强化党建工作保障等提出明确要求。这是根据党作为中国特色社会主义事业领导核心的执政地位，总结改革开放以来我国非公有制经济健康发展和民营企业党建工作实践经验得出的重要论断，凝聚了党内外包括非公经济代表人士的广泛共识。

2012年3月21日，全国非公有制企业党的建设工作会议在京召开，习近平同志会见与会代表并发表重要讲话，指出推动民营企业党建工作提高到新水平，要着重抓好"两个覆盖"、发挥好民营企业党组织的"两个作用"、加强"两支队伍建设"这三个方面的工作。

2012年11月，党的十八大强调："全面推进各领域基层党建工作，扩大党组织和党的工作覆盖面，充分发挥推动发展、服务群众、凝聚人心、促进和谐的作用。"这延续了十六大以来对党组织作用的科学定位，也突出了农村、城市社区、非公有制和社会组织这些薄弱环节。

2016年2月，中共中央办公厅印发了《关于在全体党员中开展"学党章党规、学系列讲话，做合格党员"学习教育方案》，广大民营企业党组织积极开展学习教育活动，注重抓好党组织覆盖和党的工作覆盖，党组织在员工队伍的政治核心作用、在企业发展中的政治引领作用进一步凸显。

2017年10月，党的十九大强调："要以提升组织力为重点，突出政治功能，把企业、农村、机关、学校、科研院所、街道社区、社会组织等基层党组织建设成为宣传党的主张、贯彻党的决定、领导基层治理、团结动员群众、推动改革发展的坚强战斗堡垒。注重从产业工人、青年农民、高知识群体中和在非公有制经济组织、社会组织中发展党员。"

按照中央的部署和要求，在中组部的指导下，多年来，中央统战部、国家工商总局、工业和信息化部、全国工商联等有关部门和单位，以改革创新精神积极推动民营企业党建工作，各地坚持一手抓组建，一手抓作用发挥，积极探索党组织发挥政治核心作用和政治引领作用的有效途径与方法，促进民营企业健康发展，使民营企业党组织真正成为党在企业中的坚强战斗堡垒，推动民营企业党建工作迈上新台阶。

——加大民营企业党组织组建力度，扩大党的组织覆盖和工作覆盖。各地从以下3个方面着手，切实加大民营企业党组织组建力度，努力实现党的组织和党的工作在民营企业全覆盖。一是发展壮大党员队伍。针对民营企业党员数量少的实际，加大在生产一线职工、专业技术骨干和经营管理人员中发展党员的力度，重视在农民工中发展党员，努力实现职工50人以上的企业都有党员。二是创新党组织设置方式。根据民营企业面广量大、类型多样、企业变化快、人员流动快的特点，采取灵活多样的方式设置党组织，凡是有3名以上正式党员、条件成熟的企业，一般都单独建立党组织。对大量不具备单独组建条件的小微型企业，发挥区域性、行业性党组织的作用，依托开发区（园区）、商务楼宇、乡镇（街道）、村（社区）和行业协会等建立党组织。三是坚持党群共建。对尚不具备建立党组织条件的民营企业，依托工会、共青团等群众组织，积极做好联系职工群众、推优入党等工作，推动企业建立党组织。

——紧紧围绕企业生产经营管理开展党的活动，保证党的路线方针政策在企业贯彻落实。生产经营是企业的中心任务，企业党组织如果不是围绕企业发展开展工作，就很难在企业中有地位、有作为，既无法取得出资人的理解和支持，也难以受到职工群众的欢迎。碧桂园党委坚持以促进企业健康发展为目标，把党的活动与生产经营管理有机融合，实现同频共振、互促共进；主动关心、认真研究关系企业长远发展的重大问题，积极提出意见和建议，帮助支持出资人和经营者把企业做强做优做大。许多民营企业党组织紧紧围绕企业生产经营管理开展党的活动，通过设立"党员先锋岗""党员示范岗""党员责任区"，引导党员立足岗位作贡献、服务企业促发展；积极宣传、坚决贯彻党的路线方针政策，引导企业遵守国家法律法规，诚信经营、规范管理，自觉履行社会责任；组织动员职工群众开展劳动竞赛、技能比武、技术创新，帮助企业强筋壮骨，增强市场竞争力；建立党组织与企业管理层双向互动联系工作机制，及时沟通协商有关情况，定期恳谈重要事项，探索党组织参与企业经营管理和重要决策的有效途径和方法。福信集团20多年来高度重视基层党组织建设，坚持党建与企业的发展、业务进行深度融合，把不断发展党员、培养党员骨干当作企业最重要的"人才工程"。党建工作由上至下、由内到外地全方位嵌入公司战略决策、日常业务及企业文化中，真正做到决策有党的声音，管理有党员的身影，通过党建这一"红色引擎"，推动企业可持续发展。许多企业出资人感慨地说："党建也是核心竞争力"，抓党建是"最实的投入，最大的财富、最亮的品牌、最好的优势"。

——切实维护职工群众合法权益，增强党组织对职工群众的凝聚力、向心力。职工群众的合法权益得不到有效保护，是民营企业发展中经常出现的一个突出问题。许多民营企业党组织把维护职工群众合法权益尤其是职工生产安全保护作为义不容辞的职责，领导工会等群众组织积极反映群众诉求，依法依规为职工群众争取合法权益，真正成为职工群众的主心骨；积极协调各方利益关系，及时化解劳资纠纷，维护各方合法权益，构建和谐劳动关系，促进企业和社会稳定；引导出资人树立"关爱职工就是关爱企业"的理念，依法为职工交纳养老、医疗、失业保险，让职工共享企业发展成果；在职工遇到挫折时主动疏导、遇到矛盾纠纷时主动调解、生病时主动看望、婚丧嫁娶时主动帮忙，使职工感受到大家庭的温暖。

——引领建设先进企业文化，培育积极向上的企业精神。先进的企业文化是企业核心竞争力的重要体现。许多民营企业不是缺物质财富，而是缺精神追求。企业文化建设滞后，是制约民营企业健康发展的瓶颈之一。复星集团党委把党建工作与企业文化建设互通共融，引领企业建设符合社会主义核心价值体系的先进文化；教育引导党员职工和企业出资人，坚定中国特色社会主义理想信念，夯实团结奋斗的共同思想基础；加强和改进企业思想政治工作，积极倡导"争创世界名牌、实现产业报国""产品等于人品、质量在我手中、企业在我心中"等文化理念，培养职工爱国、敬业、诚信、守法的职业操守。许多企业党组织积极开展企业精神文明创建活动，丰富职工精神文化生活；加强社会公德、职业道德教育和法治教育，促进诚信经营，抵制造假欺诈、见利忘义、损人利己等歪风邪气。

——坚持加强党务工作力量建设，创新民营企业党建工作体制机制。各地探索社会化选聘、专业化培训、规范化管理、制度化激励的党务工作队伍管理模式，努力建设一支守信念、讲奉献、重品行、懂经营、会管理、善协调的民营企业党组织书记队伍。据抽样调查，80%的民营企业党组织书记具有大专以上学历，70%曾在机关事业单位、国有企业和部队工作过，80%担任企业中层以上管理职务。各地通过发展一批新党员、找出一批"隐形党员"、输送一批党员职工等办法，不断壮大民营企业党员队伍。许多地方还通过税前列支、财政拨付、党费返还、党员捐助等多种渠道，解决党组织活动经费问题。有的地方采取统筹使用党员服务中心、建设综合性党群活动中心等办法，使非公企业党组织工作有条件、办事有经费、活动有阵地。把发挥行业系统作用作为加强党建工作的重要途径，创新体制机制，整合各方资源，形成党委统一领导，组织部门牵头抓总、上下条块结合、有关部门齐抓共管的工作格局。

民营企业党的建设在探索中前进、在创新中加强，取得了不少成效，但由于种种原因，民营企业党组织的组建率还不高，不少存在开展活动难、发挥作用难的问题，民营企业党建滞后于民营企业发展的实际。

一是少数领导认识不到位。一些地方党委对加强民营企业党建工作的重要性、必要性和紧迫性认识不足，对民营企业党建工作的关注不多，底数不清。一些地方没有把民营企业党建工作摆上议事日程，指导薄弱，基本处于放任自流状态。

二是企业出资人认识不到位。有的私营企业出资人对党建工作存在片面认识，存在"怕监督制约、怕削弱威信、怕影响生产"的顾虑，对是否设立党组织、开展党的活动持怀疑、观望态度。

三是党组织组建面临诸多困难。由于民营企业95%以上是中小微企业，不仅规模小、党员数量少、流动性大，而且企业平均寿命只有3年左右，多数忙于生计，没有时间也没有精力抓党建工作。

四是缺少合适的党组织负责人。多数民营企业特别是中小企业党员数量有限，找不到政治坚定、经验丰富、组织协调能力强的党务工作者。有的党务工作者感觉在民营企业"受制于人"，开展工作感到腰杆不直，顾虑重重。一些民营企业党组织负责人往往身兼数职，对党务工作投入的精力难以得到保证，有的待遇较低，工作积极性不高。

五是一些民营企业党员素质不高。有的企业党组织活动受条件限制，党员长期得不到培训，造成了党员素质的提升不够，先锋模范作用得不到有效发挥。有的党员存在临时观念和雇佣心态，信仰意识淡薄，不愿亮明党员身份，不愿参加组织生活，不愿发挥带头作用。

六是党组织作用发挥不够。一些企业党组织开展活动的内容难以在企业中找到结合点，存在党内活动与企业经营活动、维护员工合法权益脱节的现象。有的以简单的文化娱乐代替严肃认真的党内生活，企业用枯燥的读书看报方式教育党员，导致党员参与度低，组织活动效果不佳。有的由于党组织人事、经费及工作岗位均依附于企业，党组织表现出了明显的附属性，活动的时间、经费、场地、人员得不到有效保证，开展工作缺乏必要保障，党务工作难度大，处于"有组织无活动，有活动无效果"状态。


## 2. "红豆" 长青的奥秘

"红豆"，一个手工小作坊，诞生于江苏无锡港下一间简易民房中，这年是1957年。

一个甲子过去了，风云变幻，沧海桑田，这家手工小作坊经过多次飞跃，发展成为今天的一个大型跨国民营企业集团、中国民营企业500强之一。

有抽样调查显示，中国民营企业平均寿命仅3.7年，中小企业平均寿命更是只有2.5年；而像红豆集团这样的民企，改革开放40年来发展稳健，屹立不倒，实属罕见。"红豆"长青不衰的奥秘在哪里？这种顽强的生命力和抗打击能力究竟从哪里来？

红豆集团党委书记、董事局主席，党的十七大、十八大、十九大代表周海江说："党建是引领红豆科学发展的灵魂和永续动力。注重企业党建工作，发挥党组织在企业中的政治引领作用和在职工中的政治核心作用，将党建与企业发展高度融合，以'党建强'促'发展强'。"

"企业要发展，关键在党"，这是红豆集团持续发展的重要经验。党建工作，在红豆三代人交接中传承发展，不断繁荣。从红豆集团前身港下针织厂创始人周林森到现任集团股东会会长、红豆集团创始人周耀庭，再到周海江，红豆集团的三代当家人都是中共党员。从1957年周林森响应国家发展小手工合作社的号召，办起了棉花加工厂，企业党建工作就开始了，并一直没有中断，而且不断发展。先是党支部、党总支，到1992年已有59名党员，1997年成立了集团党委，现有党员人数1300多名，下设三个分党委和100多个党（总）支部，还建立了民营企业第一个境外党支部——柬埔寨公司西港特区党支部，实现了党组织从集团总部到产销一线的全覆盖。党组织在红豆筚路蓝缕、一路走来，不断壮大。

在中国，民营企业党建工作存在一个普遍现象：有形覆盖容易，但是有效覆盖不够。在繁杂忙碌的企业生产经营面前，如何持续有效地开展党建工作？如何实现党建工作与企业发展的一体化？

首先，红豆集团从机制上创新规范企业党建。早在2010年，集团党委认真讨论，决定将ISO9001：2008质量管理体系导入党建工作，并于2010年12月8日开始正式启动。ISO9001党建质量管理体系是采用国际公认的ISO9000族标准的理念和方法建立起来的企业党建工作的指挥和控制管理体系，党建质量引进国际质量管理标准，是一种观念创新、机制创新和手段创新，是推进党的建设的新举措。

推行这一做法，有三个特点：一是建立一系列科学、规范的程序；二是经过计划、实施、检查、改进的循环方法，使每项工作都能持续改进，不断跃上新的台阶；三是培养了一批既懂党的管理又懂生产经营管理的干部。2011年5月20日，经过方圆认证集团的郑重审核，红豆集团正式成为全国第一家通过ISO9001：2008党建质量管理体系认证的民营企业，一套完整的民营企业党建标准——《红豆集团党建工作标准》也随之出版，这也是全国第一部民企党建标准。同时，红豆集团实行人员管理制度化，通过引入民主、公平、竞争机制，设立"制度选人""交叉任职""创先争优"等制度，从领导体制上确立党组织核心地位，构建党组织和企业法人治理结构相互融合、协调决策管理的组织架构。

红豆认为，党建工作与企业发展是不矛盾的，目标是一致的，非公企业党建是推动企业发展的重要动力。在实践中，那些重视和支持党建工作、把党建工作搞得红红火火的民营企业生产经营绩效往往都会更好。对民营企业来说，党建与企业的发展是相互促进、相得益彰、共生共荣的关系。红豆集团打造出符合民企发展实际、具有特色的党建模式，使党建工作汇聚起推动企业发展的强大动力。

2013年4月，时任中央政治局常委、书记处书记刘云山同志视察红豆集团党建并给予充分肯定，"民营企业党建，像红豆做得这么好的不多，红豆的党建是成套的、标准化的、有经验的。"

作为全国民营企业党建标杆，红豆集团充分发挥先进典型以点带面、示范引领的"领头雁"作用，周海江经常带头为全国各地来访的党政机关、企业、学校等进行"传经送宝"，还专门成立接待办公室，先后接待了到红豆学习党建经验的各类群体共计2016批次、55 637人。

改革开放40年来，红豆坚持抓党建，不是喊在口号上，而是把党的方针政策落到了实处。中国民营企业的发展过程，就是国家政策不断放开、鼓励、支持和引导的过程，也是民营企业把政策贯彻落实到生产经营、产品开发、市场开拓的过程。民营企业党建的首要职责在于把握方向，保障企业战略目标的推进。

坚定信念听党话，毫不动摇跟党走，在红豆集团是一种持续传承。

这些年，民营企业的发展充满了各种坎坷和曲折，经营者一个错误的决策就可能让企业陷入败局。红豆一路风风雨雨走来，很少有决策失误的时候，秘诀就是"在党的方针政策中找机遇"。党的方针政策，集中了全党智慧和全国人民的意志，具有强烈的导向性、全局性和前瞻性，企业研究透了就能找到机遇，企业不闻不问就要走弯路吃大亏。红豆集团发展历程中几件里程碑式的事件便可说明问题。

1957年，响应国家"把小手工业组织起来"的号召，组建起生产合作社，成为红豆集团的前身；1992年，企业抓住邓小平同志南方谈话后带来的思想解放机遇，成立全省首个乡镇企业集团；1993年，乘国家深化经济体制改革的东风，全面实行内部股份制改革，激发了企业内在活力；2001年，抓住资本市场开放机遇，红豆股份在上交所上市，迈开企业资本经营的新步伐；2007年，集团响应国家号召实施"走出去"发展战略，红豆从先前的国内民营企业向跨国企业集团发展，在柬埔寨西哈努克港建立经济特区；进入新世纪后，响应中央"建设生态文明"理念，大力发展红豆杉生态产业……

改革开放带给了民营企业一次次的发展机遇，红豆审时度势，顺势而为，迎国家鼓励性政策的"绿灯"，发挥党建工作在企业发展中的"主心骨"和"稳定器"作用，实现了稳定健康发展。如克服困难坚持10年建设西港特区，遇上了"一带一路"的大机遇，得到了习近平主席和柬埔寨首相洪森的特别重视，习近平主席明确提出"要运营好西哈努克港经济特区"，称赞"蓬勃发展的西哈努克港经济特区是中柬务实合作的样板"。洪森首相希望将其建设成"柬埔寨的深圳"，多次称西港特区为他的"亲儿子"。

对于一个民企来说，要做成这样的境外园区项目，没有强大的政治定力是很难坚持下来的。红豆集团的成功，便是来源于对改革开放政策的坚定，把党的政策优势转化为企业的发展优势。坚持从国家方针、政策中寻找机遇，保证了红豆60多年稳健发展，充分体现的是红豆三代党员的红色情怀。

改革开放40年来，红豆的党建工作引领着企业主动求新求变、转型升级，实现了从传统单一产业向现代化多元产业、从粗放管理向科学管理、从本土经营向跨国经营的跨越。从改革开放以来，集团各项营业收入年均增幅保持25%以上，从一家濒临倒闭的乡镇企业，发展成为现代大型民营企业集团。2017年，红豆集团名列中国民营企业500强第84位；15年内自创2家主板上市公司和1家新三板挂牌，包括"红豆股份""通用股份"在上交所上市，"红豆杉生物"新三板挂牌，这在民营企业中属于凤毛麟角；集团牵头建设的柬埔寨西哈努克港经济特区被誉为"一带一路"上的样板园区，2017年实现入园企业118家，提供就业2万多人……

红豆集团通过加强党建工作引领红豆文化，坚持把党的建设与促进企业经营发展实际相统一，探索出"现代企业制度＋企业党建＋社会责任"的红豆发展模式。2017年4月17日，周海江的管理创新著作《中国特色现代企业制度》一书在中央党校首发，这是首部中国民营企业家的企业理论著作，是首部把党建嵌入公司制的企业实践著作，这本书系统阐释了"现代企业制度＋企业党建＋社会责任"三位一体中国特色现代企业制度。

"中国特色现代企业制度的产生是中国经济制度在微观层面改革发展的必然选择。"这是周海江从在红豆30多年的发展实践中得出的结论。红豆探索的这一中国特色现代企业制度备受学界和业界关注和高度肯定。

在这个模式中，"现代企业制度"是基础，通过健全法人治理结构，协调所有者、经营者、劳动者关系，规范企业行为，激发内在动力；"党的建设"是灵魂，是企业发展的正确导向和可靠保证，通过党建工作形成企业独特竞争优势，推动企业利益与国家、社会利益高度统一；"社会责任"是使命，通过加强和创新社会管理，优化发展环境，促进稳定和谐。企业作为"社会公民"，在享有社会资源的同时，理应承担社会责任，以己之力回报社会，回报党和国家，这种责任和回报就是感恩。这种发展之路，既保留了西方人创造的现代企业制度的长处，又避免了现代企业制度"只注重内部利益、不注重社会和国家利益和被少数人控制"的弊端，防止危害公众、社会、民族利益和损害企业的现象发生。这样的企业制度，较之西方的现代企业制度更具优越性，更能保证企业走得更远、走得更好。

红豆模式为中国民企二次改革提供了示范和导向，中组部2012年10

月向全国发文学习红豆模式。这是中组部第一次就一家民营企业"经营管理制度"在全国发文推广。中组部在关于红豆集团党建的调研报告中指出，红豆的党建探索回答了民营企业"走什么路"这样一个重大问题。红豆集团构建的"现代企业制度＋党的建设＋社会责任"是具有中国特色的现代企业管理制度，符合我国国情，适应非公企业持续健康发展需要，具有独特优势和强大生命力。

红豆首创的中国特色现代企业制度，让红豆集团很好地履行了党建责任、社会责任、发展责任，真正实现了组织满意、职工满意、社会满意。

红豆集团在党建方面的创新实践，产生了品牌示范、跨越发展、活力和谐等良好效应，取得了企业党建与发展互促、社会形象大大提升的良好效果。红豆集团党组织先后多次被评为全国先进基层党组织、江苏省先进基层党组织、江苏省党建工作示范点、江苏省廉洁文化建设示范点和无锡市先进基层党组织等荣誉，周海江被中共中央组织部授予"全国优秀党务工作者"称号。

## 3.党旗，在叶青大厦高高飘扬

叶青大厦，是由北京叶氏企业集团有限公司投资兴建的五星级写字楼，坐落在北京朝阳区，现驻有大小民营企业近百家，员工4000余人。

2006年9月5日，中共叶青大厦党委成立。这是由叶氏集团牵头、驻厦企业参与、共同成立的创新型区域性党组织，也是北京市第一家商务楼宇党委。

目前，叶青大厦党委下辖2个二级党委、32个党支部，共有623名党员。

叶青大厦党委自成立以来，始终以团结、组织、带领广大党内外优秀人士坚定不移跟党走、为党夯实执政基础为己任，以教育人、引导人、培养人、凝聚人为根本，按照"需求出发、服务入手、利益贯穿、活动凝聚、组织带动"的基本思路，投入大量人力、物力、财力，经过艰辛探索和大胆实践，创立了商务楼宇党建、统战工作新模式，得到了各级党委和各级领导的充分肯定。

近几年来，习近平等党和国家领导人先后到大厦考察调研、指导工作。大厦党委曾先后获得"全国创先争优先进基层党组织""全国统战工作实践创新成果奖"等荣誉称号，被中共中央授予"全国先进基层党组织"称号。

作为商务楼宇党委，如何充分发挥党组织的政治引领作用，把既无隶属关系、又无资产联系的驻厦企业和各行各业员工凝聚在党旗下，是首先需要破解的难题。大厦党委坚持以党建为统领，从解决现实问题入手，针对驻厦企业各自为政、分散经营、党建资源匮乏等实际情况，按照"便于发挥党组织功能、便于开展组织活动、便于党员发挥先锋模范作用"的原则，不断健全完善党组织设置，探索建立了以楼宇为单元、立体开放的基层党组织体系，构筑了坚强有力的战斗堡垒。对于规模较大、党员人数较多的企业，建立了二级党委；对于规模较小、党员队伍稳定的企业，建立了独立党支部；对于党员数量少、不具备成立独立党组织条件的企业，党委以侨联、商会、知联会、新的社会阶层人士联谊会等社会组织为基础，成立了四个群团社会组织党支部，将分散的党员全部纳入到楼宇党组织体系中，实现了党的组织和党的工作对驻厦企业的全覆盖。

在此基础上，为了推动楼宇党建工作规范运行，大厦党委不断创新工作机制，相继探索实施了党委委员席位制、《党员民主议事规程》、党员责任岗、党风廉政建设、社会综合治理、联络员制度等一系列创新机制，有效提升了楼宇党建工作规范化、科学化水平。

商务楼宇是新的社会阶层人士聚集的场所，具有统战对象多、社会影响力大的特点。在商务楼宇中开展统战工作，是增强党的阶级基础、扩大党的群众基础、巩固党的执政地位的需要，也是将统战工作向社会拓展、创新社会治理方式的新途径。大厦党委坚持将党建与统战工作相融合，不断强化党的政治引领，探索形成了"以党建带统战、以统战服务党建"的楼宇统战工作新模式。在此过程中，大厦党委从建立楼宇统战工作组织网络入手，成立了党委领导下的统战工作部，并在大厦党委和各党支部中设立了统战委员，明确了党组织的统战职能和工作对象。同时，成立了民建、侨联、知联会、商会、妇联等民主党派和群团社会组织，进一步延伸了党委工作触角，将新的社会阶层人士等各种人才有效凝聚了起来，建立同心同行的统一战线。

叶青大厦党委将党建与统战工作相融合的创新实践，成为商务楼宇非公企业做好统战工作的成功范例。中央统战部在叶青大厦举行了全国统战工作实践创新现场观摩活动，向全国转发了叶青大厦开展体制外人士统战工作的经验。北京市委统战部召开推广部署会，在全市楼宇、园区中推广叶青大厦楼宇统战工作模板。

发展是企业的根本目标，只有服务企业发展，商务楼宇党建工作才能赢得企业业主的认同和支持。大厦党委坚持将党建与服务企业发展相融合，响亮地提出了"有事找党委"的口号，针对不同类型的驻厦企业和员工，打造人才、政策、文化、公益、合作共赢"五大服务平台"，实现了"围绕企业抓党建、抓好党建促发展、企业发展强党建"的良性循环。

——搭建人才服务平台，通过组织人才工作研讨会、为企业人才提供人事服务以及开展人才表彰、技能培训、人才合作项目等方式，帮助企业提升引进人才、培养人才、管理人才的能力。

——搭建政策服务平台，畅通非公企业与政府之间的双向沟通渠道，及时传达党和政府的声音，及时反映企业合理诉求，在帮助企业的同时引导企业守法经营、诚信经营。

——搭建文化服务平台，由叶氏集团出资建设300余平方米集阅览、展室、党员教育于一体的活动场所，设立11名专职党务工作者，叶氏集团每年拨款700余万元，帮助驻厦企业开展党建工作，构建先进企业文化。

——搭建公益服务平台，带领企业积极参与社会公益事业，引导新的社会阶层人士承担社会责任，累计为社会公益事业捐资捐物达3000余万元，树立了非公企业良好形象。

——搭建合作共赢服务平台，整合各方面资源，组织企业间的考察、学习、交流等活动，帮助企业开拓市场、对接项目、加强合作，助推楼宇经济快速健康发展。

这些优质高效的服务平台，有力促进了大厦企业的发展。目前，驻厦企业年总产值超过400亿元，年纳税超过15亿元，创值能力位居全国商务楼宇前列。

商务楼宇党建核心是做好"人"的工作。大厦党委始终坚持把"育人"作为工作目标，着眼凝聚人心、汇聚力量、培养人才，依托推优入党、推优参政议政的"双推"工作机制，逐步建立起一套对党员、对员工、对新的社会阶层人士完整的人才培养体系，通过政治引领、思想引导、组织培养，为广大党员和各界人士搭建成长进步平台。他们自觉"把最好的粮食交国库"，共培养发展了90名新的社会阶层人士加入中国共产党，培养了300余名入党积极分子。

大厦通过完善党组织设置、建立民主议事制度、设立党员培训教育基地以及开展党的群众路线教育实践活动、理想信念教育实践活动、"两学一做"学习教育等主题活动，广大党员的归宿感、责任感和使命感明显增强。通过"梳理—细分—培养—推荐"四步工作法，按照有较高政治素质、有较大社会贡献、有较强参政议政能力、有较大影响力的标准，建立和完善非中共优秀人士综合评价体系，有重点地培养选拔，逐步建立起一支新的社会阶层人士队伍，把他们团结凝聚在党的周围。

目前，大厦党委培养推荐了全国、北京市、朝阳区各级人大代表、政协委员20人，还向工商联、青联等社会组织推荐一批人才。通过搭建成长平台、树立典型代表，推动新的社会阶层人士在更高平台和更广领域贡献才智、发挥作用。

叶青大厦党委还坚持以党建增活力，打造先进和谐的楼宇文化。文化建设是企业自身发展的需要，也是企业党组织思想政治工作的重要内容。大厦党委将党建与文化建设相融合，充分发挥党组织在企业文化建设中的引领作用，不断创新载体、搭建平台，大力培育和践行社会主义核心价值观，积极弘扬主旋律、传播正能量，营造了健康向上、文明和谐的楼宇文化氛围。开展"核心文化"建设，引导企业践行社会主义核心价值观，将员工梦、企业梦和中国梦有机统一起来，着力培育具有强大凝聚力和引领力的意识形态，用先进文化引领企业和员工共同成长。开展"和谐文化"

建设，将文化建设与构建和谐楼宇紧密结合。开展"群众文化"建设，以精神文明单位创建为抓手，根据员工的兴趣爱好和个性特点，组织开展参观考察、知识竞赛、联谊会以及篮球、乒乓球比赛等丰富多彩的文体活动，促进沟通交流，增强企业员工的向心力和凝聚力。开展"公益文化"建设，倡导"饮水思源、回报社会"的理念，成立了学雷锋志愿者团队，大力推行志愿服务、爱心捐助、结对帮扶等社会公益活动，先后与怀柔区北沟村、六渡河村结成帮扶共建对子，为首都扶贫开发工作作出了积极贡献。

## 4. 党建强、商会兴

北京福建企业总商会，是一家由在京闽籍民营企业和民营企业家组成的异地商会，于2001年9月成立。

经过第一届"打基础"、第二届"谋发展"、第三届"创品牌"，现进入第四届"促提升"发展新阶段。总商会共吸纳在京80多家闽籍商会为团体会员单位，共2万多家会员企业，年创产值6500多亿元，交纳税费120多亿元，提供就业岗位40多万个。

商会党委书记、会长陈春玖说："北京福建企业总商会积极创新探索社团组织党建工作，构建'以党建带会建，以会建促党建，以共建求发展'的工作机制，不断深化'双向报到、双向管理、双向服务'流动党员教育管理服务实践，开创了'党委、商会、基金会'三位一体持续健康发展的新局面，走出了一条异地商会开展党建工作的新路子。"

多年来，北京福建企业总商会成为朝阳区乃至北京市社会组织领域党建工作的一面旗帜，中组部专刊简报两次介绍商会党建经验。商会被授予"北京市基层党建工作示范窗口""福建省工商联第一批党建工作联系点"，被北京市工商联评为"北京市非公有制经济组织党建示范单位"。中央党校、民政部、全国工商联、国家行政学院、北京市委组织部、北京市民政局等多次前往调研，总结推广经验。

党建强，商会兴。商会被北京市委、市政府授予"北京市模范集体"，被评为"北京市5A级商会""北京市社会组织示范基地""北京市社会组织系统先进集体"；被福建省委、省政府评为建设社会主义新农村"海西光彩事业行动突出贡献奖""支援闽西北灾区突出贡献奖"。

商会始终坚持党的领导，坚持社团组织正确发展方向，把党建工作摆在突出位置来抓。他们从党委自身抓起，从常务副会长中高标准选拔配齐配强党委班子，目前共11名委员，班子坚强有力。党委注重用制度规范日常工作，建立了党委议事制度、学习制度、党内帮扶制度、发展党员、加强党委自身建设的措施等系列党委工作制度，实行"集体领导、民主集中、个别酝酿、会议决定"的领导原则和重大事项党员"先知道、先讨论、先行动"的"三先"原则。商会把党建工作列入重要日程，坚持党建工作与商会会务工作同谋划、同部署、同落实，在常务会长办公会、会员代表大会等重要会议中专题汇报党建工作情况，展示党建成果，接受群众监督。他们以上级党委加强基层党组织规范化建设实施方案为指导，细化量化考核标准，先后有21个党组织、52名共产党员、46名党务工作者获得上级党委表彰，23名企业出资人被上级评为党建之友，有效激发了各党组织书记抓党建、强党建的"第一责任人"意识和工作积极性。

商会党委突出重点，着力抓好党建工作关键环节。他们把好入会关口，解决信息统计难问题。从会员入会抓起，在会员登记表里专门设置企业党员情况一栏，建立原始档案。目前，党委先后对400多名党员20多项基本信息进行了统计造册。党委坚持教育引导、筹备指导、跟踪服务、规范建设和激励保障"五个同步"加强组织覆盖，解决支部组建难问题，及时做好"双报到、双管理、双服务"工作，推动支部融入当地，服务驻地发展。商会专门成立党群工作部，配备2名专职党务工作者和1名专职党委副书记负责落实党建工作。年初，把党建经费纳入商会年预算，每年划拨10万元用于各党组织开展党员教育、表彰和活动经费，每月为独立法人单位兼职书记发放200元的补贴，解决活动开展难问题。

商会党委注重党员教育方式创新。坚持突破传统，搭建党建"云平台"，利用微信建立"党建汇""党组织书记""入党积极分子"网络课堂，利用现代传播载体盘活党员教育，有效化解工作地分散、集中学习难的实际，被上级誉为"手尖上的党建"。党委注重党建工作方法创新，抓好典型推动，编印《党旗耀我心》优秀党员先进事迹，在各党组织开展"学标、树标、达标"学习活动。商会还注重党建理论研究创新，用理论研究指导实践、推动工作。他们总结了《加强党组织书记队伍建设的实践与思考》《打造精准服务党建品牌的实践与思考》《北京福建企业总商会党委实施"五心工程"切实提升商会党建工作的实践与探索》等一批调研课题，获朝阳区党建研究会、北京市社会领域党建研究会表彰。先后完成朝阳区委组织部部署的《北京福建企业总商会强化党组织政治功能的实践与启示》等四个党建工作重点课题调研任务，为社会组织提供了可推广可复制的党建工作经验。商会积极响应北京市民政局党委加强社团组织党建工作新要求，牵头在京40余家商会组建成立中共北京市异地商会第一联合委员会，并出任书记单位，负责开展该领域所属社会组织党建工作。

商会党委努力改进作风，积极创造党建工作良好条件。一是搞好分类指导，突出重点抓。党委注重牵住牛鼻子，坚持以点带面，实现地市（区）、行业商会党组织全覆盖，有序推进企业党组织建设。二是全程跟踪指导，挂钩一线抓。党委制定分工挂钩帮带基层党组织制度，全体委员先后参与党组织成立、换届指导、民主生活会、党日活动130多人次，做到党建专人负责，工作有人落实。三是盯住难点指导，主动靠前抓。针对兼职书记多，党务知识欠缺的实际问题，组织党组织书记、党务工作者积极参与上级组织的各类主题示范培训班30多场，轮训170多人次。为锤炼党性，党委每年带队组织红色之旅、专题党日，参与党员达600多人。

商会坚持强化引领，充分发挥党建工作政治功能。响应中央统战部、全国工商联"万企帮万村"和福建省委统战部、省工商联"百企帮百村"的工作部署，主动承担第一线责任，组织会员企业参与"精准扶贫"，结对全国90多个贫困村。同时，办好会员关注的身边事。以莆田商会作为试点，沟通协调莆田一中教育集团、海淀区尚丽外国语学校和莆田商会三方合作开办"创新班"（莆田一中教育集团擢英中学北京办学点），2015年以来共已招收400多人，较好解决闽籍企业、在京务商工作人员的子女入学问题。商会还为会员协调各类事项出函2000多份，为20多家驻京闽籍商会和110多家会员企业协调在京就医、法律、工商、法院等问题，为10多家会员企业发函沟通解决在京当地因疏解非首都功能面临的困难及资金赔偿等事项。

商会党委十分注意办好党员群众遇到的难事。注重落实人文关怀，持续开展以"重大节日必访、生病住院必访、遭遇天灾人祸必访、逝世必访、生活困难必访、老党员老干部必访"为主要内容的"六必访"活动，及时播撒党的阳光和雨露，关怀慰问70多人。严格落实国家有关政策，为职工交纳"五险一金"，逐步落实职工工资递增计划、休假制度，与职工共享商会发展成果，被评为朝阳群众性精神文明创建工作规范化建设文明单位。发挥闽籍青年人才的示范带头作用，成立北京福建青年人才工作委员会、青年闽商俱乐部，开展沙龙、创新创业交流学习活动30余场，竭诚服务青年成长成才。

商会党委坚持引领会员企业"听党话、跟党走、报党恩"，强化会员企业社会责任，促进首都北京、家乡福建经济社会健康发展。开展"闽商走进区县，共建发展平台，服务首都经济"活动，与北京多个区县签订战略合作协议，组织带领在京代表性闽籍企业到北京各区县投资考察，签约项目300多个，投资总额6000多亿元。商会积极响应京津冀协同发展战略，带领会员企业到河北、天津等地考察，投资兴业。配合非首都功能疏解工作，落实首都"四大功能"城市战略定位，在河北永清举办加快首都疏解工作现场推进会，引导带动纺织服饰、鞋业等商会及其1000多家会员企业从大红门、动物园、木樨园、昌平综合批发市场等商圈、市场撤离，主动疏解搬迁至廊坊永清、河北香河、三河、大厂、燕郊等地，有效促进了商会会员企业的产业升级和转型发展。

商会积极宣传福建省委、省政府"民资回归工程"的号召，大力倡导并组团30多次回乡考察、投资兴业，参加民企项目推介会、世界闽商大会等活动，为福建发展与海西建设作贡献。据统计，商会有600多家会员企业回乡投资创业，共注资3000多亿元。弘扬优秀闽商精神，回报桑梓，为闽西北灾区重建家园捐款1300万元，捐赠9100多万元修建妈祖金身和祖祠工程，200万元支持福建举办全国青运会；210多位企业家参与结对子帮困，为1000多名闽籍优秀贫困大学生每人每年资助3000元。商会倡导会员企业履行社会责任，积极投身社会公益、慈善、光彩事业。

2010年，北京福建企业总商会牵头成立的公募基金会——北京京华公益事业基金会，多年来成功募集资金近3.1亿元，用于全国各地扶危济困、捐资助学、治病救急、救灾重建，受益人群涵盖全国各省市地区1000多万人次。在西藏等地区地震灾害中，北京京华公益事业基金会被首都公益慈善联合会选定为北京市4家向社会进行募捐的公募基金会之一，其中多个基金项目成为北京市政府购买社会组织公益服务项目。商会还积极引导会员和广大闽商心系国家安危、社会冷暖，积极回报社会，反哺家乡，先后通过各级慈善机构向四川汶川、青海玉树、西南干旱灾区等捐资捐物达30多亿元。

## 5. "网红书记" 薛荣

"网红书记"，是人们送给圆方集团党委书记、总裁薛荣的昵称。

她，积极传播党的知识和非公党建经验，创办了"薛书记有约"工作室，录制了"薛书记讲党史"视频18期、非公党建访谈视频27期。

她，坚持做"薛书记今日播报"微党课，每天一分钟，以语音形式播出，一天一段语音，一天一张图片，一天一篇文章，累计播报1870多期，持续传递正能量。

她，"坚定信念讲党课，不忘初心感党恩"，在移动社交直播平台"花椒直播"讲党课，内容广泛，贴近现实，语言亲切幽默，累计观看学习超过4000万人次。

她，先后赴北京、新疆、江西等20多个省、市、自治区，为党政机关、学校、企业等讲党课300多场，生动感人，入耳入心，让人回味。

她，参加党的十九大回来后，在全国各地宣传十九大精神160余场，受众12万多人。

在郑州圆方集团办公室，年近60岁的薛荣身材婀娜，精神抖擞，穿着蓝色旗袍和高跟鞋，发髻高高盘起，红色的指甲油格外显眼。

你不会想象到，她曾经洗过厕所、当过"蜘蛛人"、清洗过油烟机、疏通过下水道……

20世纪90年代，下岗浪潮席卷而来。1990年，32岁的薛荣成为下岗职工。薛荣的创业并不顺利，养过鱼，卖过狗，开过家电商场、饭店、美容院、饮料厂……9次创业，9次失败。

1994年5月，薛荣带领16位下岗姐妹成立了圆方美洁公司，这也是郑州市第一家保洁公司。

然而，薛荣用小小的扫把"扫"出了一个家政领军企业：在全国20多个省市拥有10家子公司，38家分公司、近5万多名员工、年产值超10亿元，成为一家集物业管理、家政服务、清洗保洁、劳务派遣、业务外包、母婴护理等为一体的大型服务型企业集团。

有人称她为"家政女皇"，有人称她为"董事长"，而她却说："请叫我薛书记吧。"

原来，2000年，公司发展遭遇瓶颈，很难招到有能力的管理人员。在老党员建议下，薛荣第一次有了在公司成立党支部的想法。

她的想法引起一起创业姐妹们的反对。顶着压力，薛荣坚持了这一想法。经过请示，上级党组织决定协助圆方公司成立党组织。

2002年4月，圆方党支部经批准成立了。从那刻起，薛荣发誓要入党。当年12月，她终于成为一名预备党员。那时，她不曾想到，对党的信任、信念和信仰改变了她的人生轨迹。

2003年，"非典"生死考验党组织凝聚人心。

企业发展，需要无穷的精神动力和蓬勃的工作激情，而连接两者的纽带，就是党组织。一次，省委机关大楼保洁对外招标。竞标书中，薛荣承诺会把优秀的党员派来，最终在众多竞争者中胜出。客户告诉她，之所以选择圆方，是因为圆方有党组织。

在抗击"非典"中，圆方公司承担了全国82家医院的卫生保洁工作。关键时刻，党员干部带头请战。薛荣戴上口罩、拿起抹布，亲自进入传染病区做保洁清理工作。在党员干部行动感染下，圆方物业的2000多名员工无一退缩，日夜奋战在"非典"保洁工作第一线，而且没提出任何额外的物质要求。

"非典"结束，公司举行了隆重的表彰仪式，薛荣向全体员工深深地鞠了三个躬。每当提起此事，薛荣都会说："是党支部和党员挽救了圆方。"

2004年，集团成立组建党总支。

2006年12月，成立党委，薛荣担任党委书记。

这一年，薛荣把公司经营业务交给儿子，自己则放手开辟圆方集团党建新天地——"薛书记有约"工作室。

工作室拍了18集"薛书记讲党史"视频，从《共产党宣言》一直讲到改革开放，录制非公党建访谈视频27期，成为全国第一家非公党建的视频平台。

薛荣还举办了几十场党建论坛，走进企业、学校、部队等上党课。用她自己的话来讲，她硬生生把自己从一个家政服务老板练成了"党史专家"。

儿子向薛荣提了个建议：现在是网络时代，用自媒体把你和粉丝连在一起，可以让更多年轻人读党史。

2013年7月1日，"薛书记今日播报"上线，内容均与党建工作有关，有非公企业党组织运行规则的普及，也有对于圆方党建经验的分享。

目前，圆方集团党委下设1个党总支，25个党支部，71个党小组，132名党员。

在薛荣的带领下，集团党委坚持业务发展到哪里，就把党组织建到哪里，就把党建工作延伸到哪里，党员作用就发挥在哪里。

集团的党建工作在探索中前进，在创新中提高，党建工作助推企业发展，企业发展带动和反哺党建工作，两者之间形成了相辅相成、共生共赢的良性循环。

坚持党的领导，既是确保企业转型发展取得成功的根本保障，又是深化企业内部制度改革顺利开展的基本动力，也是圆方集团健康发展的基本经验。

圆方集团坚持组织覆盖与企业架构同步到位。建立了"集团总部党委→分公司党支部→项目部党小组"三级党建工作体系，构建了组织设置与生产经营模式相匹配的集团党组织管理机构；按照守信念、重品行，懂经营、会管理、善协调，熟悉党务工作和群众工作的标准，选优配强党组织书记。结合现代企业制度和企业发展的特点，采取"双向进入、交叉任职"办法，集团党委书记由总裁兼任，党委委员大多都是集团领导层或分公司主要负责人。

薛荣说，创新是一种精神和能力，更是企业可持续发展的一种动力。党员作为企业最宝贵的人力资本，必须在企业创新发展中发挥保值增值作用。

每年初，圆方集团都要签订党建工作、安全生产、救助帮扶、经营目标四个责任书，作为党组织和企业共同的工作目标。

在集团，党员坚持带头亮身份、亮职责、亮岗位、亮承诺、亮荣誉，开展看先进、促先行、当先锋活动，提高党员素质能力，不断强化党员的表率意识，争做履职尽责的模范。

"把党员培养成业务骨干，把业务骨干发展成党员"，是薛荣一贯坚持的理念。她按照这样的人才培养机制，先后实施"强基工程""提升工程""育才工程"，打造了企业创新发展的组织队伍和战斗队伍。如今，圆方集团中高层管理人员中党员比例达到98.6%，公司经营收入和人员增长连年以30%的速度递增，"圆方"也被评为河南省著名商标。

薛荣认为，基层党组织处在工作第一线，找准基层党组织的功能定位，实现基层党组织整体功能，才能真正使基层党组织发挥作用、推动发展。圆方集团通过开展"一会一课两培训"，创办"圆方非公党建学院""云党校""薛书记有约""薛书记语音播报"等平台，充分发挥了党组织在净化思想、陶冶情操中的积极作用。

同时，圆方集团还在实践过程中，形成了独特的"六人教育"，即感恩教育感动人、自信教育温暖人、典型教育激励人、荣誉教育鼓舞人、人生规划留住人、愿景教育振奋人。通过"六人教育"，先后涌现出"全国优秀外来务工青年"总经理李娴莉，怀揣着高工证书却带领下岗姐妹扫厕所的优秀支部书记原银亮等一大批先进人物。

集团党委在发展过程中，把党的先进性的红色基因和先进企业文化建设有机融合，提出"讲团结、讲奉献、讲原则，不讲名利、不计地位、不怕得罪人、不怕受苦受累"的"三讲四不"工作原则，在企业内部营造了团结、沟通、理解、互助的良好氛围。

圆方集团党委把延伸党建工作影响，作为一项重要的社会责任去履行，通过联系邻近商户，指派优秀党员进行"一对一"帮扶，延伸覆盖；联系合作企业，邀请供货商上党课、开展业务培训、参加党员活动等，延伸链条；联系特殊群体，建立流动党员管理服务中心，建立圆方残障人发展促进会党支部，延伸服务；联系服务对象，集团党委委托服务单位对公司党员和入党积极分子进行监督，延伸培养。

与此同时，集团成立聋人俱乐部，启动"帮残障人圆梦"计划，先后为慈善事业捐款100余万元，开展大型帮扶助残圆梦活动400多次，帮扶救助残疾人及为残疾人提供就业近万人次，让企业在履行社会责任、反哺社会中彰显价值。

圆方集团党建工作取得了可喜的成绩，集团党委先后荣获全国"非公党建示范点"、省市"五好基层党组织""先进基层党组织"等荣誉。薛荣先后多次被河南省委授予"省优秀共产党员"，被中组部授予"全国优秀党务工作者"，被选为河南省第八次党代会代表和十九大代表。

· 第六章 ·

# "一带一路"显身手

提出共建丝绸之路经济带和21世纪海上丝绸之路重大倡议，是习近平总书记深刻思考人类前途命运以及中国和世界发展大势，为促进全球共同繁荣、打造人类命运共同体所作出的重大战略决策，开辟了我国参与和引领全球开放合作的新境界。我国民营企业响应党中央号召，积极参与"一带一路"建设，成为参与"一带一路"建设的重要力量。据统计，目前我国民营企业对外投资占全部对外投资的2/3，海外并购占3/4，民营企业已经超过国有企业在"一带一路"中的投资总量。参与方式从最初的产品输出到现在的落地生根与合作共赢，海外业务涉及建筑、能源、汽车、通信、环保、农业、钢铁、交通运输、电气设备、信息技术、有色金属等众多行业和领域，涌现出一批有实力、有能力、有国际化视野和梦想的企业。

## 1.打造境外产业园区

浙江华立集团是一个以医药为核心、以智能电网及新能源产业为战略投资产业的多元化企业集团。自2005年以来，与泰国安美德集团在泰国罗勇府合作开发面向中国企业的现代化工业园区，总面积12平方千米。

在产业方面，华立集团紧紧围绕规避贸易壁垒、转移过剩产能、贴近资源市场进行规划，主要吸引汽车零部件、机械电子、建材五金等制造型企业入园设厂。

园区启动之初，他们就建设了水、电、天然气、道路、污水处理等基础设施。为方便企业投产，他们建设了标准厂房，供租赁或者购买。针对企业发展需求，在众多境外经贸合作区中率先设置了一般工业区和保税区。为满足园区的劳动力需求，他们建设10幢公寓楼，将园区发展成为集制造、会展、物流和商业生活区于一体的现代化综合园区。

华立培养了一支由中泰两国员工组成的专业团队，为入园企业提供一站式全方位服务，从商务考察、政策咨询到土地产权办理、公司注册、投资优惠申请，再到工程承包、会计税务服务推荐、员工招聘与培训，包括办理在中国的一系列对外投资审批手续，都能在园区内办成。

实践证明，境外产业园区是中国企业抱团出海有效载体。曾经有一家中国企业到泰国投资，花了两年多时间都无法取得生产许可证。罗勇工业园区获悉后，主动联系协调，在不到半年时间内协助该企业完成了审批。

经过13年的发展，泰中罗勇工业园区已成为国家首批的"境外经济贸易合作区"，迄今已有105家中资企业入驻园区，为泰国创造3.3万个就业岗位，带动中国企业对泰国直接投资29亿美元，产值突破100亿美元，成为中国企业在东南亚最大的产业集聚平台。

目前，华立集团依托国家"一带一路"大布局，在北美投资建设墨西哥蒙特雷工业园区，占地8.5平方公里，发展汽车零部件、光伏风电装备制造业，为中国企业提供开拓美洲市场平台。下一步，还将在摩洛哥开发工业园区，辐射非洲和中东市场。

新疆华凌工贸（集团）有限公司是一个专业从事商品市场开发、拥有五大市场集群、300万平方米的商业地产，集商业服务、金融业、国外项目投资建设等为一体的大型民营企业集团，是新疆建设最早、规模最大、最具影响力的商贸市场。

"华凌市场"不仅在全国各地有两万多家商贸企业和个体商户入驻经营，在中亚、西亚、东欧各国，也具有广泛的知名度和影响力。早在1998

年，市场内就建设了"华凌国家二类口岸"。据统计，2000年到2005年期间，中亚五国市场70%左右的建筑装饰材料都是从新疆进口的，所有建材总经销商都在华凌市场。

为了保证市场的繁荣和可持续性发展，逐步在新疆周边国家或西亚东欧区域建设自己的市场，带领国内的厂商抱团走出去，主动参与国际市场竞争。2005年，华凌集团沿着古丝绸之路一路西行，对多个国家进行了全面考察，2009年，将目标最终锁定在素有亚欧门户之称的格鲁吉亚，签署意向性投资文件时，总统亲自参加并接见企业代表团。

2010年，开始规划建设位于格鲁吉亚第二大城市库塔伊西市的华凌自由工业园区。园区紧邻黑海边著名的巴统港、波季港，占地面积1000亩，总投资1.5亿美元。园区是苏联时期一个废弃多年的汽车厂，他们首先租车雇人，清运了几十万方垃圾，进行园区绿化美化；将可利用的原建筑，重新改造成办公室、员工宿舍、食堂、库房、宾馆、厂房等；与入驻华凌市场的厂商联合建木材厂、石材厂、五金厂、彩钢板厂等，实现了园区建设建材自产自用。2015年3月，配套设施齐全、建筑面积12万平方米的一期园区已经通过格鲁吉亚政府的验收，5月签署了正式的运营协议，10月正式运营。

在建设自由工业园区期间，格鲁吉亚高层多次约见公司领导，希望在格鲁吉亚也建设一个"华凌市场"。为此，格鲁吉亚议会专门通过该项目的主体文件，并由总统签署总统令，以国家法律的形式固定下来，给予了"最优惠的政策"，命名为"格鲁吉亚华凌国际经济特区"。

为了保护中资企业的资金安全，格鲁吉亚还提出指定一家当地的商业银行由华凌收购的建议。2012年9月，他们完成了对格鲁吉亚BASIS银行的收购，此项收购成为年度"中国海外投资十佳案例"。其后，对该银行进行增资，使其资产质量、资产结构、资本充足率以及各项经营业务都得到了很大的提高。该银行营业网点不断增加，目前成为格鲁吉亚银行业排名前6位的银行。

经过多年的洽谈，华凌又建设了位于格鲁吉亚首都第比利斯市中东部，紧邻第比利斯海的"华凌国际经济特区"，特区内建有市场区、居住区、生活保障区、保税区、自贸区、加工区等。这座首期投资3亿美元、占地面积7000多亩的国际经济特区将成为沿黑海区域最大的商贸市场。

2015年7月，欧洲青少年奥林匹克节将在第比利斯市举行，5000多名运动员、教练员入驻特区中的公寓，并使用康体中心、生活中心等设施，这些都是我们提供给格鲁吉亚政府无偿使用的。

格鲁吉亚政府也给予了华凌多项优惠。如给予华凌国际经济特区项目10年内免收一切税收的优惠政策，在特区内可设立保税区，保税区内企业所需的加工设备、机械、用品及材料，免征进口关税和增值税；对于进入华凌国际经济特区的商品交易仅按3%～5%的"低增值税税率"征税等。

到2018年，华凌集团已在格鲁吉亚华凌经济特区内连续举办了五届"中国新疆出口商品展洽会"，有432家商贸企业和华凌签了合同，其中227家已经开始经营，还有大量的中小企业排队等待华凌提供场地"走出去"。


## 2.开展产能海外合作

伴随着国内人力资源成本的快速上升、生产要素价格的高企和新兴市场国家的追赶，很多制造业企业特别是劳动密集型的低端制造企业面临了很大的生存压力，一些民营企业的优势产能通过与海外合作获得了新生。

福建峰亿轻纺是一家集针织坯布、染整、印花绣花、服装制作及外贸出口为一体，覆盖全产业链的服装出口生产企业。公司2014年产值7.9亿元，利税4029万元，创汇7275万美元，利税和创汇比2013年分别增长50.39%和38.79%。

泉州服装鞋服产业在国内外拥有很大的知名度和影响力。然而，2008年的金融危机使中小型的服装企业受到了严重冲击。一方面，在国内劳动力成本攀升、原材料涨价、人民币升值等影响下，生产成本持续上涨，利润越来越薄，而对价格比较敏感的国外客户也越来越吝惜下单。

另一方面，2011年1月起，欧盟对最不发达的国家实行更宽松的普惠制，同样价值的服装产品，从中国出口到欧洲要增加12%的关税成本，而从柬埔寨等东南亚国家出口将享受免关税待遇，扣除运输、管理成本，还留有7%的利润可以与客户共享。因此，一些客户对他们下了"最后通牒"：要么去东南亚办厂，要么就换供应商。

前有关税壁垒的压力，后有东南亚地区的低成本竞争，峰亿公司处于不上不下、进退两难的尴尬局面。

在进行一番考察后，峰亿决定到柬埔寨发展。他们在柬埔寨投资800多万美元自建了3万多平方米的生产基地，将泉州工厂里半成新的日本电脑缝纫机搬到新工厂，主要承接国内公司大量中低端产品订单，完成了企业部分产能的转移。2014年以后，他们在柬埔寨的服装厂已由投资时10条服装生产流水线发展为拥有35条现代化生产线、2200多名工人、年产1000多万件成衣规模，年产值达3500万美元，带动国内2500万美元原、辅材料的出口，成为福建省在柬埔寨投资规模最大的服装生产企业。

通过在柬埔寨投资，不仅完成了产能转移，而且给企业转型带来了实实在在的利益。

——获取了劳动力成本和关税成本的优势。柬埔寨人力成本比较低，且当地员工全部自己解决食宿，企业不用提供餐食，也不必提供住宿。在柬埔寨设厂后，欧美客户保住了，且客户利润也增加5%，实现了企业和客户双赢。

——实现了国内外产业互补，把利润和税收留在了国内。尽管柬埔寨具有关税和人力成本低的优势，但整体产业水平仍然相对较低，产业配套不完善。柬埔寨工厂所需的生产设备及面料、五金、纽扣等各种原辅料大部分由公司总部通过航运等物流模式供给，为国内公司原、辅材料生产找到稳定出口通道，而且80%的产值留在国内完成，利润和税收留在国内，成衣产品则直接从柬埔寨出口欧洲，一头在外的模式提升了企业竞争力，同时又兼顾了国内产业。

——将走出去发展取得的利润投入到国内。他们将获得的利润用于新产品设计、研发和智能制造上，推动产业从低端、低附加值向高端、高附加值的升级，提高产品的美誉度，稳定了国际客源。同时还加快了高端产品研发升级，将国内生产基地供应国际市场的产品结构由低端产品向泳装、运动装等高附加值产品倾斜。

柬埔寨虽然与中国临近，但文化习俗与中国存在较大差异，他们在融入当地经济社会发展方面也遇到了一些问题。比如柬埔寨的工人工资虽然比国内低，但工人的劳动效率也较低。公司经过探索后，运用国内精细管理的模式，通过采取基本工资以计时结算，绩效工资以质量、计件考核相结合的模式，既充分调动了当地工人的积极性，又有效保障和提升了企业生产效益及产品品质。同时，借助国内专业人才改进公司ERP网络管理系统，持续针对生产流程对软件系统进行匹配、开发与改进，有效地调控、配置两地的生产能力，在柬埔寨生产厂区和国内总部形成了两地同步的数据链共享，对于集团每天生产的成衣的原料清单采购、车间何时批量生产、每道生产工序的成本计价、生产线人员动态调配等都能进行精准的信息化控制，实现生产成本可控、质量可控、进出口全程可控。

峰亿公司董事长潘胜泉感慨地说："公司如果没有参与'一带一路'建设，作为服装这种传统行业，现在日子肯定非常难过。"

像峰亿公司这样把国内的优势产能与国外合作的民营企业还有很多。

——福耀集团是全球最大的汽车玻璃制造商。近几年，福耀在海外投资近百亿，在全球9个国家建立16个生产基地和商务机构，"走出去"参与全球汽车产业供应链建设，取得了较好的收益。2015年，福耀玻璃在海外的营业收入44.77亿元，占当年总营收的33.73%。2016年，福耀玻璃的海外营业收入56.16亿元，同比增长25.44%，占当年总营收的34.47%。2017年，福耀玻璃海外业务收入又比上年增长15.58%，超过中国境内汽车玻璃收入的增长。

——福建圣力集团是一家钢铁制造企业。该公司联合国有企业到越南投资建设100万吨的钢铁厂。由于该项目属于越南鼓励和支持投资的重点行业，获得所得税前4年全免，后7年减半，进口设备、原料进口免关税，甚至有原料进口权、废钢进口许可证等一系列优惠政策。目前，企业已成为越南当地最大的钢铁企业。

——TCL集团是我国大型的彩电生产企业。这几年，彩电是国内典型的过剩产能，但TCL集团受益于"一带一路"倡议，先后投资建立了辐射东南亚、欧洲、中北美、中东及非洲、南美等地区一批工厂，逐步完善彩电项目在"一带一路"沿线国家的布局。TCL的海外营收不断创出新高，来自海外的收入占比50%以上。2016年，TCL电视全球出货量突破2000万台，居全球彩电行业前三强，这是我国企业首次进入2000万台俱乐部。

## 3.借力海外并购

苏宁控股集团是我国从传统零售业转向现代智慧零售的典型，目前在中国内地、中国港澳地区及日本合计拥有超过6000家门店，员工总数达25万人，2018年以5 578.8亿元的规模位居中国民营企业500强第二名。秉承"引领产业生态、共创品质生活"的企业使命，苏宁产业经营不断拓展，已形成以零售为核心的多产业融合的发展格局。其中，苏宁易购在2017年和2018年连续跻身《财富》世界500强，并入选由世界品牌实验室发布的"2018中国500最具价值品牌"，位列零售行业第一。

在立足国内大力发展的同时，苏宁不断加深对海外市场动态趋势的了解，积累国际市场运作经验，积极推进企业长远的国际化发展战略。自2009年起，公司先后收购日本乐购仕株式会社、香港镭射电器公司，开启海外拓展进程。2011年，随着向科技智慧苏宁转型的新十年发展战略的提出，为加强人才队伍和技术创新能力建设，2013年公司正式在硅谷设立苏宁美国技术研究院。2014年，为更好地引入全球优质产品与品牌体验，借助海外购平台上线，苏宁开始积极推动海外零售供应链建设。2016年6月，苏宁体育成功并购国际米兰足球俱乐部，以意大利为中心，覆盖欧洲重点市场的新一轮国际化发展正式启动。2018年，随着全球国际进出口贸易及经济技术交流合作的不断发展，苏宁还将于意大利、英国、法国、德国、澳洲、日本及韩国等地设立办事处，进一步加速推进当地业务拓展。

乐购仕株式会社是一家创业于1930年的日本老牌电器零售企业，在东京交易所主板第二部上市，主营业务为3C家电、动漫游戏周边、乐器等产品销售，在日本国内享有一定的知名度与口碑。自2009年，苏宁入股乐购仕后，促使其国内零售业务逐步走向正轨，经营业绩和管理效率不断提升。截至2017年年底，乐购仕在市场拥有连锁店44家，集团整体员工人数达1066名，并在日本构建了最大规模的综合性免税消费渠道，销售额稳居日本免税行业前列。2015年乐购仕达到历史最高营业收入926.94亿日元，近年随着入境游市场的变化，销售额虽然不断变动，但是企业整体正保持稳健成长。

面向访日游客消费趋势的变化，自2016年起，乐购仕也从以往仅以零售为主营模式，逐渐向提供多元化消费体验的方向演变，开始尝试各种各样全新的服务模式。2017年，乐购仕推出旅游体验咨询与预订平台，除可为消费者提供20多种语言的旅游景点和商业信息咨询服务，还将利用乐购仕多年积攒的大数据和深耕本地市场多年的经验与智慧，帮助赴日游客预订包括美食、娱乐、文化等在内的体验项目。而针对日本境内消费群体，2017年4月，乐购仕与深受本地市场喜爱的中国珠宝首饰品牌"周大福"携手在东京开设新宿门店，进一步将本地消费者纳入服务对象和目标市场。

此外，乐购仕与绿地集团合作推出的体验型综合休闲设施——千叶海港广场于2017年7月1日正式开门迎宾。该项目以"商品+体验"的融合为特色，从单纯提供购物消费向体验型消费转型，将游客与本地人相"融合"，将商品与体验相"融合"，已成为千叶中央港地区标志性建筑。设施内设有享誉世界的日本杯装方便面专门店，日本千叶物产精选店，可以游玩的"宠物用品专卖店"，亲子广场，日本最大的以生存游戏为主的"剧场型娱乐场馆"——真人射击游戏场，以动感活跃为主题、活用千叶的食材、五感齐悦的自助餐厅，"齿轮"表演剧场等。

伴随乐购仕业绩的持续增长及业务扩张，乐购仕与苏宁的协同效应更加明显。一方面，依托乐购仕可将优质的日本商品引入国内，中国消费者可以在苏宁易购轻松购买到日本原产的人气产品，更好地满足国内品质消费升级的个性化需求；另一方面，苏宁可以以乐购仕为依托，不断扩展旗下多个产业的境外合作发展，如与日本顶级米其林餐厅黑木料理合作，在上海苏宁宝丽嘉酒店开设国内首家黑木料理，进一步丰富中国人的全球化生活方式体验。

2009年，苏宁以2.15亿港元收购香港镭射，开启香港连锁拓展。8年间，香港苏宁坚持本地化经营的策略，业务涉及线上线下零售、本港及海外国际贸易，规模位列香港行业前三。与屈臣氏、爱高、伟卓等当地品牌建立了紧密的合作，并积极推动了像中兴、华为、美的、小米、海信等内地企业服务香港市场。

自2015年起，苏宁互联网转型发展成效不断突显，香港苏宁亦紧抓机遇，致力于在港实践O2O新零售模式，于2016年12月正式上线本地购网站，2017年12月实现网站升级，实现陆港互通。当前，随着苏宁提出的智慧零售模式已成为业内公认的趋势，2018年3月，香港苏宁更名为"香港苏宁易购有限公司"，旨在利用香港自由贸易港的优势地位，进一步将在本港打造领先的O2O智慧零售平台。

2018年，围绕零售，香港苏宁一方面将持续强化线下覆盖，优化店面布局，预计年内新开10家门店；另一方面积极筹备线上迭代，丰富商品规划、拓宽自营、招商供应链。未来三年，立足两地发展，苏宁将抢抓两地合作机遇，以智慧零售促进两地经贸繁荣。同时，立足香港业务，苏宁将聚焦"一带一路"发展，积极拓展沿线市场，一方面输出内地和香港的优质商品及零售技术经验，推动企业国际化发展，一方面加强与周边区域的经贸、技术及人才交流，以促进粤港澳地区及内陆市场零售行业的进一步繁荣。

为更好地与世界前沿科技接轨，2013年11月，苏宁在美国成立美国硅谷研究院，这也是苏宁在全球设立的首个海外研究院。研究院聚焦于人工智能、大数据、高性能计算等领域的前沿技术研究，同时以未来商业模式探索为主要研究方向，通过科技创新和产品孵化，为苏宁的创新和持续发展提供动力。

收购国际米兰足球俱乐部，拓展欧洲品质消费市场是苏宁海外并购的又一案例。国际米兰足球俱乐部是一支成立于1908年，有着百年历史的老牌欧洲豪门。曾拿下3座象征欧洲之巅的欧冠冠军和18座意甲冠军。作为典型的足球俱乐部，国际米兰的主要收入来源于赛事版权分成收入、包括赞助营销费在内的商业收入、门票收入等方面。国际米兰拥有专业化的训练和竞技水平、深厚的足球文化底蕴，并拥有成熟高效的商业经营团队。

近年来，依托苏宁的产业资源优势，通过不断的业务发展和战略投资，苏宁已经形成了从国内外俱乐部经营、媒体平台、商业零售到赛事运营和青训发展的体育全产业链生态圈。其中，2015年年底入主了江苏苏宁足球俱乐部，并于2016年6月，以约2.7亿欧元的总对价，通过认购新股及收购老股的方式，获得国际米兰俱乐部约70%的股份，正式入主欧洲顶级豪门俱乐部。

苏宁收购国际米兰，进一步提升了国际米兰的竞技水平和商业经营水平，在足球竞训、体育媒体、衍生产品、国际营销等诸多方面寻求商业协同价值，并促进中国和欧洲足球产业之间的互相借鉴与合作。同时，通过加强后期交流，国际米兰先进的足球管理理念、科学的训练体系和青训梯队，能够帮助国内足球俱乐部夯实基础，提高成绩，提升核心竞争能力。

在苏宁的带领下，历经两年的精心管理运作，国际米兰于2018赛季成功重返欧冠赛场，俱乐部品牌价值更较去年同期增长119%，在全球职业足球俱乐部中升至第13位，在TOP50的排名内增长率达到第二。

近些年，苏宁聚焦海外供应链建设和拓展，完善多品类的进口商品引进流程，例如快消品、母婴类产品、食品软饮、化妆品、服饰箱包和健康产品，苏宁已和圣碧涛、福奇、泰诺健、双立人、芙拉等品牌建立了合作。

2017年，苏宁国际与澳洲零售巨头展开合作，将高品质产品与澳洲健康理念引入中国。

在海外市场方面，苏宁正在运行全球千亿人民币采购计划。未来三年，将有超过5000个海外品牌能够进入潜力巨大的中国市场。在世界范围内苏宁发布的2018—2020直采计划当中，将拿出100亿欧元用于海外采购。这预示着在扩张海外供应链上，苏宁将在轻奢、服装和配饰、保健品、家居用品、快消品等领域的欧洲品牌上投入巨额投资。

从产品引进的角度看，苏宁在食品、保健品、生鲜和母婴产品等类目商品上大力引进了东盟、中东欧国家的优质商品到国内。例如，苏宁引进了产自波兰的怀丝牛奶，年销售数百万元；从泰国直采榴莲，第一笔订单就达到94万元；2017年5月，时任捷克总统的米洛什·泽曼先生率领80多人的捷克商贸代表团到访苏宁，签订了战略合作备忘录，并在苏宁海外购平台启动了捷克国家馆的开设，为国内市场带来了众多捷克优质的食品、天然母婴用品及护肤品。以后，苏宁还计划通过一般贸易等方式进一步引入"一带一路"沿线国家的优势产品，现阶段主要以生鲜直采为主，不仅进一步丰富国内消费者的餐桌选择，也将借助苏宁的大数据、区块链、自动化物流等智慧零售经验输出为直采当地的供应链建设提供支持。

## 4.在"丝绸之路"上耕耘播种

天津聚龙嘉华投资集团有限公司是中国棕榈油贸易领域中市场份额最大的内资企业，贸易量占国内市场份额的20%以上，有海内外员工1万余人，外籍员工近9000人。

棕榈油是棕榈树结的棕果果肉压榨出来的油，是全球植物油国际贸易中第一大油种，在餐饮业、食品工业、油脂化工业、生物燃料工业等领域被广泛应用。棕榈树原产自非洲，是世界上产油效率最高的植物，单位面积产油率是大豆的9倍、花生的5倍。

2006年，聚龙人南下印度尼西亚，投身以棕榈种植园开发为主要标志的棕榈油上游产业，经过13年的艰辛努力，将棕榈油从东南亚沿着"21世纪海上丝绸之路"返销到非洲大陆，并供应中国市场。

从市场角度看，棕榈油已被广泛用于我国餐饮及食品工业的各个领域，我国已成为世界第二大棕榈油进口国和消费国。由于我国不具备棕榈油上游资源的种植条件，如果不走出去，就不可能有效保障国内市场需求并充分参与全球市场竞争。在当前棕榈油产业国际定价机制下，是否拥有足够规模的棕榈种植园是决定企业市场话语权的关键因素。企业拥有20万公顷种植园，就可以参与国际市场定价。

走出去的13年，聚龙在种植园开发过程中，秉承可持续发展原则，坚持国际标准和印尼国家标准,注重当地环境保护,与当地企业合作开发环保型种植园。同时,他们成建制地引进成熟种植园的高水平管理团队、成体系地引进种植园标准化管理机制,保障了种植园开发的高标准和可持续性,为海外农业资源开发的规模化扩展与跨地域复制推广奠定了基础。

走出去海外发展,取得所在国政府、宗教组织、原居民等各利益相关方的信任与合作至关重要。为了加强合作,防范风险,他们成立了"环境部",专门负责建立、维护、改进企业与当地各方社会关系。同时,还与当地村民大规模开展"合作种植",由村民出土地与劳动力,他们出技术与生产资料,并以市场价格回收棕榈果,形成了"公司+农户"的帮扶带动机制,真正做到了将企业发展成果与当地民众共享。

走出去的13年,聚龙在印尼已经拥有总面积20万公顷的棕榈种植园,配套建有压榨厂、河港物流仓储基地和海港深加工基地。2014年,他们开始进军非洲,在肯尼亚、加纳等国家开展相关业务。聚龙还建设境外经贸合作区,助推中资企业抱团走出去发展。在前期农业综合开发基础上,他们大力推进"中国印尼聚龙农业产业合作区"项目建设,合作区面积4.3平方公里,建成以油棕种植、油脂油料购销、油脂精深加工、仓储物流为主导的农业产业型园区。与此同时,他们正在积极组织境内外产业资源与国内国外资本市场的有效对接,实现境外农业资源境内上市与国内外资源协同配置,充分发挥资本市场的活力,助推企业转型升级。

新疆广汇实业投资(集团)有限责任公司(以下简称广汇集团)创建于1989年,历经两次创业,现拥有广汇能源、广汇汽车、广汇宝信、广汇物流4家上市公司,形成了能源开发、汽车服务、现代物流、置业服务等并进的产业格局,业务范围遍及全国各地,并已延伸至哈萨克斯坦、美国等国家,集团员工总数10.8万人。

2017年,广汇集团成为第一个进入"世界500强"的新疆本土企业;2018年,再登世界500强,排名第456位,比2017年上升了39位。连续15年上榜"中国企业500强""中国民营企业500强"。

广汇集团以习近平新时代中国特色社会主义思想为指引,深入学习贯彻党的十九大精神,贯彻落实自治区党委决策部署。立足新疆,面向全国，积极响应国家"一带一路"倡议，把握全面深化改革的重要机遇，坚持走出去战略。旗下产业广汇能源主动参与国际合作与竞争，稳定发展中亚市场，积极开拓北美市场，获取绿色资源，满足国内能源需求，助力保障国家能源安全。

广汇能源是目前国内唯一一家同时拥有煤、油、气三种资源的民营企业，以液化天然气、煤炭、煤化工、石油为核心产品，集上游勘探和开采，中游生产、仓储和运输，下游销售于一体。

进入21世纪后，广汇集团敏感地意识到我国原油对外依存度高，需要积极打造全方位、多元化的海、陆能源供应通道，决定立足新疆走出去辐射中亚，获取上游能源资源，实现公司跨越式发展。2007年，公司确立了重点发展清洁能源等战略决策。

2008年，全球经济危机爆发，也带来了资产全球并购的机会。斋桑油气项目位于哈萨克斯坦东哈萨克州的斋桑盆地，紧邻我国新疆吉木乃县，原油资源量11.639亿吨，天然气资源量1254亿方，油气勘探潜力大。于是，广汇将目光聚焦于此。为了抢抓并购的窗口机遇，在新疆阿勒泰地委和政府牵线搭桥下，广汇与哈萨克斯坦就收购斋桑油气项目进行谈判，在全面评估该国政策、法规以及项目开发的技术可行性和经济可行性后，与该国TBM公司签署了合作协议，同时注册成立新疆广汇石油有限公司，外聘组建专业化的管理、技术人才队伍专门负责这个项目。

同年，斋桑项目获得国家发改委核准和哈萨克斯坦能源和矿产资源部的正式批准，广汇石油收购了斋桑油气项目49%的股权，2014年，又完成对该项目3%的股权收购，最终实现对斋桑油气项目52%的股权控股。历经6年的艰苦努力，广汇石油获得哈萨克斯坦政府批准的原油储量近3亿吨、天然气探明储量100多亿方。

为了将斋桑然气成功运回国内，中哈两国于2012年11月8日在北京正式签订《中哈两国政府间萨拉布雷克—吉木乃天然气管道建设和运营合作协议》，同年12月完工。这条管道由广汇能源投资建设，全长115.5公里、年供气能力5亿方，它既是我国第三条跨境天然气输气管线，也是国内首条由民营资本建设运营的跨境天然气输气管线。

2013年6月，斋桑油气项目生产的天然气，正式通过这条管线输送到下游新疆吉木乃液化天然气工厂进行加工销售。截至2018年6月末，已累计生产和输送天然气22.34亿方。

斋桑油气项目的成功开发，不仅使中哈两国边境人民率先使用上了高效、安全的清洁能源，也带来了积极的社会影响和良好的社会、生态、经济效益。

斋桑油气项目的成功运营，广汇率先成为从境外直接获取油气资源供应国内市场的民营企业；完成对南依玛谢夫油气项目的收购，进一步巩固了广汇能源作为民营企业在国内能源行业的领先地位。

## 5.利用核心竞争力"走出去"

特变电工是为全球能源事业提供系统解决方案的服务商。公司立足新疆，培育了以能源为基础，"输变电高端制造、新能源、新材料"一高两新国家三大战略性新兴产业，该公司生产的变压器年产能居世界第一位。

特变电工的发展是中国民营企业走出去的一个缩影，得益于国家提出"一带一路"倡议。他们按照习近平总书记"要本着互利共赢的原则同沿线国家开展合作，让沿线国家得益于我国发展"的要求，依托在输变电产品自主研制世界领先的比较优势，经历了由制造业向制造服务业，由国内向国际，由单机制造向系统集成、再到中国电力标准全面输出的转变。

该公司高新技术产品先后进入美国、印度、俄罗斯、巴西等60余个国家和地区。先后为塔吉克、吉尔吉斯、菲律宾、埃塞俄比亚、坦桑尼亚、肯尼亚、赞比亚等17个国家，提供了涵盖电网、电源建设的成套项目总承包服务，涵盖项目的勘测设计、工程建设、设备供货、安装调试、运行维护、培训服务等一体化解决方案。他们成功把中国电力标准运用于"一带一路"沿线国家的电力建设，把节能化、智能化、自动化的电力建设技术和经验输送到全球各地，打造了中国重大装备制造业的世界品牌，实现了由"中国制造"向"中国创造"，由"装备中国"向"装备世界"的新跨越。

经济发展，电力先行。特变电工承担的海外项目，都是在无水、无电、无路甚至战火纷飞没有任何基础设施保障的情况下实施的艰苦工程，都是相关国家领导人亲自挂帅的重大民生工程。项目实施的好与坏，直接影响着我国与相关国家的政治互信及经贸各领域的友好合作。特变电工的团队深知责任重大、使命光荣。

刚开始做国际市场的时候，为了能够开拓海外成套项目市场，他们徒步穿行了非洲撒哈拉沙漠270公里的通道两个来回，掌握第一手数据，战胜竞争对手拿到了特变电工第一个海外成套项目总承包工程。这一时期，面对某个核大国的傲慢，为了田湾核电站国家重点工程及时投产，公司的技术人员靠着尺子的仗量，解密了核电的秘密，结束了百万千瓦核电依靠引进的历史。这一时期，他们承担了塔吉克国家电网成套项目总承包工程，作为中塔两国21世纪经贸合作的典范，项目能否成功建设，直接事关中塔的政治互信和世代友好。

在3800米的茫茫雪域高原，公司职工发扬了"特别能吃苦，特别能战斗，特别能奉献，特别能学习"的精神，没有路，靠索道攀缘；没有电，冬夏都在瑟缩寒冷中度过漫漫冬夜；翻越冰达坂，穿越无人区，挑战着自然的极限。有头运送物资的小毛驴，因为不肯再受高山的折磨，选择了跳崖，他们建设者则必须要坚持忍受。苏联人10年时间都没有建成的工程，特变电工3年就建成了。

特变电工坚持项目开展到哪里就把友谊和服务传播到哪里，让企业的发展惠及当地人民。在项目建设过程中，他们竭尽全力参与当地的民生、民心、民意工程建设。扶贫帮困、捐资助学、捐建学校、打井修路，改善项目所在地居民的生活环境，帮助印度失学女童重返校园，定期慰问当地敬老院和孤儿院，为塔吉克捐建学校，解决塔吉克首都杜尚别和周边各州近1900名学生就读问题；累计为项目所在国培养本土化电力技术人才近千人，这些人员现在都成了该国在电力、运维方面的专家。因为在中国有过学习和工作的经历，对中国有深厚的感情，有中文名，吃新疆饭，说中国话，这种民间文化融合和互信通过海外项目自然而然地建立起来了。

特变电工在印度建立了特高压产品研制组装基地，成为印度最大的变压器制造企业，承担了印度国家750kV电网50%以上的产品和集成技术服务；在塔吉克建设的一系列国家重大电力工程项目，使塔吉克国家主电网全线贯通，为中亚地区电网联网建设和更紧密合作奠定了基础；成功签署并投运了目前全球最大的单体太阳能光伏电站——巴基斯坦100MW太阳能光伏电站EPC和运营维护项目。

几年来，特变电工抓住"一带一路"建设的历史机遇，深耕中亚市场，依托印度制造基地，站稳和做大东盟市场，拓展非洲市场，进入拉美及东欧市场。同时，依托中国在全球领先的发送和配送电力技术和特变电工在全球电力、电网建设已经形成的品牌影响力、系统解决方案的能力，围绕"中巴经济走廊""孟中印缅经济走廊"，把他们在能源电力领域积累的成功经验，向周边国家共享和输出，打造各国经济发展的升级版，使电力丝绸之路成为连接中国与周边各国团结互信、合作共赢的重要纽带。

# 链接：历程回顾与前景展望（2012—2018）

党的十八大以来，以习近平同志为核心的党中央从统筹推进"五位一体"总体布局和协调推进"四个全面"战略布局、夺取中国特色社会主义事业新胜利的战略高度，就鼓励、支持、引导民营经济发展提出了一系列新思想、新论断和新举措，进一步丰富和发展了党关于民营经济发展的理论方针政策，成为中国特色社会主义理论体系的重要组成部分。

关于非公有制经济在我国经济社会发展中的地位和作用，十八届三中全会进一步明确提出："公有制经济和非公有制经济都是社会主义市场经济的重要组成部分，都是我国经济社会发展的重要基础。""两个都是"的重要论述，第一次将非公有制经济与公有制经济置于同等重要的地位，表明我们党对民营经济达到了一个新的认识高度。

2016年3月4日，习近平总书记在全国"两会"期间，还用"六个重要"来评价非公有制经济的重要地位和作用：非公有制经济在稳定增长、促进创新、增加就业、改善民生等方面发挥了重要作用，是稳定经济的重要基础，是国家税收的重要来源，是技术创新的重要主体，是金融发展的重要依托，是经济持续健康发展的重要力量。

"两个都是"和"六个重要"的精辟表述，概括了非公有制经济在我国经济和社会发展中的不可替代性和不可或缺性，是中国特色社会主义道路自信、理论自信、制度自信和文化自信的重要体现。

我国经济发展进入新常态后，民营经济发展面临一系列新的挑战和困难，民营企业家发展预期和信心受到影响。在这一背景下，习近平总书记特别强调：非公有制经济在我国经济社会发展中的地位和作用没有变，党和国家鼓励、支持、引导非公有制经济发展的方针政策没有变，党和国家致力于为非公有制经济发展营造良好环境和提供更多机会的方针政策没有变。习近平总书记强调"三个没有变"，就是希望广大民营企业家坚定信心、把握大势、提升素质、发挥才能，推动企业取得更好更大发展。

为了进一步优化民营经济的发展环境，激发民营经济的发展活力和创造力，十八届三中全会明确提出，要坚持权利平等、机会平等、规则平等，废除对非公有制经济各种形式的不合理规定，消除各种隐性壁垒，制定非公有制企业进入特许经营领域具体办法。

"三个平等"的提出，体现了党和国家下决心破除垄断，建设统一开放、竞争有序市场体系和公平开放透明市场规则的信心和魄力，为我国民营经济在新常态下更好更快地发展提供了有力保障，对促进民间投资和振兴实体经济具有重大意义。

针对民营经济产权经常遭受各种侵害，民营企业家人身财产安全得不到有效保护的情况，十八届三中全会明确提出，公有制经济财产权不可侵犯，非公有制经济财产权同样不可侵犯。国家保护各种所有制经济产权和合法利益，保证各种所有制经济依法平等使用生产要素、公开公平公正参与市场竞争、同等受到法律保护，依法监管各种所有制经济。

2016年11月，中共中央、国务院颁发《关于完善产权保护制度依法保护产权的意见》，指出产权制度是社会主义市场经济的基石，保护产权是坚持社会主义基本经济制度的必然要求。《意见》明确了平等保护、全面保护、依法保护、共同参与、标本兼治五项原则。党中央关于"两个不可侵犯"的提出和加强产权保护文件的出台，使我国坚持和完善产权保护制度进入一个新的发展阶段，为广大民营企业安心、专心、用心谋发展创造更加有利的制度环境。

近年来，从中央到地方相继出台了一大批促进民营经济发展的相关政策措施，但由于各种原因，这些政策落地效果还不好，市场准入限制仍然较多，政策执行中"玻璃门""弹簧门""旋转门"现象大量存在，一些政府部门为民营企业办事效率仍然不高等。习近平总书记明确提出，各地区各部门要从实际出发，细化、量化政策措施，制定相关配套举措，推动各项政策落地、落细、落实，让民营企业真正从政策中增强获得感。

十八届三中全会还对积极发展混合所有制经济作出了系统阐述，首次提出国有资本、集体资本、非公有资本等交叉持股、相互融合的混合所有制经济，是基本经济制度的重要实现形式，有利于国有资本放大功能、保值增值、提高竞争力，有利于各种所有制资本取长补短、相互促进、共同发展。同时强调，允许更多国有经济和其他所有制经济发展成为混合所有制经济；国有资本投资项目允许非国有资本参股。

十八大以前，在一些地方、一些行业、一些领域也不同程度存在着官商勾结、权钱交易等不健康、不正常的政商关系。十八大以后，党中央加大反腐败力度，查处了一批腐败分子和不法商人，官商勾结现象有所收敛。同时，在一些党政干部中又出现了不敢担当、不愿与企业家联系交往的现象。如何处理好政商关系，成为不少党政干部和民营企业家普遍面临的一道难题，也成为社会普遍关注的一个热点问题。

2016年3月4日，习近平总书记明确提出，要建立"亲""清"新型政商关系。为了推动经济社会发展，领导干部同非公有制经济人士的交往是经常的、必然的，也是必需的。这种交往应该为君子之交，要亲商、安商、富商，但不能搞成封建官僚和"红顶商人"之间的那种关系，也不能搞成西方国家大财团和政界之间的那种关系，更不能搞成吃吃喝喝、酒肉朋友的那种关系。

企业家是参与市场经济活动的重要主体，是宝贵的稀缺资源，对促进经济发展和社会进步有着不可替代的重要作用。党中央非常关心企业家队伍成长和作用发挥，在十八大以后的几年时间里，习近平总书记在各种场合反复强调，要弘扬企业家精神，发挥企业家才能，造就优秀企业家队伍。

2017年9月9日，中共中央、国务院印发《关于营造企业家健康成长环境弘扬优秀企业家精神更好发挥企业家作用的意见》，提出了一系列重要理论观点、政策举措和制度安排，强调要着力营造依法保护企业家合法权益的法治环境，营造促进企业家公平竞争诚信经营的市场环境，营造尊重和激励企业家干事创业的社会环境。

十八大以来，党中央强调，促进非公经济健康发展和非公有制经济人士健康成长既是重大经济问题，也是重大政治问题。对非公有制经济人士要坚持团结、服务、引导、教育的方针，一手抓鼓励支持，一手抓教育引导，关注他们的思想，关注他们的困难，有针对性地进行帮助引导，引导非公有制经济人士致富思源、富而思进，做到爱国、敬业、创新、守法、诚信、贡献，做合格的中国特色社会主义事业建设者。

习近平总书记在2015年5月中央统战工作会议上强调，工商联是党和政府联系非公有制经济人士的桥梁和纽带，统战工作要向商会组织有效覆盖，发挥工商联对商会组织的指导、引导、服务职能，确保商会发展的正确方向。同年，中共中央颁发的《中国共产党统一战线工作条例（试行）》明确规定，工商联所属商会是工商联的基层组织和工作依托，工商联对所属商会进行指导、引导和服务。

2018年7月，中办、国办颁布了《关于促进工商联商会改革和发展的实施意见》，要求推动统战工作向商会有效覆盖，充分发挥工商联的指导、引导、服务职能，探索创新商会治理和运行模式，加强制度化、规范化建设，培育发展中国特色商会组织。

在党的十九大上，习近平总书记在民营经济发展方面又作出了许多重要的新论述，主要体现在"信心、创新和环境"三个方面。在增强民营企业发展信心方面，十九大报告首次提出"民营企业"概念，既表明我们党对民营企业认识的逐步深化，又对民营企业为改革开放和经济社会建设作出的贡献给予充分肯定；强调把发展经济的着力点放在实体经济上，这对引导广大民营企业保持定力、坚守实体经济做到不焦躁、不灰心、不动摇，加快技术产品管理商业模式等创新，培育以创新驱动为核心的竞争新优势、安心、专心、用心创业创新创富，将产生积极的推动作用；提出要打破行政垄断，清理废除妨碍统一市场和公平竞争的各种规定和做法，民营经济的发展生机活力和创造力将会充分释放出来。

在鼓励创新方面，十九大首次提出加强对中小企业的创新支持，要引导中小企业加大研发投入力度，鼓励掌握关键核心技术和自主知识产权，特别是要通过技术创新带动产品创新和生产经营模式的创新，不断开发新技术，涉足新领域，推出新产品，通过产品创新引领消费创新；提出支持传统产业优化升级，把握顺应发展大势，走转型升级优化之路。

在营造环境方面，十九大再次要求构建"亲""清"新型政商关系，这必将激励广大党政干部勇于担当、积极作为，既帮助民营企业解决发展中遇到的困难和问题，又能守住底线，不以权谋私。同时也必将激励广大企业家做到洁身自好，遵纪守法办企业，光明正大搞经营。

十八大以来，以习近平同志为核心的党中央以前所未有的决心和力度推进全面深化改革，作出一系列重大战略部署，先后出台重点改革文件360多个，推出改革举措1500多项。广大干部群众积极投身改革，汇聚起推进全面深化改革的强大正能量，谱写了改革新篇章。

十八大以来，各级党委政府认真贯彻落实党中央关于民营经济发展的理论方针政策，按照中央全面深化改革的时间表、任务书和路线图，把转变政府职能作为深化经济体制改革和行政体制改革的关键，以"壮士断腕"的决心推进简政放权，加大"放管服"力度，努力为各类市场主体"松绑解套"，充分释放改革红利，以政府"权力减法"和"责任加法"，换来"市场乘法"。

十八大以来，国家大规模开展结构性减税，清理各种行政事业性收费，整顿各类中介组织，规范收费标准，降低制度性交易成本，连续多年给市场主体送以万亿级的"大礼包"，三年时间，为各类市场主体减税降费达3万亿元，减轻了民营企业负担，让民营企业切实尝到了实惠。

十八大以来，党中央坚持全面依法治国、依法保护产权、保障企业家合法权益、平等保护各类所有制经济合法权益，张文中、顾雏军等一批涉产权的民营企业家冤案得到改判，进一步消除了在民营企业家中弥漫的"小富即安、大富难安"的忧虑情绪，为企业家创新创业营造公平正义的法治环境和社会环境，让有恒产者有恒心。

十八大以来，党中央高度重视企业家队伍建设，努力营造亲商、安商、富商环境，形成鼓励创新、允许试错、宽容失败的氛围，弘扬企业家精神，发挥企业家才能，让企业家在市场经济浪潮中大显身手。

十八大以来，党中央提出构建"亲""清"新型政商关系，坚决惩治官商勾结、权钱交易等违法犯罪活动，整治不担当、不作为、乱作为等不良风气，推动各级党政干部帮助民营企业排忧解难，积极靠前提供各种服务。当前，"亲"的氛围正在形成，"清"的理念逐渐深入人心，新型政商关系进入良性互动的新的发展阶段。

十八大以来，国家实施以创业带动就业战略，各项鼓励创新创业政策密集出台，努力打造发展新引擎、增强发展新动力，以"大众创业、万众创新"为特征的"中国第四次创业浪潮"正奔涌而来，我国每天诞生6.6万个市场主体，其中企业1.6万个，形成大企业顶天立地、中小企业铺天盖地的格局。

十八大以来，广大民营企业贯彻"创新、协调、绿色、开放、共享"的新发展理念，结合自身所处行业发展和企业自身实际，充分发挥创新能力强、机制灵活、市场敏锐的优势，从过去主要依靠资源消耗和低成本劳动力等要素投入转向创新驱动发展，大力开展技术创新、管理创新、产品创新和商业模式创新，努力实现提质增效升级，不断提升市场竞争能力、抵御风险能力、可持续发展能力。许多企业自觉做好节能减排工作，淘汰高消耗、高排放的落后产能，开发清洁生产和节能技术，积极投身资源节约型、环境友好型社会建设，为提高经济发展质量和效益发挥积极作用。

为贯彻落实党的十八大精神，从2013年至2017年，全国工商联会同中央统战部在全国范围内广泛开展了非公有制经济人士理想信念教育实践活动，引导广大非公有制经济人士增强对中国特色社会主义的信念、对党和政府的信任、对企业发展的信心、对社会的信誉。在教育实践活动中，各地探索总结了"摸底调查机制、政企沟通机制、培训互动机制、正面引导机制、协调推进机制"等五个方面长效机制，确保了教育实践活动持之以恒地抓下去。在近5年的时间里，广大非公有制经济人士积极主动参加教育实践活动，进一步坚定理想信念，提升创新能力，践行法治理念，努力做到政治上自信、发展上自强、守法上自觉。

截至2017年年底，我国个体工商户达到6 579.4万户，私营企业达到

2 726.3万户，合计占全部市场主体的94.8%，私营企业数量和注册资本对企业总量增长的贡献率分别达98.9%和69.8%。当前，我国非公有制经济在经济社会发展中的地位举足轻重，创造了"56789"的奇迹，即：税收贡献超过50%，国民生产总值占比超过60%，技术创新和新产品研发占比超过70%，城镇就业超过80%，对新增就业贡献达到90%，向时代交出了一份出色的答卷。

十八大以来，我国民营企业在提质增效升级的过程中，企业发展的思路、发展的路径、发展的条件都发生了深刻变化，呈现出以下特点和趋势：

企业分化趋势明显。转型升级的早与晚，创新能力强与弱，管理水平高与低，质量品牌美誉度好与差，使民营企业特别是制造业企业明显分化，面临"冰火两重天"。强者恒强，信心满满；弱者被淘汰不可避免。

创新的牵引作用更加凸显。随着要素成本提升、资源环境约束加强，消费者对产品的质量、性能和安全有了更高要求，支撑实体经济实现近40年快速发展的低成本、粗放式发展方式已经难以为继。依靠技术创新、管理创新、模式创新实现提质增效升级，既是民营企业获取竞争优势的关键，也是面临的重大挑战。

信息化、工业化融合助力企业转型升级。随着新一代信息技术和互联网技术的迅猛发展和加速应用，信息化、工业化融合步伐在加快，物联网、大数据、云计算、人工智能在各行各业的应用突飞猛进，推动民营企业向智能制造转变，提升制造业产品、装备、生产、管理和服务的智能化水平。数字经济奔涌而来，新技术、新产业、新服务、新模式不断涌现，以阿里巴巴、腾讯、百度、京东、小米为代表的民营互联网高科技企业，成为我国经济发展中的亮丽风景线。

绿色制造是大势所趋。目前，民营企业的环保意识普遍增强，环保投入力度不断加大，发展循环经济、绿色经济的主动性和积极性在提高。不少企业把污染治理、节能减排作为企业发展新领域，积极参与生态文明建设，实现经济效益和环境保护的统一。

面临双重挤压和挑战。全球产业结构深度调整，发达国家纷纷实施"再工业化"和"制造业回归"战略，一些新兴经济体，积极融入全球产业分工体系，在承接转移产业、拓展国际市场等方面竞争激烈。实体经济正面临发达国家先发优势和其他新兴经济体低成本优势的双重挤压和挑战，民营企业必须通过转型升级提高市场竞争力，使企业立于不败之地。

习近平总书记在党的十九大报告中指出：中国特色社会主义进入了新时代，我国社会主要矛盾已经转化为人民日益增长的美好生活需要和不平衡不充分的发展之间的矛盾，经济发展由高速发展阶段转入高质量发展阶段，正处在转变发展方式、优化经济结构、转换增长动力的攻关期。

正确认识和全面把握高质量发展的时代背景、基本内涵和目的要求，以及所带来的机遇和挑战，对于广大民营企业牢固树立高质量发展意识，坚持走转型升级和创新驱动发展道路，为满足人民群众对美好生活需要提供高质量产品和优质服务，具有重大意义。

——高质量发展是民营经济适应社会主要矛盾变化的必然选择。

首先，必须用高质量的发展，才能满足人民对物质文化生活的更高要求。当前，我国人均GDP达到8000美元，进入中高收入国家行列，这标志着人民需要从追求数量阶段转向追求生活品质的新阶段。从恩格尔系数来看，2017年，我国居民恩格尔系数为29.3%，进入联合国划分的20%至30%的富足标准。在这种情况下，人们的食品消费开始从吃饱吃好更多转向吃出品味和文化。从国际发展经验来看，人均GDP达到8000美元后，消费者对衣、食、用等基本生活必需品的消费转向追求品种、品质、品牌，注重安全、健康等。麦肯锡报告显示，中国50%的消费者表明自己追求优质产品，消费者的选择正在从大众产品向高端产品升级。据统计，现阶段中国人购买的奢侈品占全球的45%。2017年，在全国居民人均消费支出中，教育文化娱乐支出比上年增长8.9%，医疗保健支出增长11%，均明显快于人均消费支出7.1%的平均水平。居民耐用消费品拥有量增加，2017年，全国居民每百户家用汽车拥有量为29.7辆，每百户移动电话拥有量为240部。国内旅游和出境旅游人次，连续五年增长均超过10%，2017年，全国旅游人数达到50亿人次。

其次，必须用高质量的发展，才能满足人民对民主、法治、公平、正义、安全、环境等方面的要求。随着物质文化生活水平的不断提高，人民对美好生活的期待越来越广泛，越来越具有多层次、多样化、多元化的重要特征。如2013—2017年，人民网每年都会在全国两会召开前对"民众期待什么"进行调查。调查数据显示，人民对民主、法治、公平、正义、安全、环境等方面的要求越来越强烈。2013年，列出的网民关注的十大问题分别是社会保障、反腐倡廉、收入分配、住房保障、医疗改革、稳定物价、食品药品安全、法治中国、行政体制改革、国防建设；2014年，食品药品安全上升到第三位；2015年，收入分配排到第一；2017年，反腐倡廉排在第一，然后分别是社会保障、医疗改革、就业和收入、教育公平、住房、环境保护、公共安全、依法治国、脱贫攻坚。五年来，民主、法治、公平、正义、安全、环境等方面的问题都位列其中。

再次，必须用高质量的发展，才能解决经济结构失衡问题。目前，我国经济发展中的结构性矛盾还比较突出：比如产业结构，服务业所占比重低于同等发展中国家大约10个百分点，传统制造业占制造业的比重高达80%以上，农业劳动生产率仅相当于美国的1%左右；又如城乡结构，城乡居民人均可支配收入倍差仍为2.72，收入差距较大；又如区域结构，据有关部门调查的报告显示：东部地区进入提升品质阶段，而西部地区仍处在满足基本生活阶段，区域差距较大。这些重大经济结构的发展不平衡，必然导致供给与需求之间的不平衡，使可持续发展受到挑战，人民对美好生活的需要得不到有效满足。

人民日益增长的美好生活需要，意味着人民生活已由"能过好"向"过更好"转变，意味着城乡居民消费由中低端向中高端转变，意味着市场需求开始由数量满足型向质量满足型转变。社会主要矛盾的变化推动了市场需求的变化，这就要求广大民营企业顺应市场需求变化，认真研究好市场、研究透市场，根据市场需求变化调整投资结构、产业结构和产品结构，为社会提供高质量的产品和优质的服务。

——高质量发展是民营经济适应转方式、优结构、换动力的必然选择。工业化早期的经济增长主要依赖资源、土地、人口等初级生产要素，而要保持持续增长，最终需要依靠技术进步和效率提升。改革开放40年来，我国经济持续保持近10%的高速增长，已成为世界第二大经济体。我国制造业产值占世界的比重超过20%，连续7年保持世界第一制造大国地位；按照国际标准分类，在制造业的全部22个大类中，我国有七大类行业规模名列全球第一；在500多种工业产品当中，我国有220多种产量居世界第一；工业制成品出口约占全球的1/7，是全球最大的工业制成品出口国。但同时，由于这一时期的增长方式总体上是粗放的，因此不可避免地带有数量规模快速扩张的特征，伴随着一些不平衡、不协调、不可持续的矛盾和问题。

从支撑我国经济增长的因素和条件看，已经或正在经历着许多新的变化，包括我国劳动力人数从五年前开始下降，农民工进城数量减少，工资水平相应上升，劳动力低成本的优势正在减弱；房地产等终端需求和钢铁、煤炭等重要工业品相继出现历史需求峰值，增长速度明显减缓，产能过剩和产品库存过多等问题突出；土地等资源价格上升，部分城市房价高企，生态环境压力加大，有些方面接近甚至超过承受底线；金融与实体经济之间、房地产与其他领域之间、实体经济内部出现严重不平衡，部分领域杠杆率过高，金融风险增加，经济增长效率呈现下降态势。伴随着这些变化，我国经济结构出现重大转变，经济增长转向更多地依靠消费、服务业和国内需求，更多地依靠劳动者素质提高、技术进步和全要素生产率改进。相应地，经济发展阶段开始转换，由过去的高速增长阶段转向高质量发展阶段，不可能像以往那样主要依靠要素投入数量的增长，必须转向更多依靠全要素生产率的提高，必须推动质量变革、效率变革、动力变革。

从高速增长阶段转向高质量发展阶段，实际上是从"有没有"到"好不好"的转变，从中国制造到中国创造的转变，从中国速度向中国质量的转变，从中国产品向中国品牌的转变。按照高质量发展要求，在转变发展方式方面，就要从主要依靠增加物质资源消耗实现粗放型高速增长，转变为主要依靠技术进步、改善管理和提高劳动者素质实现集约型增长。在优化经济结构方面，就要由资源密集型、劳动密集型产业为主向技术密集型、知识密集型产业为主转变；由低技术含量、低附加值产品为主向高技术含量、高附加值产品为主转变；由高成本、低效益向低成本、高效益的方向转变；由高排放、高污染向循环经济和环境友好型经济转变。在转换增长动力方面，就要从规模速度型粗放增长转向质量效率型增长，从增量扩能为主转向调整存量、做优增量，从生产要素投入驱动转为创新驱动。

经过40年的发展，我国民营经济已站在了一个新的起点上，既面临重大机遇，又面临严峻挑战，挑战中又孕育着新的发展机遇。如果说，前40年的中国民营经济处于创业阶段，解决的是快速发展问题，依靠的主要是改革开放政策的推动，那么，今后的中国民营经济则进入新的创业阶段，解决的是全面协调可持续高质量发展问题。

中国特色社会主义进入新时代，我国经济进入新常态，正在经受一系列不容忽视的新挑战，民营企业生产经营普遍面临市场需求不旺、生产要素成本上升过快、融资难融资贵、税费负担重、制度性交易成本高等困难和问题。习近平总书记曾指出，目前民营企业遇到了三座大山：市场的冰山、融资的高山、转型的火山。具体说，当前我国民营企业面临的困难和问题主要有：

——市场竞争不断加剧。我国的民营企业绝大多数是中小微企业，多为粗放型、劳动密集型、微利型企业，市场竞争力多数不强，科技型、创新型、非资源型民营企业发展不足，持续发展难度大。随着我国劳动力、土地、资源、原材料等生产要素成本的上升，环境承载能力已经达到或接近上限，低成本制造的传统优势逐步丧失，粗放式的发展方式已经难以为继。民营企业生产的产品相当部分处于产业链中低端，初加工的产品多，深加工的产品少。零配件产品多，整机产品少，资源性、劳动密集产品多，资本性技术密集型产品少，造成产品的档次、技术含量比较低，产品附加值不高。中小微企业实施内部挖潜升级或外部拓展嫁接，其空间极为有限；而全面转产，跳出原有的产品圈子，其风险又难以把握。竞争对企业是一把双刃剑。一方面，给企业带来压力，稍有不慎，必使企业陷于困境，或惨遭淘汰；另一方面，给企业带来做强做好的动力，让企业保持旺盛的斗志，逼着企业把产品和服务做好，更好地为顾客服务。

——生产要素成本持续上升。劳动力、土地、能源、原材料、物流、资本、商铺租金等要素成本的上升，使得原本就处于产业链低端的小微企业盈利空间严重被挤压。近几年来，劳动力成本已成为民营企业经营成本中上涨最快的一项，主要原因是，物价上涨导致员工生活成本上升，促使员工工资不断被抬高，其中高房价已成为企业用工成本攀升的重要因素，企业在基本薪酬外支出的员工关联成本显著提高，如中小微企业自己培养的员工不能留下，员工频繁跳槽导致企业在人员维护上投入更高的成本。此外，大型企业拖欠货款无形中也加大了小微企业的运营成本。经济不景气时，大中型企业同样资金紧张，有些企业即使签订了合同也可能会被故意拖延，导致回款期加长。小微企业因此无法及时支付自己上游企业的货款，只好以拖欠下游企业货款来缓解资金压力，从而形成新的三角债。

——缺乏品牌核心竞争力。随着我国市场经济日趋完善，国内市场越来越开放，使民营企业所处的竞争环境及对手都已经发生了改变，国外国内强有力的竞争对手，在市场竞争中掌握主动权，市场游戏规则基本都是由他们来制定，这对民营企业的发展带来严重挑战。如何抓住机遇，迎接挑战，成为民营企业需要解决的紧迫任务，而品牌已经成为赢得顾客忠诚和企业求得长期生存与成长的关键，民营企业只有通过培育和提升品牌核心竞争力来获取持续竞争优势。我国大多数民营企业核心竞争力仍然不强，与跨国公司甚至是本土的大公司相比，除了在核心技术、核心产品、核心业务上缺乏核心竞争力外，其最缺乏的就是品牌竞争，而品牌竞争是企业整体竞争力的象征，是产品竞争力、技术竞争力、管理竞争力的外在表现。民营企业要不断发展壮大，在市场中获得生存的一席之地，实现可持续发展，必须建立其品牌核心竞争力。

——融资冰山依然难越。民营企业融资难是全球性问题。国家对中小微企业的发展一直非常重视，国务院针对中小微企业融资难融资贵，反复强调"三个不低于"，帮助解决企业融资难问题。但是，这个问题始终没有得到缓解，除了少数管理水平较高、拥有优质资源的中小微企业以及部分仅有临时资金周转需要的企业容易得到金融机构的资金支持外，大部分中小微企业营运资金短缺是常态，甚至有些企业反而倒在银行抽贷和断贷上。此外，部分中小微企业经营者不注重个人及企业的信用积累、缺少有效的融资担保，滋生银行审批难、融资成本高等问题。因而，中小微企业融资难，既有企业经营状况、信用意识等自身发展限制，又有直接融资特点与小微企业需求不匹配的错位。

　　——税负重挤压利润空间。尽管国家这几年大规模地进行结构性降税，取消各种名目繁多的收费项目，禁止各类中介组织乱收费，降低制度下交易成本，为企业减轻负担，但是，由于企业涉税种类多，各种行政事业性收费项目仍然很多，造成企业税费负担过重，严重地挤压了企业利润空间，甚至使劳动密集型的传统制造业到了"无利可图"的地步。

　　——创新人才缺乏问题突出。企业核心竞争力依赖优秀人才、管理和科技创新能力。人才缺乏是大多数民营企业的难题。大多数民营企业规模小，发展空间有限，用人观念和机制比较滞后，对优秀人才难以形成吸引力，也难以留住优秀人才，从而出现一方面对人才求贤若渴，另一方面又形成"引不进、用不起、管不好、留不住"等"用工难"的尴尬境地。此类问题，在中西部地区尤为突出，地位劣势造成企业引进人才方面困难重重，即使花大力引进了人才，也因为发展空间、职称评定、城市配套、子女教育等相关问题而无法留住人才。

　　——环境治理与企业发展矛盾。过去粗放型的发展方式，造成能源紧张、资源短缺、生态退化、气候变化、环境恶化，清新空气、清洁水源、舒适环境越来越成为稀缺的产品。过去老百姓"盼温饱"，现在"盼环保"；过去"求生存"，现在"求生态"。建设"望得见山、看得见水、记得住乡愁"的美丽中国，成为全国人民的期盼。随着生态环境保护力度的加大，民营企业特别是传统企业的发展面临着较大的生存压力，都要过好环保这一难关。打好环境污染防治攻坚战，建设生态文明，实现人与自然和谐共生，既是政治任务、民心工程，也是促进企业提质增效升级、实现经济效益和环境保护统一的重要途径。

　　——企业家精神需要重塑。中共中央、国务院中央颁发的《关于营造企业家健康成长环境弘扬优秀企业家精神更好发挥企业家作用的意见》，是新中国成立以来国家以最高规格出台的红头文件，充分体现了党中央对弘扬企业家精神、发挥企业家才能的高度重视。企业家精神是创新精神，本质是冒险精神。企业家是社会宝贵的稀缺资源，是市场经济的活力之源，是资本拥有者、资源配置者、创新组织者、财富创造者、责任担当者。目前，社会对弘扬企业家精神、发挥企业家才能的重要性和认识不足，对企业家重视程度不够，甚至缺乏尊重和信任。而企业投资者中的少数人，有的理想信念缺失，有的守法诚信意识淡薄，有的官商勾结、利益输送，有的因循守旧、不思进取……由于企业家精神的缺失，这一群体也往往成为社会诟病的对象。要在全社会营造亲商、安商、富商的社会环境，形成尊重纳税人、尊重创新创业者、尊重企业家的良好氛围，激发他们创业、创新、创富的精神。同时，也要加强对他们的引导教育，做到自我学习、自我教育、自我提升，全面提高综合素质，传承弘扬企业家精神，为实现高质量发展发挥自己的智慧和才能。

——工匠精神等待回归。近40年的工业化路程走得太匆忙，我们没有给自己留下思考和沉淀的时间，我国的制造业就像是一个身强力壮却没有灵魂的人。之所以我们会缺失工匠精神，是由于我国历史文化的深远影响和现代教育共同作用的结果。对于大多数企业来说，做出来的货能卖得出去才是硬道理，但是对于品牌创造、制作工艺的追求却不高。此外，许多企业忽略了最为重要的原创和技术研发，至于专利和知识产权的积累就更少了，只能在微利的低端工业链条里挣扎。工匠精神的弃守使我国制造业成为一个缺乏品牌信念的"经济怪物"，由于根基没有打厚实，因而需求补课。工匠精神是面临未来的一个重大课题。

对于新时代我国民营经济发展存在的困难和问题，我们要全面、清醒、正确地认识。首先，这是发展中的问题，没有民营经济的大发展，就没有这些新情况、新问题、新矛盾，正是由于发展才带来了民营经济"发展中的困惑""成长中的烦恼"。其次，这是经济发展规律的体现，世界经济史表明，当经济总量达到一定规模、发展处于一定阶段时，必然产生资源紧缺、生产成本特别是人工成本上升、传统产业中不利于环境保护的产业被限制、新兴产业中科技附加值少的低端制造业被淘汰的现象，因而才导致表面是企业倒闭、实质是产业转移的国际性、区域性经济格局调整。习近平总书记提出"创新、协调、绿色、开放、共享"的科学发展理念，正是针对新时代我国经济发展中出现的新问题、把握世界经济发展的新规律而作出的正确决策。

展望未来，新时代我国民营经济发展面临的机遇大于挑战，并将得到更大的发展。

——民营企业数量和规模将不断扩大。随着民营经济发展的政策环境、市场环境、法治环境和社会环境更加趋于完善，一些制约民营经济发展的障碍和壁垒得到逐步解决和破除，民营经济将获得更为广阔的发展空间，企业数量和规模将不断发展壮大。随着商事制度改革的深入，未来我国私营企业的户数将会不断递增，而个体工商户的户数将基本保持稳定，个体、私营企业注册资金的规模将进一步扩大，企业数量和注册资金占全国的比重将继续上升，民间投资将继续回升。

——民营经济将成为新技术、新产业、新业态的主要推动者。当前，以物联网、大数据、云计算、区块链、新能源、新材料、基因技术、智能机器人等为主要内容的新一轮技术革命正在孕育发展，建立在这些新技术基础上的新产业、新业态、新服务、新模式不断兴起。民营企业具有机制灵活、决策快捷、资产配置效率高、创新意识强的特点，将使其紧跟世界新技术革命的浪潮，在这些新兴产业特别是数字经济领域成为新技术的创新者、新模式的创造者、新产业的引领者。

——民营经济将在国家发展战略中发挥更加重要的作用。党中央围绕"两个一百年"奋斗目标提出了一系列国家发展战略，民营企业一定会积极主动融入国家发展战略和主流经济，在"一带一路"、京津冀协同发展、长江经济带发展、雄安新区建设、乡村振兴战略等区域协调发展战略中寻找发展机遇，在战略性新兴产业、现代服务业、军民融合产业等产业发展战略中找准自身定位，在供给侧结构性改革中提升供给质量，积极把握先进制造业、新兴产业、中国制造2025、互联网、大数据、人工智能、区块链与实体经济深度融合，积极抓住中高端消费、绿色低碳、共享经济、现代供应链建设等领域的投资机会。特别是随着我国经济的增长，区域经济重新布局、产业结构调整和产品升级将不断出现，区域经济将承担与其发展相适应的功能，民营经济必将在其中发挥重要作用。民营经济已在县域经济中发挥主体作用，民营经济的发展与我国实施的城镇化战略，可以有力推动农业农村经济结构调整和乡村振兴战略，在县域经济、城乡统筹和乡村振兴战略中将发挥更大作用。

——民营企业在实施"一带一路"倡议中将发挥更大作用。优势民营企业将成为实施"一带一路"建设的重要力量。会有更多的民营企业将逐步成长为有能力利用"两个市场、两种资源",具有国际竞争力的跨国公司。越来越多的民营企业将从企业发展长远战略出发,到"一带一路"沿线国家开拓市场、投资建厂、设立研发机构、建立销售网络、输出品牌产品、获取技术和人才、承包大型工程。民营企业通过品牌延伸、资本渗透、跨国经营、海外合作等形式加速发展自己,将逐渐成为我国实施"走出去"战略更加重要的力量。我国境外工业园区和经贸合作区的大量建立,为中小企业境外投资提供良好的服务平台,中小微民营企业抱团在"一带一路"沿线国家发展将成为一个新的趋势。

40年弹指一挥间,民营企业栉风沐雨、筚路蓝缕。

40年改革大潮汹涌澎湃、气势磅礴,伟大祖国山河巨变,沧海桑田,由"站起来"跨进"富起来",再迈向"强起来"。

40年,民营经济勇立潮头,击水冲浪,留下了波澜壮阔的历程,书写了无愧于时代的壮丽诗篇。

生逢盛世,时遇改革。时代潮流,浩浩荡荡,唯有弄潮儿能永立潮头;历史车轮,滚滚向前,唯有奋斗者能乘势而上。历史的契机,正等待创业者、奋进者、搏击者。

党的十九大为我们描绘了新时代的宏伟蓝图,对于民营经济发展是一次难得的历史机遇;对于民营企业家,又是一次人生转折的历史机遇。这个时代的梦想是"复兴梦""强国梦",是一个充满无限机会、无限可能、无限成功和无限梦想的新时代。中华民族伟大复兴中国梦的蓝图已经绘就,迈上新时代的号角已经吹响,我国广大民营企业家一定要认清形势,坚定信心,抓住机遇,迎难而上,奋力创造出无愧于历史、无愧于时代的新业绩,成为无愧于时代的企业家。

这是我们对改革开放40年最好的致敬!

# 参考文献

1.中共中央文献编辑委员会.邓小平文选:第三卷[M].北京:人民出版社,1993.

2.中共中央文献编辑委员会.江泽民文选:第三卷[M].北京:人民出版社,2006.

3.中共中央文献编辑委员会.胡锦涛文选:第三卷[M].北京:人民出版社,2016.

4.中共中央宣传部、中共中央文献研究室、中国外文局.习近平谈治国理政:第二卷[M].北京:外文出版社,2017.

5.中共中央宣传部.习近平新时代中国特色社会主义思想三十讲[M].北京:学习出版社,2018.

6.张厚义,等.中国私营企业发展报告NO1(1978—1998)[M].北京:社会科学文献出版社,1999.

7.仇保兴.小企业集群研究[M].上海:复旦大学出版社,1999.

8.张厚义,等.中国私营企业发展报告NO2(1999)[M].北京:社会科学文献出版社,2000.

9.唐忠.中国乡镇企业经济学教程[M].北京:中国人民大学出版社,2000.

10.宋才发.私营经济发展的理论与实践[M].武汉:华中师范大学出版社,2000.

11.阳小华,等.民营经济发展研究[M].武汉:湖北人民出版社,2000.

12.何金泉.中国民营经济研究[M].成都:西南财经大学出版社,2001.

13.张厚义，等.中国私营企业发展报告NO3（2001）[M].北京：社会科学文献出版社，2002.

14.肖振岭，等.非公有制经济大趋势[M].长春：吉林人民出版社，2002.

15.张厚义，等.中国私营企业发展报告NO4（2002）[M].北京：社会科学文献出版社，2003.

16.陈雄，叶帆.民营经济发展论纲[M].北京：群言出版社，2004.

17.李青.中国共产党对资本主义和非公有制经济的认识与政策[M].北京：中共党史出版社，2004.

18.陆立军，等.义乌商圈[M].杭州：浙江人民出版社，2006.

19.计泓赓.荣毅仁[M].北京：中央文献出版社，2006.

20.谯薇.中小企业集群论[M].成都：四川大学出版社，2006.

21.中共晋江市委宣传部.走进晋江[M].福州：福建海潮摄影艺术出版社，2007.

22.李生林，王淑芬.中国民营企业劳动关系[M].北京：中国劳动社会保障出版社，2007.

23.蔡宁，吴结兵.产业集群与区域经济发展：基于"资源—结构"观的分析[M].北京：科学出版社，2007.

24.李明章，土建均.非公有制经济研究[M].北京：社会科学文献出版社，2007.

25.中国民（私）营经济研究会.改革开放与私营经济[M].北京：华文出版社，2008.

26.茅理翔.家业长青——构建中国特色现代家族制管理模式[M].杭州：浙江人民出版社，2008.

27.农业部乡镇企业局，中国乡镇企业协会，农业部乡镇企业发展中心.中国乡镇企业30年[M].北京：中国农业出版社，2008.

28.刘世锦.中国产业集群发展报告（2007—2008）[M].北京：中国发展出版社，2008.

29.周立群，谢思全.中国经济改革30年·民营经济卷[M].重庆：重庆大学出版社，2008.

30.中国光彩事业促进会.中国光彩事业年鉴（1994—2007）[M].北京：当代中国出版社，2008.

31.陆立军，等.义乌模式[M].北京：人民出版社，2008.

32.黄孟复.中国民营企业"走出去"状况调查：中国民营经济发展专题报告之"走出去"战略篇[M].北京：中国财政经济出版社，2009.

33.黄孟复.中国民营经济史·大事记[M].北京：社会科学文献出版社，2009.

34.吕福新，等.浙商的崛起与挑战[M].北京：中国发展出版社，2009.

35.全国工商联研究室.中国改革开放30年民营经济发展数据[M].北京：中华工商联合出版社，2010.

36.黄孟复.中国民营经济史·纪事本末[M].北京：中华工商联合出版社，2010.

37.中国民（私）营经济研究会.民营企业加快转变经济发展方式简明读本[M].北京：中华工商联合出版社，2010.

38.保育钧.再呼唤——民营经济：中国的变革与发展[M].北京：中华工商联合出版社，2010.

39.全国工商联研究室.民营经济重要文献汇编[M].北京：中华工商联合出版社，2010.

40.庄聪生.聚焦中国民营经济热点[M].北京：社会科学文献出版社，2011.

41.周德文，吴比.中国样本：温州民营经济创业史（上下卷）[M].杭州：浙江工商大学出版社，2011.

42.秦剑锋，等.叶氏模式·中国梦[M].北京：北京出版社，2011.

43.周桦.藏锋——刘永好传[M].北京：北京大学出版社，2011.

44.中国民（私）营经济研究会家族企业研究课题组.中国家族企业发展报告2011[M].北京：中信出版社，2011.

45.张晓波，阮建青.中国产业集群的演化与发展[M].杭州：浙江大学出版社，2011.

46.张聪群，等.产业集群升级研究[M].北京：经济科学出版社，2011.

47.全哲洙.怎么转——转型的力量[M].北京:中华工商联合出版社,2012.

48.中共中央组织部组织二局.非公企业党建新起点[M].南京:江苏人民出版社,2012.

49.刘迎秋.中国民营企业发展新论[M].北京:社会科学文献出版社,2012.

50.全哲洙.怎么转——转型的智慧[M].北京:中华工商联合出版社,2013.

51.王钦敏.中国民营经济发展报告NO10(2012—2013)[M].北京:社会科学文献出版社,2013.

52.泉州市工商业联合会.民企基因:泉州民企文化范例荟萃[M].北京:九州出版社,2013.

53.茅理翔.百年传承:探索,中国特色现代家族企业传承之道[M].杭州:浙江人民出版社,2013.

54.万幼清.产业集群核心竞争力研究[M].北京:人民出版社,2013.

55.徐元国.民营企业的形成与治理研究:基于产业集群背景[M].北京:中国社会科学出版社,2013.

56.唐凯江、蒋永穆.产业集群演化论[M].北京:经济与管理出版中心,2013.

57.全哲洙.中国民营企业社会责任研究报告[M].北京:中华工商联合出版社,2014.

58.陆立军,等.义乌试点[M].北京:人民出版社,2014.

59.王钦敏.中国民营经济发展报告NO11(2013—2014)[M].北京:社会科学文献出版社,2015.

60.刘迎秋.中国经济运行与发展的逻辑[M].北京:社会科学文献出版社,2015.

61.丁兆庆.经济新常态下民营经济发展环境研究[M].北京:经济科学出版社,2015.

62.齐桂珍.中国所有制理论博弈与演进:1978—2015年从公有制到混合所有制[M].北京:知识产权出版社,2015.

63.中国光彩事业促进会.中国光彩事业年鉴(2008—2015)[M].北

京：华文出版社，2016.

64.季晓东.当代大趋势与特色商会[M].北京：中国原子能出版社，2016.

65.刘晓辉，等.中国民营经济转型升级路径研究[M].石家庄：河北人民出版社，2016.

66.蒋莉莉.民营经济发展新探[M].北京：中国书籍出版社，2016.

67.高峰.非公经济大有可为：全2册[M].北京：中国发展出版社，2016.

68.施章岳，等.义乌商帮[M].北京：红旗出版社，2016.

69.邵文武.东北地区产业集群形成与演化研究[M].沈阳：东北大学出版社，2016.

70.中共中央统战部.中国共产党统一战线史[M].北京：华文出版社，2017.

71.《中华全国工商业联合会简史》编写组.中华全国工商业联合会简史[M].北京：中华工商联合出版社，2017.

72.国务院发展研究中心企业研究所.中国企业发展报告（2017）[M].北京：中国发展出版社，2017.

73.刘峰、吴金良.中华慈善大典[M].杭州：浙江工商大学出版社，2017.

74.武建章，董骏捷.浙江省非公有制经济研究：基于CNKI的文献纵览[M].北京：中国财政经济出版社，2017.

75.孙力科.华为传[M].北京：中国友谊出版公司，2017.

76.谭华建.再造优势：中山十年经济的观察与思考[M].广州：广东人民出版社，2017.

77.陶燕.基石[M].南京：江苏文艺出版社，2018.

78.迟福林.伟大的历程：中国改革开放40年实录[M].广州：广东经济出版社，2018.

79.王珺，赵祥.先行者的探索：广东改革开放40年[M].广州：广东经济出版社，2018.

80.中华人民共和国政府网站

81.人民网

82.新华网

83.全国工商联网站

# 后　记

中国改革开放40年的伟大征程，创造了人类历史上的伟大奇迹。与改革开放相伴相生的中国民营经济，书写了波澜壮阔的壮丽诗篇。

这部书能够出版，要感谢这个伟大的时代，感谢这个时代的创造者们。

因为自己也是时代的经历者、见证者、记录者，在过去的很长一段时间里，能够有机会接触到本书的一部分主人公，如柳传志、宗庆后、曹德旺、刘永好、张近东、许连捷、尹明善、刘志强、茅永红、李书福、南存辉、胡成中、许荣茂、许健康、叶青、史贵禄、孙广信、李东生、苏志刚、王玉锁、傅军、李河君、郑跃文、陈志列、王文彪、周海江、许家印、杨国强、俆冠臣、梁稳根、郭广昌、马云、马化腾、李彦宏、雷军、王均金、蒋锡培、崔根良、袁亚非、刘庆峰，等等，他们中有许多是我多年的朋友。在和他们的接触、交往和观察中，我获得了许多丰富的第一手资料。

2018年3月，为了组织出版纪念改革开放40周年的书籍，民主与建设出版社通过中央统战部找到我，提出我近30年来一直从事统一战线和工商联工作，有一定理论积累和工作经验，希望撰写一部反映改革开放40年我国民营经济发展历程的书稿。退休了，本想好好放松放松，不想再干这个"苦差事"了。但在出版社再三劝说下，只好硬着头皮接受了任务。经报全国工商联高云龙主席、徐乐江书记等领导同志批准后，又开始了"爬格子"的日子。

在书稿撰写过程中，中央统战部光彩事业中心余敏安、陈浩，全国工商联研究室林泽炎、涂文、沈丽霞、陈建辉，会员部张新武，宣教部王尚康、刘佩华，经济部沙霖，扶贫部王力涛，联络部马君，法律部白莲湘，中国民营经济研究会王忠明、赵兹、聂益南、刘奇洪、朱小群、穆娟、张立超，辽宁省工商联郑滨，浙江省工商联景柏春，广东省工商联潘丽珍，常州市工商联韩红卫等同志，为我提供和查阅了大量的史料，给予了极大帮助。

为了节省时间、提高效率，我请百步亭、苏宁、亨通、恒安、红豆、吉利、传化、成功、三一、新希望、研祥、亿利、特变电工、正泰、奥盛、复星、兴伟、软控、首航节能、碧桂园、华凌、远东、广汇、香江、时代、名流、百合、圆方、天天一泉、叶青大厦等企业，民生银行研究院、晋江市宣传部、义乌市政府办公室、北京福建企业总商会、北京江西企业商会、石狮市商务局、中国工商杂志，提供了大量的基本素材，有的甚至帮助起草了部分内容。

书籍撰写过程中，查阅了许多档案资料，借鉴了大量学界研究者、政界领导者的研究成果。

对于以上有关同志、民营企业、企业家和学界同仁同行给予的智慧支持和辛勤付出，在此一并表示感谢！